東南亞華人信俗碑銘輯録

四

黄海德　編著

海峡出版發行集團
THE STRAITS PUBLISHING & DISTRIBUTING GROUP
福建教育出版社

目録

二十五　城隍神

四六三　重建城隍廟碑記（前碑）

【碑刻名稱】重建城隍廟碑記（前碑）
【材　質】石材
【形　制】長方形立碑
【尺　寸】長一百二十六厘米、寬五十八厘米
【書　體】楷書
【碑　額】無
【碑　題】重建城隍廟碑記
【碑文撰者】特授儒學教諭海澄楊鶴鳴漢臣
【碑文書丹】無

【立　碑　者】城隍廟董事人王文慶等
【立碑時間】清光緒五年（一八七九）
【存　　佚】現存
【地　　點】馬來西亞檳城城隍廟
【碑刻録文】

重建城隍廟碑記

夫檳城據西南之障，峥嶸數仞，蜿蜒千里，枕列島而帶長江，室壁分野，華夷交衝，爲西洋之上流，作海邦之砥柱。而藍縷啓宇，王化不及，官禮未頒，不無山精水怪之爲害矣。厥後英夷更張，樓閣雖新，而妖魂未除，常出以爲民害者，蒙神農大帝降乩指示，築聚魂室以安之，而妖魂之祟遂絶。

越數年，而風雨漂摇，梁棟傾頹，勢有不能不重興者。幸逢董事諸君，誠善信士也，素懷義舉，喜建陰功。竊思自古神道設教，有城市以育人民，必有城隍以理陰陽，于是出而勸捐，諸善信踴躍樂施。即虔請大帝擇日經始，將聚魂室增其舊制，而以己亥、己巳分金穴曰浮池荷花。森築大殿，外蓋拜亭，中案崇祀地藏王，東案崇祀都城隍，西案崇祀福德正神暨列位尊神，咸在其中。左築迴廊，以存聚魂室；右造青塔，以押諸妖邪。前則崗陵環列如排隊伍，後則嵐巒擁聳以障青屏。而且潮水旋流儼然紳帶，濤聲砰湃宛若鼓鍾，而廟貌巍峨，飛翬羽啄，堂堂煌煌，誠哉巨觀也，故額曰「城隍廟」，以尊主宰之名。則神靈倍加赫濯，人民愈增康泰，是所謂社稷之神也。兹當告竣，適余絳帳此邦，謹書以彰神道之靈，亦以表諸人之功。并勒諸善信之芳名于左，是爲記。

特授儒學教諭海澄楊鶴鳴漢臣謹識。

總理人：邱天根；信士：邱天德捐銀叁佰陸拾大元；邱家捐銀貳佰陸拾大元；謝家捐銀貳佰陸拾大元；邱忠波捐銀貳佰大元；胡豐成、王文慶、邱金盾，以上捐銀壹佰六十大元；楊家捐銀壹佰四十大元；陳家、林花鐕，以上捐銀壹佰大元；王明德捐銀壹佰貳拾大元；邱事成捐銀六十四大元；邱裕發、許高源，以上捐銀六十六大元；萬源、亞成公司，捐銀六十元。

光緒伍年歲次己卯荔月，董事人王文慶、邱天德、林仁德、謝有菜、楊宇宙、邱如磋、陳祖看仝立。

四六四　重建城隍廟碑記（後碑）

【碑刻名稱】重建城隍廟碑記（後碑）
【材　質】石材
【形　制】長方形立碑
【尺　寸】長一百二十六厘米、寬五十八厘米
【書　體】楷書
【碑　額】無
【碑　題】重建城隍廟碑記
【碑文撰者】特授儒學教諭海澄楊鶴鳴漢臣
【碑文書丹】無
【立 碑 者】城隍廟總理人邱天根、董事人王文慶等
【立碑時間】清光緒五年（一八七九）
【存　佚】現存
【地　點】馬來西亞檳城城隍廟
【碑刻録文】

顏永裕、豐順號，以上捐銀四十八元；林家、醋和酒公司，以上捐銀四十元；邱天保捐銀三十六元；裕源號、邱瑞興、邱成德、珍祥號、和茂號、再興號、邱如磋、余振田，以上捐銀三十元；合興號、啓泰號、車源太號、勝昌號、邱永芳、李清吉，以上捐銀二十四元；榮安號、李振傳，以上捐銀二十二元；得昌號、新瑞美、楊源昌、建昌號、甘秋波、黄得昌、汪新來，以上捐銀二十元；林恒茂捐銀十八元；邱和豐、瑞福號、振泰號、林仁德、邱紅兵，以上捐銀十六元；興利號、綿振號、新利合、邱天根、林啓祥，以上捐銀十四元；成豐號、萬春號、集安號、致興號、新榮茂、陳亨觀、張正淵、邱九恭、黄德艷、吴文恒、蔡江發，以上捐銀十二元；萬德號、振吉號、復裕號、和源號、勝源號、恒和號、裕昌號、益興號、王永興、周源興、林瑞發、甘迎禧、王枰觀、陳四春、姚啓常、謝福來、高邦超，以上捐銀十元；邱興遠、邱源美、成萬利、周深坑、許雅懷，以上捐銀八元；邱衡蔡捐銀七元；邱順茂、邱瑞成、邱順美、邱德成、邱源興、邱和成、邱永興、新龍美、新成興、楊勝記、永德發、楊成興、萬益號、興和號、同茂號、鼎興號、吉興號、順瑞號、再成號、德振號、和成號、再益號、慶源號、長興號、泉盛號、新廣昌、順和號、萬成號、振發號、回春堂、錦美號、豐興號、邱增妙、邱清溪、邱天龍、邱光榮、邱守信、陳□□、蔡都觀、翁貴觀，以上捐銀六元；瑞雲號、源成號、義香號、東成號、正同號、協發號、和美號、協振號、和發號、源盛號、新義發、鮰益號、福美號、永成號、振益號、美昌號、美發號、盛美號、東美號、源成棧、吉春號、勝順號、新大和、新建利、勝昌號、順吉號、鯤昌號、源成號、勝豐號、振成號、振和號、永成興、邱茂成、茂山號、林玉書、陳永裕、李景祥、謝有榮、楊宇宙，以上捐銀四元；劉吴明娘、林玉娘，以上捐銀八十元；林團娘捐銀六十元；甘娘、蔡淑娘、謝連娥娘，以上捐銀十元。

總理人：邱天根；董事人：王文慶、邱天德、林仁德、謝有菜、楊宇宙、邱如磋、陳祖看，仝立。

光緒伍年歲次己卯荔月。

四六五　重修城隍廟紀念碑（一）

【碑刻名稱】重修城隍廟紀念碑（一）
【材　　質】銅材
【形　　制】方形牌
【尺　　寸】長六十八厘米、寬六十八厘米
【書　　體】楷書
【碑　　額】無
【碑　　題】重修城隍廟紀念碑
【碑文撰者】無
【碑文書丹】無
【立　碑　者】城隍廟董事邱漢陽等
【立碑時間】民國四年（一九一五）
【存　　佚】現存
【地　　點】馬來西亞檳城城隍廟
【碑刻録文】

重修城隍廟紀念碑

昔夏鑄鼎鍾，百神于焉感應；漢興寺觀，萬姓賴以寧安。知神道設教，自古已然，此本檳城城隍廟所由創建也。創自清同之世，聿著聲靈。迄今民國之秋，馨香弗替。唯世遠年湮，日就傾塌，故董事出而提倡，募款重修。于民國肆年乙卯貳月拾肆日興工，規模改作，悉由舊章。即于是年冬拾貳月告竣，縻白鏹陸仟元奇有，皆諧善信踴躍輸將，廟貌重新，胥賴衆擎之舉，而呵護所及，定當億萬斯年。幸喜草草落成，漫云苟完苟美，臚列紛紛姓氏，俱屬好善好施。謹泐于碑，以垂永遠，是爲序。

中華民國肆年乙卯拾貳月吉日，董事：邱漢陽、王漢壽；協理：謝自友、董垂帶、林耀煌、葉太倉、邱金經、徐時忠，仝立。

茲將重修城隍廟捐題芳名列左：

福建公司捐銀伍佰大員；董垂帶君捐銀伍佰大員；（下略）

四六六　重修城隍廟紀念碑（二）

【碑刻名稱】重修城隍廟紀念碑（二）
【材　　質】銅材
【形　　制】方形牌
【尺　　寸】長六十八厘米、寬六十八厘米
【書　　體】楷書
【碑　　額】無
【碑　　題】重修城隍廟紀念碑
【碑文撰者】無
【碑文書丹】無
【立　碑　者】城隍廟衆董事協理等
【立碑時間】民國六年（一九一七）
【存　　佚】現存
【地　　點】馬來西亞檳城城隍廟
【碑刻録文】

重修城隍廟紀念碑

柯水通、楊源財（下略）以上肆拾玖位每名捐銀拾貳大員。另諸善男信士人名共捐銀貳佰玖拾大員正，連上善男信士合計共捐銀肆仟玖佰叁拾肆員正。

復將諸善信女芳名捐題列左：

吴溟娘喜捐銀叁佰大員、王亭娘喜捐銀貳佰大員（下略）以上貳拾壹位每名捐銀拾貳大員。另諸善女信士人名共捐銀玖拾肆大員正，連上善女信士合計共捐銀壹仟肆佰叁拾大員正。

開修理廟及内外□具等合共銀陸仟零叁拾叁員壹角伍占，除開之外實存銀柒佰壹拾肆員捌角伍占。

福有攸歸。

民國六年丁巳陸月吉日，城隍廟衆董事協理公啓。

四六七　重修城隍廟紀念碑（三）

【碑刻名稱】重修城隍廟紀念碑（二）

【材　質】銅材

【形　制】長方形横牌

【尺　寸】長一百一十六厘米、寬五十八厘米

【書　體】楷書

【碑　額】無

【碑　題】重修城隍廟紀念碑

【碑文撰者】許修其

【碑文書丹】無

【立 碑 者】城隍廟董事謝自友等

【立碑時間】民國十六年（一九二七）

【存　佚】現存

【地　點】馬來西亞檳城城隍廟

【碑刻録文】

重修城隍廟紀念碑

竊以陰之有城隍，猶陽之有官宰。我國歷朝尊崇祀典，是城隍之爲靈昭昭也。正唯爲靈昭昭，故神像之損壞，在所必修，廟宇之傾頽，在所必葺。本董事有鑒及此，爰急肩其事而董其成。不謂時届興工，而善男信女紛紛來報，願出喜緣，亦可見人之好善，皆有同情也。兹事已竣工已完，乃囑勉齋許修其，據事直書爲序。

善男信女捐緣芳名列左（恕不稱呼）：

邱善佑捐銀貳佰員；李景棋捐銀伍拾員；邱守義捐銀叁拾員；余舜卿、邱清照、洪尊三、杜希貞、邱朝宗夫人、鍾氏、楊升來、邱素絲、邱長美、楊升聰、邱聰明、洪月珠、李德玉、邱清池、莊永亨、謝五湖、陳貽俊、林素近、鄧秋瓜、林文烏、林文虎、邱文岳、謝自友、王瓊琦、林素如、林素陽、楊升順、鄭龍允，以上貳拾七名各捐銀貳拾員；柒牌十三名共捐銀六拾八員；福建公司來銀壹仟柒佰叁拾四員柒角貳占。

兹將銀項出入列明于左：

收福建公司來銀□千□百□十□元，又收喜緣計來銀三百□十□元。修朔佛像去銀□千□百□十□元，又修理廟宇去銀□千□百□十□元。上下各共銀貳仟六佰貳拾貳元柒角貳占正。

如在其上，福有攸歸。

董事：謝自友、謝五湖、謝德泰、謝福坤、林文虎、林成輝、林嫣裁、林耀煌、楊升來、楊章安、楊振基、楊昭祥、邱清照、邱文岳、邱水掌、邱集續、陳民情、陳貽俊、陳慶雲、陳清貴。

民國十六年歲次丁卯四月初三日立。

四六八　廣福宮緣碑

【碑刻名稱】廣福宮緣碑
【材　質】石材
【形　制】長方形立碑
【尺　寸】長一百四十五厘米、寬七十六厘米
【書　體】楷書
【碑　額】無
【碑　題】廣福宮緣碑
【碑文撰者】無
【碑文書丹】無
【立 碑 者】總理劉金榜等
【立碑時間】清光緒二十九年（一九〇三）
【存　佚】現存
【地　點】新加坡雙林城隍廟
【碑刻録文】

廣福宮緣碑

城隍廟題緣芳名：

萬山劉金榜緣銀叁仟員；顏仕份捐銀叁佰員重正；信女劉門陳氏其娘喜題城隍廟金身捐銀壹佰捌拾陸員；李世娘捐鐘鼓壹副、貳佰伍拾員；李世娘捐銀壹佰員；振源興捐銀貳佰員；蔡種娘捐銀壹佰員；楊錦豐捐銀壹佰員；陳群英捐銀壹佰員；金振美捐銀陸拾員；源協興捐銀陆拾員；順興號捐銀陆拾員；楊清海捐銀陆拾員；陳清晚捐銀伍拾員；莊禎祥捐銀肆拾員；黄光面捐銀叁拾員；怡安號捐銀貳拾員；新成發捐銀貳拾員；瑞源號捐銀貳拾員；王水滄捐銀貳拾員；陳乾老捐銀貳拾員；和發號捐銀拾陸員；新振發捐銀拾伍員；郭文彬捐銀拾貳員；陳萬厚捐銀拾貳員；陳天立捐銀拾貳員；馮清河捐銀拾貳員；黄協盛捐銀拾貳員；朱阿華捐銀壹拾員；聯利號捐銀壹拾員；白協發捐銀壹拾員；楊吓鬼捐銀壹拾員；楊篤臣捐銀壹拾員；楊正中捐銀壹拾員；陳亞送捐銀壹拾員；鍾文存捐銀壹拾員；萬順當捐銀壹拾員；陳巨昌捐銀壹拾員；顏亞連捐銀壹拾員；福成軒捐銀壹拾員；曹添舉捐銀壹拾員；黄榮忠捐銀壹拾員；張振財捐銀壹拾員；陳啓笠捐銀陸大員；林惡老、黄珍老、黄米老、林森老、蔡承老、張燕山、義順號、金寶軒、陳協發、榮泰當、趙鎮老、寶源當、利發號、關明蘭、藍梅芳、鄭順添、莊泉春、萬發興，以上各捐銀伍大員；陳國寧、陳興老、鄭皆的、黄砂老、劉真老，以上各捐銀肆大員；信女沈妙興喜題神合壹佰个；蘇同娘捐壹佰。

總理：劉金榜；董事：王君子、馮德麟、陳群英、顏仕份、楊本生、林順池、陳合春、郭文彬；頭家：鍾清杰、陳清晚、莊禎祥、林佛記；
開山：釋賢慧；主持：僧明光，仝募。
光緒貳拾玖年癸卯孟夏穀旦立。

四六九　廣惠肇碧山亭福德祠碑文

【碑刻名稱】廣惠肇碧山亭福德祠碑文
【材　質】石材
【形　制】長方形横碑
【尺　寸】長二百二十厘米、寬七十六厘米
【書　體】楷書
【碑　額】無
【碑　題】廣惠肇碧山亭福德祠碑文
【碑文撰者】曾玲
【碑文書丹】無
【立 碑 者】碧山亭第九十七届理監事會
【立碑時間】二〇〇四
【存　佚】現存
【地　點】新加坡碧山亭
【碑刻録文】

廣惠肇碧山亭福德祠碑文

公曆二〇〇四年六月十三日（農曆甲申年四月廿六日）立。

當一八一九年新加坡開埠，中國廣東省之廣州府、惠州府、肇慶府三屬移民即南來拓荒。斯時三屬同僑南來營生者衆，能如願歸國者固多，但埋骨异域者亦不少。爲解決三屬移民身後的安葬與祭祀，先賢創建三屬墳山管理機構，并以本亭作爲三屬最高聯合鄉親組織。根據地界碑銘文，本亭在同治辛未年（一八七一）已擁有墳山。據此推斷本亭創辦的年代至遲應在一八七一年。本亭的歷史，最早見于光緒十六年（一八九〇）所立之「勸捐碧山亭小引」碑。據該碑文所載，創買本亭地者是任「協理青山亭事務」的梅南瑞，由當年大總理梅湛軒督辦建廟及開馬路等。由此本亭從十九世紀八九十年代開始，其組織與管理逐漸趨于完善。

本亭所建之福德祠，歷史悠久。雖然在光緒十六年的「勸捐碧山亭小引」碑文中未明確提及福德祠，但本亭一九二二年重修碧山大廟工程中，已包括了福德祠。這可從保留下來的壬戌年（一九二二）所立之「蒼鬱碧山亭永蔭航洋群業，英靈華土地長扶僑叻衆生」對聯中証明本祠早已存在的史實。

福德正神，正稱后土、社神，民俗稱土地公、土地伯公。因他是土地之神，長年守護土地，保護一方五穀豐登，故是中國傳統社會的地方守護神。本亭所供奉的是一尊拿着元寶的大伯公土地神，正是「福而有德千家敬，正則爲神萬世尊」的福德正神。

一九七九年政府徵用本亭墳山。一九八三年至一九九五年，本亭在政府撥回的八英畝地段上分五階段完成各項建設工程。福德祠重建開始于一九八五年，一九八六年竣工。同年九月二十八日延請道長開光及恭請大伯公遷入新福德祠供奉。

近年來，福德祠漸顯陳舊，屋頂亦開始漏水，其建築風格與周圍的涼亭、粉刷後的靈塔和碧山大廟也不太協調。加之本亭隔鄰地段已建起兩所名校學府，政府當局積極整頓布萊德路前空地。爲此，本亭第九十七屆理監事會在理事長梁少逵及總務羅榮基之領導下，經過多次周詳的討論，決定在二〇〇四年六月間翻新修繕福德祠，使之更加壯觀和具有中國傳統建築格調，并與周邊建築相協調，進而也可成爲我國碧山區之旅游景點。

福德祠是本亭的重要建築之一。它不僅歷史悠久，在本亭近一個半世紀的歷史發展中，亦具有團結和凝聚廣、惠、肇三屬的重要功能。現在，本亭已向全新加坡社會開放，新建的福德祠提供公衆一個舒適光亮的拜神場所，神靈也得安逸矣。

曾玲博士撰。

二十六　清水祖師

四七〇　金蘭廟碑

【碑刻名稱】金蘭廟碑
【材　質】石材
【形　制】長方形立碑
【尺　寸】長一百九十六厘米、寬八十五厘米
【書　體】楷書
【碑　額】方圭形碑額，中刻碑穿形圓孔
【碑　題】金蘭廟
【碑文撰者】無
【碑文書丹】無

【立 碑 者】永春、泉州人士楊清海、陳治生、許榮海等
【立碑時間】清道光十九年（一八三九）
【存　佚】現存
【地　點】新加坡金殿路新建金蘭廟
【碑刻録文】

金蘭廟

道光十九年歲次己卯荔月初一日吉旦。

楊清海觀喜捐地壹座、陳治生觀喜捐大銀三佰陸拾元、楊清海觀喜捐大銀貳佰貳拾元、許榮海觀喜捐大銀陸拾大元、林登科觀喜捐大銀肆拾貳元、許榮順觀喜捐大銀貳拾叁元、薛錦豊公司喜捐大銀貳拾元、沈亞擇合喜捐大銀壹拾伍元、蕭逢生觀喜捐大銀壹拾大元、王深源觀喜捐大銀壹拾大元、張官妹哥喜捐大銀壹拾大元、曾光塗觀喜捐大銀壹拾大元、莊捷報觀喜捐大銀壹拾大元、石德源號喜捐大銀壹拾大元、蔡盛利合喜捐大銀壹拾大元、曹珠癸觀喜捐大銀壹拾大元、陳清榮觀喜捐大銀捌大元、張玉成觀喜捐大銀捌大元、陳慶德合喜捐大銀捌大元、饒蘊龍哥喜捐大銀柒大元、鄭光青觀喜捐大銀柒大元、曾綫義觀喜捐大銀陸元、蔡亞稿合喜捐大銀陸元、林亞統哥喜捐大銀陸元、陳周德合喜捐大銀陸元、楊登玉觀喜捐大銀伍元、池光誥觀喜捐大銀伍元、唐亞保合喜捐大銀伍元、許日郎觀喜捐大銀伍元、張鶴龍合喜捐大銀伍元、梁敬訕哥喜捐大銀伍元、張亞叠哥喜捐大銀伍元、彭亞頭哥喜捐大銀伍元、鄭亞炳哥喜捐大銀伍元、林亞四哥喜捐大銀伍元、饒亞杖哥喜捐大銀伍元、李亞義哥喜捐大銀

伍元、葉塗明觀喜捐大銀伍元、鄒亞露哥喜捐大銀伍元、饒亞品哥喜捐大銀伍元、李亞滿哥喜捐大銀伍元、林光惜觀喜捐大銀伍元、曾光乞觀喜捐大銀伍元、張瑞魁哥喜捐大銀伍元、蔡訪記觀喜捐大銀伍元、王仕敦觀喜捐大銀肆元、劉沛貞觀喜捐大銀肆元、陳亞挕合喜捐大銀肆元、薛昭金觀喜捐大銀肆元、許廣生觀喜捐大銀肆元、劉沛揚觀喜捐大銀肆元、蕭音生觀喜捐大銀肆元、張亞元合喜捐大銀肆元、沈勇生合喜捐大銀肆元、王得意觀喜捐大銀肆元、曾金水觀喜捐大銀叁元、蔡淵泉觀喜捐大銀叁元、陳光諧觀喜捐大銀叁元、邱亞騰哥喜捐大銀叁元、楊鎏生觀喜捐大銀叁元、劉亞露哥喜捐大銀叁元、侯音生觀喜捐大銀貳元、楊明水觀喜捐大銀貳元、侯光泗觀喜捐大銀貳元、胡振源觀喜捐大銀貳元、朱亞義哥喜捐大銀貳元、李亞止合喜捐大銀貳元、劉亞念哥喜捐大銀貳元、黎亞八哥喜捐大銀貳元、林山水觀喜捐大銀貳元、黃德宗觀喜捐大銀貳元、顏永成觀喜捐大銀貳元、莊山老觀喜捐大銀貳元、林永福觀喜捐大銀貳元、沈亞誣合喜捐大銀貳元、蔡古英觀喜捐大銀貳元。

四七一　重建金蘭廟碑記

【碑刻名稱】重建金蘭廟碑記

【材　　質】石材

【形　　制】長方形立碑

【尺　　寸】長一百九十二厘米、寬七十九厘米

【書　　體】楷書

【碑　　額】雙雲龍

【碑　　題】重建金蘭廟碑記

【碑文撰者】無

【碑文書丹】無

【立 碑 者】章明雲

【立碑時間】清光緒七年（一八八一）

【存　　佚】現存

【地　　點】新加坡金殿路新建金蘭廟

【碑刻録文】

重建金蘭廟碑記

嘗謂天下有不可知之禍福，斷無不可敬之神明。神明者，所以御灾捍患爲萬民造福者也。使其廟宇傾頹，漠然不顧，則妥神靈之謂何？不幾以崇而奉之者，轉爲狎而玩之耶？兹者金蘭廟，清水祖師神殿，創於道光十年。迄今日久歲深，棟宇崩頹，垣墉廢壞，每當風雨交作，不無倒塌之虞。明云托庇宇下，素沐神庥，睹削落之情形，動寸衷之愷惻。獨行己志，敢云一木難支，聊盡此心，不必衆擎易舉。於是庀材輂石，擇吉鳩工，革故鼎新，觀成指日。從此規模壯彩，益增聰明正直之靈；廟貌重新，永享黍稷馨香之奉。則庶幾神安人樂，患殄灾消，人不敢藉此邀福於神者，而神亦必錫之以福矣。是爲引。

誥封三代通奉大夫晋秩二品銜中憲大夫章明雲敬勒，清光緒七年歲次辛巳八月中秋日重建造成石碑。

四七二　金蘭廟條規

【碑刻名稱】金蘭廟條規
【材　　質】石材
【形　　制】長方形立碑
【尺　　寸】長一百三十四厘米、寬六十二厘米
【書　　體】楷書
【碑　　額】無
【碑　　題】金蘭廟條規
【碑文撰者】無
【碑文書丹】無
【立　碑　者】鹽運使司派駐新北洋委員籌辦南洋等處東賑事務章桂苑
【立碑時間】清光緒十七年（一八九一）
【存　　佚】現存
【地　　點】新加坡金殿路新建金蘭廟
【碑刻録文】

金蘭廟條規

一 廟内香火，舉一司祝并副雜相助爲理；務必時時打掃潔浄，以壯觀瞻。

一 廟中琉璃燈，須日夜光明；案上香火不離，朔望更宜齋餐，以昭誠敬。

一 司祝人等，不得少違王家法律，以幹例禁。

一 廟内静室，不許司祝人等聚賭聚飲，及設鴉片烟具，邀集朋衆，引誘匪人，以蹈不法。

一 司祝之過路親朋，或游方僧道，偶欲投借房舍者，須有本號批許字樣方准，毋許擅專。

一 無論僧道人等，凡得本號許以暫寄住者，亦宜恪諸一切規約；住日滿又須及早告行，不得遲延，以昭一體。

一 司祝人等，規矩必尊，善信必敬，不可偷閑□□，自誤犯規，違者飭退，决不恕寬。

光緒拾柒年歲次辛卯五月穀旦，欽加一品銜賞戴花翎鹽運使司派駐新北洋委員籌辦南洋等處東賑事務章桂苑立。

四七三　金蘭廟建廟碑記

【碑刻名稱】金蘭廟建廟碑記
【材　　質】石材
【形　　制】方形碑
【尺　　寸】長六十厘米、寬六十厘米
【書　　體】楷書
【碑　　額】無
【碑　　題】金蘭廟建廟碑記
【碑文撰者】無
【碑文書丹】無
【立　碑　者】新加坡福建會館
【立碑時間】一九八六
【存　　佚】現存
【地　　點】新加坡金殿路新建金蘭廟
【碑刻録文】

金蘭廟建廟碑記

金蘭廟成立於一八三〇年，原址坐落在丹戎巴葛納喜士街門牌十五及十七號，俗稱菜市仔。經被政府徵用，一九八一年政府同意以一塊在金殿路九八〇平方公尺的土地（現址）和舊廟地段交換，始得興建此新廟，并於一九八四年十二月五日竣工。

新加坡福建會館立，一九八六年九月廿一日。

四七四　金蘭廟匾

【碑刻名稱】金蘭廟匾

【材　　質】木材

【形　　制】長方形横匾

【尺　　寸】長一百二十厘米、寬六十厘米

【書　　體】楷書

【碑　　額】無

【碑　　題】無

【碑文撰者】無

【碑文書丹】何□□

【立　碑　者】

【立碑時間】清咸豐十年（一八六〇）

【存　　佚】現存

【地　　點】新加坡金殿路新建金蘭廟

【碑刻録文】

金蘭廟

庚申夏日立。

何□□書。

四七五　曼谷順興宮碑（一）

【碑刻名稱】曼谷順興宮碑（一）
【材　　質】石材
【形　　制】長方形立碑
【尺　　寸】長一百五十厘米、寬六十八厘米
【書　　體】楷書
【碑　　額】無
【碑　　題】順興宮
【碑文撰者】無
【碑文書丹】無
【立　碑　者】順興宮住持等
【立碑時間】清同治九年（一八七〇）
【存　　佚】現存
【地　　點】泰國曼谷順興宮
【碑刻録文】

重建廟宇茲將諸信士芳名列左：

楊金殿捐銀一千銖；劉鳴成捐銀八百銖；鄭源盛捐銀八百銖；萬發興伍百銖；李得源捐銀四百銖；劉明盛捐銀四百銖；劉乾興捐銀四百銖；高和盛捐銀四百銖；陳育仁捐銀四百銖；許泗漳四百銖；劉光水捐銀三百二十銖；劉文習捐銀二百四十銖；何合利捐銀二百四十銖；何順安捐銀二百四十銖；許源觀捐銀二百四十銖；蕭良安、黃振昌、尤抱麗、蘇恒泰，各二百銖；吳振興二百銖；蔡文叻、余章盛、劉瑞義、黃鼎盛、周順博、林□源、楊鳳觀、陳文潤、何越樣、林興旺、王抱炎、陳變盛、謝德初、李珍玉、乾昌盛、何天和、程福興，各百廿銖；陳源興、楊德昌、許順利、余恒吉、黃永盛、邱恩命、高元盛、林耀觀，各一百六十銖；黃地觀、豐昌榮、黃源發、呂和順、黃愷悌、許長安、蘇登合、鄭利合、黃朋觀、周文光、何滄龍、黃國記、兄林、黃正觀、楊泉公司、蔡永和，各八十銖；黃蟾觀、薛女弄蔭、陳和順、黃源順、滕昌號、何廣順、沈泰英、許萬利、李文興，各五十銖；加嗅光由咯大船、林媽鐵、劉番薯，各四十八銖；楊金水、許興觀、劉豐泰、鎏記、何南畝、李犁觀、吳昭英、鄭仁慈、劉闌觀、陳燕觀，各六十銖；黃振觀、楊文庸、王光胤、黃泉觀、黃文韜、劉有振、李和順、邱恩成、許芳茂、許艷輅、蕭源盛、楊蘊利、林順發、郭宗朝、張春源、劉葦觀、劉文藉、劉方楷、楊添祥、劉坑泉、尤柔觀、劉拔水、何回壹、金記號、合隆號、蓮圃號、朱金吉、葉文曲、協芳號、薛銳觀、黃深賜、金振順、永福堂、李仁慈、馬琮芳、黃廷衙、鍾崇劍、蔡明發、陳福觀、蔡大侯、高桂盛、葉墩漢、李文玉、黃鑾亞南偶、連記、金寶記、吳源泉、劉賀觀、何拔記、鍾美財、何鍪觀、胡和利、財合號、楊合源、金茂興、揚合恒成號、再和號、陳輕觀、楊安然、何悅都、陳新觀、江朝湯、何鮮觀、陳有觀、潘瑞合、黃文生、郭朝來、興、黃朝隱、謝力司、黃國司、黃照司、黃準觀，各四十銖。

天運同治庚午玖年拾月吉旦碑記。

四七六　曼谷順興宮碑（二）

【碑刻名稱】曼谷順興宮碑（二）

【材　　質】石材

【形　　制】長方形立碑

【尺　　寸】長一百六十厘米、寬六十八厘米

【書　　體】楷書

【碑　　額】無

【碑　　題】順興宮

【碑文撰者】無

【碑文書丹】無

【立　碑　者】大頭家郭文仲等

【立碑時間】清同治九年（一八七〇）

【存　　佚】現存

【地　　點】泰國曼谷順興宮

【碑刻録文】

順興宮

大頭家：郭文仲；主會：黃萬康；協會：周宇水。

劉裕源喜捐白灰八百九十五車，又加添喜捐糖水二十五礶，又加添喜捐紅瓦六萬八千三百塊，又加添喜捐紅磚一萬一千五百塊；陳福□喜捐乃磚二百六十塊，又加添喜捐石磚一千零八十塊，又加添喜捐寧坡石一百六十六塊，又加添喜捐石條二十六丈；合發號喜捐大石□一十六條，又加白灰五車，又加添喜捐石堈二片，又加添喜捐岸□磚一千塊；劉抱順意喜捐石磚六百五十五塊；劉德成喜捐石條四十條；黃抱福喜捐石灰二十五車，又加添喜捐糖水一十礶；歐陽元合喜捐樹枝六十枝；黃才善銀四百銖；陳合興銀二百三十泰元；陳文明銀一百二十元；劉文習喜捐石條二十條；陳崇利喜捐紅瓦一萬塊；林□觀喜捐白灰三十二車；陳源泉喜捐紅瓦一千塊；余恒吉喜捐糖水一十礶；抱沽喜捐白灰五車；陳甲必丹需灰貳百銖；陳喚章銀一百元；鍾印來銀五十元；陳儀熀銀四十八元；金山公司銀卅二元。

四七七　重建清雲岩碑記（前碑）

【碑刻名稱】重建清雲岩碑記（前碑）
【材　質】石材
【形　制】長方形立碑
【尺　寸】長二百二十八厘米、寬七十二厘米
【書　體】楷書
【碑　額】雙龍朝日
【碑　題】重建清雲岩碑記
【碑文撰者】無
【碑文書丹】無
【立 碑 者】清雲岩董事及總理弟子邱天根等
【立碑時間】清光緒五年（一八八〇）
【存　佚】現存
【地　點】馬來西亞檳城清雲岩（蛇廟）
【碑刻録文】

清雲岩，祀清水祖師也。原曰福興宮，踞岩之左，溯厥由興，蓋福建之築爲公所，已數十年矣。時至今日，祖師倍加顯赫，故自爲擇地，更易坐向，坐以五庚五酉，向以五甲五卯，串縫針己酉己卯爲分金。於是孟夏興工，越仲冬告竣。噫！曾幾何月而岩成矣。睹斯岩也，非特中殿之高大軒豁堂皇，即兩邊翼室亦開拓華美。況岩以外而又有回向戲臺，凉屋居左，舍亭在右，莫不各盡其美，而煥然可觀耶！宜乎神靈益顯，奕世長興，則闔坡士女，默受神恩於無既耳。謹將向義芳名臚列于左，是爲序。

信士邱天德捐銀壹仟元；清和社捐銀陸佰元；王文慶捐銀四佰元；邱忠波捐銀四佰元；信女吴明玉捐銀貳佰元；胡豐成捐銀乙佰貳十元；邱四芳捐銀乙佰十元；謝德順捐銀乙佰貳十元；徐千里捐銀七十貳大元；成豐號捐銀六十大元；邱事成捐銀六十大元；得昌號捐銀六十大元；李振傳捐銀六十大元；李文吉捐銀四十八元；甘迎禧捐銀四十四元；新集發捐銀叁十六元；裕源號捐銀叁十六元；林勝昌捐銀叁十六元；謝如德捐銀叁十六元；楊清德捐銀叁十六元；陳連枝捐銀叁十六元；吴文恒捐銀叁十六元；吴忠信捐銀叁十六元；杜吉來捐銀叁十六元；信女陳村娘捐銀叁十六元；黄坤山捐銀叁十四元；邱瑞典捐銀叁十大元；吴注觀捐銀叁十大元；謝來捐銀貳十六元；再成號、再興號、林元直、蔡新榜、侯清俊、新益興、林寧綽、林百蚱、柯汝梅、邱允恭、邱啓福、王元清、謝啓種、林永觀、陳嘉吝、林恒茂，以上各捐銀貳十四元；勝源號捐銀十六元；邱有志捐銀十六元；葉合吉捐銀十四元；林天生捐銀十四元；裕茂號、順瑞號、會成號、萬美號、順茂號、永福號、永和號、順德號、三合源、興利號、東成號、承啓號、瑞福號、吉興號、長興號、新順安、協和號、集福號、義泰號，以上各捐銀壹十貳元。

四七八　重建清雲岩碑記（後碑）

【碑刻名稱】重建清雲岩碑記（後碑）
【材　質】石材
【形　制】長方形立碑
【尺　寸】長二百二十八厘米、寬七十二厘米
【書　體】楷書
【碑　額】雙龍朝日
【碑　題】重建清雲岩碑記
【碑文撰者】無
【碑文書丹】無
【立 碑 者】清雲岩董事及總理弟子邱天根等
【立碑時間】清光緒五年（一八八〇）
【存　佚】現存
【地　點】馬來西亞檳城清雲岩（蛇廟）
【碑刻録文】

林瑞發、楊源昌、回春堂、豊興號、振發號、承興號、振成號、協成號、鼎興號、雙龍號、周源興、裕昌號、永成號、聯春堂、再益號、豐順號、盛美號、新瑞美、甘建昌、慶源號、萬順號、楊成興、瑞裕號、新瑞利、金吉利、金大和、金和興、雙興號、復裕號、邱成德、邱順美、邱增妙、邱源美、邱榮肇、邱琴瑟、邱源捷、邱心安、邱宜保、邱心歡、邱守信、邱有斐、邱福種、胡清贊、謝增煜、謝朝陽、梁梓材、陳昌和、許文星、謝淩雲、林輝盛、連贊春、杜祥群、蔡如博、陳合水、楊章柳、謝夏賞、李文輝、陳新色、陳心和、曾文咋、黄文賢、梁鴻敦、謝伯夷、許天海、林仁德、潘聞觀、朱壽昌、張正淵、余振田、信女王琴娘，以上各捐銀壹拾貳元；蔡閭闔捐銀壹十元；鄭廷魁捐銀壹十元；吴有成捐銀壹十元；許修觀捐銀壹十元；林長美捐銀壹十元；松盛號、崇興號、德升號、永安號、捷利號、勝順號、勝龍號、怡源號、瑞興號、新怡成、綿昌號、德興號、同興號、聯興號、源豐號、利源號、達德號、鯛益號、建美號、厚安號、興和號、吉春號、源成號、珍南號、廣源號、新德安、成茂號、裕德號、榮成號、東美號、源成棧、泉興號、瑞源號、復美號、聯源號、振吉號、泉成號、萬和號、福茂號、振益號、勝豐號、勝興號、源成號、豐源號、恒源號、協發號、勝和號、裕和號、美昌號、源盛號、錦美號、錦興號、瑞振號、順吉號、義香號、新廣源、盛興號、邱興遠、邱永興、邱成美、邱和成、邱源興、邱清溪、邱閏觀、邱源和、莊慶雲、莊閏序、許鑾周、楊開殿、張嫣珍、胡開順、信女陳玉娘，以上各捐銀六大元；王丈秀捐銀五元；黄秉棟捐銀五元；陳在觀捐銀五元；林福星捐銀五元；信女吴素□娘捐銀四元貳角；勝雲號、新福升、邱瑞成、協振號、新成興、勝昌號、利春號、成和號、龍興號、正同號、金源號、合成號、再發號、萬咸號、複昌號、怡合號、協興號、本發號、劉漳觀、周波觀、許清吉、陳春觀，以上各捐銀四大元。

大清光緒庚辰年仲冬，總理弟子邱天根，董事（弟）子王文慶、林花鐕、楊宇宙、邱天德、謝有菜、陳瑞吉、邱如磋，仝立。

四七九　清雲岩碑

【碑刻名稱】清雲岩碑
【材　質】石材
【形　制】長方形横碑
【尺　寸】長八十九厘米、寬六十八厘米
【書　體】楷書
【碑　額】無
【碑　題】無
【碑文撰者】無
【碑文書丹】無
【立 碑 者】弟子邱漢陽等
【立碑時間】清光緒三十三年（一九〇七）
【存　佚】現存
【地　點】馬來西亞檳城清雲岩（蛇廟）
【碑刻録文】

聖人云：鬼神之爲德，其盛矣乎！是知神之爲人所崇祀者，以其道德高深，聲靈赫濯，能保黎民也。溯自昔年創造福興宮，恭奉清水祖師，凡我華僑旅斯土者，罔不默受其垂庥。是以庚辰之歲，先嚴同諸善信重整規模，廣宏宮殿，迨至落成，焕然大觀。奈日久年湮，風雨飄摇，不無棟折楹頹之患。爰再邀集同人，踴躍樂捐，擇吉興工，重爲修築。現告厥成，輪奂聿新。雖曰不敢忘先嚴之志者，亦諸同人贊襄之功也。神靈顯赫，實式憑之，福有攸歸。

謹將樂捐緣款諸芳名登列于左：

清和社捐銀陸佰元；顔五美捐銀壹仟元；許清江捐銀叁佰九十伍元；陳川娘捐銀壹佰元；林花鐕捐銀壹佰元；葉祖意捐銀壹佰元；共來銀貳仟貳佰玖拾伍元。一，對龍興宮重建修醮以尺諸費共去銀柒千柒百一十元零柒占。對除外不敷去銀伍仟肆佰壹拾伍元零柒占；邱漢陽捐銀伍仟肆佰壹拾伍元零柒占。

光緒丁未年臘月晦日弟子邱漢陽謹識。

贊助捐銀人顔五美、幫辦事務人林花鐕合啓。

四八〇　怡里興水宮清水祖師公碑

【碑刻名稱】怡里興水宮清水祖師公碑

【材　　質】石材

【形　　制】長方形立碑

【尺　　寸】長一百六十厘米、寬八十二厘米

【書　　體】楷書

【碑　　額】浮雕雙龍

【碑　　題】怡里清水祖師公碑記

【碑文撰者】無

【碑文書丹】無

【立 碑 者】董事人黎逢源等

【立碑時間】清光緒十四年（一八八八）

【存　　佚】現存

【地　　點】印度尼西亞怡里興水宮

【碑刻録文】

怡里清水祖師公碑記

清水祖師公者，道化成於閩之稽山，烟火分於蓮之太溪。吾人之航海經商，奉祀於怡里，其英靈赫濯，莫不眙彰焉。每有祈求，如響斯應，或施以藥餌，立起沉疴，或示以趨金，利獲倍多，蓋其福祐於吾人也厚矣。思欲以報神光，奈獨力難支，集衆公舉謀，及閩粵商賈之民庶，而籌創建新宫焉。衆情踴躍，一旦而緣金普足，僉曰善哉斯舉。遂擇地於埠之東，卜云其吉，鳩工庀材，凡六閲月而廟成，一殿一亭，旁翼兩廡，雖未盡其輪奐之美，亦足以慶其落成耳。從此廟貌維新，歷千秋而不朽，聲靈顯著，閲萬古而常存，可謂神人均安矣。是爲之序。

翁媽標捐銀壹仟大員；新裕興號捐銀玖佰四拾大員；萬德興公司捐銀四佰陸拾大員；長美號、楊振盛、林永霞，捐銀四佰陸拾大員；承萬昌、謝傅書、林錫諧，捐銀四佰陸拾大員；裕美號公司捐銀貳佰大員；瑞安號、楊天祐、周恭英，捐銀壹佰貳拾大員；萬豐號捐銀壹佰貳拾大員；裕隆公司捐銀壹佰大員；黎逢源捐銀壹佰大員；萬福號、莊明厚，捐銀捌拾大員；晋豐號、張聿悔、吴瑞□，捐銀捌拾大員；萬利號、天杲，捐銀陸拾大員；福香號捐銀陸拾大員；福美號、楊允，捐銀四拾捌員；萬益號捐銀四拾大員；德源號捐銀四拾大員；楊章柳捐銀四拾大員；萬成號捐銀貳拾四大員；聯成號捐銀貳拾四員；同興號捐銀貳拾四員；林德禄捐銀貳拾四員；□喜輪船捐銀貳拾四元；瑞振號捐銀二十四員；泰和號捐銀二十大員；建昌號捐銀二十大員；萬成公司捐銀二十大員；甘紅捐銀二十大員；豐茂號捐銀二十大員；林淑振捐銀乙十六員；莊學□捐銀乙十二員；林九□捐銀乙十二員；張□□捐銀二十二員；林錦純捐銀二十二員；怡來號捐銀陸拾大員；王友□捐銀二十二員。

光緒戊子年　月　日，董事人黎逢源、翁媽標、楊振盛等仝敬立。

二十七　水尾聖娘

四八一　水尾聖娘廟捐輸建造聖娘正室碑

【碑刻名稱】水尾聖娘廟捐輸建造聖娘正室碑
【材　質】石材
【形　制】長方形立碑
【尺　寸】長一百五十厘米、寬六十五厘米，共三片
【書　體】楷書
【碑　額】無
【碑　題】捐輸建造聖娘正室
【碑文撰者】無
【碑文書丹】無

【立　碑　者】首事盧萬大、陳萬源等

【立碑時間】清道光二十八年（一八四八）

【存　　佚】現存

【地　　點】泰國曼谷水尾聖娘廟

【碑刻録文】

今將捐輸建造正室姓氏名字開列于后：

吴盛利裝捐銀乙百零伍銖；瓊順興裝捐銀乙百零伍銖；韓廣盛裝捐銀乙百零五銖；吴有利裝捐銀七十八銖三錢；潘泰益裝捐銀七十八銖三錢；金恒益裝捐銀七十八銖三錢；王寶興裝捐銀五十二銖二錢；韓寶利裝捐銀三十九銖五錢；進利裝、洪爾錦、韓修□捐銀三十乙銖三錢；葉泰興裝捐銀三十銖；瓊寶藏裝捐銀二十六銖乙錢；瓊興盛裝捐銀二十六銖乙錢；大順利裝捐銀二十銖；韓順興裝捐銀二十銖；雲萬生號捐銀二十銖；陳萬源號捐銀二十銖；吴泰興裝捐銀十二銖；王吉利裝捐銀十二銖；陳貴昌捐銀十二銖；翁家亨捐銀十二銖；林開桐捐銀十二銖；王恒端捐銀乙十銖；翁大發捐銀乙十銖；王乘龍捐銀乙十銖；瓊順盛裝捐銀九銖二錢；葉寶盛裝捐銀八銖二錢；□□□□□□□；陳如綱捐銀八銖；陳貴炳捐銀八銖；陳寶金捐銀八銖；符世禄捐銀八銖；方家璋捐銀八銖；王成龍捐銀八銖；謝淵修捐銀六銖；鄧甫豐、馮順初捐銀六銖；謝淵積捐銀六銖；飛朝通捐銀六銖；林學道捐銀六銖；韓元遁捐銀六銖；葉瓊昌裝捐銀六銖；王寶昌裝捐銀六銖；□□玉捐銀六銖；雲茂榮捐銀六銖；吕葉經捐銀五銖；陳九烈捐銀五銖；韓拴□捐銀五銖；周纘興捐銀五銖；張熙瑞捐銀五銖；吴顯琳捐銀五銖；潘大全捐銀五銖；潘大尉捐銀四銖二錢；潘大啓捐銀四銖二錢；吴聖聰捐銀四銖；徐魁賢、陳寶宗、陳如龍、韓壯翌、陳貴連、徐魁顯、吕□□、陳寶欽、賴邦君、黄錫興、潘有元、唐廷思、葉佳榮、林邦正、陳如忠、陳如瑛、何運發、吳安吉、呂葉石、呂恒昌、張用才、吳行禄，以上共二十二名；符□□捐銀六銖；吳聖冠捐銀六銖；韓縛彝捐銀四銖；黄元維、黄廷耀、韓憲□、呂有訓、韓行翌、符□□、雲茂生、周纘禮、梁開聰、何顯芳、黄樹香、陳烈章、黄忠吉、黄善珍、許爲泰、雲千峰、符開華、潘□□、黎有勇、蘇昭琦、陳如升、葉生華、符正衍、周纘銘、張修義、林書升、林詩豐、洪國升、張振□、楊□□、曾大統、陳寶智、史仕成、何金統、韓元循、陳寶成、何運昌、雲于清、吳聖高、蘇成章、李運□、□□□、張□□、邢修聯、陳寶昌、雲茂輝、謝家寧、葉有葉、黄有輝、潘有芬、吳炳晃、歐樹榮、盧亨仁，以上共計五十三名，每名係捐□□□□□□□。

今將重造横廊捐資名字開列于後：

韓順盛裝合興公司捐銀乙百銖；王正利捐銀八十銖；新文成裝益盛公司捐銀六十銖；潘泰益裝美盛公司捐銀六十銖；吳寶安裝和興公司捐銀六十銖；瓊昌裝昌利公司捐銀三十銖；王寶興裝寶盛公司捐銀三十銖；瓊寶益裝益盛公司捐銀三十銖；有利裝兩合公司捐銀三十銖；福昌裝長利公司捐銀三十銖；聯盛裝振盛公司捐銀二十六銖；黄善寶捐銀二十四銖；韓順利裝義利公司捐銀二十銖；潘有芬捐銀二十二銖；謝福盛裝福利公司捐銀二十銖；王順吉裝財盛公司捐銀二十銖；陳萬源號捐銀二十銖；雲萬生號捐銀二十銖；瓊豐利裝寶利公司捐銀二十銖；韓寶昌裝成利公司捐銀二十銖；黄有興、黄有輝捐銀二十銖；楊日升捐銀乙十二銖；林天孜捐銀乙十二銖；韓天昱捐銀乙十乙銖；唐忠義□□□□□；楊升利□□□□□；王代傳□□□□□；吳顯璉捐□□□□；王槐桂捐□□□□；韓惠和捐□□□□□；陳嘉義捐□□□□□；林學慧捐□□□□□；韓泰循捐銀六銖；陳寶球捐銀六銖；歐書榮捐銀六銖；黄有龍捐銀六銖；馮思明捐銀六銖；林人忠捐銀六銖；陳如球捐銀五銖；葉成章捐銀五銖；孫達德捐銀五銖；許人成捐銀五銖；張用明捐銀五銖；張敬天捐銀五銖；蔡章鳳捐銀五銖；潘有智捐銀五銖；陳寶福、陳寶桂、陳寶裕、陳道宗、陳如美、陳如英、陳元錦、陳盛足、陳喜璟、韓翠翌、韓進翌、韓行翌、韓佳翌、韓文準、韓憲彝、韓明彝、韓運準、林詩經、林詩具、林詩烈、林章仁、林天運、林開統、林文宏、林文宏子、黃元維、黃樹鐸、黃善士、黃行行、黃行時、黃善就、黃善章、黃善行、符開花、符世道、符世積、符昭文、符昭文子、符用時、符世紀、符家憲、雲崇浩、雲崇琳、雲逢陵、雲逢章、吕恒盛、吕恒昌、吕葉琏、吕榮福、張有炳、張有本、張敬仕、張振河、李盛榮、李開昌、李慈芬、盧通寬、盧通耀、盧輝業、謝家安、謝金訓、謝德孔、蔡倍興、蔡文新、何顯芳、何運癸、吴家政、吴安福、史文初、史文初子、史文强、史文强子、蘇明文、蘇明文子、蘇昭江、楊維新、楊明高、孫達祀、韋顯魁、葉明榮、許人春、文大全、潮府吴正、潮府胡廣合，以上共七十六（八十四）名，每名捐銀四銖。

道光二十八年歲次戊申仲秋月吉旦，首事盧萬大、陳萬源恭衆立。

四八二　水尾聖娘廟奕世流芳碑

【碑刻名稱】水尾聖娘廟奕世流芳碑

【材　質】石材

【形　制】長方形立碑

【尺　寸】長一百五十厘米、寬六十五厘米，共三片

【書　體】楷書

【碑　額】無

【碑　題】無

【碑文撰者】無

【碑文書丹】無

【立 碑 者】水尾聖娘廟董事人等

【立碑時間】清道光三十年（一八五〇）、咸豐元年（一八五一）

【存　佚】現存

【地　點】泰國曼谷水尾聖娘廟

【碑刻録文】

今將庚戌年造左邊下座橫廊衆船裝捐資開列于左：

吴安文船主捐銀一百一十二銖、韓順盛裝合興公司捐銀三十銖、韓萬成裝萬利公司捐銀二十五銖、金萬盛裝合興公司捐銀二十五銖、金瓊利裝協益公司捐銀二十五銖、金寶盛裝寶盛公司捐銀二十五銖、葉瓊昌裝昌利公司捐銀二十五銖、瓊長春裝泰來公司捐銀二十銖、金益盛裝益盛公司捐銀一十六銖、葉瓊昌裝昌利公司捐銀十六銖、雲萬生寶號捐銀乙十二銖、金萬盛裝捐銀十二銖、韓寶成裝捐銀十銖、吴有利裝捐銀八銖、韓寶財裝成盛公司捐銀八銖、李福昌裝捐銀六銖、王泰興裝捐銀六銖、陳文新船主捐銀五銖。

今將咸豐元年捐資銀造踏頭，按名序開列：

吴寶盛裝萬興公司捐銀乙百二十五銖；泰興裝振昌公司捐銀四十銖；吴盛斯捐銀四銖；韓月壹捐銀四銖；韓習循捐銀四銖；黄以義捐銀四末；謝家寶捐銀四末；韓蓄翌捐銀四末；韓鴻循捐銀二末；陳如英捐銀二末；謝德孔捐銀二末；觀家統捐銀二末；關仁興捐銀二末；符用時捐銀二末；黄善仕捐銀二末；陳貴琳捐銀一末；韓吉循捐銀二末；韓茂翌捐銀一末；符用明執簿；史昌榮捐銀十末；符鳩文捐銀八末；史昌林捐銀七末；藩光文捐銀六末；韓俊元捐銀六末；陳昌瑁捐銀六末；傅舟聰捐銀六末；吕承華捐銀六末；符用明、韓登準、李進榮、符廷雲、曾第定、韓寶豐、符顯佑、林鴻騰、嚴安時、馮爾鳳、嚴安足、魏興仕、吴家經、翁世業、陳如江、陳如山，以上一十六名各名捐銀四末；黄善明捐銀六末；□□文捐銀十末；邢玉惠執簿；高士達捐銀十二末；陳嘉謨捐銀十二末；傅周利捐銀五末；符用升捐銀十末；韓瓊準捐銀十末；黄省豐捐銀八末；吴家善捐銀六末；王露豐、高人英、符廷治、陳之端、陳必謨、陳廷銘、傅用楫、林鴻興、林天純、雲昌福、林樹熙、林漢起、龐家瑞、符孔章、韓大豐、吕友欽、韓仕準、林天倫、潘于模、徐士純、符和祥、潘明輝、□□人、符□文、邢尚舒、邢穀憲、邢定寶、吴大布、陳世拔、韓宜準、陳嘉斌，以上三十一名各名捐銀四末；范智仁捐銀八末；余道明捐銀四末；文大維捐銀四末；麥運繼捐銀四末；詹所邠捐銀十二末；詹修崇捐銀四末；詹所茂捐銀四末；謝源通捐銀四末；符建宜捐銀三十末；劉基植捐銀四末；蔡時瑞捐銀四末；符氣順捐銀四末；潘于德捐銀四末；陳玉堂捐銀四末；韓門□捐銀□末；陳明騰捐銀四末；黎有和捐銀四末；許詩興捐銀五末；符載慶捐銀四末；韓爵準捐銀五末；文光秀捐銀四末；顏克容捐銀六末；吳坤成捐銀十二末；陳如福捐銀四末；黃庭歛捐銀四末；周寶昌捐銀四末；潘光甲捐銀五末；黃値豐捐銀十末；露合發利捐銀廿末；林天歛捐銀四末；方惟隆捐銀十末；潘先道捐銀四末；黃善仁捐銀十二末；雲逢玖捐銀十二末；韋崇教捐銀十末；王心連捐銀十末；韋崇經捐銀十末；吳美興捐銀八末；符用昌捐銀六末；符文德捐銀五末；吳顯仕捐銀六末；林天甫、雲昌文、雲逢榜、馮所玉、符世昇、林樹彬、雲茂源、雲昌蕃、陳嘉和、雲昌積、魏家類、韓茂翼、韓杰翼、林樹攀，以上一十四名每名捐銀四末；梁居安捐銀四末；陳德修捐銀四末；黃善典捐銀四末；陳寶生捐銀四末；維瑞茂捐銀四末；吳清運捐銀四末；潘于潤捐銀四末；黃有成捐銀十末；田興隆捐銀四末；吕□趙氏嫌□捐銀四末；震州伍館三捐銀六十末；雲大平捐銀十末；許氏三列捐銀五末；陳嘉松捐銀四末；許書福捐銀十二末；陳英武捐銀四末；韓泰豐捐銀十八末；陳怡盛捐銀五末；符用師捐銀五末；潘鑒光捐銀四末；陳嘉盛捐銀四末；吳乾三捐銀四末；陳經瑛捐銀四末；韓蘭丰捐銀四末；符登瑪捐銀四末；王癸昌捐銀四末；陳朝理捐銀四末；邢德裕捐銀六末；陳嘉珍捐銀五末；韓桐準捐銀五末；陳精士捐銀五末；陳玉甫捐銀五末；韓登翌捐銀五末；盧鴻文捐銀五末；陳日芳捐銀五末；邢同盛捐銀五末；吳世文捐銀四末；吳盛芬捐銀四末；潘金盛捐銀四末；陳緯酷捐銀四末；劉俊源捐銀四末；韓如準捐銀四末；羅文豐捐銀四末；陳如農捐銀五十末；符用璉捐銀三十末；唐輝□捐銀廿五末；九賢茂捐銀廿五末；陳順生捐銀廿五末；林仁和捐銀廿五末；寶盛號捐銀二十末；陳貴全捐銀二十末；陳饒義捐銀十六末；賢天紀捐銀一十末；陳豐盛捐銀二十末；盧順昌捐銀一十末；盧俊煥捐銀一十末；駱文慶捐銀一十末；三利告捐銀一十末；□□□捐銀一十末；潘宏輝捐銀二十末；吳元茂捐銀二十末；黃有仁捐銀二十末；陳書桂捐銀十二末；吳盛材捐

銀十二末；何榜侖捐銀一十末；曾士美捐銀一十末；楊泰利捐銀一十末；符世積捐銀一十末；李傅登捐銀一十
末；符和爵捐銀一十末；林樹豐捐銀一十末；盧英煥捐銀一十末；韓永盛捐銀一十末；馮廣興捐銀一十末；
□□□捐銀一十末；葉精華捐銀十末；新和順捐銀十末；陳德修捐銀十末；林樹挺捐銀十末；符樹輝捐銀五末；
周緒木捐銀四末；林樹義捐銀四末；施月正捐銀五末；謝淵官捐銀四末；李仟章捐銀四末；陳嘉樹捐銀四末；宋
盛亨捐銀四末；符用美捐銀四末；林崇炳捐銀四末；張敬日捐銀四末；韓霖豐捐銀四末；梁居位捐銀四末；陳□
楞捐銀十末；鄭蘭琨捐銀十末；蔡章寬捐銀四末；黃有明捐銀四末。

四八三　水尾聖娘廟垂諸金石碑

【碑刻名稱】水尾聖娘廟垂諸金石碑
【材　質】石材
【形　制】長方形立碑
【尺　寸】長一百五十厘米、寬六十五厘米，共八片
【書　體】楷書
【碑　額】無
【碑　題】垂諸金石
【碑文撰者】鄉人廪貢生潘運啓
【碑文書丹】無
【立　碑　者】水尾聖娘廟總理潘宏輝及瓊府合衆等
【立碑時間】清光緒十八年（一八九二）
【存　佚】現存
【地　點】泰國曼谷水尾聖娘廟
【碑刻録文】

是神也，位閃南天，水娘高封，聖秉一心，以仁慈削險，猷於庶類，山窮水盡，靈無不通，祠宇薦馨香，幾遍海島。矧游子輕去其鄉，冒不測之汪洋，犯殊方之風土，康寧福壽，托保障於聲靈，奉爲主廟以祀之，固其宜也。然自道光以來，多歷年所，先父老早見及此，物力久而易盡，法制久而彌周。徵特泣雨悲風，非所以妥尊神；即規模卑痺，亦不足以壯觀瞻。宏等心乎此焉，爰建義舉，邀集同人，謀面者流從，聞聲者影響，陸續就緒，計得金三萬數千有奇。此雖樂善所致，實亦聖娘陰有以成之也。於是庀材鳩工，大啓爾宇，增式廓益，以顯威靈。況者歲時拜獻，蹌濟表局，度之雍容，排解難紛，劈指聯鄉，國之氣詎，豈非甚盛事哉！有謁付石勒銘，似近乎好名所爲，則非也；繼往者之美意，勉後人之施行。因序數言，以垂不朽云耳。

鄉人廩貢生潘運啓謹識。

總理：潘宏輝；值理：寶盛號、潘于烔、雲茂明、符用璉；協理：寶發盛、林會通、陳琪琛。

光緒十八年歲次壬辰七月十一日未瓊府合衆重建。

兹將重建聖娘廟捐資各姓名開列于左：

潘宏輝總簿：潘宏輝捐銀四百末；潘于成、潘于盛捐銀四百末；符用璉捐銀六百五十末；符萬德、妻黄娘稱捐銀五百末；黄有全捐銀四百二十末；潘于烔捐銀四百末；□崇對捐銀四百末；莊家禄捐銀四百末；達盛號捐銀三百末；林會通捐銀三百末；寶發盛捐銀二百二十末；林天養捐銀二百二十末；曾志彬捐銀二百末；符載徵捐銀二百末；□于茂捐銀二百末；符光炳捐銀二百末；韓拔元捐銀一百五十末；邢天紀捐銀一百四十末；林英信捐銀一百三十末；符用珍捐銀一百二十末；葉精華捐銀一百零六末；王廷槐捐銀一百零六末；瑞盛號捐銀一百零六末；玉珍號捐銀一百零四末；林開文捐銀一百末；周成秀捐銀一百末；林天尚捐銀一百末；陳之典捐銀一百末；雲昌球捐銀一百末；李珍盛捐銀一百末；陳順生益記捐銀一百一十末；蘇天豐捐銀一百末；史成光捐銀一百末；林天福捐銀一百末□；陳必明捐銀一百末；雲茂浩捐銀一百末；德盛號捐銀一百末；林天運捐銀一百末；潮府劉源裕捐銀一百二十末；潮府金成利捐銀一百末；元盛興捐銀一百末；陳日芳捐銀一百末；陳如以捐銀一百末；邢貽德捐銀一百末；王京青捐銀一百末；韓莊翌捐銀一百末；雲茂明捐銀一百末；林樹挺捐銀一百五十末；尤賢茂捐銀一百末；陳德謹捐銀一百末；蘇學成捐銀一百末；唐輝昶捐銀一百末；雲瑞和捐銀一百末；韓統盛合記捐銀一百末；陳來盛捐銀一百末；蔡用深捐銀一百末；盧俊煥捐銀一百末；吴黿業捐銀一百末；鄧煥章捐銀一百末；黄樹茂捐銀一百末；韓槐華捐銀一百末；陳啓斗捐銀一百末；陳玉珍捐銀一百末；邢定裕捐銀一百末；陳貴龍捐銀一百末。

美港洋船捐資名具開列：金長興裝司事韓彰翌，瓊寶盛裝司事韓泰彝、韓泰翌，瓊全盛裝司事張乃茂，金豐泰裝司事韓□翌，金順興裝司事許周積，金興泰裝司事陳如秋，瓊盛興裝司事潘瑛輝，琅長泰裝司事□善松、潘大爲，以上每名共□□□□□□□。

潘宏輝恭衆款總簿：韓家鳳捐銀八十末、孫輔義捐銀八十末、韓立翌捐銀七十末、駱爵卿捐銀六十六末、符用師捐銀四十末、韓寅翌捐銀六十五末、陳嘉禮捐銀六十末、保樹熙捐銀五十末、韓福準捐銀五十五末、□興煥捐銀五十末、□貴龍捐銀五十末、林天紀捐銀五十末、□成章捐銀五十末、吴乃鈕捐銀五十末、□克寶捐銀五十末、□貴元捐銀五十末、何修榮捐銀五十末、陳達顯捐銀五十末、吕友香捐銀五十末、詹尊九捐銀五十末、陳貴文捐銀四十五末、韓雲階捐銀四十四末、張敬章捐銀四十末、黄善標捐銀四十末、馮桂海捐銀四十末、李毓河捐銀四十末、黃學珍捐銀四十末、潘容齋捐銀四十末、韓儀翌捐銀四十末、盧宏文捐銀四十末、曾□發捐銀四十末、楊鍾富捐銀四十末、□興基捐銀四十末、林開綸捐銀四十末、韓行豐捐銀三十六末、曾輝德捐銀三十五末、黃四而捐銀三十四末、雲茂章捐銀三十末、陳精書捐銀三十末、三利興記捐銀三十末、林錦盛捐銀三十末、陳嘉□捐銀三十末、林聯發捐銀三十末、李犧龍捐銀三十末、蘇家書捐銀三十末、韓年豐捐銀三十末、恒茂號捐銀二十末、韓□翌捐銀三十末、符用師捐銀三十末、韓成準捐銀三十末、陳天巨捐銀三十末、邢修廣捐銀五十末、雲崇江捐銀三十末、范和珍捐銀二十五末、鄭騰霖捐銀二十末、張修能捐銀二十四末、吴家祥捐銀二十末、陳如誠捐銀二十末、陳之桂捐銀二十末、潮府吴廣順捐銀二十末、黃善禄捐銀二十末、楊縉紳捐銀二十末、潘進輝妻捐銀二十末、潘瑞輝捐銀二十末、邢貽柱捐銀二十末、梁運德捐銀二十末、張敬寬捐銀二十末、吴家璜捐銀二十末、潘光捐銀二十末、陳嘉訓捐銀二十末、吴士選捐銀二十末、韓慶豐捐銀二十末、韓書準捐銀二十末、潮府劉萬合捐銀二十末、黎登基捐銀二十末、邢定山捐銀二十末、邢正惠捐銀四十末、吴乾成捐銀十五末、韓盛豐捐銀十五末、桃衍長捐銀十二末、韓瑞興捐銀十五末、潘于戊捐銀十末、黃有書捐銀十末、韓勉準捐銀十末、陳來清捐銀十末、雲茂齊捐銀十末、符原清捐銀十末、黎合順捐銀十末、盧丕順捐銀十末、韓有豐捐銀十末、韓珮豐捐銀十末、黎有秀捐銀十末、潮府廖金記捐銀十末、陳宗周捐銀十末、馬廣盛捐銀十末、謝源録捐銀十末、瑞和寶泉捐銀十末、曾鏗光捐銀十末、黃善經捐銀十末、周緒雲捐銀十末、何題俊捐銀十末、黎登運捐銀十二末、王昌吉捐銀十末、林攵夜富捐銀十末。

李運禄執簿：李運禄捐銀八末；伍運璉、潘于美、王昌裕、陳如河、伍秀懋，以上五名各名捐銀四末；黃善庸捐銀五末；黃開進捐銀五末；符洪耀捐銀五末；李毓潤捐銀四末；韓琪豐捐銀四末；韓逢元捐銀四末；潘先球捐銀四末；陳如忠捐銀四末；陳如信捐銀四末；韓定準捐銀二十末；葉内畔柳捐銀十末；韓朝豐捐銀四末。

陳之典執簿：吕日富捐銀四十末、楊紀蘭捐銀二十末、楊嘉泰捐銀二十末、蘇大修捐銀二十末、吕華佛捐銀乙十末、蘇開元捐銀乙十末、周成忠捐銀乙十末、陳來清捐銀六末、符世魁捐銀四末、雲崇嶺捐銀四末。

林樹榮執簿：林樹榮捐銀乙十末；永吉利裝捐銀乙十六末；高士杰捐銀八末；潘益輝、林鴻珍、林寶珞，以上三名各銀四末。

王槐琦執簿：王槐琦捐銀二十末、王道壽捐銀乙十末、翁方有捐銀乙十二末、韓玉準捐銀八末、吴多文捐銀八末、符用珮捐銀四末。

吴乃正執簿：吴廷章捐銀二十末；林鴻才捐銀乙十末；林鴻桂捐銀五末；鍾興琪、林樹忠、方維運、詹家猷、葉用昌、陳玉麟、李長益、陳玉鸞、吴元評、吴坤芳，以上一十名各名捐銀四末。

陳德義執簿：潘于禮捐銀六末；符定裕捐銀五末；鄭大魁、陳獻建、周緒緯、陳必明、陳嘉明、林天绿、朱肇文、林天瑞、陳永祺、林鴻俊、陳世達、林鴻祥、陳世珍、鄭心誠、陳永洲、鄭庭修、陳獻瓊、朱文德、郎夫裕、符載慶、鄭南窗、符世禄、吴大銚、潘于智、吴天生、李達明、何□璋、王昌政、黄學應，以上二十九名各名捐銀四末。

吴廷業執簿：林鴻基捐銀三十末；韓榮準捐銀二十末；韓吉準捐銀二十五末；吴行道捐銀一十一末；曾士杰捐銀一十二末；林樹崗捐銀一十末；吴□寶捐銀一十末；林仁惠捐銀一十末；雲茂拱、姚衍純、黄樹盛、韓任豐、韓英□、陳秋芳、陳成列、韓裕詡、陳元文，以上九名各捐銀八末；韓和準捐銀六末；林樹仁捐銀六末；陳昌□捐銀六末；韓名豐捐銀五末；雲逢佐、符用翊、吴亞奉、黄家雄、王菊崗、邢保仁、林樹清、林玉和、韓泰彝豐、張修鷲、林樹烈、韓效準、符載地、謝淵潮、黄家佳、韓益豐、姚貝山、張修榜、林天文、高士喜、韓新準、高日章、許仁興、雲昌成、張學賓、陳大謨、符世通、韓金準、莊振昌，以上二十九名各名捐銀四末；黄樹蘭捐銀十末；陳玉甫捐銀十末；陳嘉國捐銀四末。

符兆炳執簿：符和珍、吳安侖、楊維羨、吳乾培、傅佑之、黎丁忠，以上六名各名捐銀五末；符宏開、陳嘉翊、何榜寬、陳文琦、何敦仁、曾第錦、林天和、王工吉，以上八名各名捐銀四末。

同興廊執簿：符世裕、黃善禎、黃有錦、楊金行、韓修準、黃有訓、許詩運、楊維榮、黃善鳳、楊田平、陳昌清、楊維選、陳進星、韓定豐，以上□□□□□□□□。

張敬寬執簿：韓天翊捐銀一十末；符和文、柯嶺仁、吳乃寶、符顯順、王道伸、韓德和、盧廣盛、黃樹□、周成章、黃信□、陳如山、韓秀□、雲茂泰、潘義□、雲崇孝、□□付財，以上一十六名各名捐銀四末。

黃樹新執簿：林邦鼎捐銀十二末；黃樹新、楊可之、林猷德、韓良□、林天成、周緒□、周成業、陳德朝、林洪純、符世□，以上十名各捐銀四末。

潘于朝執簿：潘于朝捐銀四十末；韓誠準捐銀二十末；韓耀翊捐銀二十末；林天蕃捐銀十末；吳多昌捐銀六末；潘其輝捐銀五末；陳昌儒捐銀五末；陳明欽捐銀五末；陳輝明、林天寶、何秀華、沈志金、韓汝翊、王秉升、李天蘭、林鴻昌、郭貽盛、沈志芬、符開勛、雲逢星，以上一十二名各名捐銀四末；楊善成、曾志顯、黃長璇、劉基佑、張進邦，以上五名各名捐銀四末。

粟船史成光執簿：符鳩參捐銀三十末；陳如山捐銀十末；林天民捐銀十二末；韓恰豐捐銀十二末；陳貴華捐銀十二末；徐士進捐銀十二末；張夢鈴捐銀十二末；韓蛟豐捐銀十二末；韓安豐捐銀十二末；雲昌杰捐銀十末；陳嘉澤捐銀十末；許樂朝捐銀十末；青林氏參鶴捐銀十末；李世文捐銀十末；周緒章捐銀十二末；黃善選捐銀十二末；陳貴盛捐銀十末；黃有仕捐銀十末；□進豐捐銀□末；何名通捐銀十二末；陳如恒捐銀十末；陳如和捐銀十末；陳家美捐銀十末；許書雲捐銀十末；許書榮捐銀十末；王載舛捐銀十末；黎有泮捐銀十四末；鍾儒俊捐銀十

末；韓星豐捐銀十末；謝源演捐銀十二末；韓運翌捐銀十末；王魁生捐銀十末；韓富翌捐銀十末；陳玉美捐銀十末；雲逢業捐銀十末；雲逢祥捐銀十末；陳嘉孚捐銀八末；韓榮豐捐銀八末；韓貴豐捐銀八末；陳如財捐銀八末；雲崇玉捐銀八末；黃聞廣捐銀八末；張景禎捐銀八末；陳必全捐銀六末；陳如銘、林天中、葉用祀、陳嘉訓、陳嘉海、陳嘉智、高日江、潘有興、王槐盛、黃有財、韓禮豐、黃開明、黃善安、許文興、林樹植、韓福元、曾輝清、許書銘、許書宜、韓綴準、謝淵道、葉用霖、陳玉昭、陳嘉禮、陳嘉智、黃善欽、雲崇蘭、雲茂竹、韓招彝、陳貴選、陳寶敬、韓連元、韓應元、雲茂連、許書邦、韓盛豐、韓升翌、韓瑞豐、韓榜準、陳如信、韓爵豐，以上四十一名各名捐銀五末；韓倫準、陳嘉福、何名倫、陳貴宜、林邦智、韓高彝、符師伍，以上七名各名捐銀四末。

粟船張修文執簿：韓善豐捐銀二十末；謝源臻捐銀十二末；雲逢義捐銀七末；雲茂昕捐銀十末；史其堀捐銀十末；陳嘉寧捐銀八末；□□金、□□□、陳勉、韓球□、陳□煥、黃聞爵、雲昌熙、符宏謨、李昌水、林鴻綱、葉用智、符淇政、黃樹禮、韓萬準、韓善豐、陳如盛、施蛟禹、韓升豐、符建銘、許詩正、雲逢吉、吳乾貴、雲茂典、何忠烈、雲茂任、雲茂材、施鳳和、楊行富、雲逢榮、周成名、雲逢熾、陳進玉，以上三十二名各名捐銀五末；張修文、吳世俊、陳貴標、謝明執、雲崇爵、劉基壯、□□□□□、黃樹秀捐銀十二末；陳如豐捐銀十二末；陳貴標捐銀十末；韓德元捐銀十末；謝自芳捐銀十末；邱雄生捐銀十末；林天佑捐銀十末；林超柏捐銀十末；黃善豪捐銀八末；呂孝高捐銀八末；陳欽列捐銀六末；雲茂□金捐銀六末；史昌柏、林詩信、張用盛、雲茂、林鴻如、符世成、唐志琦、韓佳□、黃樹言、史昌煥、雲茂勝、韓文光、韓日元、呂乎文□□□□□□。

□船史成光執簿：韓通翊、韓鳳翊、韓嘉翊、韓克豐、陳得豐、林鴻豐、陳喜文、陳嘉忠、吳盛書、黃聞連、黃□遠、謝明殿、□進豐、韓昭翊、□銘豐、陳嘉你、符顯盛、潘先濟、符顯文、陳貴敬、史其芬、史昌運、史其發、林猷柏、陳進光、浪成，以上二十六名各名捐銀五末；奕珍捐銀四末；□樹熙捐銀四末。

潘仁安執簿：潘于龍捐銀十末、李滋伯捐銀十末、吴天道捐銀四末、鄧焕玉捐銀四末、陳如嶺捐銀四末、李名海捐銀四末。

槌油廊各執簿：韓利翌捐銀八末；陳嘉悦捐銀六末；韓開豐、曾興杰、許詩成、楊鍾錦、吴盛賓、蘇興球、陳嘉行、蘇興瑚、馮諾昌、李滋芳、葉順基、葉福基，以上一十二名各名捐銀四末。

潘宏輝執簿：瓊福利裝司事吴永明捐銀三十五末；瓊吉利裝司事符鼉捐銀二十五末；瓊昌盛裝司事齊興禮、瓊合利裝司事潘有敬、永裕泰裝司事潘于茂、新寶隆裝司事王載安、新成泰裝司事陳起廷、韓輝豐、新全利裝司事潘和輝、新順利裝司事謝源政，以上七裝各裝捐銀二十末；瓊泰盛裝司事潘炳輝捐銀十六末；金豐泰裝司事韓昕翌捐碑□銀十末；永□昌裝司事林樹仁捐銀一十末；新胜利裝司事張道文捐銀一十末；新同興裝司事許書□捐銀四末。

符用師執簿：新順利裝司事雲茂佩捐銀二十末；永和興裝司事吴世義捐銀二十末；瓊長興裝司事謝□□捐銀十五末；瓊全興裝司事黄樹進捐銀十五末；新同□裝司事符用捐銀十三末；瓊財興裝司事黄壽典、金萬盛裝司事林同滋、新吉利裝司事王連興、瓊福盛裝司事謝潤凉、新盛利裝司事符益三、順利公司司事周緒和、瓊順興裝司事林猷興，以上七名各名捐銀十末；瓊廣盛裝司事祝聲才、瓊財盛裝司事陳精仟、瓊合盛裝司事陳元香、永□興裝司事黄善禮，以上四名各名捐銀六末；瓊順利裝司事林鴻奎、雲協順裝司事雲茂莪、新隆興裝司事王鴻福，以上三名各名捐銀五末；瓊豐盛裝司事濟老業、瓊協泰裝司事潘運仁、瓊聯盛裝司事黄文相、新恒興裝司事符德梓、瓊發利裝司事潘□輝、瓊聚財裝司事黄家興、新寶興裝司事雲茂玖、瓊聯興裝寶盛公司、新美利裝司事吴元璋、新全泰裝司事李名富、瓊盛利裝司事陳世年、瓊順劉裝司事陳一雲、瓊興利裝司事嚴長佐，以上一十三名，□□□□□。

□和盛執簿：雲扶日捐銀十末；葉桂華捐銀十末；符鴻寬捐銀十末；黄樹峰捐銀十末；張敬典、陳之昆、黄善貴、符用綸、韓運豐，以上五名各名捐銀六末；□淵經、陳如成、□興聖、呂拔興、林天舉，以上五名各名捐銀五末；吳茂暈、葉用豐、陳如孔、林猷魁、劉文佳、張德聰、雲逢杰、呂友籍、韓寶翌、曾士興、許貴仁、曾興詩、吳盛義、韓容準、韓成豐、林所營、盧桂業、陳嘉穀、胡龍紀、符使俊、雲崇正、陳嘉義、雲茂瓊、雲逢緯、呂技行、周成斌、雲大灰、李發茂、雲昌期、韓現豐、胡龍興、謝自修、雲昌紀、韓坤準、吳忠英、呂華準、鍾儒清、呂華榜、黄善貴、呂升郁、呂拔升、王載銘、呂拔成、謝源深、呂升元、□□□、謝自芹、謝源汾、曾科泰、胡澤亨、呂升郡、呂升科、李榮邦，以上五十三名各名捐銀四末。

紡廊各執簿：符鴻瑪捐銀十末；吳書興捐銀六末；黄有安捐銀五末；鄭月深、韓馮翊、黄善成、邢信記、邢天受、余蘆續、雲逢仁、雲崇貴、吳乘元、葉琪基、雲崇傅、黄廣興、廊國萬、黄孔達、陳如奉、雲逢援、楊鍾榮、王代雄、馮夙珍、黄興壽、宋昭炳、邢天福、符世鎮、許樂統、林全仁，以上二十五名各名捐銀四末。

陳貴春執簿：陳貴春捐銀六末；邢定財捐銀五末；符樹福、潘隊光、黄善元、王全道，以上四名各名捐銀四末；詹修佳捐銀四末；黄正禮捐銀四末；盧儒業捐銀四末；陳如熙捐銀七末；符世連捐銀八末；吳友文捐銀九末。

陂嘉縑執簿：陳嘉欽捐銀十末；黎有豐捐銀十末；呂升凰捐銀十末；嚴成茂捐銀五末；蘇大榮、李滋文、馮夙琦、黄元善、韓恒豐、謝明懋、韓禮準、楊鍾芳、韓成豐、李位銘、韓炳光、林鴻芳、林鴻和、蘇寧昌、馮裕積、韓貴準、呂升隆、李廷榮、陳元猷、馮爾三，以上二十名各名捐銀三末；林樹森捐銀四末；韓榮興捐銀四末。

吳大仁執簿：符鴻結捐銀六末；韓國豐捐銀六末；潘運啓捐銀五末；陳元定、蘇家興、陳元吉、吳乾琦、劉炎英、韓家豐、林宏福、蘇家豐、吳安儀、林英文、楊金書，以上一十一名各名捐銀四末。

韓禄準執簿：韓禄準捐銀十末；王麟盛捐銀十末；彭開華、陳嘉仕、韓原準、韓執準、陳秋燕，以上五名各名捐銀四末；蔡世澤捐銀四末；唐儀亞捐銀四末；韓元輝捐銀十末。

韓拔元執簿：侯錦康捐銀二十末；侯芳利捐銀二十末；韓源□妻□□捐銀十五末；楊金德捐銀十末；張敬道捐銀十末；黃元貴捐銀十末；陳明美捐銀五末；韓星準捐銀五末；韓相翌捐銀五末；韓祥準、葉全壽、韓雲準、劉順舉、韓華元、韓恒豐、韓玉光、岑明芳、韓秉翌、曾志富、韓餘豐、張修經、韓萬翌、韓旨榮、王致倭，以上一十五名各名捐銀四末；韓瑞翌捐銀四末；韓忠□捐銀四末。

凌家壽執簿：凌家壽捐銀二十末；林猷文捐銀乙十二末；吳和興捐銀乙十二末；黃善清捐銀乙十二末；韓發豐捐銀乙十二末；陳如禮捐銀乙十二末；凌家和捐銀乙十末；凌廣盛發捐銀十末；謝裕珍捐銀乙十末；吳世芳捐銀乙十末；韓開豐捐銀八末；何題欽捐銀八末；韓有豐捐銀六末；黃有成、雲逢微、陳嘉賓、曾志升，以上四名各名捐銀四末；韓高元、曾士連、蔡章典、符鴻福、符顯裕、陳如慰、凌家政、周緒香、凌振樂、陳昌球、凌聲氣、凌家福、李錦春、凌家榮、李大積、莊家典、潘手祥、凌家典、周榮昌、凌家禄、陳署庭、符廷苑、雲逢鐸、吳乘爲、黃有保、吳家祥、陳嘉璃、符建簡、韓淵準、吳先典、王招盛、陳嘉麟，以上三十二名各名捐銀四末。

蘇積太執簿：蘇積太捐銀一十六末；陳寶富捐銀一十二末；陳貴尊捐銀一十二末；王道開捐銀一十二末；鄭昌任捐銀一十二末；黃有達捐銀一十二末；吳乾春捐銀乙十二末；王統記捐銀乙十末；陳貴雲、何修禮、張開杰、陳德信、陳德成、曾顯泰、李文明、李永安、禄世言、王道能、吳家球、韋學行、王道益、王統升、王益貴，以上十五名各名捐銀四末。

萬亲港各執簿：翁嘉祐捐銀四十末；陳興記捐銀三十末；陳精標捐銀三十末；王萬吉、王萬利捐銀二十末；王協昌捐銀二十末；王森茂捐銀二十末；唐萬興、王吉昌、符順發、盧順盛、黃信位、符用成、王統書，以上七名各捐銀一十末；黃樹明捐銀五末；黃禮繼、黃盛源、鄭合興、何魁、符用宗、梁耀升、陳德盛、陳一炳、符文獻、陳明星、李世龍、陳德贊、楊鴻欽、梁生義、林天住、陳昌輝、吴永貴、陳嘉飲、王士友，以上一十九名各名捐銀四末。

吴烈綱執簿：吴烈綱捐銀四十末；陳貴忠捐銀三十末；王美興捐銀二十末；潘琳輝捐銀二十末；雲茂達捐銀二十末；吴培根捐銀二十末；雲茂培捐銀六末；陳貴猷捐銀五末；陳如生、王載輝、王執成、黃樹佳、王□擢、黃善卿、王載德、雲茂運、陳如泗、陳如三、陳嘉思，以上一十一名各名捐銀四末。

韓登彝執簿：韓登彝捐銀廿二末；吴盛福、王宏忠、吴盛銓、韓春元、吴學顯、吴安維、符文信、陳錦軒，以上八名各名捐銀十末；陳嘉銘、韓瑪準、陳文榮、韓德元、潘光怡、楊綿綿、李士敬、楊綿金、韓末元、王道書，以上十名各名捐銀四末。

陳指日、吴福興執簿：陳貴益捐銀四十末；洪明欽捐銀二十末；符德玉捐銀十二末；謝家和捐銀十二末；馮爾花、吴乃福、陳元金、陳如□、符□坤、陳□□、陳貴儒、吴乃□、曾成宜，以上九名各名捐銀十末；林樹貴捐銀五末；吴聲教、盧良□、謝家猷、陳如□、盧明德、陳如□、韓豐興、黃道□、林和興、浪□□、陳如吉、吴顯□、梁居裕、王謙□、吴盛琦、番安□、洪明□、蕭娘□、梁同榮、符鴻□、王安成、潘先□、吴家昌、盧樹□、吴家煌、符樹□、吴□道，□□□□□□□□□。

四八四　登嘉樓瓊州會館館史銅牌

【碑刻名稱】登嘉樓瓊州會館館史銅牌
【材　質】銅材
【形　制】長方形横牌
【尺　寸】長一百三十八厘米、寬六十八厘米，共兩片
【書　體】楷書
【碑　額】無
【碑　題】登嘉樓瓊州會館館史
【碑文撰者】曾廣藩、黄競文
【碑文書丹】無
【立 碑 者】丁加奴瓊州會館第二十二届董事部
【立碑時間】一九五一
【存　佚】現存
【地　點】馬來西亞丁加奴瓊州會館
【碑刻録文】

本館建立，於今已五十五年矣。同人等追念先僑肇造之時，幾經挫折，前創後繼，費心血，耗資財，始有堂皇館宇；其偉大之功績，苟無記載，何以耀先勉後，飲水思源，遂有考修館史之議。乃於庚寅年羊日，邀請鄉僑耆老陳元時、嚴崇位、何敦興、林鴻玉、翁方錦、許書軒諸先生口述，由曾廣藩、黄競文二君紀録，稍事整理，刊于銅板，永留紀念。

我瓊居民，因地理環境之關係，善於航海，故與南洋交通，爲時最早。距今九十年前，鄉僑已客居登嘉樓、基里祇、甘傌仕，開墾荒山，種植胡椒，規模雖小，成績稍有可觀。道光咸豐年間，先僑翁公邦璽，在登坡芒沙比昇架造茅舍，以便鄉僑住宿。後因世事變更，翁公謝世，繼由翁榮煥公將該茅舍從新修葺；但限於財政，屋柱均以椰樹爲之，而經濟之來源，多由基里祇、甘瑪仕同鄉捐助。

俄而有一帆船由故鄉航海來，不幸於毛剪港破舟。先僑遂於破舟中拾得水尾聖娘，携回登坡，奉置舍中供爲正神，名之曰「水尾后廟」，亦曰「瓊州會館」。從此以後，專人奉祀，香火不絶，年時佳節，常向同僑勸捐，以維經費。基里祇、甘傌仕各埠同僑，來往登坡者，咸寓宿其間，鄉誼情感，日見濃厚，此則本館之前身也。

翁榮煥公辭世後，先僑嚴崇義、何啓蕃、黄振明、吴聲秀、符載經、陳聲進、林天行諸先生，以其原舍地窪濕穢，不甚適宜，遂創議籌備建築新館。由黄振明、吴聲秀二公購置吉大眠雅之地爲新館址，執有永遠地契。於是乃籌措建築費，除由本坡鄉僑樂捐外，再由嚴崇義、何啓蕃二公親往基里祇、甘傌仕向同僑勸募。但當時鄉僑經濟短拙，而且所經營之胡椒多爲別籍人所操縱，常賤價預沽期貨椒花，遂變通辦法定期以斗量胡椒代捐，其熱烈之心，誠堪欽佩。但當時捐款芳名及數量不詳，無從記録，殊爲惋惜。其屋瓦由嚴崇義公自故鄉清瀾港運來，堅苦卓絶之精神，可見一斑也。

計我館之建築，因經濟支拙，幾經頓挫，再接再勵，五年六載，方慶完成。美奂美輪，古香古色，龍蟠虎踞，水秀山明，先人後輩僑居興隆着想，可謂至矣。

光緒念一年春吉日，遷水尾聖娘於新館天后宫中。并由秦盛號遷來天后聖母，同時奉忠義神于左側。再由故鄉携來海外孤魂神牌及百有八兄弟神牌，奉祀於右側。從此神欣人樂，聚會有所，鄉僑團結之心益增鞏固。而前之水尾后廟，遂以爲回春館，以鄉僑偶抱采薪之憂者及外埠同鄉來往寓宿之所。其時僑居登坡之同鄉約百餘人，基里祇最多，甘傌仕次之。林公天行、林公天佳、吴公聲秀等，見我僑人數日衆，人事代謝，雪泥鴻爪，而客逝异地者苦無葬地，遂集資向巫人花亞吧購置山地一片，仁義慈善，我輩之標範也。

民十七年，立定章程二十五條，向居留地政府注册備案，得有華民政務司回字存照。民十八年，董事部成立，翁方昌公任首届正總理，許書軒先生任副理。是年又得政府加給在義山旁曠地一片，連前面積共八英畝强，名之曰「雪泥亭」。原乃集資建築雪泥亭一座，周圍築以鐵綫，耗資八百餘元，左支右拙，於竣工虧空尚巨。幸得財政林鴻玉先生當仁不讓，慨捐三百元，各職員贊助，以全其事。

民十九年，地皮價漲，寸金寸地，回春館址遂啓外人覬覦之心，圖謀占奪，暗將其地畫入其地契之内，與我館發生糾紛。當時翁方昌公、林鴻玉先生極爲憤懣，出而交涉，對簿公庭。又得冼世昌公作人事之周旋，始得地歸原主，此則翁、冼二公及林鴻玉先生之功也。

民廿八年，翁方昌公、許書軒先生倡議重新修葺回春館。出發外埠，籌募經費，以成其事，從此館務進展，設備完善。可惜第二次世界大戰爆發，馬來亞淪陷，一切文件簿據，均毁於火，館務停頓。在戰争與和平過渡期間，傢私散失，捐壞不堪。民卅五年四月間，籌備復辦，登記會員越二百餘名，選舉董事，翁方昌公任正總理，翁詩芬先生副之，董事得人，鄉僑協力，漸復舊觀。民卅六年，會員增至五百餘人。是年五月十三日，農曆三月廿三日，舉行慶祝本館五十二周年紀念。開演瓊劇，招待來賓，誠本館空前未有之盛典也。

民卅七及卅八年，翁方昌公蟬聯正總理，對內對外，辦事周到，館務更加進展，足見翁公服務之精神而同僑所信仰也。一九五〇年，同人被選爲董事，除稍盡綿力外，更感世事之滄桑，人事之代謝，念先僑之功德，勵來者而奮勉，爰有酌修館史之議。願我同僑，秉傳統之精神，一心一德，群策群力，共謀鄉僑及桑梓之福利，方不負先僑之衷心也。

一九五〇年春瓊州會館第廿二屆董事部修正。

贊助人芳名列下：

許聲琦、林鴻玉，以上二名各捐二百元；紀念史福章一百五十元；傅蔭川、楊應晄、陳世楠、邢詒垣、許家經、許書軒，以上六名各捐一百元；林猷文、會廣蕃、符氣英、鄧學俊、邢穀裕、何敦興、楊應會、邢詒春、黃必佑、王啓文、楊善鑽、林鴻飛、陳大榮、許萬謙、李家瓚、許世裕、許聲騏、王國和、符樹進、翁詩芳、紀念王祚鑾、翁紹環，以上廿二名各捐五十元；許聲瑞、許聲珍、許書輊、伍書豐，以上四名各捐二十元；文玉銘、黃競文、施耀南、華景暄、張光昌、符和權、翁紹甫、吳蘭卿、林猷亨、許聲誼、陳時初、林猷貴、符樹凰、劉宏就、何達億、王祚繩、翁紹年、林猷登、符和積、王祚統、李昭棠、翁詩儒、陳繼書、陳升敏，以上廿四名各捐十元；龍興玟、祝朝元、符祥利、陳序琮、蘇啓亞、翁對臣、許聲椿、楊宗杰、楊藩階、王祚騰、王國振、王會柏、李昭榮、符和萬、許聲富、翁紹京、黃才善、邢穀仕、黃友蘭、翁紹泰、林鴻義、郭斯萬、邢升平、許世惠、趙錫華、鄧學明、許聲武、歐繼英、楊文五、王永澄、馮朝育、黎瀛光、蔡時光、潘先裕、曾廣垣、潘正月、王禄煒、翁紹興、邢穀順、傅泉舟、陳序瑢、翁方貴、翁詩萬、嚴福仁、許聲宣、楊應璵、林猷桂、史可琚、周開春、黎玉璜、陳義杏、陳貴炳、邢詒梅、駱立潔，以上五十四名各捐五元；楊昭成、符和福、陳家傳、符載桐、鄭有興、符史英、駱義秀，以上七名各捐四元；符致安、林天椿、陳元時、陳升效、符家春、王家澤、蔣界芳、祝家信、陶明秋、華開薰、華景存、馮嘉宣、馮嘉富、王有明、符國權、許世文、符大光、邢定揆、梁其桂、黃百壯、翁紹吉、林猷訓、翁詩由、翁詩昊、鄧學堂、鄧興升、翁詩炳、符國禧、張珊臣、王永樂、翁詩坤、陶明柳、張仁融、符氣順、符和福、鄧學成、符和藻、陳升豐、馮世周、符用芳、馮啓潤、陳足豐、陳治成、孫世輝、陳川蔭、符德運、符祥春、林樹鑒、曾紀萬、曾紀淮、黃昭億，以上五十一名各捐三元。

一九五一年十二月十五日勒。

本館於客年籌刊館史，計議修理各項建設，在總理許聲琦、邢詒垣兩君領導之下，竭力進行；又得各鄉僑熱心贊助，其館中各項建設之修理，均次第完成。而特捐之款，尚有餘額，於是乃進行修理雪泥亭。其鐵箣籬圍，雖經畢事，但門亭尚未竣工，而特捐之款，業已用罄；以此再由各鄉僑自動捐助，再接再勵，而雲泥亭之修建，遂獲以竟全功。此雖係總理之領導有方，董事之勠力合作，而贊助人之功德，亦不可泯滅，今特將其芳名勒於銅版，以留紀念。

贊助人芳名列下：

楊應啍二百元；陳繼榮六十元；嚴崇位、嚴福雙、符鴻霖、翁開道，以上四名各捐五十元；嚴世深三十元；嚴世維、黃振發，以上二名各捐廿元；嚴安流、嚴福欽、嚴福秀、謝晋禧、符鴻和、陳賢才、何和漢、嚴安存、嚴安錦、嚴福模、楊志鴻、邢德民、邢詒梓，以上十三名各捐十元；嚴居椿、符祥春、符祥華、陳聲鶴、李有深、符樹海、黃大純、陸茂安、黃昭儒、黃昭盛、黃有乙、陶明柳、陶明秋、王永樂、何啓錦、嚴福梓、嚴安達、符福軒、李文坤、邢保文、王德坤、陳如琳、林猷雄、許聲造、許萬謨、林明源、劉統猷、邢誇耀、許萬照、黃守桐、符氣深，以上卅一名各捐五元。

一九五一年十二月十五日勒。

二十八　九皇爺

四八五　南天宮（斗母宮）斗母宮匾

【碑刻名稱】南天宮（斗母宮）斗母宮匾

【材　質】木材

【形　制】長方形横匾

【尺　寸】長二百五十厘米、寬三十六厘米

【書　體】楷書

【碑　額】無

【碑　題】斗母宮

【碑文撰者】無

【碑文書丹】無

【立 碑 者】建宮董事等
【立碑時間】一九五四
【存 佚】現存
【地 點】馬來西亞吉隆坡南天宮（斗母宮）
【碑刻録文】

斗母宮

此處真脉，結成福地，靈氣宮堂。自前清光緒壬午年，宮顯被四方，遠近人求必應。於兹歷經多年破堪，迢至一九五四春，本事承諸信徒委托，乃進行殿宇齋堂。各方熱心士女雲涌慷慨輸將，俾宮闕得成，稍慰私衷。今慶落成，爰行以志焉。

斗母宮建宮董事林秉俗、林秉增、林福興、林和協、林振宗、林國才、林文球、林天乞、林天賜、林升級、林金麥、林其山、林玉鑽、林淵清、葉光桂、葉山河、葉金基、葉善讀、葉鴻雁、葉揚生、葉國恩、葉振作、葉金星、葉壬癸、唐桂承、黄地、黄則乳、黄朝宗、黄鐵民、黄世美、劉連長、劉興發、劉清河、劉文通、劉管良、許遠生、許玉蘭、許溪水、許玉慶、許金水、蘇文雙、蘇朝陽、蘇石磷、鄭金來、鄭萬隆、顔再來、陳仲發、傅開金、謝自然、謝承富、張金水、楊建源、梁永豐、胡桂芬、方福壽、潘啓才、廖明烈、梁福成、陳天助、鄭亞九。

四八六　南天宮（斗母宮）酬神木匾

【碑刻名稱】南天宮（斗母宮）酬神木匾

【材　質】木材

【形　制】長方形横匾

【尺　寸】長六十八厘米、寬三十二厘米

【書　體】楷書

【碑　額】無

【碑　題】安邦南天宮

【碑文撰者】無

【碑文書丹】無

【立 碑 者】建宮董事等

【立碑時間】一九五七

【存　佚】現存

【地　點】馬來西亞吉隆坡南天宮（斗母宮）

【碑刻録文】

安邦南天宮

九皇大帝林府太師田馬元帥。
新輦轎三座，新釘轎一座。
沐恩弟子：劉國明、莊財寶，三百元；孫賜森二百元（下略）郭全波、溫如意、陳切、林真，二拾元；張亞根拾元。叩謝！
一九五七年九月吉日。

二十九　三山國王

四八七　霖田祖廟重修廟宇捐題碑

【碑刻名稱】霖田祖廟重修廟宇捐題碑
【材　質】石材
【形　制】方形碑
【尺　寸】長八十六厘米、寬八十六厘米
【書　體】楷書
【碑　額】無
【碑　題】無
【碑文撰者】無
【碑文書丹】無

【立　碑　者】霖田祖廟主持

【立碑時間】民國三十六年（一九四七）

【存　　佚】現存

【地　　點】馬來西亞吉隆坡霖田祖廟（三山國王廟）

【碑刻録文】

中華民國卅六年孟夏月重修廟宇，各善士捐題芳名列左：

劉壽榮壹佰元、范潤泉五十元、三和公司五十元、潘教五十元、葉東仁五十元、張新有五十元，以上名譽總理。
鄭竈炎、庭合利、林羌、葉武畢、錦芳號、廣同泰、許興、鄒榮、賴日、鄧懷仕，以上各二十元；葉晉仲、葉子
球、源發號、兩聲號、林茂德，以上各十五元；胡漢記、陳石羅、廣和號、就記號、新蓮號、合益號、堅士號、
新月、南興隆、新泉泰、凌觀元、新興隆、林進、莊秀浩、陳柏康、許招、鄒貴、謝玉獻、葉金間、謝相、蕭觀
松、嚴娣、李妹、葉性鴻、賴有月、鄭玉蓮、陳義、羅華、吴景□，以上各十元；羅苟、陳盛、葉乙桂、寧安
黛、陳錦松、仁安臺、錦成號、益隆、順利、安和、建昌、聯興、祥隆、永和、盛昌、東昌、葉瑞彝、保壽堂、
永源、容源、林記、瑛記、源利、葉鳳來、蕭世仁、葉於茂、珍利、趙有、張勝、葉平福、葉有發、陳亮、葉晉
發、羅福記、彭隆、李觀煜、古玉、葉葛均、葉鳳鳴、蕭有、彭應用、鄒玉顏、蔡文源、黄貴娘、蔡文德、蔡德
娘、蔡嬌、陳江、曾觀洪、觀慶、王玉、梁玉有、黄恭松、彭三桂、武亞奴、蔡德隆、莊新成、葉茂賢、葉子
鳳、莊惺漢、莊耀輝、劉群德、莊石娘、莊新禄、葉玉富、莊春日、莊成聰、彭仁安、葉陳氏、鍾滿、金裕發、
鍾嬌、陳觀英、朱福仁、陳蘭、陳汝、鍾丁、陳富貴、屠兆彝、陳良、源源、德裕棧、賴伍、朱金華、彭夏、李
炎、黄玉泉、劉三采、廣浮利、蔡三强、葉青勝、曾欽、曾牛、張蜜香、曾群、鴻圖洪、陳華梅、林世容、蔡

生、伍俙貴、曹石才、楊琦恭、余八記、張達静、黄勝記、葉運、陳翚榮、陳玄解、吴博明、龍保、張丁修、張新修、廖三、周泉、黎青翠、廖馮氏、□緣榮、林華生、林仙華、黄有三、葉三忠、楊光明、梁水生、黄三娘、莊木全、李曾氏、戴翠嬌、彭景□、陳佛金、陳月發、許音、葉保華、許頒壽、蕭財、鄧金、黄清新、黄來、李石、莊大樹、張華楓、員福、馮有、戴清、戴運奴、葉三鳳、黄茂龍、□會、許有、鍾廣榮、楊春華、彭愠、林栓、顔華、鍾來、莊水、林玉槐、林錫雲、葉華珍、曾保、許仕興、黄德洪、林炳、黄樂、劉思鵬、黎木、黄玉粦、葉茂春、劉青、葉瑞安、韓松、□運、羅洪、葉勝仁，以上各五元。

三十　惠澤尊王

四八八　慈濟宮新廟落成記牌

【碑刻名稱】慈濟宮新廟落成記牌
【材　質】銅材
【形　制】長方形立牌
【尺　寸】長一百一十六厘米、寬六十八厘米
【書　體】楷書
【碑　額】無
【碑　題】慈濟宮新廟落成記
【碑文撰者】無
【碑文書丹】無

【立 碑 者】葉氏裔孫等
【立碑時間】一九五五
【存　　佚】現存
【地　　點】馬來西亞檳城慈濟宫
【碑刻録文】

慈濟宫新廟落成記

歲在乙未孟冬之十一日，慈濟宫工事既竣，而吾祖惠澤尊王登殿大典，且慶厥成。是日也，天氣晴明，惠風颯爽，階前演劇，壇下宣經。微但闔族老少競薦馨香，門爲之塞，即全坡人士瞻仰膜拜，踵更相連，洵盛事也。回溯吾王駐蹕斯邦，歷有年所。其間示葯起病，施法伏魔，神通廣大，往往出人意表，以故口碑載道，遐邇同欽。本宫籌建之議，早在族人心胸。先達祖意公且於二十年前獻地特舉，原宜早日興工，樂觀其成，以奉吾王之憲憲令德，普濟群黎。庸詎知日寇踐踏，人心皇皇，興建之舉，因之無形中止。兩年以來，热心人士，宿願復萌，於是一方組織董會，分頭勸募，設計畫圖，動土興工。精神物質，競相貢獻，不期年而巍峨宫殿已矗立于市之中心矣。從此宫門大啓，靈光普照，將見其惠及萬方，將億萬斯年而弗替也。大典既成，因記其始末梗概，并條列熱烈獻金者之芳名于後。

乙未年十月　日裔孫等敬謹拜紀。

葉李清根伍仟元、葉連成伍仟元、葉金和伍仟元、葉福和伍仟元、葉福興伍仟元、葉選青壹仟貳百元、菊花壹仟貳百元、夙慕玖百元、江南伍佰伍拾元、文畋伍佰壹拾元、萬尚伍佰元、嘉興肆佰元、文興肆佰元、新海叁佰元、隆成叁佰元、清談貳佰伍拾元、雲中貳佰元、雲美貳佰元、清昆貳佰元、延玉貳佰元、瑞蘭貳佰元、阿守貳佰元、綿啓貳佰元、□珍壹佰伍拾元、苔痕壹佰叁拾元、由修壹佰叁拾元、其祥壹佰元、天池壹佰元、藏令壹佰元、德木壹佰元、德洽壹佰元、相固壹佰元、受恩壹佰元、啓良壹佰元、祖猛壹佰元、青山壹佰元、新燕壹佰元、意敏壹佰元、祖悦壹佰元、南河壹佰元、生財壹佰元、德貴玖拾元、再炎柒拾元、燕丹柒拾元、東興陸拾元、延欽陸拾元、甲乙陸拾元、仰燕陸拾元、文墨伍拾伍元、泉標伍拾元、明珠伍拾元、相河伍拾元、朝德伍拾元、燕釵伍拾元、良樹伍拾元、綿謨伍拾元、東悌伍拾元、文權伍拾元、金盾伍拾元、棟炎伍拾元、彩焕伍拾元、焕彩伍拾元、良和伍拾元、峇連伍拾元、金貴肆拾元、燕旺肆拾元、妹娘肆拾元、光作肆拾元、光彩肆拾元、由命肆拾元、其來叁拾元、魚鰍叁拾元、金邊叁拾元、文沙叁拾元、文等叁拾元、祖槍叁拾元、文字叁拾元、金龍叁拾元、泵林叁拾元、祖鳥叁拾元、亞德叁拾元、愛華女士叁拾元、祥茂貳拾伍元、金蘭貳拾伍元、慶昌貳拾伍元、秋□貳拾元、炎治貳拾元、燕□貳拾元、培英貳拾元、福履貳拾元、文焕貳拾元、源進貳拾元、新翰貳拾元、圖典貳拾元、江地貳拾元、五敏貳拾元、發利貳拾元、鳳枝貳拾元、厚老貳拾元、余□貳拾元、清純貳拾元、秀麗貳拾元、貽杭貳拾元、文子貳拾元、永和貳拾元、大友貳拾元、茂林貳拾元、再舉貳拾元、意成貳拾元、玉水貳拾元、養騫貳拾元、敬煌貳拾元、銅鏗貳拾元、燕田拾伍元、順成拾伍元、來發壹拾元、秋力壹拾元、啓順壹拾元、鳳明壹拾元、新苔壹拾元、東水壹拾元、新澗壹拾元、培坤壹拾元、葉漠卿壹拾元、連芳壹拾元、偶錚壹拾元、東勇壹拾元、長城壹拾元、尚友壹拾元、添祐壹拾元、福仁壹拾元、壬癸壹拾元、添才壹拾元、獨占壹拾元、徐處壹拾元、景社壹拾元、祖成壹拾元、濮水壹拾元、振源壹拾元、貽欽壹拾元、光水壹拾元、發興□□壹拾元、謀□壹拾元、貽安壹拾元、天民壹拾元、虎榜壹拾元、福緣壹拾元、葉啓昌壹拾元、延亮壹拾元、式銘壹拾元、山河壹拾元、蝶水壹拾元、存廣壹拾元、□平壹拾元、貽練壹拾元、金盾壹拾元、孫馳壹拾元、長水壹拾元、玉琳壹拾元、德河壹拾元、烏□壹拾元、偶劍壹拾元、西兑壹拾元、貽□壹拾元、尚定壹拾元、茂豐壹拾元、羌儒壹拾元、光勵壹拾元、廣連壹拾元。（拾元以下恕不列上）

四八九　慈濟宮惠澤尊王傳牌

【碑刻名稱】慈濟宮惠澤尊王傳牌

【材　　質】銅材

【形　　制】長方形立牌

【尺　　寸】長九十八厘米、寬六十八厘米

【書　　體】隸書

【碑　　額】無

【碑　　題】惠澤尊王傳

【碑文撰者】明江西布政使邑人戴廷詔

【碑文書丹】無

【立 碑 者】慈濟宮

【立碑時間】不詳

【存　　佚】現存

【地　　點】馬來西亞檳城慈濟宮

【碑刻録文】

葉聖王者，南安高田人也。諱森，謚廣縺侯。有宋教諭葉三翁十一世孫。父廷顯元君，母大仙陳氏第三。復昆仲二人，王居其長。初太王樂善好施，積德甚厚。嘗夜夢三桂交柯，飛星入堂。晨興异香撲鼻，紫氣迎眸，心竊奇之。乃未幾而太妃娠矣。於宋淳熙十六年己酉十二月初十日誕王，名之曰森，其以此歟。王生而穎异，少而豪杰，獨居凌雲堂，不如葷，不受室，亦不與庸俗偶。吉凶禍福，所言者奇中。嘉定元年戊辰，王年二十歲。一旦浴沐更衣，端坐而蜕。鄉人德之，立廟上宫，今慈濟宫其故址也。後屢著靈异，凡有祈禱，如響立應。嘉定末有功於朝，寧宗還宫，賚敕封之，授其秩曰「威武惠澤尊王」，并賜祀典。

夫功大者爵必高，爵高者澤必長。受封以來，神光愈熾。水火盜賊，王則捍之；灾殃疾疫，王則禦之。歷今數百年，其所以護國裨民者，功難殫述。宜乎德音懋著，英聲爛然。况朝嚏者歌載道，薦犧牲者人如雲也。於戲懿哉！神杰亦由此靈哉！高田之山半插雲日嶄岩乎，南（安）之北、安（溪）之東而葉聖王産焉。文章爲泉（州）名岫，峭拔乎南（安）之北，永春之南，而郭聖王居焉。雖離三十里許，其脉同發天柱。雄鎮對峙，正氣特鍾。二王一以慈聞，一以孝著。報國同時，榮封同爵，其神光普照，兩地和同一轍，亦可知山岳之鍾毓者大也。則後此億萬斯年而王之聲靈赫濯，亦將與日月經天，江河緯地，同垂永久而勿替也夫。

明賜進士出身任江西布政使邑人戴廷詔拜撰。

三十一　清元真君

四九〇　雅加達鳳山廟碑文

【碑刻名稱】雅加達鳳山廟碑文

【材　質】石材

【形　制】長方形橫碑

【尺　寸】長六十八厘米、寬四十八厘米

【書　體】楷書

【碑　額】無

【碑　題】無

【碑文撰者】無

【碑文書丹】無

【立 碑 者】鳳山廟欽賜雷王奉官、董事人張木厚等

【立碑時間】清道光十九年（一八三九）

【存 佚】現存

【地 點】印度尼西亞雅加達鳳山廟

【碑刻録文】

蓋聞中華之創制，垂諸永遠而不移；蠻國之規條，恒以不久而更變。故當其更變之時，苟非左右維持，勢必墜其局中。我泰邑人等來販西洋，自和一七五五年五月廿八日，鳩金建置鳳山廟，契書第四百〇六號，崇奉清元真君。每歲捐金祭祀，以安神靈，未有他費。及和一八一七年新例一降，飭令閣屬庵廟寺觀，按積清算，交納公班衙八仙。初因參差不齊，無從備項，積欠三年。至一八一九年，公堂甲必丹李代墊還清。于是曉喻爐主，務必按年自行清楚，勿以前此挂欠貽累墊賠。自此，爐主按年清楚無异。後因祭費不敷，自和一八二三年至一八三三年，俱無清還。兹因公班衙將岑大使名字時礁三百四十盾。厚等聞知，不勝驚駭。於是招列位捐金佰餘盾，費用作字入於王上，瀝情申訴，果係神廟，并無别契，所欠八仙，恩准赦免。幸于和一八三九年三月初一日第三號案奪董事人等，申訴大使廟情，由今將所欠八仙并禮罰，着概予蠲免。以後逐年亦准其免還。謹將案由勒石，以垂久遠。此則真君之有靈，亦我同人之所厚幸焉。謹志。

道光十九年歲次己亥五月，和壹仟八百三十九年六月，欽賜雷王奉官，董事人張全官、楊振和、張木厚、劉㞕官、薛摘官、張金聲，仝立。

四九一　清元真君碑記

【碑刻名稱】清元真君碑記
【材　質】石材
【形　制】長方形立碑
【尺　寸】長一百五十厘米、寬九十厘米
【書　體】碑題篆書，碑文楷書
【碑　額】無
【碑　題】清元真君碑記
【碑文撰者】無
【碑文書丹】無
【立 碑 者】甲必丹章芳林
【立碑時間】清光緒十三年（一八八七）
【存　佚】現存
【地　點】新加坡國家博物館
【碑刻録文】

蓋易有之一則曰「大哉乾元」，再則曰「美哉坤元」。是其得乾坤之正氣，而能清明在抱，清明糾虔，以葆乎性真泰然，天君無爲。若神之稱，夫固有自來。籌經有功於世，則享俎豆之芳芬；造福於民，則結因緣於香火。清元真君，護世保民，聲赫靈濯，四方士女，莫不共欽。惟是廟宇缺如，神靈莫要，爰於新嘉坡亞吧福建乃根街，而爲之立□廟焉。維時凡近荊鑾之居者，咸思神而祠之。然溯其廟地所從來，係爲郡侯進士覃恩欽加二品銜先君三潮公購得，因而土木頻興，新其祠屋，計閱六月而告竣焉。從此鳥革翬飛，瞻廟貌者群思雍蘭敕舍鵠立，薦裕安者用潔□盛將□在德，□佑爲良，物阜民康者，威靈而職司守土，年豐人壽，民拜禄藉以永沐殊恩。是爲之序。

大清國欽加二品銜戴翎候補道加三級、大英國欽命督憲特授甲必丹玻璃主章芳林恭立，光緒拾叁年歲次丁亥桂月□浣穀旦。

四九二　清元真君廟條規

【碑刻名稱】清元真君廟條規

【材　　質】石材

【形　　制】長方形立碑

【尺　　寸】長一百三十三厘米、寬六十七厘米

【書　　體】楷書

【碑　　額】無

【碑　　題】清元真君廟條規

【碑文撰者】無

【碑文書丹】無

【立　碑　者】章桂苑

【立碑時間】清光緒十七年（一八九一）

【存　　佚】現存

【地　　點】新加坡國家博物館

【碑刻録文】

清元真君廟條規

廟内香火，舉一司祝并副雜者相助爲理，務必時時打掃潔净，以壯觀瞻。

廟中琉璃燈，須日夜光明，案上香火不離，朔望更宜齋餐，以昭誠敬。

司祝人等，不得少違王家法律，以干例禁。

廟内静室，不許司祝人等聚賭聚飲及設鴉片烟具，邀集朋衆，引誘匪人以蹈不法。

司祝之過路親朋或游方僧道，偶欲投借房舍，須有本號批許字樣，方准照行，毋許擅專。

無論僧道人等，凡得本號許以暫時寄住者，亦宜恪諸一切規矩；約住日滿，又須及早告行，不得遲延，以昭一體。

司祝人等，規矩必遵，善信必敬；不可逾閑苟間，自誤犯規，違者飭退，决不姑寬。

時光緒拾柒年歲次辛卯五月穀旦，欽加一品銜賞戴花翎鹽漕運使司奉派駐新北洋委員籌辦南洋等處東賑事務章桂苑立。

四九三　重修長泰廟碑記

【碑刻名稱】重修長泰廟碑記
【材　質】石材
【形　制】長方形立碑
【尺　寸】長一百八十六厘米、寬五十八厘米
【書　體】楷書
【碑　額】無
【碑　題】重修長泰廟碑記
【碑文撰者】無
【碑文書丹】無
【立 碑 者】大總理王春魁等
【立碑時間】民國五年（一九一六）
【存　佚】現存
【地　點】新加坡國家博物館
【碑刻録文】

重修長泰廟碑記

溯自前清道光二十九年，章君潮翁、張君克翁等桑梓誼篤，籌款購地，建設長泰會館於長泰街内，奉清元真君尊神。聞諸父老，僉曰：當初廟宇前後兩進，洵大觀也。厥後歲月久長，廟屋頹壞。延至光緒十三年，章甲政桂苑翁獨捐巨款，改築两房一廳於前。光緒廿一年，湯甲政河清翁熱心公益，復造四角亭於後。乃者墻完棟腐，難蔽風雨，同人等邀集南洋泰籍僑胞，慷慨樂輸，重爲修理。兹當落成之日，神人共慶，合應勒碑銘功，以垂不朽焉。

中華民國五年拾月，大英壹千九百壹拾六年拾月。

大總理王春魁、謝秉奎、謝保赤、楊文哇、洪敬時、謝深渊、湯逢畀、廖淇竹、湯國梁、王萬謙、湯升禾、湯龍飛、林振僑、戴獻禄、楊少珍等人仝立。

三十二　何氏九仙

四九四　九鯉洞功成爰爲之頌碑

【碑刻名稱】九鯉洞功成爰爲之頌碑
【材　質】石材
【形　制】長方形立碑
【尺　寸】長一百一十六厘米、寬六十二厘米
【書　體】楷書
【碑　額】無
【碑　題】九鯉洞功成爰爲之頌
【碑文撰者】受教門人乾鎮
【碑文書丹】無

【立 碑 者】九鯉洞董事人等
【立碑時間】一九六九
【存　　佚】現存
【地　　點】印度尼西亞直民丁宜九鯉洞
【碑刻録文】

九鯉洞功成爰爲之頌

頌曰：

瓊瑶法教，溯源莆田；禮惟南駐，歷有所年。士元仙長，受命於天；降鸞呵護，黎庶山川。靈丹符水，度救萬千；仙恩浩蕩，被及海埏。瑶壇高建，爰集鄉賢；大興土木，悉盡所能。朝夕不怠，道兄乾牽；弗辭勞瘁，大任斯肩。經之營之，廿載辛勤；萬年寶蓋，聿觀厥成。堂哉皇哉，輪焉奂焉；滿園桃李，樂拜宫墻。瞻仰載道，裙屐聯翩；三生有幸，香火因緣。印尼蘇島，直名丁宜；市區名勝，地以神傳。緬兹盛舉，僉曰空前；摛詞以頌，立石而鎸。

受教門人乾鎮敬撰。

四九五　公建九鯉洞并重修碑記

【碑刻名稱】公建九鯉洞并重修碑記
【材　質】石材
【形　制】長方形立碑
【尺　寸】長一百一十八厘米、寬六十二厘米
【書　體】楷書
【碑　額】瓊瑶法教
【碑　題】公建九鯉洞并重修碑記
【碑文撰者】受教凡徒乾鎮
【碑文書丹】受教門人兩養
【立 碑 者】九鯉洞董事人等
【立碑時間】一九六九
【存　佚】現存
【地　點】印度尼西亞直民丁宜九鯉洞
【碑刻録文】

公建九鯉洞并重修碑記 瓊瑶洪教

蓋聞祀典之興，由於恩澤之及人，而恩澤之及人者，莫如我瓊瑶教主，暨諸仙師、文武聖神降鸞呵護，指迷禍福，靈丹符水，愈其疾病，救其離危。所蒙仙聖垂佑，豈能盡述，是以男女老少，咸尊崇而敬奉焉。而洞宇早經民國戊子年集資興建，因當時用度缺乏，草草告成，以致歷年經受風雨剥蝕之下，朽者朽，敝者敝，漸有不能終日之勢；苟不能加以修葺之，將朽者遂朽，敝者遂敝，其何以永傳而弗替也。歲之壬寅，爰集本洞諸門人捐資而重修之，仲冬開工，翌年桂秋告竣。後座洞宇因經費不敷，暫告停止；延至戊申歲，再募資而重建。桂秋經始，是年臘底落成，則洞宇一新焉。願後之視今，猶今之視昔，永久而常新之，是於厚望也。

受教凡徒乾鎮敬撰，受教門人兩養敬書并鎸，太歲己酉年季春榖旦立。

三十三　開山聖侯

四九六　修整開山聖侯廟宇碑

【碑刻名稱】修整開山聖侯廟宇碑
【材　質】石材
【形　制】長方形立碑
【尺　寸】長一百厘米、寬四十六厘米
【書　體】楷書
【碑　額】無
【碑　題】大清光緒三十年葭月修整開山聖侯廟宇碑
【碑文撰者】無
【碑文書丹】無

【立　碑　者】開山聖侯廟廟主董事
【立碑時間】清光緒三十年（一九〇四）
【存　　佚】現存
【地　　點】新加坡開山聖侯廟
【碑刻録文】

大清光緒三十年葭月修整開山聖侯廟宇碑

董事：王水宣、王茂盛、王鳥脚、王大母、王清花。
王火成捐銀壹佰貳拾元；烏脚貳拾元；繡蝦拾伍元；錦春拾肆元；連□拾貳元；曾□拾貳元；清花、新興、庚□、佛枝、漢河，各拾元；萬釗捌元；文旦柒元；茂德柒元；茂盛、咒□、□□□、水深、大買、孫大山，各陸元；文德、艾□、柳希元、水玉、水展、柳秋、春生、火旺、紅楓、水佑、佛保、林天璋、便淡、□□□、盟筒、溪水、南山、佛福、沂洛、梅花、延□、哈目、佛贈、水□、金葱、天□、成木、□盛、□□□、暨□、宜候，各肆元；佛興、金全、成吉、安然、媽追、泰順、清枝、柳興輪、慶□、瓊花、石性、阮連生、火大、成玉，各三元；傌意、天成、桂洋、德結、興隆、瑞麟、文渠、長流、族□、天啓、水永、聲重、高生、添成、品香、瑞英、玉春、水寶、秀香、補鼎、水盛、金澤、鼠□、林塔坤、火抛、添□、火鎮、旋□、水作、加喜、林水沫、隆興、榮科、玉□、細母、熱□、太山、貴香、克成、萬□電、鱔□、香花、李□香、水波、金發、烏□、寮□、林自在、進財，各貳元；狀□、水龍、吉寧、福泉、新福、保順、桂祥，各一元伍角。

一九〇四。

四九七　重修開山廟樂捐碑（一九七七年）

【碑刻名稱】重修開山廟樂捐碑（一九七七年）
【材　質】石材
【形　制】長方形立碑
【尺　寸】長一百五十厘米、寬八十八厘米
【書　體】楷書
【碑　額】無
【碑　題】無
【碑文撰者】無
【碑文書丹】無
【立 碑 者】開山聖侯廟董事
【立碑時間】一九七七
【存　佚】現存
【地　點】新加坡開山聖侯廟
【碑刻録文】

贊助人：陳中明；正主任：王文石；副主任：柳錦峰；正財政：王世貴；副財政：胡振鴻；正秘書：林耀明；副

秘書：王榮宗；名譽董事：王文石、柳錦峰、王添福、王亞拾、王榮宗、王榮福、王振源、王清良、王世貴、陳亞英、丁身祥、洪海洲、何木水、王坤春、胡振鴻、陳耀明、韋邦澤、王燕填、王慶獒、王金福、王細九、王長泰、王振謙；募捐委員會委員：王碧清、王水金、楊亞成、丁身祥、田亞俤、何振生、何目林、何黃利、王振源、王貴義、王德春、李賜來、李亞喃、李福順、何連生、何亞美、何森贊、柯金發、吳亞恣、馬文記、柳文合、梁金泉。

丙辰年十二月初五日重修開山廟諸善男信女樂捐芳名列左：

陳中明壹萬；王文石肆仟；柳錦峰貳仟；王添福貳仟；王亞拾貳仟；王清良壹仟；王榮宗壹仟；王榮福壹仟；王振源壹仟；王世貴壹仟；陳亞英壹仟；丁身祥壹仟；何木水壹仟；洪海洲壹仟；王坤春柒佰；王長泰伍佰；胡振鴻伍佰；王金福伍佰；韋邦澤伍佰；王細九伍佰；王燕填伍佰；王慶浚伍佰；陳耀明伍佰；王振謙伍佰；王榮業肆佰；王捷明肆佰；王瑞茂、王麗金、林耀坤、歐陽東、王蓮花、鍾萬寶、王坤茂，各叁佰；楊鴻泰、王明水、王細目、王水添、王先瓶、林明明、王梅洲、陳敦成、楊三民、王江水、謝芳華、潘金龍、陳秀金、陳亞族、王榮玉、王德春、王明金、王育麟、黃東桂、柳裕發、楊銘畢、王水金、王東源、各貳佰；王金生、王來發，各壹佰伍拾元；劉振成，各壹佰叁拾元；龍富雙、沈鏡輝、陳亞益，各壹佰貳拾元；王秀英、柳色尼、楊亞水、柳明風、陳錦山、蘇福順、王朝成、王成義、潘正恩、王碧清、吳玉梅、柳文合、王兩順、張城貴、林成光、林興順、陳光輝、王華平、泰山號、洪新興、柳佛係、王國和、王細龜、王羅拔、王清期、王友貴、王春成、王志明、王文來、王益喜、王寶全、王元隆、王南成、王雲源、王明禮、王友義、王亞基、王榮春、楊鴻裕、王烏目、余亞心、陳興吉、陳梅沙、楊亞清、杜加福、方志武、李福順、張晚來、王紅粿、光明號、王亞嘩、吳亞恣、孫文達、泰昌當、廖振杰、陳友仁、鄭二女、許燕楚、王書香、吳亞寶、王文忠、余和奧、王榮來、林金源、李金福、王九仔、胡天成、沈良成、王錫寶、王麗水、生記號，各壹佰；蔡乙好貳佰；趙文返捌拾元；王亞扁、奇成電器，各陸拾；王亞味、陳亞沓、王世金、王鎮山、王瓊琚、王貴寶、王建貴、楊裕蘭、湯德成、合安號、胡振來、宋茂祥、張兄弟、王德春、王佛金、張德愛、王茂利、王火氣、林德和、陳亞喜、陳經民、王大旺、王亞歷、王德業、利興號、林寶吉、馬炎鎮、潘女士、王亞江、王世寶、陳英嬌、何黄利、王添生、林漢祥、胡順枝、林世欽、王天福、王文義、王文來、陳錫榮、柳國聯、呂樹枝、洪清士、林雄泉、王坤榮、許文和、王金福、李賜來、王大鈞、楊亞味、王源和、李梅、吴喜林、王亞能、許作鵬、吴雅如、李錦標、何金發、王亞川、王逢通、王財寶、王成吉、王坤泰、何亞美、王水番、楊亞來、劉國祥、郭源順、吴東城、林晃富、陳亞順、吴亞扁、蔡錦和、王添水、蔡亞猪、王義成、王理雁、趙鳳英、梁金泉、李茂聯、林通源、曾勵武、王順段、胡家和、金隆號、黄章宜、陳思源、張沓厘、藍振坤、王健河、盧鴻仁、李亞龍、鄭桂花、國志號、陳紹明、馬文記、德隆號、新泉與、湯亞吉、楊洲明、林雷珠、何振生、何目林、何連生、黄繼成、莊洲金、楊連成、陳木華、王家業、湯玉香、方寶松、何淼贊、何火贊、黄月盆、吴成春、陳穎凱、沈玉蘭、林利良、陳期成、李細小、楊扣、王振金、何彪、陳忠明、林素香，各伍拾；朱添福伍拾元；張西蘭貳佰元；丁身盛壹佰元；呂基平壹佰元；何素香壹佰元；藍振清伍拾；三水潮伍拾；曾金盾伍拾；王秋棋伍拾；王秋林伍拾；王秋龍伍拾。

四九八　重修開山廟樂捐碑（一九八九年）

【碑刻名稱】重修開山廟樂捐碑（一九八九年）
【材　質】石材
【形　制】長方形立碑
【尺　寸】長一百四十厘米、寬九十五厘米
【書　體】楷書
【碑　額】無
【碑　題】無
【碑文撰者】無
【碑文書丹】無
【立 碑 者】開山聖侯廟董事
【立碑時間】一九八九
【存　佚】現存
【地　點】新加坡開山聖侯廟
【碑刻録文】
信托人：王世貴；正主席：王世貴；副主席：王漢杰、林通源；正秘書：朱茂祥；副秘書：潘南和；正財政：張哲通；副財政：陳麗卿；正查賬：謝明德；副查賬：沈函珍。
一九八九己巳年五月廿日重建開山廟，諸位善男信女樂捐芳名列左：
名譽董事：陳中明、進明公司、福民菜館、林居士、王漢杰、陳亞發、林義吉、林義華、林義良、林利良、蕭炳隆、陳安輝、吳進成、王生基、王烏目、張泗洲、張泗榮、張泗杰、陳明順、朱茂祥、林通源、吳友成、鄭佳升、潘正恩、楊建成、楊亞水、源興吉、胡彼得、梁明然、蔡友和、藍亞香、奇成電器、沈榮發、王添水、王秀英、王金福、王榮富、王振源、王榮宗、王榮福、林國榮、林青丕、林大德、林祥清、林進喜、林柔尼、黃錦華、黃亞威、黃亞當、黃文泰、陳何全、陳秀卿、蕭長祥、蕭炳欽、蒲亞甘、蒲德財、何冠儔、謝明德、李茂勝、邱南耀、五靈宮、張永海。
募捐委員會委員：譚亞玉、李火源、田亞諦、陳文丁、張錦財、吕玉强、吳友成、王生基、王清金、曾國賢、吳衍贊、蒲亞甘、劉庭福、黃文泰、張月寧、陳志忠、林炳發、古志成、林碰春、林梅英、林寶珠、陳惜花、陳月英、黃亞碰、胡秀蘭。
陳中明壹萬；進明公司伍仟；福民菜館叁仟；林居士叁仟；王漢杰叁仟；陳亞發貳仟；林義吉貳仟；林義華貳仟；林義良貳仟；林利良貳仟；蕭炳隆仟伍；陳安輝仟伍；吳進成仟伍；王世貴壹仟；王生基壹仟；王烏目壹仟；張泗洲壹仟；張泗榮壹仟；張泗杰壹仟；楊亞水壹仟；楊建成壹仟；陳明順壹仟；朱茂祥壹仟；林通源壹仟；吳友成壹仟；鄭佳升壹仟；潘正恩壹仟；源興吉玖佰；胡彼得捌佰；梁明然陸佰；蔡友和陸佰；藍亞香陸佰；沈榮發陸佰；奇成電器陸佰；王添水伍佰；王秀英伍佰；王金福伍佰；王榮富伍佰；王振源伍佰；王榮宗伍佰；王榮福伍佰；林國榮伍佰；林青丕伍佰；林大德伍佰；林祥清伍佰；林進喜伍佰；林柔尼伍佰；黃錦華伍佰；黃亞威伍佰；黃亞當伍佰；黃交泰伍佰；陳何全伍佰；陳秀卿伍佰；蕭長祥伍佰；蕭炳欽伍佰；蒲亞甘伍

佰；蒲德財伍佰；何冠儔伍佰；謝明德伍佰；李茂勝伍佰；邱南耀伍佰；五靈宮伍佰；張永海伍佰；各肆佰：吳世溢、黃國安、張明通、劉樹江；各叁佰：陳梅沙、陳永福、陳添和、陳明德、田亞諦、柳和生、楊萬興、戴秀華、張慶强、藍振清、泰昌當、德服務；各貳佰：王金生、王寶榮、王寶發、王寶吉、王清金、王友成、林金珠、林賽珠、林志成、林炳發、林蘇生、陳麗卿、陳娥妹、陳炳霖、陳亞生、謝添吉、謝松潮、洪炳間、洪陶香、鍾萬寶、戴欽潮、湯順貴、呂水和、杜慶林、劉大弟、張玉蘭、鄭明亮、何艾德、柳錦峰、東海玹、明星閣、崇源興、同記寶號、華友醒獅、新榮和興；各佰伍：楊寶林、吳其香；各佰貳：林素蘭、尹志楝、東方録影；各壹佰：陳淡卿、陳月卿、陳月英、陳亞梅、陳亞娥、陳飛鳳、陳玉蘭、陳亞嬌、陳惜嬌、陳冒雲、陳長珊、陳法聞、陳亞發、陳文成、陳亞基、陳溪木、陳蕓元、陳亞族、陳天保、陳仁泉、陳再興、陳耀宗、陳行雄、陳佛柳、陳發財、陳借榮、陳明思、陳天平、陳志忠、陳聯發、陳榮基、陳金水、陳素娥、陳有帶、陳居士、陳養、林添發、林翠、林亞惜、林秀珍、林燕玲、林香蓮、林秀英、林俊吟、林福興、林啓林、林聯發、林净河、林恩義、林順興、林文明、林清良、林金源、林耀山、林天來、林亞基、林錦平、林秀英、林金葉、吳明芳、吳若萍、吳若意、吳若措、吳春成、吳秀香、吳秀發、吳有平、吳衍贊、吳亞輻、吳天生、吳冰心、吳樂廣、吳東城、吳文貴、吳敬同、吳映稼、吳秀樺、吳成來、吳水金、吳興、王燕玲、王永星、王偉福、王鴻聯、王榮茂、王亞世、王大旺、王小旺、王德春、王添源、王子松、王稚文、王麗華、王麗金、王坤興、王德雅、王大平、王世春、王忠清、張明娟、張明學、張明文、張明慧、張明華、張明麗、張寬裕、張普高、張詩維、張詩添、張清河、張容福、張瑞林、張漢權、張亞鳳、張亞錦、張國華、張國榮、張秀蠑、黃友義、黃木英、黃金福、黃亞侖、黃稚迦、黃煌炎、黃衍倡、黃書振、黃素玲、黃安全、黃竈福、黃普照、楊成江、楊娘江、楊和春、楊秀娟、楊培源、楊鴻裕、楊三民、楊亞翠、楊紅九、楊湯姆、蔡樹楠、蔡貴鴻、蔡水坤、蔡石福、蔡石英、蔡廣熾、蔡裕治、蔡戴那、何舢巡、何志祥、何志强、何志明、何明發、何素香、何亮桑、何慶玉、李火源、李亞買、李秋潮、李亞著、李月清、李玉蘭、李巧心、謝茄茜、謝勛銘、謝榮宗、謝珷珉、謝進德、謝木成、呂雙魚、呂德成、呂成發、呂亞麥、呂松濤、呂德章、莊偉仁、莊偉盛、莊清泉、莊山立、朱忠賢、朱淑玲、朱健明、朱春花、陸弟子、陸惠釣、陸海釣、陸增泰、郭德福、郭東順、郭亞盛、郭德喜、鄭愛華、鄭二女、鄭維忠、鄭亞坤、潘南和、潘景林、潘景恒、潘偉中、許亞福、許蘭英、許明端、許明華、沈涌泉、沈啓華、沈妹思、沈起生、龍德、龍漢焯、龍玉花、葉加添、葉瀚天、葉苑英、蘇福順、蘇浚確、蘇明鳳、宋榮山、宋美鴛、宋鎂恒、洪金良、洪照川、洪亞財、趙鳳英、趙振富、趙成華、劉普洲、劉秀華、胡福財、胡荃寧、辛明福、辛來福、甘鳳嬌、甘葉超、方英輝、方秀金、高成華、高銘禄、曾偉仁、曾公司、江耀木、江來香、韓秀勇、韓明秀、鄧錦華、鄧美娟、符致彬、符瑪莉、梁焜迪、馬文記、施源得、魏生龍、白成春、蒲德發、霍熾華、翁世元、董文豐、丁河耀、姚昌惠、湯來福、區國九、余保花、邢彩霞、廖秀妹、邱碹吟、梅欽輝、戴道玲、徐文霞、簡彩嬋、净忠、再合成、錦蘭香、地利士、聯海產、永成寶號、建安寶號、吉昆寶號、司徒志强、泰山餐室、廣州小食、南亞電池、快撻企業、源利嚀哆、建成生果、王細目、林鳳蘭、楊潮根、張其瑞、張明華、林坤進、林志偉、陳俊湖；王思求貳佰；黃亞晶貳佰。

三十四　齊天大聖

四九九　重新遷建廣福古廟捐題工金碑記

【碑刻名稱】重新遷建廣福古廟捐題工金碑記
【材　質】石材
【形　制】長方形立碑
【尺　寸】長一百零七厘米、寬五十九厘米，共兩片
【書　體】楷書
【碑　額】無
【碑　題】重新遷建廣福古廟捐題工金碑記
【碑文撰者】岡州月生林桂芳
【碑文書丹】林桂芳

【立　碑　者】大總理黄基宏等
【立碑時間】清光緒六年（一八八〇）
【存　　佚】現已不存
【地　　點】原碑立于新加坡廣福古廟
【碑刻録文】

重新遷建廣福古廟捐題工金碑記

蓋聞通神始夫夏氏，立郊廟而棟置鏞鐘；崇佛自於漢朝，建殿宇而銅承玉靈，此皆上古聖王以敬神道之始也。今我廣福古廟，神靈赫濯，庶民久沐恩波；聖德巍峨，商士恒沾雨露。惟是廟場世遠，能無雨泊風殘？殿宇年湮，豈免苔生蛀積？况復壇埸淺狹，地土卑低，則又何以妥神道而莊觀瞻也？但我廣肇等供祀有年，久沾惠澤，解囊樂助，擇地遷建。惟十字路地勢寬平，茂林修竹，環緑水而對青山；翠苑長堤，通霓橋而連火塔。此真地靈人杰，天寶物華。於是柞棫斯拔，百堵皆興，一載告竣，共成美舉。該然棟宇重新，儼見神容焕彩，巍巍廟貌，丹流金榜之光；赫赫堂構，星輝鵝槽之美。從此神人共樂，歲稔時豐，迄今禋祀惟馨，風和日暖，黎庶獲吉，商賈咸寧，永兆升平，均沾大有。是以爲序。

岡州月生林桂芳薰沐敬書。

大總理：黄基宏、梅南樂、陳禮、曹符昂；勸捐題首事：廣興廠、黄廷義、永發廠、廣南泰、恒泰店、錦興號、恒和店、就義店、吉興店、□□□、阮萃可、金吉章、廣茂廠、梅旺、新德昌、劉魯、何發順、興濟、岑衆、魏禄壽、阮□、鍾富、阮□、黄廷炯、黄明德、梅盛。

光緒六年歲次庚辰□□。

今將捐題工金芳名開列：

廣吉祥一百元；捷振窑六十元；趙廣安六十元；捷成窑四十元；永發廠四十元；振合窑卅五元；巨發廠卅五元；就和號卅五元；恒泰號卅五元；就義號卅四元；恒和號卅四元；復昌窑三十元；廣源昌三十元；胡南生三十元；恒源號廿八元；錦興廠廿五元；朱廣蘭廿五元；三和號廿四元；公和號廿四元；就振號廿四元；成和號廿四元；新恒順廿四元；達生號廿三元；源和號廿三元；羅奇生廿一元；何廣茂二十元；永錦號二十元；恒益號二十元；永和隆二十元；永益號二十元；吉興號二十元；廣恒號十八元；恒豐號十八元；梅瑞和十五元；李榮茂十五元；朱有蘭十四元；錦隆廠十四元；羅泰生十三元；振發廠十三元；羅致生十二元；捷勝窑十二元；曾廣勝十二元；同安堂十一元；願壽堂十一元；端和廠一十元；祥興廠一十元；以義店一十元；梅裕和一十元；梅耀社一十元；何九狀一十元；廣興記一十元；梅楊一十元；均協盛一十元；順興樂班一十元；粵東館一十元；楊香田七元；振順號七元；新德昌六元；泗隆號六元；陳明秀五元；陳尊五元；梅乃瓊五元；梅廣益五元；黄巨和五元；何發順五元；叙仙樓五元；王振鑒五元；恒宇窑五元；劉有吉五元；梅琛耀五元；廣生怡昌五元；新南茂五元；同壽堂五元；南興隆五元；怡聚店五元；譚聖護五元；珍昌店五元；貽穀店五元；福隆店五元；成珍店五元；正三隆五元；發生號五元；廣南泰五元；滙賢樓五元；妙月樓五元；陳楨五元；保順館五元；廣城館五元；陳華耀五元；泗發號五元；莫時豐五元；新發堂五元；廣基店五元；劉江五元；新鳳班五元；邱修潤五元；黄德潤五元；黄國綢五元；鄧維昌五元；捷和店五元；協振窑五元；萬源店五元；益盛店四元；黄金帶四元；德振店三元；和茂泰三元；黄會延三元；恒瑞店三元；瑞利店三元；廣利隆三元；全昌店三元；梅怡生三元；新義盛三元；華珍店三

元；怡興店三元；廣泰昌三元；黃廷義三元；廣祥興三元；以隆店三元；正三福三元；廣三棧三元；廣怡利三元；廣同昌三元；遇香樓三元；錦隆店三元；茂蘭堂三元；勝和堂三元；少存心三元；存萃堂三元；廣同安三元；郭洪三元；源和記三元；南和店三元；怡和店二元；存義堂二元；英華堂二元；黃勝業二元；朱象二元；盛樓二元；黃基羡二元；陳棠二元；允和堂二元；黃基勝二元；林顯標二元；麥松二元；廣泰記二元；三發店二元；鄭權二元；大吉堂二元；合興店二元；周致生二元；梁洪二元；義和店二元；馬濟妹二元；何亞蘇二元；源和店二元；錦勝堂二元；楊亞清二元；胡協隆二元；歡心樓二元；和合二元；錦榮昌二元；亞蘇二元；勝意堂二元；廣利豐二元；何慶二元；錦和堂二元；泰安店二元；鄧秋蓮二元；怡利店二元；源益店二元；吳占峰二元；瑞月樓二元；合意堂二元；美心樓二元；甄申二元；春花樓二元；福和堂二元；梁玉二元；順蓮堂二元；新發堂二元；黎勝二元；楊兆祥二元；美南堂二元；何聚二元；同興店二元；李勝長二元；楊好二元；廣三和二元；陸成二元；曹翔浩二元；羅文錦二元；陳文述二元；梅晚益二元；阮祐二元；廣店二元；鍾吉二元；文世益二元；梅能長二元；陳錦二元；彩和堂二元；張木二元；怡義店二元；瓊花樓二元；再香樓二元；李柏二元；廣昌榮二元；慶雲樓二元；蘇勝樓二元；梁輔二元；廣成廠二元；張同二元；就和堂二元；合利店二元；廣祥泰二元；區榮二元；新聚樓二元；彩珍店二元；怡源店二元；球心樓二元；寬花樓二元；歐鳳池二元；廣聚店二元；林氏二元；存盛堂二元；譚福華二元；余祐利二元；周帶二元；心歌樓二元；和昌店二元；利店二元；劉星垣二元；彩雲樓二元；綸昌店二元；新遠香二元；熊聖二元；□□樓二元；同昌店二元；福濟堂二元；陳豐德二元；靄雲樓二元；義和店二元；趙倫福二元；鳳宣樓二元；黃祐二元；張北烈二元；英發堂二元；儀香樓二元；和合堂二元；黃經立二元；鄭宗貴二元；李盛二元；翠蘭堂二元；方五二元；黃基宏二元；悦南樓二元；梅社女一元；廣泉店一元；勞百恩一元；陳壽明一元；益生隆一元；泰昌樓一元；同勝堂一元；聯泰店一元；江五一元；裕記店

一元；廣南和一元；李子意一元；永安泰一元；吴道館一元；黄世潤一元；金綸店一元；焕勝樓一元；林金成一元；蘇松軒一元；廣順發一元；歡叙樓一元；兩順堂一元；瑞蓮堂一元；福安樓一元；全興店一元；妙香樓一元；彩勝堂一元；藍成一元；榮華店一元；協興、當記、廣昌、祥興、成發、永和安、生安、陳泗記、燦記、順昌、李仁昌、陸興連、新蓮發、富南、洗蘭芝、李氏、陳添財、廣仁興、陳天保、譚楹昌、南昌、南盛、羅連記、新合利、廣全泰、生利、松記、聯興、宏利、公益、遂昌、廣生、廣聯興、廣祥和、廣同益、振盛、生昌隆、宴珍、譚荀、廣南泰、吉昌、同昌、廣隆昌、廣南利、同和、福瑞隆、廣恒發、彩珍、同利、合昌隆、廣發、振順、瑞興、恒生、祺昌、英昌、曾信泰、廣發昌、源盛、廣厚興、富榮樓、祥順、東成堂、詹宅、新盛樓、松記、同盛、步安、爽記、鍾寶興，以上各捐二元正；怡泰、宏源，以上各捐一元五角正；廣昌、鍾福山、何思敏、妙香、有發堂、鍾恒隆、戴豐號、廣和順、譚耀閏、阮奕盛、胡德、李妹、陳秀、和茂、廣盛源、劉盛記、關木童、新勝來、新匯花、鍾怡隆、陸瑞記、新富號、李天養、陳齊長、胡信和、仁昌 區觀增、廣利南、錦經、聯益、麥廣培、炳和發、新悦順、麗章號、悦生棧、天榮號、梁昌源、陳孔培、黄耀垣、鄧永福、新順蓮、廣和、蕭安、茂昌、何發、悦盛號、和吉記、新廣利、黄永發、茂隆華、恒隆、均昌、朱裔琚、江勝號、永昌、林銀仔、朱機、廣興號、和隆、梅黄氏、朱齊亮、鴻發號、萬昌、羅貞女、王帶、泰記號、生和、曹鳳瓊、梅乃裕、新祥興、同利、李越暖、梅牛、新合意、南興、周氏、蕭同、新盛發、榮發、劉順祥、譚淦松、大吉利、廣全興、沈陳氏、方文森、勝彩、順心、梁氏、馮北春、吴氏、福盛、邱日開、馮北發、趙樹記、新勝堂、甘炳芳、馮北昭、錦添花、廣振隆、李阿七、黄邦珪、新須意、全盛、陳文佳、鄺鑒波、勝花、義順、甘全振、朱啓光、新合發、興記、萬勝樓、黄社、廣南泰、慎和、陳錫堂、林舉桓、東昌、陳文奕、阮盛、兩順利、廣和利、林氏、梅福勝、新合花、永茂、陳啓宗、麥壽天、美鳳樓、廣源昌、王化仔、麥廣森、新和發、廣興利、王天祥、麥廣澤、新桂發、有恒堂、勝昌、林瓊立、麥廣炎、翠月樓、德壽棧、榮和、鄭相記、麥廣鑣、新蘊香、廣祥泰、區榮業、葉秧、永昌號、美香樓、朱廣來、余雙記、李二十、羅炳欽、得月樓、南隆、新恒盛、黃明興、譚宗林、美馨樓、奇珍、德興、岑勝寶、唐世光、賽錦樓、廣昌榮、富華、岑社女、龔華炎、菊花樓、廣遂生、彭源泰、吴吉靈、吴牛、復燕樓、廣藝林、以義、羅彩、方齊樂、福合樓、新德利、巧信、劉桂顯、伍箕盛、好馨樓、合益、乾生、蘇百松、伍于然、英才樓、廣致祥、福記、林嵩、邱全、廣悦樓、何同信、裕和、蘇建、張同、德花樓、祥勝、萬信女、譚勝福、黃廣護、德隆號、蔭發隆、黃帶彩、蘇黃氏、同興居、勝記號、廣同勝、復馨樓、張國泉、趙來順、廣同安、梅義源、悦勝樓、黃珍玲、趙恭、和同安、維新、新有發、司徒榮炎、林存、和盛號、裕昌、陳有牛、王福興、胡觀發、黃悦興、同順、順賢堂、羅根、楊新發、瑞隆號、廣德、愛登堂、曾尊芳、黃甲寅、廣陞號、悦信、新德合、熾南、吴炳蘭、生財棧、泗興隆、德悦樓、聶張氏、梁祖怡、廣恒盛、梅義隆、富蓮堂、梅宗俊、黃經立、英昌號、怡源、鄒世昌、朱時旺、李蔭、勝蓮堂、益隆、梅耀林、凌記、何海、廣義合、新桂花、蘇達才、廣英祥、譚芳、占記、梅來福、阿彩、廣茂、楊根記、勝隆堂、新錦蓮、林就、新長發、春花樓、南興、邱金潤、賞花樓、維森、勞丙貴、曾三清、漱月樓、湯金華、甄樹敬、何福、湯四季、福順利、黃隆發、吴厚報、雁香、陳龍勝、阮本立、愛鳳、伍福德、林源泰、歡花、馮昆焕、李國英、陳安新、梁水、廣和興、有月、陳南、寅記、新悦勝、司徒生、容仕達、群玉、黃隆得、吴高定、廣有才、黃奕治、顏林、廣德利、黃阿全、顏崇宗、福有利、雷國平、張任達、鳳發、陸廣裕、許建昌、廣鴻發、李盛、陳明炯、錦祥泰、翁芳和、陳明珠、合勝、馮光、林氏、德和、黃柰、江列、卜河藝、陳東發、司徒偉、生怡記、吴神生、鄧李氏、劉宜記、吴蘇氏、伍富、許明輝、黃日勝、昌泰、謝昌勝、振勝、保安堂、陳源安、怡隆、廣永富、萬隆、天和、天如、日利、粵興隆、保德祥、李社綱、新合意、梁齊、廣遂生、勝意、梁光滙、和盛、訪花樓、梁添、富源當、廣祥茂、茂成和、周悅昌、新祥利、黃邦令、梅同和、莫容葉、益華棧、劉炳順、開發樓、昌勝隆、廣遂盛、翠紅樓、聶池福、廣福、鳳悅樓、陳榮大、振發、廣端樓、陳宗桔、振隆、榮發樓、馮芳印、楊招、廣源昌、寧萬瓊、趙華貴、新昌泰、陳簡、陳彩、兆隆、寶源富、侯連長、黃德、陳文奕、黃何氏、陳明光、廣興、關安、鍾福隆、榮升號、義安號、陳孔番、錦發、泰興、黃玉修、福源號、廣和號、志南號、侯壽昌、廣發利、新廣生、黃敬、劉錦江、祥信號、鴻運號、許阿義、廣悅成、麗珍、黃南壽、伍松維、永昌號、三才樓、陳就義、陳篤宗、梁國其、温財、黃宜梅、同安泰、歡花樓、陳文雅、徐堯、無名氏、廣興昌、黎壽、萬江隆、勝如樓、陳愧銓、葉水、晋昌、何觀引、黃邦瑚、茗觴號、凌李氏、梁十二、周暫、何安全、廣茂園、張瑞南、無名氏、陳良瑞、黃克霖、黃克順、龍生、廣唐利、陳孔彝、倫家園、王廣生、區章鎖、吳琪光、廣榮發、劉景、陳孔梅、榮興號、廣德昌、李炳、許天裕、梁合成、蘇勝、茂興號、同盛號、羅蘭生、梁祖發、林榮光、趙三、陳秀錦、源生泰、怡順號、廣德生、符社望、張普照、李希朗、廣永和、梁亞榮、財記號、瑞興隆、陳捧尊、岑浩、寶珍、均昌號、黃阿有、永發號、龍卓雲、趙如莊、馮因杞、埏興、梅金鑾、陳潘氏、温三連、廣義興、黃觀帝、廣全昌、新義隆、廣興館、鍾宅、譚添記、廣仁濟、陳美良、廣安泰、錦珍、協昌號、杜俊明、譚恒興、羅榮業、茗香、榮順、歐陽權、廣福興、陳湯氏、謙源號、司徒梓、翠鳳、一品樓、廣和昌、怡成隆、鄧世錦、黃泗發、寶月、廣生才、廣源盛、萬昌、和盛號、馮癸生、黃阿光、曾文福、杏花、廣興隆、同德昌、陳文耀、劉恒發、永生號、富發、黃贊鑾、梅光恩、廣義隆、李貴、永福號、梁懿修、永華、吉祥、廣義生、廣萬昌、唐有、廣發興、陳耀明、公昌泰、何世順、元隆、朱張氏、陳何福、廣同發、無名氏、廣三才、黃社榮、范恕良、林瑞記、劉天澤、梁信楷、宣益號、陳廣潤、黃添、陳如達、甄仕永、益源、吳杉、廣吉利、郭振南、梅乃勝、利南號、中華園、梁社帝、廣盛源、鄧永來、廣昌隆、榮盛園、同益號、普生、陳澤源、羅錦、許鳳仙、劉天澤、廣兆隆、陳忠信、梁信楷、宣益號、陳廣潤、萬安泰、林滿芳、周昌記、南利號、陳華勝、羅有記、何文七、温求、廣昌、生昌泰、謙和號、陳文藻、新潄鳳、佘阿大、源隆、廣成昌、譚合興、鴻昌號、瑞生隆、龍太平、陳錦金、進記、萬和生、吉祥泰、黄廣福、泗合號、經昌、黄勝昌、廣勝記、廣益昌、阜安號、廣發號、廣義昌、翠花、陳朝發、三合興、陳澤湘、怡和號、麗芳園、李泰源、廣福泰、陳繼美、謝叻章、陳宗熾、李富隆、廣成利、陳蓬盧、順發、李社池、瑞泰恒、新愛蓮、鄧文華、廣義和、南遠記、京章、陳孟業、新同勝、聚瓊、蔡紹基、廣利號、廣昌昌、梁祖叠、陳華宗、李啓、岑陶女、陳百洪、譚盛賢、業興號、陳池錫、黄源、甄有財、岑金招、蔡連開、廣永勝、廣廣利、陳國佐、李五、黄良板、謝樹根、廣祥興、廖瑞源、何熾、陳益崇、趙楊、黄邦卓、廣福隆、福源隆、廣新才、陳維細、錦隆、張群鳳、黄昌滿、吴汝南、人和堂、許俊興、公泰、陳守榮、富德、詹澤、德生祥、周松桂、祥和號、司徒俊拔、其昌、陳崇照、黄蒼、戴彩、祥發號、甄良紹、廣怡昌、甄如信、梅龍長、黄弟子、周和隆、祥泰號、甄德耀、中和堂、萬義、廣義祥、李懿業、張春田、同棧號、甄南興、萬成泰、陳均典、廣新昌、佘氏、溢隆號、鍾福隆、永合號、廣仁興、吴先振、陳佩泉、永生祥、吴北勝，以上各捐銀壹元正。

五〇〇　新建廣福古廟戲臺石碑記

【碑刻名稱】新建廣福古廟戲臺石碑記

【材　質】石材

【形　制】長方形立碑

【尺　寸】長一百零七厘米、寬五十九厘米

【書　體】楷書

【碑　額】無

【碑　題】新建廣福古廟戲臺石碑記

【碑文撰者】無

【碑文書丹】無

【立 碑 者】廣肇二府衆等

【立碑時間】清光緒二十七年（一九〇一）

【存　佚】現已不存

【地　點】原碑立于新加坡廣福古廟

【碑刻録文】

新建廣福古廟戲臺石碑記

廣福廟，古廟也。何名爲廣福？以爲廣府奉祀之神，定福庇於我廣府也。而肇府亦與其中。祀何神？則齊天大聖、醫靈、玄壇諸神也。爲廟之主者，實齊天大聖也。初大聖顯迹於磚窑，去十字路有半里許，晚間每放毫光，瞬息如電，集於茂林叢草中，土人多覺之，遂爲之立廟於此。迨至同治六年，廣肇等衆，議遷其廟於十字路，埠上工商士女，咸仰眷祐，神靈感應，遐邇共知。又奉醫靈於殿左，玄壇於殿右，由是而香火益盛。凡有入廟禱病祈福，罔不獲效，而拈香叩祝者，絡繹不絶矣。每年於十一月望之前後日，兩府酬神，梨園演劇，冀邀神鑒，以表衆誠，頗稱熱鬧。獨惜無實在戲場，以爲歌舞之地，僅以竹木篷板蓋戲臺焉。然而演戲臺成，戲畢臺毁，數日興盡，一旦寂然，未免有事過景遷之嘆矣。且往來行人，孰知此間有演戲一事；不知其事，即不知其神之靈也。衆特商之，爰集同人妥議一勞永逸之計，作堂皇壯麗之觀，於是有建戲臺之舉也。從兹土木大興，經營匠力，數月告成。臺之規模宏敞，畫棟雕墻，洵可觀也。而當時士商樂助，衆志成城，其急公好義，亦概可見也。余料後之咏霓裳賡羽衣者，亦奮舊精神施妙技，以供神聖之視聽歟。古人云：十年世事幾番新。始則其廟設自磚窑，繼則遷於十字路，自十字路有廟而有戲，有戲久而遂建戲臺。一時盛事，人運耶？地運耶？抑人杰而後地靈耶？余必謂大聖之靈，乃至於是也。噫！齊呼大德，大哉聖人，昔之顯靈於磚窑者如是，今之顯靈於十字路者又如是，非聖者孰能之！兹值斯臺落成，衆特囑詳記其事，俾四方來觀者，當亦備悉其顛末歟。

光緒辛丑年三月中浣立，廣肇二府衆等啓。

兹將倡建戲臺各號喜助銀芳名列下：

梅恰和、梅瓊石貳拾元；梅南昌貳拾元；朱廣蘭壹拾元；羅奇生壹拾元；廣恒壹拾元；賽發樓壹拾元；廣義廠陸元；朱有藍五元；朱富蘭、同德、羅致生、廣長盛、三益、京和、厚隆、祥信、陳廣隆、均盛隆、凌聯合、廣和興、永生、廣興隆、協隆、以義、杏香樓，以上各助銀伍元正；泰記、益盛、全昌、協源當、謙和、廣吉和、恒盛、麗章、觴咏園、成發廠、廣合和、錦盛廠、新錦興、瑞興隆、黃炳寅、廣祥生、湯廣生、順源、新巨泰、廣德隆、何利南、朱國梁、富南樓、和益窑，以上各助銀叁元正；天益隆、正隆、乾泰信、永生和、宴瓊樓、恒升、黃巨發、義安、廣昌、綸盛、棋生棧、萬昌當、成發當、榮和窑、凌子亮、廣寶盛、鳳凰樓、華豐、同生、益榮、凌公類、李榮合、賽紹英、南盛、陳廣興、梅端成、會芳樓、新順發、順發樓、温振順、平月樓、瓊花樓、賀萬年、龍太平、漱月樓、振發、鄧懷深、永生、吴業盛、發盛、聯生、廣昌棧、廣安隆、廣泰、信興廠、廣長安、胡振昌、安盛隆、同發、陳泗隆、大吉堂、蘊花樓、桂歡樓、公興、鳳月樓、新順利、廣發、漱蘭樓、劉天沛、裕盛、恒發、廣祥發、天合悦記、廣祥勝、廣松林、廣榮勝、德隆、廣祥泰、彩珍、廣祥合、廣祥興、廣勝廠，以上各助銀貳元正；新巨泰、黃悦興、鍾怡隆、寶盛隆、張春田、胡南生、永盛、美昌榮、銘記、周和隆、天然、源昌生、萬發、和升、吉昌、廣和生、悦生、李榮生、梁成昌、陳錦球、悦信、廣自由、聯益、和發、廣昌隆、東源、麗珍、廣同興、廣源盛、順昌隆、榮珍、廣發、榮發、永利、義合、德昌、寶珍、廖清康、陳泗記、德壽棧、周樹田、廣萬生、麥廣昌、益昌、廣和、廣德生、廣逢源、廣福興、錦珍、順南樓、桂仙樓、杏花樓、廣源發、綉馨樓、同壽堂、寶隆、群發樓、新悦意、新得利、旺心樓、新大利、得悦樓、大吉利、益隆、廣南興、廣裕昌、廣成、廣全泰、德壽棧、南興館、新和發、廣永隆、怡昌、協興、朱廣來、月順樓、占記、馮怡泰、陳章、致廣祥、廣遂生、陳廣昌、羅迪記、怡源、廣遂昌、泗合、何同信、廣安、温瑞興棧、温瑞興、新煥香、金發棧、新順發、就和、義和、廣振隆、合勝樓、富馨樓、新順意、歡香樓、歡心樓、永香樓、花月樓、新泗利、安昌、區人和、廣同芳、復昌、南興樓、何發順、林全安、永益、南利和、公泰、吉祥泰、福興隆、文行堂、裕生、廣興、胡九貴、和源、順發樓、勝意樓、新再發、永隆、廣利興、廣南盛、義茂、周阿九、賽發何氏、陳燦庭、新兩發、陳廣勝、彩生、曾奇昌、楊星堂、生昌泰、義南興、廣同和、黃泗發、瑞記、岑福棧、廣楠盛、廣祥勝、茂和、唐元記、李旺、廣利南、無名氏、陳協隆、黃佐記、南禎、馮怡勝、葉咸、廣昌榮、羅蘭生、新合利、曾信泰、同源、就義、廣南泰、廣茂生、協興、隆生、均和、就源、新廣和、美和、公興、賽香樓、廣聯泰、翟永昌、悅生棧、勝意樓、滙香樓、新悅勝、廣合、各利棧、永生棧、泰興、愛鳳樓、福順利、新彩雲、黃際蘇、恒花樓、訪花樓、桂香樓、楊國釗、賞花樓、廣耀利、叙鳳樓、彩鳳樓、梁進記、亦宜樓、順意樓、勝花樓、再旺樓、新合成、區鴻順、大吉利、鳳儀樓、義勝樓、悅來堂、公生和、群樂樓、枝發樓、美珍樓、桂順樓、兆昌、廣興祥、杏和堂、錦華彰、新勝和、張二嫂、吴弼、福利樓、福順樓、新長發、悅勝樓、順花樓、廣任和、李貴、廣悅盛、譚盛泰、譚福祥、茂隆、譚悅泰、興昌、同安、廣泰、陸南興、益和、彭祥勝、何國勝、廣同興、廣同勝、冠南樓、廣源、悅香樓、翠月樓、春花樓、有香樓、順心樓、德安、存成樓、新順香、義和、廣信記、廣益記、興記、悅盛、義順、廣和勝、譚協和、朱順、林復振、王勝昌、和昌隆、桂馨樓、京章、宴鳳樓、宏發、利生、新錦鳳、以上各助銀壹元正。

總辦理：廣來號、綸盛號、廣恒號；協辦理：梅南昌號、朱廣蘭、陳泗隆號、羅奇生；勸捐協理：均和號、廣生源、宏發號、何利南、厚隆號、廣義廠、廣和興、振發號、均盛號、梅怡和、廣勝號、陳章記、源昌生、永生號、悅信號、興記號、朱有蘭、復昌號、鄧世錦、廣興記、凌聯合、恒盛號、廣發號、廣兆隆、羅致生、永生和、杏香樓、廣吉和、廣來利、廣寶盛、福利樓、梁禹堂、三益號、錦泰龍記、廣祥泰、廣利南。

光緒二十七年三月中浣立。

五〇一　丁未年重修廣福古廟捐簽碑記

【碑刻名稱】丁未年重修廣福古廟捐簽碑記
【材　質】石材
【形　制】長方形立碑
【尺　寸】長一百零七厘米、寬五十九厘米
【書　體】楷書
【碑　額】無
【碑　題】丁未年重修廣福古廟捐簽碑記
【碑文撰者】寧邑耀南氏吴星
【碑文書丹】寧邑耀南氏吴星
【立 碑 者】廣肇二府衆等
【立碑時間】清宣統元年（一九〇九）
【存　佚】現已不存
【地　點】原碑立于新加坡廣福古廟
【碑刻録文】

丁未年重修廣福古廟捐簽碑記

昔人以神道設教，無不深意存焉。近世欲盡舉而非之，未嘗不竊嘆世風之日薄也。孟子曰：「大而化之之謂聖，聖而不可知之之謂神。」由大而聖，由聖而神，是古聖人已明認有神之証據矣。其所以不深言暢論者，以神道非口講筆述所能盡其元妙，不善讀之則易爲迷惑，故孔子亦不敢明語以示人者此也。然徵諸《尚書》之言曰：「皇天無親，惟德是輔。」又曰：「作善降之百祥。」是輔者指神之所輔，而降者亦指神之所降也明矣。後世不德者多，得神之輔者少，故委爲效驗無彰，以輕神道，良可哀也。不知觀音有修橋之助，龍王有救旱之功。護國庇民，帝主加封於元后；蓋天古佛，賢皇晋爵於關公。善者爲神，有自來矣，豈真歷代君相與昔人盡愚，而今人盡智哉？且今有像，而古有像，古今紀念奚殊？古人樸而今人奢，今古用銅泥有別，泥質鬆而銅質實，故銅可曝而土不可暘。是以古之紀念像也，屋以覆之，龕以藏之，金以飾之，莊以重之，使民肅焉敬，趨焉慕，瞻焉畏，則其惡焰自消於無形，而善念自萌於觀感也。啓者我廣肇二府屬人，久僑斯土，前人創建廣福古廟於十字路，以求庇蔭我僑民。唯是日遠年深，風凌雨蝕，故有梁木其壞之憾。察前人之苦心，雖無禍福可稽，亦覺婆心一片。以古爲鑒，故商等欲新廟貌以答前人；順今爲通，則商等又從簡便以破迷者。惟是工程頗大，千鈞須仗衆擎，既群謀之允臧，僉勸捐之曰善，用是爰發斯部，廣勸同人破解慳囊，需書募册，多多益善，少少無拘，將見福田廣種，定知百福駢臻，善果多栽，永獲千祥擁護矣。是爲引。

正總理：公安號、公生號；協理：林維芳、永生、梅南昌、福興隆、陸寅杰、興隆、吴有勝；勸捐辦理：吉昌、勝昌、茂祥、泗合、松記、忠信、玉成、細文、同興、稽安、天然、振勝、就源、怡新、廣振隆、岑福棧、三才

保德堂、富蓮堂、廣長益、譚日携、賽發樓、廣榮順、陳得勝、永壽年、廣興昌、廣祥益、廣煇記、林濟星、林陳氏、黃榮

金臣、陳文耀、陳廣興、永華源、陸南興、陳廣興、廣長盛、新合意、廣昌榮、李如福、趙樹記、益生棧、益華棧、樓、

材、興、羅奇生、馬義記、朱富蘭、蓮心樓、金發堂。

寧邑耀南氏吴星敬刻并書，宣統元年歲次己酉初秋吉旦。

茲將喜認工金芳名列左：

陳公安三拾元；廣興昌拾伍元；祥豐號貳拾元；均和陸壹拾元；永華源壹拾元；就源號壹拾元；陳廣祥壹拾元；

梅阿銀壹拾元；義和號壹拾元；廣益號壹拾元；蘇鄭氏壹拾元；梅南昌壹拾元；益生源壹拾元；陳公興壹拾元；

永華隆壹拾元；陸寅杰壹拾元；廣祥益壹拾元；羅奇生壹拾元；廣益源壹拾元；麥衍雁壹拾元；陳就義壹拾元；

公生號壹拾元；馬義記壹拾元；廣□□壹拾元；陳廣興壹拾元；陳益盛、陸士元、陳孔奕、梁宅、林陳氏、黃榮

錦、普長春、森茂號、麥聶氏、梁象安、源泰號、益生棧、賽發樓、永壽年、何黎森、劉氏、李明義、梁桂昌、

同安號、新巨泰、興隆號、全昌號、賽馨樓、岑榜如、周玲、李立妹、李福如、鄧金和、錦盛廠、裕和號、梅乃

題、朱富蘭、福生號、蘇水清、黃南壽、黃合富、吴成源、陳昭喜、麥衍、黃達、陳阿彦、朱廣元、全發堂，以

上各助銀伍元正；同發號、朱有蘭、林振泰、茂祥號、其昌號、南珍號、茂隆號、新巨泰、天然號、鄭廣記、黃

帶有、宋記號、譚日携、陳李氏、廣悦盛、廣合益、永生棧、區振堯、李富隆、新錦興、新義發，以上各助銀三

元正；陸南興、李志棧、岑福棧、黃天、戴亞好、三益號、盧祖森、祥盛號、宴瓊樓、麗升號、鄭標穩、梁同

福、盧啓吉、盧添福、羅昌生、廣玫和、阮加瑞、趙和衙、均泰號、盧楊氏、陳狗、怡新號、祺生棧、黃松記、

羅西就、陳泗隆、盧陳氏，以上各助銀壹元正。

三十五　開山王（開山大伯）

五〇二　重修開山王廟碑

【碑刻名稱】重修開山王廟碑
【材　質】石材
【形　制】長方形立碑
【尺　寸】長一百六十八厘米、寬六十九厘米
【書　體】楷書
【碑　額】雙龍朝日
【碑　題】開山王
【碑文撰者】無
【碑文書丹】無

【立碑者】開山王廟董事人等
【立碑時間】清同治五年（一八六六）
【存佚】現存
【地點】馬來西亞檳城開山王廟
【碑刻録文】

開山王

斯廟也，乃唐人甫至之所創建，以衛民生，故名之曰「開山」。自同治甲子曆至於今三十有四年。其於風飄雨濕，瓦礫荒榛，棟題頹□，塵垢頻生，未免非尊神儀式。幸諸君樂善真誠，鳩金修葺。易以本基，由前退後，依其舊制，化窄爲寬，興工於丙申陽月，落成於丁酉仲春。數月間焕然一新，大非昔比。可謂盡人力，一時沐神恩於萬世矣。欲垂久遠之勛，謹列芳名于左：

王泉盛、鄭日尤、王庭瓊、尤茂順、□傳嶰、□青□、雜城轟，以上各陸拾玖元；王振德捐銀叁拾大元；尤世瓊捐銀貳拾八元；陳遠味捐銀貳拾六元；黄世綱捐銀貳拾四元；尤世顯捐銀壹拾六元；楊萬水捐銀壹拾大元；懿□□、黄鑒、李臣雄、黄棹梯、振箱號、周成、林擋、裕源當、許喜，以上各八元；王其、福泉號、林池、傳礁、尤道、福泉、黄□□、陳□□、陳光、謝潘裕、泉恭號、尤秀國、□□儉、尤奕簡、胡金嚬、謝蓮，以上各六元；新合成、尤宣裕、黄登、林丕、尤成泉，以上各伍元；□□早、鄭德、黄忖榮、尤樂萬、餘福順、陳心德、林宿、尤協、邱玖、林□□、長發號、林撰、林□□、黄□□、陳元彬、黄存、陳麗水、林元秋、尤□□、黃然、王魁古、陳光□、陳妙、温玉明、尤福彩、金德利、陳瑞安、黃有美、源成號、周炳烟、□□樹、顏愛裕、瑞泰號、孫□□、黃怡柏、鄭雲、晁西頣、蔡斯、温進石、林木樹、尤福川、林賞、謝述、陳世適、陳期莪、陳杏娘、林金鍾、陳虎、楊□□、尤良成、杜深發、陳世、王植駕、廖成發、黃泗，以上各四元；傅□□、王合發、林□□、黃開合、黃亞發、黃發扁、林永順、尤世、楊芋、黃□□、黃□□、黃□□、黃□□、黃樹、尤欽、尤森洗、尤來、尤奕術、尤福勝、尤世玉、尤茂水、陳遠、吳清有、方塗、尤春、陳周、陳裕、王清、鄭□□、鄭樹、李就、蔡□□、陳□□、鄭□□、尤奕□、鄭陽、尤世和、黃□□、尤□□、賴□□、沈金容、謝允、吳全、尤□□、吳□□、謝胡玉、楊四、新安、楊氏、金珍號、合成號、陳□□、林合、萬生號、陳岺滿、陳□□、林福星、林□□、陳興、王乳明、楊□□、陳興、王在、王文庭、王修、余金良、林清虹、蘇寓、林榜、蘇珍、陳毛、藍金、陳順和、□文在、陳芬、張□□、王清裕、王樹、蘇賄、邵成合，以上各二元。

光緒丁酉年腊月穀旦，董事陳源水、陳發味、林利、林池、王泉、王登凉、尤頂、尤世瓊、黃□□、黃瑞珠、梁福連、楊益。

五〇三　重修開山王廟捐緣碑

【碑刻名稱】重修開山王廟捐緣碑
【材　　質】石材
【形　　制】長方形立碑
【尺　　寸】長一百四十八厘米、寬六十二厘米
【書　　體】楷書
【碑　　額】無
【碑　　題】無
【碑文撰者】無
【碑文書丹】無
【立 碑 者】開山王廟董事人等
【立碑時間】民國十八年（一九二九）
【存　　佚】現存
【地　　點】馬來西亞檳城開山王廟
【碑刻録文】
民國壹拾柒年重修開山王廟宇，捐緣芳名立碑奉覽。

寶福社捐貳佰元、尤裕捐壹佰貳拾元、王新勝捐壹佰元、尤福彩捐伍十元、陳啓捐四十元、邱清和捐叁十元、林草娘捐叁十元、陳示教捐貳十元、邱張雙捐貳十元、怡美號捐貳十元（下略）

歲次己巳年花月董事公衆立。

五〇四　開山王重修廟宇碑

【碑刻名稱】開山王重修廟宇碑
【材　質】石材
【形　制】長方形立碑
【尺　寸】長一百三十六厘米、寬六十八厘米
【書　體】楷書
【碑　額】無
【碑　題】開山王重修廟宇
【碑文撰者】無
【碑文書丹】無
【立 碑 者】開山王廟董事人等
【立碑時間】民國二十七年（一九三八）
【存　佚】現存
【地　點】馬來西亞檳城開山王廟
【碑刻録文】

開山王重修廟宇

民國廿七年捐緣名在后：

王永福君捐緣四佰元；寶福社喜捐緣五十元；邱善祐君捐緣貳十元；鄭清池君捐緣十貳元；林素燕娘捐緣十貳元；大和春號捐緣十貳元；曾萬煜君捐緣十貳元；李素嬌娘捐緣十貳元；新泉昌號捐緣十大元；吕振係君捐緣十大元；杏林春號捐緣十大元；李新輕君捐緣十大元；謝媽賜君捐緣十大元；尤江明君捐緣十大元；王新勝君捐緣十大元；黃順珍君捐緣十大元；陳榮裕君捐緣八大元；曾錦興君捐緣八大元；張振良君捐緣六大元；蔡金桂君捐緣六大元；蔡金鏈君捐緣六大元；陳啓茶君捐緣六大元；邱根雙君捐緣六大元；洪三元君捐緣六大元；聯合五店、邱湖連君、翁文在君、福聯成號、高龍彪君、胡泰順君、陳企省君、王永財君、鄭森輝君、陳□祥君、李金獅君、謝國清君、陳俊仁君、劉亞讓君、陳澤欽君、陳澤國君、邱清和君、莊秀娥娘、甘金玉娘、蔡漢文娘、新泉春號、謝願記君、福俊興號、陳亞尋君、王順成君、泉協□號、周振樂君、尤典輝君、陳建順君、關辰芳君、鄭大有君、黃采福娘、李兆榮君、黃清福君、高玉潔娘、陳金堆君、柯天潤君、柯清泉君、成利號、增昌號、福星號（邱仙丹觀）、公大號（福德正神觀）、丹守僧、林妙靈、益順號、萬安堂、益成號、榮利號、羅其泮，計以上四十九名，每名捐銀五元正；許清泉、陳吾霖、邱繼禄、葉金水、甘明章、羅源成、南星號、潤西號、蘇瑞生、邱龍興、林清球、莫展聖、黃天眷、許西味、蔡成妙、王貴葉、黃粉來、尤守君、陳頒修、黃泉象、許文凉、吴基月、黃壬甲、永裕興、王文水、周雲汀、曾香其、吴旺螺、盛永水、楊春安、黃禄珍、源騰園、蔡自生、陳添成、新美成、王乾成、陳清和、莊媽□、曾温禮、王振懷、黃源珍、張桂霖、莊蔭娘、黃清風、吴基茂、吴金壽、王清林、劉記寬、張禮塔、李原德、陳世素、陳項成、李德安、楊秀意娘，計以上五十四名，每名捐銀四元正。林素玉娘立庵内電火。

戊寅年桂月諸董事立碑。

三十六　王爺信仰

五〇五　干冬清華宮序木牌

【碑刻名稱】干冬清華宮序木牌
【材　質】木材
【形　制】長方形横牌
【尺　寸】長一百六十二厘米、寬六十厘米
【書　體】楷書
【碑　額】無
【碑　題】干冬清華宮序
【碑文撰者】雲霄方翰香
【碑文書丹】圭海陳正卿

【立 碑 者】清華宮董事人

【立碑時間】清道光二十八年（一八四八）

【存 佚】現存

【地 點】馬來西亞干冬清華宮

【碑刻録文】

干冬清華宮序

嘗思普天之下，莫非王土；率土之濱，莫非王臣。念昔淹雅流輝，文章特空冀北；彬濟畢集，聲價還重周南。洎夫聖天子德擅欽明，運開浩蕩，敕封代天巡狩之職，使之周流列邦，遨游宇内。不論山陬海澨，天河地府，循行所到之區，靡弗感格昭明焉。兹緣干冬境土，僻處荒疆，曩日有崇神象，今兹未建宮庭。每值花朝月旦，賽願參神，以及壽誕禱祝等事，雖有虔誠肅雍之心，實無殿宇奉祀之所。敬恭明神之謂何歟！今幸薛文仲、陳坤水等興念及此，願爲董事，義舉首倡。各户緣捐，助襄斯事，擇吉興工，整築宮殿。雖無畫棟飛甍，而輪興亦見咸美。年餘之間，告厥成功焉，故頌其宮曰「清華」。《宋書》云「清華足貴」是也。由是馨香鼎盛，慶祝繁熙，神靈保護，人民獲福。肇宏基於百世，綿享祀乎千秋。爰將諸鴻名臚舉，以垂不朽云爾。

雲霄方翰香敬撰，圭海陳正卿敬書。

董事薛文仲官捐金貳佰伍拾員；董事陳坤水官捐金貳佰伍拾員；總理陳國朝官捐金拾貳員；總理楊玉泉官捐金拾貳員；亭主薛佛新官捐金陸拾員，又喜助大通梁二支大片石楠柱四片；楊氏政娘喜助宮地壹所；會館主徐炎泉官捐金貳拾肆員；甲必丹曾佛霖官捐金貳拾員；許永占官、許亞火官同捐金壹佰貳拾員；郭亞端官捐金肆拾伍員；梁亞戊官捐金叁拾員；黃亞庚官捐金叁拾員；蔡延慶官捐金貳拾肆員；陳金聲官捐金貳拾員；鄭榮華官捐金貳拾員；陳振生官捐金貳拾員；蔡順和官捐金拾陸員；楊佛應官捐金拾陸員；許光養先生、邱紀芳官、黃元和官、梁添益官、來合公司，捐金各拾貳員；林利蓋官、黃水閣官、薛榮山官、洪俊成官，捐金各拾員；佘行義官、劉秋水官、許祈佛官、孟天蔭官、黃茂生官，捐金各捌員；許榮科官捐金柒員；蕭七政官、曾伯達官、邱天爵官、胡堂生官、王深泉官、楊宗蔭官、陳順法官、王正時官、徐長懷官，捐金各陸員；王松梅官、李贊美官、陳孟宗官、曾明珍官、李建安官，捐金各伍員；朱養成官、黃福榮官、盧天降官、曾舉薦官、周懷良官、侯清海官、曾芳貴官、蔡爲政官、薛文秀官、周拱照官、蕭音水官、楊玉成官、鍾安然官、黃元輝官、佘振記官，捐金各肆員；吴順興官、林光報官、李珍元官、陳愛讀官、黃崇山官、林生財官、莊哲尚官、陳卯官、鄭益州官、佘東水官、鄭鞠養官、王深源官、楊振山官、許清桂官、林光爰官、洪捷發官、楊佛生官、邱俊秀官、邱玉明官、金協順公司、薛濰官、薛仁禮官、曾梅生官，捐金各叁員；吴天然官、林明德官、邱月官、黃振隆官、陳軒先生、曾氏倫娘、宋和鳴官、陳江水官、楊財源官、楊贊盛官、陳山溪官、許天佑官、楊源水官、陳德月官、陳天淡官、陳孟雲官、陳武蔭官、許清倫官、許沛揚官、陳水求官、許芳隆官、佘鑒泉官、王鵬飛官、侯傳光官、李光協官、周梅官、洪大坤官、郭同連官、紫豐號、曾福全官、邱味官、陳位官、曾拱照官、楊仕賢官、蕭秋水官、周懷振官、黃元水官、李寧鳳官、顔聯彩官、莊禎祥官、陳光宇官，捐金各貳員。

另題零星緣金共收陸拾乙元半，合共緣金壹仟肆佰玖拾柒元半，合共開出壹仟肆佰柒拾伍元伍角。

五〇六　干冬清華宮序碑（民國重刻石）

【碑刻名稱】干冬清華宮序碑
【材　質】石材
【形　制】長方形横碑
【尺　寸】長一百六十八厘米、寬六十五厘米
【書　體】楷書
【碑　額】無
【碑　題】干冬清華宮序
【碑文撰者】雲霄方翰香
【碑文書丹】圭海陳正卿
【立 碑 者】清華宮董事等
【立碑時間】民國二十五年（一九三六）
【存　佚】現存
【地　點】馬來西亞干冬清華宮
【碑刻録文】

干冬清華宮序

道光廿捌年歲次戊申葭月初貳日董事人立。

嘗思普天之下，莫非王土；率土之濱，莫非王臣。念昔淹雅流輝，文章特空冀北；彬濟畢集，聲價還重周南。洎夫聖天子德擅欽明，運開浩蕩，敕封代天巡狩之職，使之周流列邦，遨游宇内。不論山陬海澨，天河地府，循行所到之區，靡弗感格昭明焉。玆緣干冬境土，僻處荒疆，曩日有崇神象，今玆未建宮庭。每值花朝月旦，賽願參神，以及壽誕禱祝等事，雖有虔誠肅雍之心，實無殿宇奉祀之所。敬恭明神之謂何歟！今幸薛文仲、陳坤水等興念及此，願爲董事，義舉首倡。各户緣捐，助襄斯事，擇吉興工，整築宮殿。雖無畫棟飛甍，而輪興亦見咸美。年餘之間，告厥成功焉，故頌其宮曰「清華」。《宋書》云「清華足貴」是也。由是馨香鼎盛，慶祝繁熙，神靈保護，人民獲福。肇宏基於百世，綿享祀乎千秋。爰將諸鴻名臚舉，以垂不朽云爾。

雲霄方翰香敬撰，圭海陳正卿敬書。

董事薛文仲官捐金貳佰伍拾員；董事陳坤水官捐金貳佰伍拾員；總理陳國朝官捐金拾貳員；總理楊玉泉官捐金拾貳員；亭主薛佛新官捐金陸拾員，又喜助大通梁二支大片石楠柱四片；楊氏政娘喜助宮地壹所；會館主徐炎泉官捐金貳拾肆員；甲必丹曾佛霖官捐金貳拾員；許永占官、許亞火官，同捐金壹佰貳拾員；郭亞端官捐金肆拾伍員；梁亞戊官捐金叁拾員；黄亞庚官捐金叁拾員；蔡延慶官捐金貳拾肆員；陳金聲官捐金貳拾員；鄭榮華官捐金貳拾員；陳振生官捐金貳拾員；蔡順和官捐金拾陸員；楊佛應官捐金拾陸員；許光養先生、邱紀芳官、黄元和官、梁添益官、來合公司，捐金各拾貳員；林利蓋官、黄水閣官、薛榮山官、洪俊成官，捐金各拾員；余行義官、劉秋水官、許祈佛官、孟天蔭官、黃茂生官，捐金各捌員；許榮科官捐金柒員；蕭七政官、曾伯達官、邱天爵官、胡堂生官、王深泉官、楊宗蔭官、陳順法官、王正時官、徐長懷官，捐金各陸員；王松梅官、李贊美官、陳孟宗官、曾明珍官、李建安官，捐金各伍員；朱養成官、黃福榮官、盧天降官、曾舉薦官、周懷良官、侯清海官、曾芳貴官、蔡爲政官、薛文秀官、周拱照官、蕭音水官、楊玉成官、鍾安然官、黃元輝官、余振記官，捐金各肆員；吴順興官、林光報官、李珍元官、陳愛讀官、黃崇山官、林生財官、莊哲尚官、陳卯官、鄭益州官、余東水官、鄭鞠養官、王深源官、楊振山官、許清桂官、林光爰官、洪捷發官、楊佛生官、邱俊秀官、邱玉明官、金協順公司、薛滀官、薛仁禮官、曾梅生官，捐金各叁員；吴天然官、林明德官、邱月官、黃振隆官、陳軒先生、曾氏倫娘、宋和鳴官、陳江水官、楊財源官、楊贊盛官、陳山溪官、許天佑官、楊源水官、陳德月官、陳天淡官、陳孟雲官、陳武蔭官、許清倫官、許沛揚官、陳水求官、許芳隆官、余鑒泉官、王鵬飛官、侯傳光官、李光協官、周梅官、洪大坤官、郭同連官、紫豐號、曾福全官、邱味官、陳位官、曾拱照官、楊仕賢官、蕭秋水官、周懷振官、黃元水官、李寧鳳官、顏聯彩官、莊禎祥官、陳光宇官，捐金各貳員。

另題零星緣金共收陸拾乙元半，合共緣金壹仟肆佰玖拾柒元半，合共開出壹仟肆佰柒拾伍元伍角。

民國廿五年歲次丙子孟冬重修立石碑。

五〇七　干冬清華宮造仙鵃捐題碑

【碑刻名稱】干冬清華宮造仙鵃捐題碑
【材　質】石材
【形　制】長方形橫碑
【尺　寸】長一百八十厘米、寬七十六厘米
【書　體】隸書
【碑　額】無
【碑　題】無
【碑文撰者】無
【碑文書丹】無
【立 碑 者】清華宮董事等
【立碑時間】清咸豐元年（一八五一）
【存　佚】現存
【地　點】馬來西亞干冬清華宮
【碑刻録文】

謂愛人而福善者，天地之心；體天而保民者，神明之職。故生人福壽康寧，端賴天地之生成，尤勝神明以庇佑。

矧當皇朝改元之初，欲獲闔呷平康之慶，爰是欲合善信虔禱神祇，一心力以捐題，造仙鶴以植福。得銀捌佰拾柒員之數，除開費外，尚餘銀貳佰伍拾員。因念呷境長荷清華宮欽天府朱府王爺扶持保護，喜神庥而共沐千古，式之堪遵。繼將所餘充公，以答神恩垂永遠。復勒諸善信姓名，臚列于左，以示不忘云。

主會首薛榮山叁拾陸員；副會首許永占貳拾肆員；協會首蔡延慶壹拾陸員；□□□□；□□□□；信士陳巨川陸拾員；鴉片錫大公司陸拾員；廖拔琦伍拾員；梁戊秀肆拾捌員；薛文仲貳拾肆員；陳坤水貳拾肆員；黃亞庚貳拾員；吳溪機壹拾陸員；蔣茂林壹拾肆員；徐仁壽壹拾貳員；薛茂元壹拾貳員；余亞五壹拾貳員；李亞發壹拾員；結盛公司壹拾員；蔡順和陸員；楊明讓陸員；黃水閣陸員；協興公司伍員；副會：蔡慶雲、陳振生、李清衡、余唐水、蔡長春、陳長春、郭周連、梁添發、吳溪流、楊振德、泰盛公司、周拱照、許天祐、陳明水、許升雲、李寧鳳、林光竹、陳順法、蕭七政、林三光、甘得財、蔡正道，以上各肆員；都會：曾德水、梁添祿、王清水、吳有德、林通觀、邱嘉容、莊哲尚、曾德成、陳虎有、王深泉、曾德泰、孟天蔭、林生財、吳清良、陳光淑、陳德興、侯清海、陳呈祥、黃雙合、曾福全、黃茂生、李珍元、余振記、廖亞責、江際邦、莫亞光、陳音娘、邱源美、曾拱照、黃文發、陳孟興、陳武慶、李招陽、梁順風、秦子儀、林端陌、李箭觀、楊生朗、楊榮橋、陳傳生、邱紹周、林仕智、陳有朗、曾五使、陳長泰、捷和公司、王松梅、曾舉薦、黃仕開，以上各貳員；葉蘊藉壹員半；卓嘉省、林明德、林晚觀、源茂號、鍾西國、盧壽觀、鄭文蘭、王亞裕、鍾瑞芳、曾德山、李光贊、合發號、許卿觀、蔡緝禮、楊玉泉、林光報、莊彩雲、許程觀、許拱觀、林輝觀、曾華榮、陳江應、胡文秀、楊贊盛、陳彩鳳、余鑒泉、陳可觀、楊佛應、葉糙觀、陳清香、林天元、許清桂、張意觀、曾讓水、陳義和、王永寧、曾德章、王清安、謝賓觀、卓安生、王深源、黃崇山、許清雲、許武强、金協順、廣興號、和成號、曾有觀、鄭抱觀、劉詩春、王德全、曾生文、王常春、王崇珠、梁擇懷、劉沛陽、陳港水、王丙丁、蔡江觀、張裕觀、何裕觀、黃亞有、許光耀、張稽觀、德泰號、許芳隆、林醮觀、王瑞基、張柳觀、曾文賢、陳德猷、陳江海、薛仁禮、蔡錦美、蔡棵觀、許清然、葉四靈、邱天爵、王奢觀、王鵬飛、黃三佰、林旺觀、劉沛榮、胡亞追、余佛兒、薛榮茂、曾伯達、蔡紫微、陳德宇、陳愛讀、陳榮標、黃振隆、王恒然、余集安、陳俊睦、陳俊美、陳俊成、林光暖、曾梅生、許騰雲、陳德月、張慶華、王港觀、陳四海、金恒得、王探英、廣成號、許祈觀、宋光茂、陳旋堂、邱玉明、吴福星、許清崇、邱俊脩、黃連觀、陳創觀、許榮僑、葉亞和、宋江倚、楊哲觀、曾明財、曾之心、黃德宗、陳尚觀、劉迪觀、梁琴觀、陳明宗、鄭掬養、許文仲、翁景興、張亞長、許清倫、鄭德觀，以上各壹員。另壹佰伍拾捌名收零銀伍拾叁元。

咸豐元年辛亥歲季冬建造吉日立。

五〇八　干冬清華宮重修并加添兩護及圍墻碑

【碑刻名稱】干冬清華宮重修并加添兩護及圍墻碑
【材　質】石材
【形　制】長方形横碑
【尺　寸】長一百三十五厘米、寬六十二厘米
【書　體】隸書
【碑　額】無
【碑　題】無
【碑文撰者】無
【碑文書丹】無
【立 碑 者】清華宮董事等
【立碑時間】清光緒十三年（一八八七）
【存　佚】現存
【地　點】馬來西亞干冬清華宮
【碑刻録文】

清華宮重修并加添兩護及前後圍墻捐資勒石：

董事李桂林捐金大銀貳百大元；董事劉源水捐金大銀一百五十元；董事向玉變捐金大銀貳百四十元；董事薛長泉捐金大銀一百八十元；總理楊錫恩捐金大銀二十四元；總理源興號捐金大銀二十四元；亭主陳篤恭捐金大銀壹百大元；副亭主曾運珪捐金大銀六十大元；會館主徐雲夢捐金大銀四十大元；鍾安源喜獻兩護地；徐文金捐金二百元；徐桂賞捐金一百元；陳協和捐金四十元；陳明月捐金四十元；徐永清捐金四十元；金宜泰捐金三十元；林得燕捐金二十元；薛錦興捐金二十元；蔡錫□捐金二十元；李慶刻捐金二十元；曾龍發捐金二十元；陳若淮捐金二十元；徐碧梦捐金二十元；裕泰利捐金二十元；王慶雲捐金十五元；許山泉捐金十二元；曾永可捐金十二元；李文昆捐金十二元；王欽文捐金十二元；陳秋生捐金十二元；梁瑞岩捐金一十元；曾西聘捐金一十元；陳安達捐金一十元；片酒翁捐金一十元；曾萬捐金一十元；金號捐金一十元；王廣勛捐金一十元；薛義□捐金一十元；□發山捐金一十元；許允畝捐金一十元；許店泉捐金一十元；曾振成、許文機、豐隆號、黃榮成、李光泉、謝信仁、梁鴻籌、徐猴觀，以上計八名各六元；李慶州、曾元助、薛長松、歐覺興、蔡清思、洪添利、蔡文藝、黃綿壽，以上計八名各五元；四元至五角一百伍拾四名，共收捐二百四十八元正。總合收捐大銀貳千壹百肆拾玖元。開費磚瓦灰沙柴料塗木工雜費等，對除外尚侵大銀貳元二角。

時光緒十三年丁亥歲吉月立。

五〇九　重修清華宮碑記

【碑刻名稱】重修清華宮碑記
【材　　質】石材
【形　　制】長方形横碑
【尺　　寸】長一百三十六厘米、寬六十二厘米
【書　　體】隸書
【碑　　額】無
【碑　　題】重修清華宮碑記
【碑文撰者】無
【碑文書丹】無
【立　碑　者】清華宮董事人
【立碑時間】清光緒三十四年（一九〇八）
【存　　佚】現存
【地　　點】馬來西亞干冬清華宮
【碑刻録文】

重修清華宮碑記

大董事：陳温興；副董事：黄心田；大總理：陳思忠。

亭主陳敏政捐緣銀壹佰陸拾元；陳温源捐緣銀壹佰陸拾元；曾西聘捐緣銀壹佰陸拾元；陳温昌捐緣銀壹佰元；陳若錦捐緣銀壹佰元；王金輝捐緣銀伍拾元；陳若銓捐緣銀伍拾元；薛祈安捐緣銀貳拾貳元；陳福壽捐緣銀貳拾元；陳齊賢捐緣銀貳拾元；羅光耀捐緣銀貳拾元；楊鎮海捐緣銀壹拾貳元；陳温興捐緣銀壹拾元；蔡立地捐緣銀壹拾元；陳思德捐緣銀壹拾元；梁協春號捐緣銀壹拾元；余光源捐緣銀壹拾元；協源山捐緣銀壹拾元；曾萬昌、李文昆、陳維賢、協興棧、鄭金財、榮發山、蘇士竈、洪卓星、陳恭儉、錦興號、豐源棧、伍寬海、張長安、陳維我、成紫山、林士譽、義盛號、新泰興義記、黄清照、振安號、余侄谷、益和安、郭文彬、李再元、成興山、侯及官、蔡立業、余德祥、金裕棧、邱允吉、孟功全、新成義、益成山、洪榮官、劉嘉盛、陳若鵬、豐隆號、余光漢、源興號、萬成山、永泉山、曾河寧、林榮授、蔡清端、陳永昌、徐芳清、盛興山、金發山、華珍號、新豐興，以上各題銀伍元；收每題肆元，計叁拾叁名緣銀壹百叁拾貳元；收每題三元，計肆拾名緣銀壹仟貳佰元；收每題二元，計玖十一名緣銀壹百捌拾貳元；收每題壹元伍角，計貳拾名緣銀叁拾元；收每題壹元，計叁百陸拾名緣銀叁百陸拾元；收零散緣計陸拾一名，銀貳拾捌元陸角五分；總合共收緣銀壹仟玖佰零壹元陸角五占。

開修理柴料磚瓦灰并油漆工資該銀壹仟柒佰陸拾伍元、開諸所費計共大銀叁拾柒元柒角柒占、開打石磚柴横并費該銀陸拾元，三條共銀壹仟捌佰陸拾貳元柒角柒占。

對除開費以外尚結存銀叁拾捌元捌角捌占。

時光緒卅四年歲次戊申孟秋之月穀旦吉立。

五一〇　清華宮修整兩護厝碑記

【碑刻名稱】清華宮修整兩護厝碑記
【材　質】石材
【形　制】長方形横碑
【尺　寸】長一百三十厘米、寬五十八厘米
【書　體】隸書
【碑　額】無
【碑　題】清華宮修整兩護厝碑記
【碑文撰者】無
【碑文書丹】無
【立 碑 者】清華宮董事人理事人
【立碑時間】民國四年（一九一五）
【存　佚】現存
【地　點】馬來西亞干冬清華宮
【碑刻録文】

清華宮修整兩護厝碑記

亭主陳敏政捐金二十五元；鄭協源捐金五十元；鄭益成捐金二十五元；曾萬昌捐金二十五元；曾清秀捐金二十元；曾西聘捐金二十元；陳齊賢捐金二十元；曾江水捐二十元；瑞成號捐二十元；陳士海捐十五元；陳士水捐十五元；鍾協和捐十五元；謝□□捐十五元；春源興山捐十五元；蔡祈安、陳温興、豐源棧、鄧士抱、陳金池、余光源、陳瑞金、何成業、陳思福、梁朗文、劉文獎、葛美山、陳福書、麥廷吉、聞豐美、伍寬海、陳若河、鄭文□、金裕棧、王欽吉、許怡□、劉嘉成、□卓生、陳士賨、蔣志□，以上各十元；三和隆、振元興、楊益隆、馮章□、謝合□、萬榮號、懷春號、鄭成福、李得利、東□號、徐□清、中興號、曾焕□、恒豐號、□香號、□□□、美成號、有豐順、德記號、協德合記、范長泉、李再元、萬順號、品成棧、曾振成、王進炎、陳盛□、劉振源、張華成、余士平、怡昌山、王聚秀、□□□、洪金榮、李天壽、龍其清、陳圓池、長珍號、何萬約、王清□、陳添□、吴振美、顔永發、張連清、孫文言、陳添福、□裕興、□連升、廣南昌、陳珍和、陳祖成、興發號、□長□、□協興、陳治興、振安號、陳思興、莊裕安、新合發、孟功成、開成棧、林公蔭、雷永河、曾勝昌、陳永福、陳□竈、同元號、陳士廣，以上各五元；一收叁元共六名，捐壹拾捌元；又收貳元共壹拾柒名，捐叁拾肆元；又收壹元共壹拾貳名，捐壹拾貳元。總合共收緣銀玖佰陸拾五元。

開修造兩護厝料并工資油漆石碑四，共土做路等費共玖佰陸拾五元。

募緣理事人陳福壽官。

中華民國四年乙卯孟冬之月立。

五一一　重修清華宮後界碑記

【碑刻名稱】重修清華宮後界碑記
【材　　質】石材
【形　　制】長方形横碑
【尺　　寸】長一百三十二厘米、寬六十厘米
【書　　體】隸書
【碑　　額】無
【碑　　題】重修清華宮後界碑記
【碑文撰者】無
【碑文書丹】無
【立 碑 者】清華宮董事等
【立碑時間】民國十五年（一九二六）
【存　　佚】現存
【地　　點】馬來西亞干冬清華宮
【碑刻録文】

重修清華宮後界碑記

四大理：余光源、曾江水、卜金忠、許山霖；總理：陳金瑞。

陳温祥捐乙百元；羅經綸捐三十元；陳木娘捐二十元；（下略）計壹百捌拾玖條，共收捐銀壹仟叁佰壹拾伍元；又收叁元共貳拾捌條，捐來銀捌拾肆元；又收貳元共柒拾陸條，捐來銀壹佰伍拾貳元；又收壹元共玖拾玖條，捐來銀玖拾玖元；總合結肆拾條，收銀壹仟陸佰伍拾元。

開做宮墻磚灰工椅桌石碑柴碑什費，計一概共壹拾柒條，去大銀壹仟叁佰陸拾柒元零肆占；開陳金瑞甘先共銀叁佰叁拾元正；計玖拾壹條，合共出去大銀壹仟柒佰玖拾玖元零貳角。

對除以外尚侵陳金瑞甘先銀壹佰柒拾肆元玖角零肆占。

民國十五年丙寅冬月吉立。

五一二　重建干冬清華宮碑記

【碑刻名稱】重建干冬清華宮碑記
【材　質】石材
【形　制】長方形橫碑
【尺　寸】長一百三十二厘米、寬六十厘米
【書　體】隸書
【碑　額】無
【碑　題】重建干冬清華宮碑記
【碑文撰者】晋江静山王雲崧
【碑文書丹】無
【立 碑 者】合呷暨外坡諸同人
【立碑時間】民國二十七年（一九三八）
【存　佚】現存
【地　點】馬來西亞干冬清華宮
【碑刻録文】

重建干冬清華宫碑記 晋江静山王雲崧題撰

稽夫千峰清華宫，開始創自清道光廿八年戊申，首倡捐題建築者，薛君文仲、陳君坤水。慷慨獻地者，楊氏政娘。降至光緒十三年丁亥，鍾君安源尤敬贈丙護厝地，由前而考算，迄今已有九十年之歷史。其間雖有所修整，而歲積年多，梁棟不無損壞，風飄雨濕，墻垣日見欹斜。設不先事考慮，終來誠恐傾覆可危之勢。干冬當地里長鍾君仲學，有鑒乎此，志在重建翻新，於是特向青雲亭四大理許山霖、余光源、曾江水、卜金忠諸君布告一是。由青雲亭召集開會，討論結果議决，其於建築經費，可函達清華宫勇全殿董事部要求，將仲舟所存公款提出，資助應需。幸蒙該董事王萬典、徐源章、陳温祥、王振炎諸公答覆。業經會議一致贊同認許，以成美舉。嗣後由亭准舉鍾君仲學、曾君有美兩人負責，合作辦理建築事宜。謹詹於古曆丙子年十月二十六日進行量布基，興工創造，直至丁丑年九月初一日始告落成。天然結構，頗壯觀瞻。雖曰熱誠諸公合群策群力之始終勤勞督造有以致之，然亦赫濯靈感朱王默中扶持神助，故克實現此輪奐之新宫宇，則庶乎神安而人亦安矣。爰勒文石，以垂永久，俾後之君子之至於斯參觀者，知所以考証焉耳。是爲記。并爲之頌曰：經始斯宫，經之營之，群力攻之，今日成之。

附録在于各地頭開會推舉常務監督委員四名列左：

鍾仲市君、林克浩君、辛金德君、江聲樹君，此四子俱各努力之可嘉。

兹將建築宫宇進支賬目列左以供公覽：

清華宫勇全殿仙舟公款來銀□仟□佰□拾□元。丹條陳文俠對色土料去銀□仟□佰□拾□元、鐵□集對買鐵花去銀柒佰肆拾伍元、 圖集對畫工去銀叁佰伍拾元、 雜費集對雜用去銀□仟□佰□拾□元，計四條共□仟□佰□拾□元。 王福山石鋪道。

天地和合。

中華民國廿七年戊寅五月吉日合呷曁外坡諸同人立。

五一三　清華宮籌建新戲臺捐緣銅牌

【碑刻名稱】清華宮籌建新戲台捐緣銅牌

【材　質】銅材

【形　制】長方形横牌

【尺　寸】長八十九厘米、寬六十八厘米

【書　體】楷書

【碑　額】無

【碑　題】清華宮

【碑文撰者】無

【碑文書丹】無

【立 碑 者】清華宮董事等

【立碑時間】一九六三

【存　佚】現存

【地　點】馬來西亞干冬清華宫

【碑刻録文】

清華宮

建新戲臺籌備委員會及捐緣芳名列左：

正主席張東升捐伍佰元；副主席鄭金炳捐壹佰元；正總務辜再興捐伍拾元；副總務洪成寶捐伍拾元；財政陳雲厝捐叁佰元；募捐主任吴益華捐壹佰元；委員：林齊宗、侯賒金、鄭長炳、潘有才、鄭求興、鍾仙昌、汪清池、陳謀、馬金牛、陳旋、侯天申、陳滿；戲臺地由鍾仲學、鍾仲力兩位同獻；林多地貳佰元；陳雲化貳佰元；雷金元貳佰元；泉和成貳佰元；陳明生壹佰伍拾元；林天生壹佰貳拾元；吴榮華、雷水鳥、張火榮、新裕興、永興號、林順美、孫和尚、陳佳才、吴忠信、陳旋、孫保全、劉兩、葉祖體、温虎幹、同美號、侯振美、陳德乾、金泉興，以上共十八名，各捐銀壹佰元；新益和陸拾元；吴佛彝、汪清俊、侯金連、旺梨漁業、無名氏、王運江、吴亞光、鄭長榮、劉金桃、汪清池、方友亭、陳子霜、陳根、鄭長閃、孫千萬、張貴木、南隆棧、許明宗、鄭龍□、榮典號、黄登鵬、傅源和、保成號、□□湖、盛蒼龍、雷清金、張金水、謝紀念、民和號、方金水、顔金年、馬金牛、侯西□、陳焕章、林合約、泉和隆，以上共三十六名，各捐銀伍拾元；對捐來肆拾元共壹名肆拾元；對捐來叁拾元共貳拾肆名柒佰貳拾元；對捐來貳拾元共陸拾名壹仟貳佰元；對捐來拾伍元共壹拾一名壹佰陸拾伍元；對捐來壹拾元共貳佰壹拾捌名貳仟壹佰捌拾元；對捐來伍元共壹佰玖拾五名玖佰柒拾伍元；對捐來肆元共捌名叁拾貳元；對捐來叁元共壹拾柒名伍拾壹元；對捐來貳元共捌拾名壹佰陸拾元；對捐來壹元共伍名伍元；吴忠信典禮剪彩獻金伍佰元正；總數捐來喜緣計壹萬壹仟捌佰伍拾捌元。

總數計開出壹萬壹仟捌佰伍拾捌元。

公曆一九六三年歲次癸卯年正月十三日吉立。

五一四　水美宮碑記

【碑刻名稱】水美宮碑記

【材　質】石材

【形　制】長方形立碑

【尺　寸】長一百二十八厘米、寬五十六厘米

【書　體】楷書

【碑　額】無

【碑　題】水美宮碑記

【碑文撰者】無

【碑文書丹】無

【立 碑 者】水美宮董事人等

【立碑時間】清同治元年（一八六二）

【存　佚】現存

【地　點】馬來西亞檳城水美宮

【碑刻録文】

水美宫碑記

檳嶼之域有王府之廟，乃中華福漳之澄邑於鍾山社之水美宫所自始也。溯自前人經商抵此，供帶靈光香火，默祐無疆。故爾誕其宇，崇奉王府神靈。迄今遺歷有年，櫛風沐雨，堂殿墻壁，已屬頹垣，畫棟雕梁，未免污爽。是以我蔡家諸同人雲集，議舉重修，擇日興工經始，乃未幾而崇墉仡仡，告厥成功。凡我諸同人，共爲勒石，以垂千古之不禋，共仰神光於乎祐，抑或以示後人之孔欽，於王府之威揚於不置也哉！是爲記。

捐金名氏開列于後：

紫初捐銀壹佰壹拾貳元；媽賜捐銀壹佰大元；有德捐銀陸拾大元；江發捐銀伍拾捌元；有諒捐銀叁拾伍元；裕博捐銀叁拾貳元；文耀捐銀叁拾貳元；光勞捐銀貳拾捌元；瓊瑶捐銀貳拾貳元；和尚捐銀貳拾貳元；正不捐銀貳拾壹元；亦水捐銀貳拾大元；天慶捐銀壹拾肆元；自徵捐銀壹拾叁元；有讀捐銀壹拾叁元；啓宜捐銀壹拾叁元；有仕捐銀壹拾貳元；果答捐銀壹拾乙元；昆杭捐銀壹拾大元；金瑞捐銀壹拾大元；廣斗、青龍、南田、江武、允宗，以上各柒元；麟趾、新榜、西東、添籌，以上各陸元；秋水、六甲、青鳳、有在、于今、見分、見通、壽全，以上各四元；廣惟、登來，以上各叁元；光齊、育愿、光杉、其惟、金榜、領日、九王、天生、自勇、媽摺、光漢、光營、光嘹、小能、榮宗、吉荖、光福、光轉、清波、國傳、添發、葵□，以上各貳元；媽鉗、六四、石求、秋蘭、標□、佳興、順□、冷咸、圪□、占成，以上各乙元。

諸信女虔心喜助緣金：

倩娘捐銀四拾元；淑娘捐銀四拾元；賓娘、桔娘、倩娘，以上各一十貳元；蕇娘、譽娘，以上各一十元；倩娘、月娘、順娘、草娘，以上各貳元；花娘、良娘，以上各叁元；玉娘、然娘，以上各陸元；柑娘捐銀四元；盼娘，以上各乙元。二娘、招娘

同治壬戌年季夏吉旦，董事人自徵、紫初、天慶、光勞、有諒、有德仝勒石。

五一五　重建水美宫碑記（前碑）

【碑刻名稱】重建水美宫碑記（前碑）

【材　質】石材

【形　制】長方形立碑

【尺　寸】長一百二十六厘米、寬五十八厘米

【書　體】楷書

【碑　額】雙龍朝日

【碑　題】重建水美宫碑記

【碑文撰者】海澄生員林國良

【碑文書丹】厦門許耀坤

【立 碑 者】水美宫董事胡淵衡等

【立碑時間】清光緒八年（一八八二）

【存　佚】現存

【地　點】馬來西亞檳城水美宫

【碑刻録文】

重建水美宮碑記

嘗謂神以民爲依歸，民以神爲保障，是知神民有維繫而不已者也。我唐人雖在夷地，服賈營生，尤不可無別，置廟宇以安乎神靈。然檳城大係市鎮之域，而唐人邇來生齒日衆，户口日增，所頌禱者惟神明護持而已。曩者坡池滑之處，原有建築水美宮，崇祀池府王爺，自來保我黎民，顯赫莫京。惜乎一座廟宇，歷傳至今，風雨漂摇，棟梁蠹壞，凡我唐人，莫不目擊而心傷。况又宮位坐向不美，非大爲更易創造，斷不能安乎神以保乎民。適董事等誠心向義，出爲募捐。坡中之人，莫不踴躍争先，隨量而施，集腋成裘，共成妙舉。由是將所捐之緣，以爲資用。别請堪輿，定基立向，擇吉興工，經營創作，輪奂聿新。而後再擇良時吉日，迎神建醮，以爲落成之慶。庶乎神靈赫濯，實式憑之，王府默庇，福有攸歸。而且驅魔逐怪，肅静地方，豈不益者哉！謹將募捐緣項芳名勒石，以志永垂不朽。是爲序。

海澄生員林國良撰文，厦門許耀坤敬書。

胡淵衡捐銀壹佰陸拾員；邱宜保捐銀壹佰貳拾員；邱衡赤捐銀陸拾貳大員；許高源捐銀陸拾大員；林勝昌捐銀陸拾大員；瑞安號捐銀陸拾大員；邱登果捐銀陸拾大員；邱田方捐銀陸拾大員；謝德順捐銀陸拾大員；顔金水捐銀陸拾員；萬茂號捐銀肆拾員；王文慶捐銀肆拾員；林寧綽捐銀肆拾員；邱忠波捐銀肆拾員；翁清標捐銀肆拾員；邱源美捐銀肆拾員；胡維棋捐銀肆拾員；謝允協捐銀肆拾員；謝啓種捐銀肆拾員；林恒茂捐銀肆拾員；興利號捐銀肆拾員；楊章柳捐銀肆拾員；盧小學捐銀肆拾員；邱心美捐銀肆拾員；張安然捐銀肆拾員；邱朱捐銀肆拾員。

五一六　重建水美宫碑記（後碑）

【碑刻名稱】重建水美宫碑記（後碑）

【材　質】石材

【形　制】長方形立碑

【尺　寸】長一百二十六厘米、寬五十八厘米

【書　體】楷書

【碑　額】雙龍朝日

【碑　題】重建水美宫碑記

【碑文撰者】海澄生員林國良

【碑文書丹】厦門許耀坤

【立 碑 者】水美宫董事胡淵衡等

【立碑時間】清光緒八年（一八八二）

【存　佚】現存

【地　點】馬來西亞檳城水美宫

【碑刻録文】

新事成捐銀叁拾員；裕源號捐銀叁拾員；李文吉捐銀叁拾員；新益興、甘迎禧、邱振美、得昌號、許新惠、李清吉、楊友武、瑞裕號、德興號、邱增妙、邱金有、邱瑞興、王元清、林百蚱、合興號、新萬德、陳心和、邱智福、謝如德、瑞福號、成德號、再興號，以上各捐銀貳拾肆員；龔德捐銀貳拾員；承啓泰捐銀貳拾員；葉合吉捐銀貳拾員；邱綉絨娘捐銀貳拾員；源盛號捐銀拾大員；三合源捐銀拾六員；萬順號、丁道姑、謝夏賞、沈佛山、德興號、林榮益、邱琴瑟、永成號、成興號、楊自渾、甘建昌、李清浮、慶源號、陳吝記、連贊春、新振源、許興蔭、汪新來、義發號、興遠號、張正淵、豐興號　錦昌號、鄭應亮、鴻泰號、吴文恒、新合利、林花鍇、崇春號、萬和號、蘇建、吴忠信、杜有令、甘緑柳、永萬豐，以上各捐銀壹貳員；錦源號、新德安、新怡成、謝文誠、邱源捷、邱清溪、會文、新長興、蔡裕傳、謝綉哖娘、楊本久、德成號、振吉號、瑞振號、楊照得、順隆號、邱萬成、珍南號、再成號，以上各捐銀壹拾大員；胡淵衡添捐銀四拾元；汪新來添捐銀貳拾四元；吴忠信添捐銀拾貳元；謝允協添捐銀壹拾元；邱心美添捐銀壹拾元；盧小學添捐銀壹拾元；楊章柳添捐銀壹拾元；謝添哖娘添捐銀拾元。

董事胡淵衡、謝允協、邱心美、盧小學、楊章柳仝勒石，光緒八年歲次壬午仲冬。

五一七　重修勇全殿碑記

【碑刻名稱】重修勇全殿碑記

【材　質】石材

【形　制】長方形立碑

【尺　寸】長二百二十六厘米、寬九十八厘米

【書　體】楷書

【碑　額】無

【碑　題】重修勇全殿碑記

【碑文撰者】臺淡食廩陳國治

【碑文書丹】無

【立 碑 者】勇全殿董事暨理事等

【立碑時間】清光緒二十二年（一八九六）

【存　佚】現存

【地　點】馬來西亞馬六甲勇全殿

【碑刻録文】

重修勇全殿碑記

我剛勇秉性，見義必爲，自始至終，不憂不懼，此之謂勇全。故赫赫厥聲，濯濯厥靈，使諸國人皆有所矜式焉。呷國人民日盛，居室雲連，凡有所求，如意而獲。興言及此，遂成廟宇，名曰勇全殿，以崇祀乎香烟。洎乎暫頹，日緩月，月緩年，陳若淮集同人重修葺，一切克壯雄觀者，皆此重修之力也。茲我同人修葺完矣，名勒于石，俾後頌揚。

台淡食廪陳國治撰。

大董事：陳若淮；副董事：陳溫典；大總理：蔡開泰；副總理：王烏石。

薛祈安獻空地一片；陳若淮捐金大銀叁百元；王慶雲捐金大銀一百八十八元；承龍發捐金大銀一百五十元；蔡立地捐金大銀一百二十二元；陳溫昌捐金大銀乙百元；李麗烈捐金大銀乙百元；徐雲夢捐金大銀乙百元；陳芳錦捐金大銀乙百元；陳若銓捐金大銀乙百元；陳溫源捐金大銀乙百元；曾西聘捐金大銀乙百元；劉澤水捐金大銀乙百元；陳長源捐金大銀乙百元；王泉源捐金大銀乙百元；姚斜官捐金大銀乙百元；姚尤樟捐金大銀乙百元；羅振經捐金大銀乙百元；陳秋生捐金大銀乙百元；陳若林捐金大銀六十元；興盛棧捐金大銀六十元；曾文富捐金大銀六十元；宋乾水捐金大銀六十元；蔡紫微捐金大銀五十元；瑞裕公司捐金大銀五十元；蔡錫胤捐金大銀五十元；陳若炎捐金大銀五十元；陳若琴捐金大銀五十元；李慶金捐金大銀五十元；許石鈿捐金大銀五十元；陳振源捐金大銀五十元；邱建伍捐金大銀五十元；余觀蓮捐金大銀五十元；義和棧捐金大銀四十元；曾長榮捐金大銀四十元；陳溫興捐金大銀三十元；協源號捐金大銀三十元；黃源號捐金大銀三十元；張章者捐金大銀三十元；曾萬興捐金

大銀三十元；呷源通捐金大銀二十五元；陳冬生捐金大銀二十五元；陳貴吉捐金大銀二十五元；源萬裕捐金大銀二十五元；張恒順捐金大銀二十五元；蔡正道捐金大銀二十五元；黄榮棧捐金大銀二十五元；曾實茶捐金大銀二十五元；甘麟捐金大銀二十五元；協興棧捐金大銀二十五元；郭紹珍捐金大銀二十五元；陳冬發捐金大銀二十五元；陳登松捐金大銀二十三元；薛□□捐金大銀二十元；林振捐金大銀二十元；榮裕號捐金大銀二十元；徐永清捐金大銀二十元；豐萬號捐金大銀二十元；徐夢捐金大銀二十元；開成棧捐金大銀二十元；梁仁捐金大銀二十元；徐慷榮捐金大銀二十元；顏永成捐金大銀二十元；怡美號捐金大銀二十元；曾合德捐金大銀二十元；梁協春捐金大銀二十元；宋金水捐金大銀二十元；源興號捐金大銀乙十五元；昌盛棧捐金大銀乙十五元；陳慶添捐金大銀乙十五元；曾金福捐金大銀乙十五元；廖積捐金大銀乙十五元；陳振成捐金大銀乙十五元；許有成捐金大銀乙十五元；金泰興捐金大銀乙十五元；伍寬海捐金大銀乙十五元；李文昆捐金大銀乙十二元；何玉鑾捐金大銀乙十二元；曾萬昌、許石池、王欽吉、陳恭安、陳瑞金、傅承傳、盧文□、陳永昌、歐源興、陳宗枝、徐蓁清、楊水□、陳江淮、曾金鳳、新廣成、杰成號、楊金池、和豐、楊壽安、余光源、吴榮發、余光漢、新成德、陳慶財、余瑞變、顏集泰、曾永福，以上各拾元；吴捷興、楊金讓，以上各八元；楊鎮滋、邱嬌、萬和棧、楊萬美，以上各六元；劉協興、萬壽堂、黄紹慶、林景符、同成春、捷成號、廣和生、王成春、廣成號、李文由、張長財、曾總和、裕成泰、李潤、集炎、同濟堂、孟□□、陳綢娘、金源興、許山泉、合棧號、曾誠、曾文點、益興棧、萬和堂、源源號、鄭金桔、林公蔭、李秀仁、莊慶利、陳文恭、曾錫泉、永萬豐、侯福山、同利號、鄭清吉、蔡圣水、陳協成、楊金若、和棧恭、蔡孫美、蕭長發、連興號、徐芳清、徐碧、陳桂林、源發號、王金合、姚永貞、泉興號、曾和寧、曾錫金、源和當、王成利、萬源號、協泰號、和順興、廖成祥、鄭安生、振興號、許山林、萬發當、李光弃、永裕號、合美號、徐祥萝、蕭石謨、邱光吉、林計興、新榮發、馬成吉、蔡清輝、新榮興、陳照財、德和號、黃崇禮、曾德春、曾源發、鄧錫家、林瑞吉、新合源、德隆號、王聚秀、連慶安、葉瑞興、陳慶祥、察發號、福成號、切發號，以上各五元；同發號、益美號、陳占官，以上各三元；興錢棧、瑞福號、漳號、沈官、永號、萬昌號、林國添、王合成、合吉號、黃吉號、柯德、鄭清池、連玉芳、永興號、隆裕號、葉啓官、余泮官、新興號、長成發、裕號、長發號、榮官、協美號，以上各二元；和珍號、漳雨成、許振發、陳蜜官、陳俊官、利棧號、顏官、郭通官、顏官、廣龍、林金、裕察、福源號、賴吉號、鄭寒元、三合、陳新、張□□、顏宗官、邱官，以上各乙元。計共收緣大銀肆千元。

收兑劍帶鬚綢綾柴料等物共銀叁拾肆元陸角。開包忠勇全殿土水柴料修理干冬慶成等豐共銀肆千捌百貳拾肆元捌角肆占。

時光緒廿二年歲次丙申六月穀旦董事暨理事等立。

五一八　水美宮碑

【碑刻名稱】水美宮碑

【材　　質】石材

【形　　制】長方形立碑

【尺　　寸】長一百二十二厘米、寬五十六厘米

【書　　體】楷書

【碑　　額】無

【碑　　題】水美宮

【碑文撰者】無

【碑文書丹】無

【立　碑　者】水美宮董事人等

【立碑時間】民國七年（一九一八）

【存　　佚】現存

【地　　點】馬來西亞檳城水美宮

【碑刻録文】

水美宮

茲將重修水美宮捐緣芳名：

王成娘捐銀壹仟貳佰元；石塘連公司捐銀伍佰元；龍山堂邱公司捐銀伍百元；楊家祖德堂捐銀貳佰伍十元；謝彥娘捐銀貳佰元；邱有用捐銀壹佰貳拾元；九龍堂林公司捐銀壹佰十元；潁川堂顏公司捐銀壹佰拾元；顏東陽捐銀壹佰元；林成金、邱月□、柯水金、林金綫、□玉□娘，以上五名各捐陸拾元；鄭彥和捐四十七元；邱王鶴娘捐四十元；林福□捐銀二十四元；趙和興捐銀二十四元；林貴義捐銀二十二元；許鴻紅捐二十元；邱仁壽、許如鴻娘、義香號、許明連、源發號、楊升來、謝□官、陳瑞仲、□合泰、新成美、莊福來、楊□官、王鑿茨、董香華、□水生、邱素珠、張成泰，以上十七名各捐拾貳元；邱福松妻捐拾壹元；林連娘捐拾元；許瑞□、楊瑞文妻、王□□，以上三名各捐陸元；萬瑞興、□玉粒、復興號、鄭繼坤，以上四名各捐五元；東成號、邱□連、黃世笙、占福榮、洪義娘、溫玉錠娘，以上六名各捐四元；新興隆、□源號、源□美、綿順號、無名氏、曾東娘，以上六名各二元五；新合安、連源號、恒隆號、鴻德發、王真娘、張明官、謝添娘、徐水□、謝自來、謝林娘、林玉深娘、邱如珠娘、□□□、邱寶娘、胡以娘、謝連英娘、邱祥娘、□守葉娘、顏招成娘，以上十九名各貳元；楊漳明一元六；瑞達號、和記號、新萬順、新成發、邱秀連、何□娘、謝繼□娘、楊秀□娘、李文輝、邱蓮娘、邱長連娘、玉春娘、林素□娘、顏招□娘、王彩真娘、林□來娘、林玉環娘、□團圓、長源號、萬和成、榮美號、萬順興、邱玉印娘、泉和號、黃楠恭、陳遠碧、李白琴、林翠真、戴如寶、林玉富娘、楊炎鶴、葉用市娘、陳留娘、李百寶娘、李秀錦娘、謝瓊運、周□水、林□宗、洪成枝、林金娘，以上四十名；林金□、林素貞、楊彩娘、楊香金娘、甘素玉娘、林金錠娘、柯□□娘、陳素娥、葉家珍。合共壹百貳拾柒名捐肆仟零陸拾陸元。

董事陳光道、謝自友、林文彪、邱有用、楊碧連，中華民國七年歲次戊午年三月立。

五一九　修理水美宮報效芳名碑

【碑刻名稱】修理水美宮報效芳名碑

【材　質】石材

【形　制】長方形横碑

【尺　寸】長八十六厘米、寬五十厘米

【書　體】楷書

【碑　額】無

【碑　題】無

【碑文撰者】無

【碑文書丹】無

【立 碑 者】水美宮董事人等

【立碑時間】一九五二

【存　佚】現存

【地　點】馬來西亞檳城水美宮

【碑刻録文】

茲將善男信女報效修理水美宮芳名列左：

資，林長杉道師報效土水工資壹千貳百元；陳天成報效唐山瓦綠垂珠及小桷壹千貳百元；葉祖意遺產報效松茂號木料壹千元；盧良山報效松茂號木料壹千元；福建公司報效柴工資及車資壹千元；福建公司報效明意公司報效大厝頂及拜亭剪料肆千元；陳天成報效唐山瓦綠垂珠及小桷壹千貳百元；

王吉成報效白灰烏灰壹千元；陳漢玉報效柴工資陸百元；黃玉山報效畫門神柒百肆拾元；林吉成駱素珍報效換大殿柱一對陸百元；邱信士報效新義成號木料伍百元；楊淑枝遺產報效神龕及磚座伍百元；報效修理護厝壹百元；駱榮宗、吳清基、李柳金、邱福祥四名合報效油漆宮身拜亭椽桷捌百元；陳順吉、邱鏡波、陳珠萬、林良華、蘇亞華、李玉太六名合報效開兩鐵窗及全灰水陸百元；諸信善到宮拜神隨意報效零數合修整椅桌及雜器玖百貳拾柒元。

福建公司信理員謝延遜、謝風雲、邱德星、林忠億、楊金殿、林如瑞、謝榮賜、邱元殿、陳慶雲、楊榮國、林吉隆、謝榮錦、邱思轍、陳清貴、楊允全，兼修理主任陳漢玉、邱有益、林耀椿、陳深美、楊章成立，一九五二年壬辰十月十八日，英曆一千九百五十二年十二月四日。

五二〇　辛柯蔡宗祠水美宮碑記之一

【碑刻名稱】辛柯蔡宗祠水美宮碑記之一

【材　　質】石材

【形　　制】長方形立碑

【尺　　寸】長一百六十八厘米、寬七十厘米

【書　　體】楷書

【碑　　額】雙龍朝日

【碑　　題】水美宮碑記

【碑文撰者】無

【碑文書丹】無

【立 碑 者】董事人光羅等

【立碑時間】清光緒三年（一八七七）

【存　　佚】現存

【地　　點】馬來西亞檳城辛柯蔡宗祠

【碑刻録文】

原夫王府森嚴，巍峨碧落之間；神光顯赫，璀璨湖山之麓。自宜堂構從新，乃識神靈之在宥；千秋廟貌，何容棟宇衰頹！凡我蔡氏同人，可勝削色。玆擬鳩工復建，奈何擅美無人。敢告先達，兼布時髦，念庶士之衆多，不靳傾囊，共襄盛舉。奚忘發軔，慨助勝因。事在必爲，會見登時告竣，志堂（當）勇往，行看指日成功。光華遥映斗躔之焕彩；、依然軒冕，既崇堂陛之規模。特甚俚言愧拙，大雅毋忘。謹啓。

江發捐銀乙佰貳十元；育仕捐銀五十元；光羅捐銀五十元；新榜捐銀四十大元；裕博捐銀四十大元；陸遜捐銀三十四元；奇鳳捐銀三十二元；紫初捐銀三十大元；珠沃捐銀三十大元；應活捐銀貳十四元；文耀捐銀貳十四元；五常捐銀貳十三元；新發捐銀貳十大元；見通捐銀貳十大元；有諒捐銀乙十二元；大楹捐銀乙十二元；清水捐銀乙十二元；良有捐銀乙十二元；廣貞捐銀乙十二元；玉彝捐銀乙十一元；嚕合捐銀乙十大元；進濫捐銀乙十大元；閶闔捐銀乙十大元；朝喜捐銀玖大元；正大、有大、文英、英老、玉□，以上八元；德礦、清壽，以上七元；聰庚、峴山、克念、媽衫、媽壹、廣斗、廣卷、滿老、珠老、生老、葵老、儉老，以上六元；用新、針鑽，以上五元；天慶、得漏、興寧、登來、世達、領成、楚山、深謙、鶴頂、康誥、天養、國讓、換生、甜生、閏生、却生、明生、巢生、夥生，以上四元；青龍、其□，以上三元；戰國、戰開、鳥知、立民、坤山、廣惟、拱照、敦行、江河、春泉、開海、媽鉗、頟日、贊成、速庚、雙袋、夏景、亞捌、太水、昆杯、發祥、有記、清福、轉生、得生、芋生、壬生、念生、陽生，以上貳元；有開、捐銀元半；請玉、玉樟、元賜、媽惜、仁杰、志木、翁川、菌隆、其山、大印、大目、翁老、滿順、天這、媽春、九如、贊生、有慶、愛生、瓜生、芒生、嘔生、要生、圖生、美生、悦生，以上乙元。

諸信女虔心善助緣金：

然根捐銀陸十大元；白嬌捐銀陸十大元；簞娘捐銀四十四元；長金捐銀乙十四元；淑娘捐銀八大元；情娘捐銀六大元；桔娘、理娘、祐娘、蜂娘、情娘、淵娘、芷娘、綉娘、永娘、玉意，以上四元；貞娘、柑娘、倩娘、盼娘、玉娘，以上貳元；指娘、清鳳、雅娘、針娘、蟬娘、香娘、六娘，以上乙元。

大清光緒三年歲次丁丑季冬月穀旦，董事人光羅、新榜、見通、育仕、有諒、江發仝勒石。

五二一　辛柯蔡宗祠水美宮碑記之二

【碑刻名稱】辛柯蔡宗祠水美宮碑記之二
【材　質】石材
【形　制】長方形立碑
【尺　寸】長一百八十厘米、寬七十六厘米
【書　體】楷書
【碑　額】無
【碑　題】水美宮碑記
【碑文撰者】無
【碑文書丹】無
【立 碑 者】董事人益恭等
【立碑時間】清宣統元年（一九〇九）
【存　佚】現存
【地　點】馬來西亞檳城水美宮
【碑刻録文】

水美宮碑記

水美宮者，始自福建漳州海澄縣之三都鍾山社，乃係蔡姓之家廟。分而之檳榔嶼波池滑地方，建立是廟曰「水美」。宮中所祀三府王爺，其有代天巡狩之功，覆蔭蒼生之德。威靈顯赫，恩惠并施，故我蔡姓諸同人，尊而祀之家廟之中，以爲主焉。前人所建於光緒三年，丁丑歲重修廟宇，至今有年；沐雨櫛風，以致堂殿棟梁柱石，將有傾圮之慮。竊念如斯荒廢，神何以安？乃集諸同人共議，捐金重修，以祈永遠鞏固。擇定宣統元年己酉元月廿五日午時破土興工，數月告成。諸同人再議將濟陽蔡氏之一派祖先，擇定拾月初九日安神，并配祀祖先在內。迨後年上拾月拾捌日則爲紀念順祭祖先之重典。自玆以後，鴻基永奠，神德無疆，子孫昌盛，物事吉祥。勒石志銘，共欽顯揚，以垂萬古流芳之美譽焉。

檳嶼埠：鍾山社公司捐肆佰大員；得基捐銀壹佰陸拾員；有泰捐銀陸拾員；文創捐銀陸拾員；天申捐銀叁拾員；榮華捐銀叁拾員；三合源捐銀叁拾員；新泉源捐銀貳拾五元；萬興利公司捐貳拾四員；兩泰捐銀貳拾四員；元衍捐銀貳拾員；雙讀捐銀貳拾員；天伙捐銀貳拾員；和合捐銀貳拾員；建致捐銀貳拾員；益恭、益敏、清潔、合順、建南、奇意、勝翁、新阮，以上每名壹拾貳員；百福、尤差、瑞祥、登科、登貴，以上每人壹拾大員；清源捐銀捌員；清標、尤變、永吾、益謙、忠論、天富、榮益、銘老、長老、登斗、進財、廣真、帮肥，以上每名銀陸大員；心德、世連、添冷、清龍、興利、充續、亞茸、合意、待合，以上每名銀伍大員；文撥、水源、德星、陳科、日精、清水、成賀、清欣、霏老、錦篡、有成，以上每名銀肆大員；芳遠、清江、瑞來、淵深、德順、文捷，以上每名銀叁大員；田治、廣恩、水霜、光老、撥老、則星、德睡、德錦、多選、多輝、金西、賀老、光齊、查某、頂老、世鼎、崇玩、世巧、清芳、其山、明穌、文敏、心富、開燦、錦成號、雙老、文水、源六、赤鼻、清潔、達老、尤成、娘弟、萬勝、開和、吴記、丹桂、丹炎，以上每名貳大員；江順、金治、亞平、亞六、東順、朝順、木河、開和、昆記、源冂，以上每名銀壹大員。吉礁埠：筆陀、攸金、長頭，每名貳員；筆潯、筆麥、筆益、筆發、東鼻、東祐、東冬、東慶、長餅、長鼻、長猴、長木，以上每名壹大員。太平埠：長興號捐銀貳拾員；永源號、長源號、德帽官、樹粥官，以上每名壹拾貳員；七老捐銀壹拾員；長慶號捐銀捌員；順盛捐銀捌員；全成號捐銀陸員；世栖、德楝、新聯興，以上每名銀伍大員；世尻捐銀肆大員；樹香、海老、有土、細錦、長持、德生，以上每名銀貳大員；德高、德定、德天、長耽、長成、世長、世跳、世崇、點老、柴老、填老、桂老、世厚，以上每名銀壹大員。江沙埠：新福順捐銀壹拾貳員；尤全捐銀捌員；貽隻捐銀陸員；新永源捐銀壹拾貳員；實領捐銀壹員；基椅捐銀壹員；錦記號捐銀拾員；新路頭：順成號捐銀貳員；實升捐銀貳員；尤吉捐銀壹員；長抱捐銀貳員；世茂捐銀壹員。大吧東埠：常定師捐銀壹佰員；花摻捐銀柒大員；石角捐銀壹拾員貳角五分；開國捐銀柒大員；修老、丁財、心貴，每名伍員捌角捌分；沂汪捐銀四員五发捌；菜葉捐銀叁員五发；烏山捐銀叁員五发；榮來、君逐、方寬、有諒、新連、大韮，以上每名銀壹員九六发；治添捐銀壹員四发；宙老捐銀玖发捌只。實武呀：濟陽堂公司捐四拾員；萬兵捐銀貳拾員；元益捐銀四員；甘泉、萬里、淑夏、頡額、水琴、豐和、淑夏，以上每名捐銀貳大員；瑞祥、竹人、清水、鴻吉，以上每名銀壹大員。嘛六呷：寶水捐銀壹佰員；開庵門中門信女任娘捐銀壹佰員；左門信女炎娘捐銀四拾員；右門信女美二娘捐銀叁拾員；擇燈信女輝娥娘捐銀貳拾四員；盛娘、長金、長羡，以上每名銀陸大員；玉娘、帶屽、珊瑚、紅志、月印、長娘，以上每名銀四大員；吉娘、秀綿、合娘、赤娘、瑞良、岺絲、葉娘、鳳娘、雲娘、美女、秀春、瓜娘、瑞錦、金蓮、玉期、玉春、心鳳、教娘、蓮枝、金貴、珠墜、絨英，以上每名銀貳大員；連娘、吝娘、愛娘、鳳娘、秀娥、雹娘、月擇、勘娘、蕊娘、綿娘、水娘、惜娘、春娘，以上每名銀壹大員。

宣統元年歲次己酉□月□日，董事人益恭、得基、清潔、兩泰等仝立。

五二二　勇全殿萬怡力地頭碑記

【碑刻名稱】勇全殿萬怡力地頭碑記
【材　質】石材
【形　制】長方形横碑
【尺　寸】長一百二十六厘米、寬八十二厘米
【書　體】隸書
【碑　額】雙龍朝日
【碑　題】萬怡力地頭碑記
【碑文撰者】無
【碑文書丹】無
【立 碑 者】勇全殿董事暨理事等
【立碑時間】清光緒三十一年（一九〇五）
【存　佚】現存
【地　點】馬來西亞馬六甲勇全殿
【碑刻録文】

萬怡力地頭碑記

蓋聞鬼者，陰之靈也，神者，陽之靈也。鬼神之事，雖不可知，而其爲德，可云盛矣。是故世之人每當節届瓜秋之期，會開蘭盂之候，地官宥罪，鬼門關開，特設普度以祭孤魂，甚盛典也。我怡力本地頭，昔曾公項生息，以爲普度之費，於兹有年矣。而每當爐主之人，往往開費不敷者，因公項不足故也。兹特集衆公同妥議再捐，將項置萬怡力磚厝一間，門牌三十七號。議將厝契字及所伸之銀并前存公項，均一齊交青雲亭主收存掌理。每年所收厝税，以及生息之利，以爲慶贊中元之需。庶幾開費免嘆無餘者，而盛典亦可垂永久於勿替云。

計將捐項芳名列于左。理捐項蔡開泰官。

亭主陳敏政喜捐金乙佰元、副亭主陳温源捐金伍拾元、陳冬發喜捐金貳佰元、陳金美喜捐金貳佰元、王金輝喜捐金乙佰元、陳冬生喜捐金乙佰元、李清流喜捐金乙佰元、莊景利喜捐金乙佰元、蔡開泰喜捐金伍拾元、羅光耀喜捐金伍拾元、黄金炎喜捐金伍拾元、梁再生喜捐金貳拾伍元、陳金璋喜捐金貳拾伍元、楊水作喜捐金貳拾元、曾和寧喜捐金貳拾元、梁塗水喜捐金貳拾元、盧文聘喜捐金乙拾元、鄭安生喜捐金乙拾元、劉福盛喜捐金乙拾元、孟文箕喜捐金乙拾元、楊金福喜捐金乙拾元、陳長音喜捐金乙拾元、李成潤喜捐金乙拾元、王金文喜捐金乙拾元、李德和喜捐金乙拾元、黄贊韶喜捐金乙拾元、葉瑞興喜捐金乙拾元、孟功全喜捐金乙拾元、陳照財喜捐金乙拾元、王烏石喜捐金乙拾元、李文昆喜捐金乙拾元、陳文恭喜捐金五元、鄭清池喜捐金五元、曾逢春喜捐金五元、根吉號喜捐金五元、陳永富喜捐金五元、許事元喜捐金五元、甘錦美喜捐金五元、林金生喜捐金五元、順美號喜捐金五元、陳扶官喜捐金五元、葉水木喜捐金五元、連慶安喜捐金五元、泉興號喜捐金五元、陳保英喜捐金五元、顏良官喜捐金五元、曾錫泉喜捐金五元、劉乳官喜捐金五元、永美號喜捐金五元、裕記號喜捐金五元、柯德富喜捐金五元、林玉財喜捐金五元、石福吉喜捐金五元、盧俊發喜捐金五元、梁隆福喜捐金五元、王淵海喜捐金五元、陳廣官喜捐金五元、黃巧言喜捐金五元、曾春源喜捐金五元、陳對官喜捐金五元、陳協生喜捐金五元、合吉號喜捐金五元、許萬福喜捐金五元、許春蕓喜捐金五元、鄭金興喜捐金貳元、許振發喜捐金貳元、陳守官喜捐金貳元、金順美喜捐金貳元、邱粒生喜捐金貳元、陳元柔喜捐金貳元、柯炳官喜捐金貳元、陳朝官喜捐金貳元、陳蜜官喜捐金貳元、吴金珠喜捐金貳元、顏坪官喜捐金貳元、劉同發喜捐金貳元、鄭全金喜捐金貳元、林金女喜捐金貳元、江寧官喜捐金貳元。

總共收捐金壹千伍百伍拾伍元，昔存公項銀玖百肆拾肆元肆角，二條合共銀貳千肆百玖拾玖元肆角。

置萬怡力磚一厝間銀捌百伍拾元，開諸費計共銀壹千柒百壹拾伍元捌角，計二條共銀壹千零貳百壹拾伍元捌角。

對除外尚存大銀壹千肆百柒拾柒元捌角貳分。

大清光緒卅一年歲次乙巳仲春之月穀旦。

五二二三　勇全殿重修圍墻香亭等捐緣碑

【碑刻名稱】勇全殿重修圍墻香亭等捐緣碑
【材　質】石材
【形　制】長方形横碑
【尺　寸】長一百二十六厘米、寬七十八厘米
【書　體】楷書
【碑　額】無
【碑　題】重修勇全殿碑記
【碑文撰者】無
【碑文書丹】無
【立 碑 者】勇全殿理事部
【立碑時間】一九五七
【存　佚】現存
【地　點】馬來西亞馬六甲勇全殿
【碑刻録文】

重修勇全殿碑記

本殿重修圍墻、香亭、金紙亭、正殿前後，油漆及油畫龍虎。玆將寶號、先生、女士芳名列左：

另者陳文梓、黃炎寬兩位先生建儲藏室一所，吴仲坦捐來叁佰元，同美號捐來貳佰元，吴序魚捐來壹佰元（下略）收來共銀叁仟肆佰叁拾貳元。

對建築圍墻開去壹仟伍佰元，對全部油畫開去陸佰元，對石碑開去貳佰玖拾元，對公費開去玖佰貳拾元，計四條共叁仟元。

對除外存壹佰柒拾貳元。

丁酉年（一九五七年）四月一日立，本殿理事部立碑。

五二四　和升館五王府王爺清廟乙座碑

【碑刻名稱】和升館五王府王爺清廟乙座碑
【材　質】石材
【形　制】長方形立碑
【尺　寸】長一百三十三厘米、寬六十八厘米
【書　體】楷書
【碑　額】雙龍朝日
【碑　題】和升館五王府王爺清廟乙座
【碑文撰者】無
【碑文書丹】無
【立 碑 者】董事光騰等
【立碑時間】清光緒三十一年（一九〇五）
【存　佚】現存
【地　點】新加坡水溝館
【碑刻録文】

和升館五王府王爺清廟乙座

蓋以神道無窮，顯聲靈而有濯人心，尚禱藉寶像以昭誠。人之祀神由來久矣。我同人生身中國，托足外夷，咸生□於斯，聚國族而經營於斯，雖托庇宇下，尤貴藉神明以邀福泽，俾風調而雨順，家泰而民安。生理如意，財利咸亨，皆賴神明賜之也。爰集同人鳩資捐建，崇祀榮封，春秋享祭，以昭祀典，俾我人氏有求必應，無禱不靈，以副所頌，赫赫厥聲，濯濯厥靈，庶不負我同人一片丹心誠求之美意也。可爰將捐資芳名勒銘於後，以垂不朽云，是爲序。

董事光騰、孝羔、孝像、孝發、孝庇仝立。

洪光騰捐銀三十五元、洪光安捐銀三十元、洪孝□捐銀三十元、洪光教捐銀二十元、洪惟四捐銀十七元、洪孝發捐銀十五元、洪孝奇捐銀十五元、洪□□捐銀十五元、洪孝像捐銀十五元、洪恭水捐銀十五元、洪恭□捐銀十五元、洪惟□捐銀十五元、洪惟□捐銀十五元、洪惟□捐銀十五元、洪敦□捐銀十五元、洪敦□捐銀十四元、洪孝春捐銀十三元、洪孝□捐銀十三元、洪孝樹捐銀十元、洪恭□捐銀十元、洪萬進捐銀十元、洪恭□捐銀十元、洪惟□捐銀十元、洪恭□捐銀□□、洪源□捐銀七元、洪恭□捐銀七元、洪德□捐銀七元、洪光君捐銀七元、洪惟□捐銀七元、洪敦來捐銀七元、洪恭□捐銀七元、洪光□捐銀六元、洪孝墻捐銀六元、洪慶玖捐銀六元、黃曹官捐銀六元、洪萬成捐銀六元、洪恭尚捐銀六元、洪惟炳捐銀六元、洪惟庇捐銀六元、洪敦招捐銀六元、洪光聘捐銀五元、趙文子官捐銀□、洪孝淡捐銀五元、洪孝珪捐銀五元、洪孝福捐銀五元、洪孝兩捐銀五元、洪□恭捐銀五元、洪惟□捐銀五元、洪惟寶捐銀五元、洪恭容莉獻□園三分一。

光緒三十一年歲乙巳年正月穀旦。

五二五　水溝葛岸館建廟基金樂捐者芳名録牌[1]

【碑刻名稱】水溝葛岸館建廟基金樂捐者芳名録牌

【材　　質】銅材

【形　　制】長方形横牌

【尺　　寸】長二百一十厘米、寬八十厘米

【書　　體】楷書

【碑　　額】無

【碑　　題】水溝葛岸館建廟基金樂捐者芳名録

【碑文撰者】無

【碑文書丹】無

【立　碑　者】發起人洪恭蘭等

【立碑時間】一九八三

【存　　佚】現存

【地　　點】新加坡水溝館

---

① 該碑原存放在葛岸館，後因政府徵用，葛岸館並入水溝館。

水溝葛岸館建廟基金樂捐者芳名録

本廟成立於一九七八年九月，發起人洪恭蘭、洪棋楠、洪恭河、洪恭仕（後港）、洪建德、洪恭池、洪清吉（後港）、洪金來、洪朝慶、洪海樹、洪南珍、洪火勝、洪榮秋、洪振玉、洪國寬、洪天意、洪恭朝、洪金榜、洪樹蘭、洪秀論、洪敦兜、洪惟黃。

洪恭蘭捐壹拾捌萬元正；洪開國父子實業有限公司捐玖萬元正；洪恭仕捐柒萬元正；洪本哲、洪本順各捐伍萬元正；洪朝源、洪國寬各捐伍仟元正；洪新朝、洪朝慶各捐叁仟元正；洪恭河、洪恭瑞、洪南珍、洪源章、洪福隆、洪新梶、洪火勝、洪緣鏡、洪亞沓、洪聯僑、洪海樹、洪桂森、洪惟蜜、洪敦兜、洪鑄金，以上各捐貳仟元正；洪清順捐壹仟伍佰元正；洪隆順、洪水陵，以上各捐壹仟貳佰元正；洪榮秋、洪孝齊、洪登波、洪木生、洪棋楠、洪孝董、洪天意、洪恭茅、洪金英、洪恭照、洪水源、洪振玉、洪敦垵、洪敦赫、洪連習、洪培英、洪春木、洪金山、洪建春、洪金榜、洪恭立、王金發，以上各捐壹仟元正；洪進丁捐柒佰元正；洪秀論、洪萬隆、洪聰明、洪金來、洪意忠、洪恭水、洪春水、洪海水、洪寶添、洪寶來、洪長水、洪金祺、洪恭船、洪水池、洪金龍、洪建德（侯港）、洪再發、洪火星、洪金鉗、洪亞木、洪柏成、洪漢河、洪玉習、洪丁炎、洪霖貴、洪清秀，以上各捐伍佰元正；洪天溪捐肆佰元正；洪金英、洪曼土、洪惟開、洪福泉、洪金星、洪集祥、洪建德（順義）、吴明發，以上各捐三佰元正；洪敦敏、洪泰山、洪泰平、洪泰鴻、洪泰鵝，以上各捐貳佰伍拾元；洪河南、洪柒拾、洪友諒、洪恭儉、洪長春、洪萬年、洪樹吉、洪金明、洪文波、洪恭康、洪木水、洪惟河、洪再順、洪金吉、洪惟炳、洪再發、洪連登、洪寶國、洪金賴、洪水星、洪樹蘭、洪亞庫、洪敦椅、洪金田、洪洋海、洪培池、洪敦梨、洪成勇、洪泰位、洪崇土、洪松林、洪聯生、洪崧嘉、洪詩圓、洪炳炎、洪文清、洪文德、洪詩振、洪清木、洪炳芳，以上各捐貳佰元正；洪漢中、洪金財、洪敦榮，以上各捐壹佰伍拾元；洪孝塘、洪榮坤、洪恭妙、洪萬全、洪海勇、洪振泰、洪惟財、洪惟音、洪加友、洪宗信、洪惟抛、洪金賜、洪貴山、洪清降、洪明發、洪惟來、洪瑜璋、洪江霖、洪惟有、洪泉水、洪坤金、洪烏土、洪惟發、洪要月、洪圃來、洪金土、洪敦枝、洪永成、洪隨便、洪成發、洪江海、洪敦忠、洪旺來、洪清源、洪寶辰、洪賜安、洪清炎、洪鐵爐、洪來興、洪根枝、洪萬育、洪福氣、洪賜全、洪孝在、洪騰芳、洪秋林、洪長益、洪朝發、洪金山、洪長根、洪建置、洪奇新、洪全成、洪樹霖、洪泰寶、洪芳林、洪大興、洪金髮、洪森標、洪和興、洪平和、洪福記、洪旺梨、洪九弟、洪振生、西天國，以上各捐壹佰元正；洪振春、洪峻升、洪士朝，以上各捐陸拾元正；洪國欽、洪玉泉、洪天津、洪雙全、洪銀水、洪金泰、洪金華、洪再保、洪明益、洪意惠、洪再發、洪朝水、洪金春、洪文枝、洪瑞苔、洪建興、洪東油、金順號、洪榮海、洪光寶、洪惟部、洪錦瑞、洪振興、洪炳源、洪朝水、洪溫柔、洪共瑞、洪玉秀、洪添財、洪金竹、洪其慶、洪福春、洪亞細、洪亞明、洪金言、洪金扇、洪泗榮、洪火金、洪樹來、洪友財、洪清輝、洪水旺、洪漢民、洪天地、洪樹南、洪敦璧、洪福水、洪賜福、洪金福、洪天安、洪炳發、洪淵福、洪本枝、洪亞榮、洪水門、洪國海、洪清吉、洪木種、洪亞能、洪本味、洪土九、洪火鍊、洪連生、洪水泉、洪金利、洪添和、洪恭典、洪恭鎮、洪意寶、洪恭長、洪雙塔，以上各捐伍拾元正；洪培德、洪金春、洪添和、洪恭約、洪益豐、洪加裏、洪和平，以上各捐肆拾元正；洪金泉、洪再添、洪金源、洪水鐵、洪進生、洪敦夥、洪紅根、洪敦杏、洪清來、洪亞禮、洪捷春、洪丁吉、洪本六、洪秋泰、洪天水、洪清發、洪清福、洪金定、洪孝彬、洪孟明、洪恭通、洪來益，以上各捐三拾元正；洪再生、洪惟情、洪貴田、洪添成、洪成氣、洪清溪、洪恭來、洪棕樂、洪連吉、洪貴德、洪添文、洪敦聖、洪泰廟、洪敦磁、洪敦土、洪振泰、洪其成、洪振和、洪嘉理、洪進發、洪本連、洪水龍、洪西銘、洪秋菊、洪振旺、洪桂枝、洪金木、洪貴木、洪爲成、洪成發、洪成金、洪庚林、洪土根、洪其土、洪恭輝、洪恭坪、洪沓沓，以上各捐貳拾元正；洪清吉、洪火山、洪炳興、洪益成、洪慶祥、洪金發、洪朝炳、洪朝碰、洪草木、洪文財、洪同源，以上各捐壹拾元正；洪本源、洪亞德，以上各捐伍元正。

總共捐款伍拾伍萬零柒佰叁拾元正。

本廟一九八三年四月九日落成。

五二六　倡建粵東古廟碑記之一

【碑刻名稱】倡建粵東古廟碑記之一
【材　質】石材
【形　制】長方形立碑
【尺　寸】長一百八十二厘米、寬七十八厘米
【書　體】碑題篆書，碑文楷書
【碑　額】無
【碑　題】倡建粵東古廟碑記
【碑文撰者】無
【碑文書丹】要邑鍾明甫
【立 碑 者】粵東古廟總理陸如佑、曾恩秀等
【立碑時間】清光緒八年（一八八二）
【存　佚】現存
【地　點】馬來西亞霹靂州太平粵東古廟
【碑刻録文】

總理：陸如佑、曾恩秀；值理：林青選、王仕杰、陳聖炎、温乙先、陳衛庭、泰源當、新聚興、吴耀南、李榮宗、薛靈、曾順、羅長連、方耀、隆記號、張叢芳、張丁、安泰號、王文、許咏、吴仕明、羅新、郭媽貴、泰亨號、曾水秀、得生號、泰利號、何淦、廣萬源、陳能、郭裕德，等立。

謹將捐題芳名列左：

萬昌號公司捐銀肆佰柒拾大員、萬裕號公司捐銀肆佰柒拾大員、福和號公司捐銀叁佰伍拾大員、萬生號公司捐銀叁佰壹拾大員、廣萬和寶傌捐銀叁佰大員正、萬泰號公司捐銀貳佰捌拾大員、萬和號公司捐銀貳佰柒拾大員、東成號公司捐銀貳佰柒拾大員、廣萬和公司捐銀貳佰壹拾大員、鄭景貴呷吔丹捐銀貳佰大員正、生利號公司捐銀壹佰柒拾大員、振興號公司捐銀壹佰陸拾大員、羅雲鵬捐銀壹佰伍拾大員正、泰來號公司捐銀壹佰伍拾大員、鄭景勝捐銀壹佰伍拾大員正、嘉興號公司捐銀壹佰伍拾大員、兩和號公司捐銀壹佰伍拾大員、廣萬源寶傌捐銀壹佰伍拾大員、廣萬泰寶傌捐銀壹佰伍拾大員、陸如佑捐銀壹佰貳拾大員正、曾恩秀捐銀壹佰貳拾大員正、生發號公司捐銀壹佰貳拾大員、新萬裕公司捐銀壹佰壹拾大員、廣昌順記公司捐銀壹佰壹拾大員、廣輪萬記公司捐銀壹佰壹拾大員、泰利號捐銀壹佰大員正、安泰號捐銀壹佰大員正、泰和當捐銀壹佰大員正、泰源當捐銀壹佰大員正、廣輪茂記公司捐銀壹佰大員、和興公司捐銀壹佰大員、怡和公司捐銀壹佰大員、泰亨號捐銀捌拾大員正、陸隆記捐銀捌拾大員正、協裕棧捐銀捌拾大員正、連和號捐銀捌拾大員正、生記館捐銀柒拾伍大員、惠珍公司捐銀柒拾大員、茂盛公司捐銀陸拾伍大員、會順捐銀陸拾大員正、萬全公司捐銀陸拾大員正、利和公司捐銀陸拾大員正、廣

輪財記公司捐銀陸拾大員、德昌公司捐銀陸拾大員正、新順和號捐銀陸拾大員正、新福和公司捐銀陸拾大員、興
記號捐銀陸拾大員正、許德瓊捐銀伍拾大員正、兩和公司捐銀伍拾大員、梅聖祥捐銀伍拾大員正、悅昌公司捐銀
伍拾大員正、勝和公司捐銀伍拾大員正、同裕昌號捐銀伍拾大員正、廣輪公司捐銀伍拾大員正、德成公司捐銀伍
拾大員正、德發堂捐銀伍拾大員正、廣泰生公司捐銀伍拾大員正、廣連興公司捐銀伍拾大員正、伍臣烈捐銀伍拾
大員正、同利板廠捐銀四拾大員正、新財合公司捐銀四拾大員正、廣輪珍記公司捐銀四拾大員、聚興公司捐銀四
拾大員正、積善堂捐銀四拾大員正、同和公司捐銀四拾大員正、同盛板廠捐銀叁拾五大員、余志章捐銀叁拾五大
員、連發堂捐銀叁拾五大員、珍協祥捐銀叁拾大員正、萬益牌碼捐銀叁拾大員、廣和堂捐銀叁拾大員正、吴義先
捐銀叁拾大員正、遂意堂捐銀叁拾大員正、義連堂捐銀叁拾大員正、羅奇合捐銀叁拾大員正、和隆公司捐銀叁拾
大員、曾水秀捐銀叁拾大員正、廣輪昌記公司捐銀叁拾大員、廣輪合記公司捐銀叁拾大員、廣輪和記公司捐銀叁
拾大員、新勝發公司捐銀叁拾大員正、廣輪勝記捐銀叁拾大員、悅來堂捐銀叁拾大員正、張養捐銀叁拾大員正、
萬隆公司捐銀叁拾大員、發成公司捐銀叁拾大員、林青選捐銀叁拾大員正、陳衛庭捐銀叁拾大員正、廣盛公司捐
銀叁拾大員、張丁捐銀叁拾大員正、方耀捐銀叁拾大員正、順勝堂捐銀叁拾大員正、曹英奇捐銀貳拾伍大員、廣
萬利寶傌捐銀貳拾伍大員、廣萬安酒傌捐銀貳拾伍大員、泰昌當捐銀貳拾伍大員、秦乾捐銀貳拾大員正、余鈺中
捐銀貳拾大員正、陳毛捐銀貳拾大員正、李榮宗捐銀貳拾大員正、振合板廠捐銀貳拾大員、鍾南昌捐銀貳拾大員
正、梁時捐銀貳拾大員正、聚泰公司捐銀貳拾大員、何連貴捐銀貳拾大員正、單松捐銀貳拾大員正、鄧富捐銀貳
拾大員正、鍾錦堂捐銀貳拾大員正、吴仕明捐銀貳拾大元正、林恩捐銀貳拾大員正、謝錫捐銀貳拾大員正、廣生
公司捐銀貳拾大員、元和公司捐銀貳拾大員、萬和公司捐銀貳拾大員、廣春公司捐銀貳拾大員、新福公司捐銀貳
拾大員、廣萬隆捐銀貳拾大員正、均和公司捐銀貳拾大員、德利公司捐銀貳拾大員、泰昌公司捐銀貳拾大員、王

文捐銀貳拾大員正、郭裕德捐銀貳拾大員正、東有堂捐銀貳拾大員正、勝和堂捐銀貳拾大員正、廣順棧捐銀貳拾大員正、普天樂捐銀貳拾大員正、祥春公司捐銀貳拾大員正、泰和公司捐銀貳拾大員正、亞好仔捐銀貳拾大員正、新嬌捐銀壹拾柒大員正、宜昌林正等捐銀壹拾六員、泰元號捐銀壹拾五大員正、吉祥公司捐銀壹拾五大員、信元號捐銀壹拾五大員正、勝和公司捐銀壹拾五大員正、保滋堂捐銀壹拾五大員正、祥利號捐銀壹拾五大員正、金茂興捐銀壹拾五大員正、新聚和捐銀壹拾五大員正、麗芳樓捐銀壹拾五大員正、廣茂居捐銀壹拾五大員正、梁文泰捐銀壹拾五大員正、巫丁長捐銀壹拾五大員正、勝記館捐銀壹拾五大員正、范祥捐銀壹拾五大員正、温洪保捐銀壹拾五大員正、包福興捐銀壹拾五大員正、朱爵捐銀壹拾五大員正、莊壽捐銀壹拾五大員正、宜昌公司捐銀壹拾五大員、黄富林捐銀壹拾五大員正。

五二七　倡建粵東古廟碑記之二

【碑刻名稱】倡建粵東古廟碑記之二
【材　質】石材
【形　制】長方形立碑
【尺　寸】長一百八十二厘米、寬七十八厘米
【書　體】碑題篆書，碑文楷書
【碑　額】無
【碑　題】倡建粵東古廟碑記
【碑文撰者】無
【碑文書丹】要邑鍾明甫
【立 碑 者】粵東古廟總理陸如佑、曾恩秀等
【立碑時間】清光緒八年（一八八二）
【存　佚】現存
【地　點】馬來西亞霹靂州太平粵東古廟
【碑刻録文】

倡建粵東古廟碑記

廣萬源公司捐銀壹拾五大員、得合公司捐銀壹拾五大員正、祥和泥井洪禧等捐銀拾五員、宜昌泥井公司捐銀壹拾四大員、羅信捐銀壹拾大員、鴻利泥井公司捐銀壹拾貳大員、宜昌黃仙等捐銀壹拾貳大員、宜昌戴明等捐銀壹拾貳大員、鍾進捐銀壹拾貳大員、鄒育捐銀壹拾貳大員、協和窑捐銀壹拾貳大員、來貴捐銀壹拾貳大員、福和公司捐銀壹拾壹員、趙石生捐銀壹拾壹大員、萬帝佑捐銀壹拾壹大員、聚生號捐銀壹拾大員正、合利公司捐銀壹拾大員、林六合捐銀壹拾大員、聚合公司捐銀壹拾大員、茂和公司捐銀壹拾大員、黃新汝捐銀壹拾大員正、文曰廷捐銀壹拾大員正、廣隆號捐銀壹拾大員正、祥元利捐銀壹拾大員正、同德館捐銀壹拾大員正、遠香樓捐銀壹拾大員正、義成堂捐銀壹拾大員正、陸朝捐銀壹拾大員正、彩勝堂捐銀壹拾大員正、生興隆捐銀壹拾大員正、賴義合捐銀壹拾大員正、郭門陳氏捐銀壹拾大員、趙門范氏捐銀壹拾大員、萬昌公司捐銀壹拾大員、順安合記公司捐銀壹拾大員、廣萬成公司捐銀壹拾大員正、謙泰號捐銀壹拾大員正、列國禧捐銀壹拾大員正、帶彩捐銀壹拾大員正、端羅捐銀壹拾大員正、隆記棧捐銀壹拾大員正、同和號捐銀壹拾大員正、悦聚號捐銀壹拾大員正、陸如學捐銀壹拾大員正、陸運亨捐銀壹拾大員正、昌記館捐銀壹拾大員正、奇珍館捐銀壹拾大員正、泰成號捐銀壹拾大員正、曾來捐銀壹拾大員正、廣生堂捐銀壹拾大員正、賴茂合捐銀壹拾大員正、余門黃氏捐銀壹拾大員、鄔水先捐銀壹拾大員正、鍾彩捐銀壹拾大員正、曾門何氏捐銀壹拾大員、李統捐銀壹拾大員正、振邦捐銀壹拾大員正、德和號捐銀壹拾大員正、梁彰南捐銀壹拾大員正、廖壽捐銀壹拾大員正、北其利捐銀壹拾大員正、其源號捐銀壹拾大員正、同益號捐銀壹拾大員正、鄧門盧氏捐銀壹拾大員、莊禄秀捐銀壹拾大員正、李三秀捐銀壹拾大員正、味嗹吆喳捐銀壹拾大員、鄧張恩捐銀壹拾大員正、羅廣生捐銀壹拾大員正、羅茂生捐銀壹拾大員正、李火捐銀壹拾大員正、李洪捐銀壹拾大員正、李炳麟捐銀壹拾大員正、曾成捐銀壹拾大員正、單光捐銀壹拾大員正、黄長捐銀壹拾大員正、謝三龍捐銀壹拾大員正、羅辛捐銀壹拾大員正、協盛祥記公司捐銀壹拾大員、羅苟捐銀壹拾大員正、陳光燦捐銀壹拾大員正、裕盛公司捐銀壹拾大員、安盛板廠捐銀壹拾大員、得源號捐銀壹拾大員正、鄭連興捐銀壹拾大員正、源發公司捐銀壹拾大員、戴昌捐銀壹拾大員正、梁叙禮捐銀壹拾大員正、成德公司捐銀壹拾大員、新成德公司捐銀壹拾大員、廣興恒記捐銀壹拾大員、茂興公司捐銀壹拾大員、崔華德捐銀壹拾大員正、陳觀德捐銀壹拾大員正、林興捐銀壹拾大員正、廣發公司捐銀壹拾大員正、豐盛公司捐銀壹拾大員正、廣泰昌公司捐銀壹拾大員正、順安和記公司捐銀壹拾大員、新發堂捐銀壹拾大員、新悦興捐銀壹拾大員、惠昌號捐銀壹拾大員、廣財記公司捐銀拾大員、福記公司捐銀拾大員、仁和公司捐銀拾大員、財利館捐銀壹拾大員、廣益號捐銀壹拾大員、得生號捐銀壹拾大員、新聚和公司捐銀拾大員、合盛號捐銀壹拾大員、宜昌公司捐銀捌大員、福輪公司捐銀捌大員、梁榮德捐銀捌大員正、胡社祐捐銀捌大員正、李光達捐銀柒大員正、劉水先捐銀柒大員正、郭長捐銀柒大員正、鄭士旺捐銀柒大員正、泰和堂捐銀柒大員正、胡而璋捐銀柒大員正、吴石桂捐銀柒大員正、湯北捐銀陸大員正、羅門吴氏捐銀陸大員、尹獺捐銀陸大員正、張滿捐銀陸大員正、羅義合捐銀陸大員正、湯運捐銀陸大員正、林記勝捐銀陸大員正、岑景納捐銀陸大員正、吴信升號捐銀陸大員、何勝捐銀陸大員正、韓水捐銀陸大員正、□衡捐銀陸大員正、□三捐銀陸大員正、陸門周氏捐銀陸員正、伍喜捐銀陸大員正、蘇天賜捐銀陸大員正、嘉應公司捐銀陸大員正、蕭興捐銀陸大員正、鍾辛保捐銀陸大員正、羅水保捐銀陸大員正、曹增捐銀陸大員正、盧新貴捐銀陸大員正、温祥捐銀陸大員正、李玉捐銀陸大員正、楊發捐銀陸大員正、嚴小尹捐銀陸大員正、羅長捐銀陸大員正、伍裕慶捐銀陸大員正、德祥公司捐銀陸大員正、周亦彭捐銀陸大員正、梁章遠捐銀陸大員正、楊觀保捐銀陸大員正、鍾賜考捐銀陸大員正、袁石安捐銀陸大員正、魏秀捐銀陸大員正、郭福捐銀陸大員正、鄭春捐銀陸大員正、黃信捐銀陸大員正、朱才捐銀陸大員正、呂壽捐銀陸大員正、江怡平捐銀陸大員正、林學忠捐銀陸大員正、包石捐銀陸大員正、蔡蘭捐銀陸大員正、黃水捐銀陸大員正、饒長捐銀陸大員正、沈三霞捐銀陸大員正、林旦捐銀陸大員正、蔣林嬌捐銀陸大員正、鍾裕捐銀陸大員正、王嬌捐銀陸大員正、福利公司捐銀陸大員、新家興公司捐銀陸大員、張積德堂捐銀陸大員、黃廣漢捐銀陸大員正、李泗發捐銀陸大員正、湯東祥捐銀陸大員正、茂利公司捐銀陸大員、恒昌公司捐銀陸大員、廣和公司捐銀陸大員、有生號捐銀陸大員正、羅逢生捐銀陸大員正、范福捐銀陸大員正、中和堂捐銀陸大員正、胡海捐銀陸大員正、羅源生捐銀陸大員正、伍學焯捐銀陸大員正、鄒勉捐銀陸大員正、榮利號捐銀伍大員正、王觀靈捐銀伍大員正、吳金華捐銀伍大員正、源順號捐銀伍大員正、再發號捐銀伍大員正、梁成義捐銀伍大員正、陳秀連捐銀伍大員正、梁萬祥捐銀伍大員正、林永捐銀伍大員正。

五二八　倡建粵東古廟碑記之三

【碑刻名稱】倡建粵東古廟碑記之三

【材　質】石材

【形　制】長方形立碑

【尺　寸】長一百八十二厘米、寬七十八厘米

【書　體】碑題篆書，碑文楷書

【碑　額】無

【碑　題】倡建粵東古廟碑記

【碑文撰者】無

【碑文書丹】要邑鍾明甫

【立 碑 者】粵東古廟總理陸如佑、曾恩秀等

【立碑時間】清光緒八年（一八八二）

【存　佚】現存

【地　點】馬來西亞霹靂州太平粵東古廟

【碑刻録文】

余章捐銀伍大員正、魏來興捐銀伍大員正、湯伍捐銀伍大員正、新同勝捐銀伍大員正、福源號捐銀伍大員正、義和號捐銀伍大員正、永利號捐銀伍大員正、源利號捐銀伍大員正、陳保捐銀伍大員正、鄭發禎捐銀伍大員正、新廣恒捐銀伍大員正、茂利號捐銀伍大員正、陳容捐銀伍大員正、馮滿捐銀伍大員正、羅就捐銀伍大員正、劉氏捐銀伍大員正、王元祐捐銀伍大員正、集合號捐銀伍大員正、愛育堂捐銀伍大員正、余維在捐銀伍大員正、陸如球捐銀伍大員正、黃進捐銀伍大員正、陸開進捐銀伍大員正、昌利號捐銀伍大員正、梁寬捐銀伍大員正、梁門冼氏捐銀伍大員、裕生號捐銀伍大員正、湯牛捐銀伍大員正、胡璋保捐銀伍大員正、勝發號捐銀伍大員正、李門王氏捐銀伍大員、李暖安捐銀伍大員正、卜玉捐銀伍大員正、温連捐銀伍大員正、莊北捐銀伍大員正、黃五捐銀伍大員正、孔登捐銀伍大員正、孔新捐銀伍大員正、曾殿捐銀伍大員正、甲巔華加捐銀伍大員、周來捐銀伍大員正、鄭疇捐銀伍大員正、甄基捐銀伍大員正、朱泗勝捐銀伍大員正、振德升捐銀伍大員正、李壽捐銀伍大員正、劉鴻照捐銀伍大員正、泉美號捐銀伍大員正、劉錫培捐銀伍大員正、鄧攀來捐伍大員正、蘇廣祥捐銀伍大員正、陳昭煥捐銀伍大員正、黎潤吉捐銀伍大員正、羅鼎秀捐銀伍大員正、信和號捐銀伍大員正、郭金貴捐銀伍大員正、盧門黃氏捐銀伍大員、黃社保捐銀伍大員正、阮漢捐銀伍大員正、伍炳德捐銀伍大員正、余興捐銀伍大員正、湯雲龍捐銀伍大員正、謝廷鳳捐銀伍大員正、温松捐銀伍大員正、陳龍捐銀伍大員正、伍解南捐銀伍大員正、羅伙保捐銀伍大員正、陳德合捐銀伍大員正、羅賤捐銀伍大員正、林福如捐銀伍大員正、林泗昌捐銀伍大員正、黃敬捐銀伍大員正、王乙貴捐銀伍大員正、鄧秀捐銀伍大員正、伍如弟捐銀伍大員正、曾振捐銀伍大員正、李釗捐銀伍大員正、陳林先捐銀伍大員正、林興捐銀伍大員正、彭記捐銀伍大員正、李奇捐銀伍大員正、陳德捐銀伍大員正、楊植捐銀伍大員正、梁孝捐銀伍大員正、黄榜捐銀伍大員正、邱祥捐銀伍大員正、曹先捐銀伍大員正、胡先捐銀伍大員正、協昌勝記捐銀伍大員、昌隆號捐銀伍大員正、德隆號捐銀伍大員正、利生號捐銀伍大員正、瑞生號捐銀伍大員正、張眼捐銀伍大員正、財利板廠捐銀伍大員、林嬌捐銀伍大員正、劉康晏捐銀伍大員正、林貴捐銀伍大員正、吴三連捐銀伍大員正、羅先捐銀伍大員正、羅雲捐銀伍大員正、曾登捐銀伍大員正、譚凌捐銀伍大員正、曾福生捐銀伍大員正、鄧明捐銀伍大員正、鄧妹捐銀伍大員正、鍾苟捐銀伍大員正、鄭得龍捐銀伍大員正、鄭添福捐銀五大員正、吴其捐銀伍大員正、羅石捐銀伍大員正、彭勇捐銀伍大員正、鄒秀捐銀伍大員正、龐弼捐銀伍大員正、袁茂捐銀伍大員正、林回捐銀伍大員正、李辛捐銀伍大員正、方長捐銀伍大員正、黄冠輝捐銀伍大員正、龐琦捐銀伍大員正、張魁捐銀伍大員正、邱養捐銀伍大員正、宋幹捐銀伍大員正、劉滿捐銀伍大員正、李松捐銀伍大員正、鍾明捐銀伍大員正、郭興德捐銀伍大員正、范祥捐銀伍大員正、楊國勛捐銀伍大員正、何乙捐銀伍大員正、羅門李氏捐銀伍大員、陳德安捐銀伍大員正、伍應焕捐銀伍大員正、畢列登捐銀伍大員正、周楊金捐銀伍大員正、劉添捐銀伍大員正、温清捐銀伍大員正、曾義捐銀伍大員正、黄進捐銀伍大員正、邱寡捐銀伍大員正、邱秀捐銀伍大員正、鍾日捐銀伍大員正、羅秀捐銀伍大員正、鍾木華捐銀伍大員正、薛興捐銀伍大員正、徐德捐銀伍大員正、練南勝捐銀伍大員正、吴祥捐銀伍大員正、羅士秀捐銀伍大員正、曾南星捐銀伍大員正、温吉兆捐銀伍大員正、何長生捐銀伍大員正、何其章捐銀伍大員正、蘇享捐銀伍大員正、羅水捐銀伍大員正、鄭錦元捐銀伍大員正、鍾富蘭捐銀伍大員正、劉城捐銀伍大員正、包南養捐銀伍大員正、黄省捐銀伍大員正、沙添捐銀伍大員正、劉光泰捐銀伍大員正、黄潮妹捐銀伍大員正、田福捐銀伍大員正、温良捐銀伍大員正、林南養捐銀伍大員正、羅嬌捐銀伍大員正、包庚興捐銀伍大員正、楊程嬌捐銀伍大員正、范鳳捐銀伍大員正、余韞能捐銀伍大員正、鄭琰捐銀伍大員正、郭路先捐銀伍大員正、周華清捐銀伍大員正、張福捐銀伍大員正、林雙捐銀伍大員正、廖鳳捐銀伍大員正、季蘇能捐銀伍大員正、魏水捐銀伍大員正、張理保捐銀伍大員正、吴貴捐銀伍大員正、杜顯宗捐銀伍大員正、梁協宜捐銀伍大員正、冼安捐銀伍大員正、曹陞捐銀伍大員正、賴甲捐銀伍大員正、戴陳合捐銀伍大員正、鄧華捐銀伍大員正、石杜捐銀伍大員正、鍾容捐銀伍大員正、鄭魁捐銀伍大員正、伍四賀捐銀伍大員正、彭雙捐銀伍大員正、蔡六捐銀伍大員正、同發公司捐銀伍大員、昌記坭井捐銀伍大員、游春芝捐銀伍大員正、嚴常捐銀伍大員正。

五二九　倡建粵東古廟碑記之四

【碑刻名稱】倡建粵東古廟碑記之四
【材　質】石材
【形　制】長方形立碑
【尺　寸】長一百八十二厘米、寬七十八厘米
【書　體】碑題篆書，碑文楷書
【碑　額】無
【碑　題】倡建粵東古廟碑記
【碑文撰者】無
【碑文書丹】要邑鍾明甫
【立 碑 者】粵東古廟總理陸如佑、曾恩秀等
【立碑時間】清光緒八年（一八八二）
【存　佚】現存
【地　點】馬來西亞霹靂州太平粵東古廟
【碑刻録文】

鍾繼福捐銀伍大員正、朱壬貴捐銀伍大員正、甄丁未捐銀伍大員正、黄廣兆捐銀伍大員正、楊松捐銀伍大員正、陳成長捐銀伍大員正、朱壬養捐銀伍大員正、張日興捐銀伍大員正、鍾星和捐銀伍大員正、黄程姐捐銀伍大員正、周木元捐銀伍大員正、黄慶茂捐銀伍大員正、宋三秀捐銀伍大員正、新兩利公司捐銀伍大員、伍乾安捐銀伍大員正、合盛天記公司捐銀伍員、鄭三捐銀伍大員正、温釗捐銀伍大員正、符昌積捐銀伍大員正、祝家明捐銀伍大員正、張興捐銀伍大員正、葉滿捐銀伍大員正、葉嵩捐銀伍大員正、盧發捐銀伍大員正、嚴榕深捐銀伍大員正、朱妹捐銀伍大員正、陳火恩捐銀伍大員正、姚萬捐銀伍大員正、楊潤捐銀伍大員正、陳東元捐銀伍大員正、何鏡捐銀伍大員正、冼德捐銀伍大員正、高召捐銀伍大員正、鄺帶捐銀伍大員正、高泗捐銀伍大員正、鄔南康捐銀伍大員正、新盛記捐銀伍大員正、鄔鳳蘭捐銀伍大員正、譚福生捐銀伍大員正、成興號捐銀伍大員正、陳求雨捐銀伍大員正、刁六合捐銀伍大員正、許榮捐銀伍大員正、彩華堂捐銀伍大員正、萬和酒廊捐銀伍大員、譚四樂捐銀伍大員正、祥德號捐銀伍大員正、廣泰號捐銀伍大員正、黄俊英捐銀伍大員正、月蘭堂捐銀伍大員正、黄斌臣捐銀伍大員正、衛和堂捐銀伍大員正、廣發號捐銀伍大員正、陳門張氏捐銀伍大員、同升號捐銀伍大員正、李培捐銀伍大員正、李崇沛捐銀伍大員正、朱龍捐銀伍大員正、胡金麟捐銀伍大員正、湯伍捐銀伍大員正、梁辛嬌捐銀伍大員正、曾金捐銀伍大員正、新勝堂捐銀伍大員正、新發堂捐銀伍大員正、錦勝堂捐銀伍大員正、妙蘭堂捐銀伍大員正、泗勝堂捐銀伍大員正、連勝堂捐銀伍大員正、榮吉號捐銀伍大員正、胡賜捐銀伍大員正、瑞昌號捐銀伍大員正、袁長捐銀伍大員正、林玉捐銀伍大員正、廣生號捐銀伍大員正、廣福泰捐銀伍大員正、張經友捐林善伍捐銀伍大員正、馮漢南捐銀伍大員正、堯天樂捐銀伍大員正、逢成號捐銀伍大員正、張福捐銀伍大員正、義香樓捐銀伍大員正、吴九品捐銀伍大員正、茂生公司捐銀伍大員、何壎捐銀伍大員正、振怡珍捐銀伍大員正、誠昌號銀伍大員正、陳周德捐銀伍大員正、成利館捐銀伍大員正、巨生號捐銀伍大員正、永生堂捐銀伍大員正、崑利捐銀伍大員正、信利號捐銀伍大員正、廣義祥捐銀伍大員正、群玉樓捐銀伍大員正、翠花樓捐銀伍大員正、桂香號捐銀伍大員正、潤蓮堂捐銀伍大員正、悦勝堂捐銀伍大員正、至香樓捐銀伍大員正、盧林樓捐銀伍大員正、勝意堂捐銀伍大員正、瓊勝號捐銀伍大員正、袁超捐銀伍大員正、亞蘇捐銀伍大員正、新金捐銀伍大員正、桂有捐銀伍大員正、亞二捐銀伍大員正、陳萬成捐銀伍大員正、梅關護捐銀伍大員正、周文捐銀伍大員正、劉昌捐銀伍大員正、羅水英捐銀伍大員正、劉鳳英捐銀伍大員正、帶有捐銀伍大員正、勝彩捐銀伍大員捐銀伍大員正、新正、冬梅捐銀伍大員正、秋月捐銀伍大員正、蘇連鳳捐銀伍大員正、亞妹捐銀伍大員正、秋菊捐銀伍大員正、貴捐銀伍大員正。

要邑鍾明甫薰沐敬書丹，光緒八年歲次壬午季冬穀旦仝勒。佛山鎮義利店刻。

三十七　大使爺

五三〇　龍山堂碑

【碑刻名稱】龍山堂碑
【材　質】石材
【形　制】長方形立碑
【尺　寸】長一百二十八厘米、寬八十二厘米
【書　體】楷書
【碑　額】龍山堂
【碑　題】無
【碑文撰者】無
【碑文書丹】生員邱曾銘

龍山堂

【立　碑　者】龍山堂家長華棟、董事心菊等
【立碑時間】清咸豐元年（一八五一）
【存　　佚】現存
【地　　點】馬來西亞檳城龍山堂
【碑刻録文】

外國與中華殊俗，所謂檳榔嶼，則尤遠隔重洋，風教迥別。聞客茲土者，典禮縟節，恪守諸夏常儀，亦可見來此之多君子，故能隨處振勵，以不失文采風流也。然羈旅之鄉，創造尚闕，遇有盛典勝會，必先期擇地而後行禮，掃除勞瘁，冗雜非宜。有心者欲建一所，仿内地會館之制，閱歷多年，未得其便。去秋，邱氏族來自海澄新江者，相準其地買得之。是地本英商某肇創基域，外環滄海，面對崇山，棟宇宏敞，規模壯大，因而開拓修葺，高下合制，爰改造而更張之。門高庭闢，植桂種樹，遂蔚然成陰而茂盛，顔其額曰「龍山堂」。凡族之神福賽會，以及新婚諸事，概於是堂以序長幼，敦敬讓，修和睦，蓋是堂之關於風化匪少也。

龍山堂邱氏祖，原出於泉郡龍山曾氏。譜載家乘，取以名堂，不忘本也。且別有曾氏者，其出龍山，匪龍山堂海澄新江之邱者，雖不藉其出輸費而歲時祭享，有事於堂醵飲者爲親親誼也。堂之中，奉大使爺香火，蓋新江本有祀，而客地亦多被神庥，所以出資成堂者，新江原蓄有本社衆公業，因而謀之不別捐題也。成其事者固非一人，而闔族鳩集，用昌於异國，爰爲之記。後之人，可以知此堂爲新江邱氏之堂，是爲記。

大清咸豐元年歲次辛亥陽月穀旦，家長華棟、埈文、竣對、埈乞、心美、石泉、江水、臺品、四方、肇邦，董事心菊、柳幼、埈文、天德仝立。

光緒壬寅重新，生員邱曾銘書。

五三一　重修龍山堂碑記

【碑刻名稱】重修龍山堂碑記
【材　　質】石材
【形　　制】長方形立碑
【尺　　寸】長一百六十八厘米、寬八十九厘米
【書　　體】楷書
【碑　　額】雙龍朝日
【碑　　題】重修龍山堂碑記
【碑文撰者】進士煒蓌
【碑文書丹】無
【立　碑　者】龍山堂董事有用等
【立碑時間】清光緒三十二年（一九〇六）
【存　　佚】現存
【地　　點】馬來西亞檳城龍山堂
【碑刻録文】

重修龍山堂碑記

檳城龍山堂落成，族長屬菱爲記，敬陳六事以記之。

首曰正名稱。據舊碑載，龍山堂爲新江邱氏之堂，則知自始至終不捐華宗分毫，凡非吾新江族人，皆不得相混，則名稱正矣。次曰詳沿革。雍、道時，吾族僑寓嶼中者百餘人，醵金五百餘員；迨咸豐辛亥，而堂室始立；閱五十年，光緒甲午重修。從事八年，至辛丑除歲前夕，忽遭回禄，全座焚如。復於壬寅興工重建，閱四年大功克竣。計兩役各縻金十餘萬，知歷險夷，以底今日，則沿革詳矣。三曰明祀典。吾鄉舊祀王孫大使，今欲無改鄉風，堂中額沿正順宫，以妥英靈。左福德祠，妥福德正神。右詒穀堂，妥新江歷代祖考。蓋詒穀堂即吾新江大宗題額，觀此者如觀於鄉，則祀典明矣。四曰備形勝。舊堂外環滄海，面對崇山，仍之不易，今更輪奐增輝，金石刻畫也，則形勝備矣。五曰通禮俗。吾族冠婚慶典，咸於斯觀禮；而神福賽會亦於此舉行，又安知不因此智識交換，改良之事以起乎？則禮俗通矣。六曰重繼述。堂之旁有崇議所焉，年月之出入，世事之大小，咸於此議之，必如是乃足以維持永久，不失其堂構箕裘之思，則繼述重矣。若夫時賢所謂族制進化之理，崇拜英雄之由，此六事中或分統或互見，已萌朕焉，尤望吾族人能光大其主義也。是爲記。

花翎二品頂戴派充京師正陽門工程監理官、廣東試用道鄉進士煒菱撰。

家長：寬諒、天相、德萱、增妙、登榜、金經、華通、天保、衡勝、臺川、宗榮、蘇清；衆商：綿量、衡在、文岳、振治、百忍、登春、衡温、酒瓶、臺長、新和、衡亮、清燦、振頂、衡抱、花鱗、開端。

大清光緒三十二年歲次丙午仲冬之月朔後二日，董事有用等仝立。

五三二　重修龍山堂邱公司碑記

【碑刻名稱】重修龍山堂邱公司碑記
【材　質】石材
【形　制】長方形立碑
【尺　寸】長一百三十六厘米、寬六十八厘米
【書　體】楷書
【碑　額】無
【碑　題】重修龍山堂邱公司碑記
【碑文撰者】新江詒穀堂二十一世裔孫蔚青
【碑文書丹】江蘇宜興孔翔泰
【立 碑 者】龍山堂主席有益曁董事等
【立碑時間】一九五九
【存　佚】現存
【地　點】馬來西亞檳城龍山堂
【碑刻録文】

重修龍山堂邱公司碑記

檳榔嶼龍山堂爲吾新江邱氏廟堂，清道光乙未，公元一八三五年，吾族僑嶼百餘人醵資肇建者也。其名稱、沿革、形勝、祀典以及禮俗，繼述舊碑，載述備矣，毋庸多贅。所應補者，斯堂宏構，古色古香，仿宮殿模型，其棟梁楹桷，木石斲雕，玲瓏翡翠，金碧輝煌，禽鳥花卉亦栩栩如生，中西人士咸謂堂皇瑰瑋，冠絕全馬，信不誣也。

十餘年前，太平洋戰事爆發，馬島淪陷，檳城市區，慘罹空襲。本堂局部角落，亦受波及。屋瓦墻壁，横遭損毁。緬念前賢苦心孤詣，策畫設計，成此杰構，承先啓後，自有重修之必要。爰於乙未年春，公元一九五五年，由族長推舉十人，成立小組委員會，鳩工重修。棟梁楹桷之腐損者，蓋瓦級磚之破缺者，金碧赤白之漫漶不鮮者，悉予補治。無侈前人，無廢後觀，所靡經費計六萬餘元。閱四年戊戌冬，公元一九五九年，工既完竣，族長召宗人飲，而以書命青爲文以記之。青非嫻於文辭者，性又迂疏，且自度功與言素無建立；惟昔人所創，皆有記述，今兹所修，其可弗記耶！爰綴數語，非敢言文，蓋所以紀實，旨在不泯於後世。是爲記。

新江詒穀堂二十一世裔孫蔚青謹撰，江蘇宜興孔翔泰敬書。

全體董事：有益主席、思意、有才、宗裕、武秀、元殿、德星、子發、振德、維新、炳箎、思邈、衡曲、錦吉、培璋、思轍、吉成、福壽、榮祥、振洋、天才、繼善、有德、天春；重修小組委員：有益主席、思意、福壽、思轍、宗裕、有才、德星、衡曲、培璋、有德。

主席有益暨董事等仝敬立，公元一九五九年歲次戊戌仲冬穀旦。

三十八　仙四師爺

五三三　仙四師爺宫楹聯

【碑刻名稱】仙四師爺宫楹聯

【材　質】木材

【形　制】長聯

【尺　寸】長二百五十厘米、寬二十三厘米

【書　體】行書

【碑　額】無

【碑　題】無

【碑文撰者】無

【碑文書丹】無

【立 碑 者】葉德來
【立碑時間】清光緒九年（一八八三）
【存　　佚】現存
【地　　點】馬來西亞吉隆坡仙四師爺宫
【碑刻録文】

仙德遍及萬方，上下尊卑同景仰；
神光周乎六合，士農工賈盡輸誠。
光緒九年孟冬穀旦，信紳葉德來敬酬。

五三四　仙四師爺宮葉葉葉陳四公紀念碑

【碑刻名稱】仙四師爺宮葉葉葉陳四公紀念碑
【材　　質】石材
【形　　制】長方形立碑
【尺　　寸】長一百二十厘米、寬六十八厘米
【書　　體】楷書
【碑　　額】無
【碑　　題】葉德來、葉致英、葉觀盛、陳秀連四公紀念碑
【碑文撰者】無
【碑文書丹】無
【立 碑 者】受托人楊敬好等
【立碑時間】民國二十一年（一九三二）
【存　　佚】現存
【地　　點】馬來西亞吉隆坡仙四師爺宮
【碑刻録文】

葉德來葉致英葉觀盛陳秀連四公紀念碑

竊本廟之立，乃於前清光緒初元，距今將六十載矣。追思本所之成及不至于敗，幸有今日薄具資産，以時出其餘資、捐助公益者，則全仗葉德來、葉致英、葉觀盛、陳秀連四公之力也。四公均于前清咸、同、光中葉先後莅止是邦，距今約八十年。維時各州土酋日相争，殺亂靡有定。吾僑居此，難獲安處。葉公德來乃率衆奮起，爲公理盡義務。事既平息，從此益致力於開闢事業。葉致英、葉觀盛二公亦同爲本邦領袖人物，地方建設，胥賴其力焉。當地政府知人善任，故次第屬三公以司甲政。陳秀連公雖屬後起，但當日翊贊地方公益，功亦甚偉。論者謂其時設甲必丹之制度仍在，則陳公不僅以縣議會議員爲止境云。

溯自建立本廟之意，原以當日尚未有所謂社團之組織，除尋常會館外，而欲成立一無界限之公共集合場所，則廟堂尚矣。此前人最苦心之擘畫也。據本廟地爲葉德來公所捐出，贊其成者則三公與有力焉。惟自葉德來、葉致英二公歸道山後，廟地乃不無發生轇轕，斯際固有賴於葉觀盛公之從中維持，適其時陳公爲廟之爐主，奔走呼號，不辭勞苦。嗣訴諸法律，卒判得直。凡此功績，追本思源，不有紀念，曷足以彰先德而勵來兹乎！爰記其事略，而爲之贊曰：

四公勛望，交映輝光；自昔斯土，一片炎荒；
迍僿鄙野，蠻觸鴟張；公等莅止，立志安良；
先後繼述，興工惠商；地利漸闢，民庶且康；
欲圖久遠，敷化是邦；期泯畛域，可聚一堂；

惟念廟宇，最所適當；來公題議，捐地爲倡；
三公擘畫，竭力贊襄；莊嚴廟貌，喬喬皇皇；
附祀義勇，俎豆馨香；報功崇德，厥澤孔長；
爰泐貞石，景仰無疆！
吉隆坡師爺宮當年受托人楊敬好、葉大祥、葉隆芳、陳如嵩、張郁才、曾君斗、李芳、王春元、葉隆興、黄寶之、劉民顏、湯連興敬立，中華民國二十一年十二月吉日。

五三五　和勝宫重修後殿捐緣碑

【碑刻名稱】和勝宫重修後殿捐緣碑
【材　質】石材
【形　制】長方形立碑
【尺　寸】長一百三十六厘米、寬六十二厘米
【書　體】碑題隸書，碑文楷書
【碑　額】無
【碑　題】和勝宫
【碑文撰者】無
【碑文書丹】無
【立　碑　者】和勝宫經理何伍、邱伍合
【立碑時間】清光緒二十四年（一八九八）
【存　佚】現存
【地　點】馬來西亞馬六甲和勝宫
【碑刻録文】

和勝宮

重修後殿，特字達知：所本宮地界，不准人賭博，干犯王家律例。如有不遵，禁例拿究，不干經理之事。
何玉變敬送出和勝宮廟地基一段、羅振經捐銀六十大元、蔡錫胤捐銀伍十大元、余觀蓮捐銀伍十大元、陳若淮捐銀壹十大元、陳若林捐銀壹十大元、徐水清捐銀壹十大元、楊天祐捐銀壹十大元、范省合捐銀壹十大元、邱伍合捐銀乙十五大元、萬發當捐銀五大元、生裕當捐銀五大元、利棧號捐銀五大元、黃立慶捐銀五大元、莊蓮貴捐銀五大元、源和當捐銀五大元、萬和堂捐銀五大元、鄭奶記捐銀五大元、承龍發捐銀五大元、蔡清穗捐銀五大元、廖成祥捐銀五大元、蔡金水捐銀五大元、甘慶霖捐銀五大元、文龍捐銀五大元、何伍合捐銀五大元、李昌合捐銀五大元、曾其合捐銀五大元、李茂麟捐銀五大元、李貴合捐銀五大元、戴榮合捐銀五大元、施吟合捐銀五大元、許吉合捐銀五大元、彭嬌合捐銀五大元、黃貴合捐銀五大元、謝二合捐銀五大元、戴富新捐銀五大元、鍾金生捐銀五大元、戴水招捐銀五大元。
光緒二十四年戊戌歲八月廿五日，經理何伍、邱伍合立。

五三六　和勝宮碑

【碑刻名稱】和勝宮碑

【材　質】石材

【形　制】長方形立碑

【尺　寸】長一百二十六厘米、寬五十八厘米

【書　體】楷書

【碑　額】無

【碑　題】和勝宮

【碑文撰者】無

【碑文書丹】無

【立 碑 者】和勝宮經理等

【立碑時間】清光緒二十六年（一九〇〇）

【存　佚】現存

【地　點】馬來西亞馬六甲和勝宮

【碑刻録文】

和勝宮

蓋聞聖德遺風，神光赫濯于海隅；福田廣種，統緒業留于後裔。兹者晋港地面，原是福建何君印勝業仁翁遺下管業。君囊極樂善施布神宮，即將本宮地基一段，送於師爺管理，立碑爲據。又廣東潮郡大埔余君印觀蓮仁心發善緣，宮門前地面周圍，結石鋪坪，以渡來往，而壯觀瞻。竭力勤謀，正是仁人之慷慨。觀此二君之盛德，神人共仰，立碑爲志，永垂不朽，是以爲序。

曾江水修理廟喜題銀壹佰貳拾元。

天運庚子年十月初旬衆公立。

五三七　和勝宮重建募題碑之一

【碑刻名稱】和勝宮重建募題碑之一
【材　質】石材
【形　制】長方形立碑
【尺　寸】長一百二十八厘米、寬六十二厘米
【書　體】楷書
【碑　額】無
【碑　題】和勝宮
【碑文撰者】無
【碑文書丹】無
【立 碑 者】和勝宮大總理陳瑞金等
【立碑時間】清光緒三十一年（一九〇五）
【存　佚】現存
【地　點】馬來西亞馬六甲和勝宮
【碑刻録文】

和勝宮

光緒三十一年歲次丙午重建募題芳名：

陳齊賢捐金叁佰元；陳瑞金捐金叁佰元；陳達賢捐金叁佰元；張長才捐金貳佰元；陳敏政捐金壹佰元；陳温源捐金壹佰元；曾清秀捐金壹佰元；甘慶霖捐金壹佰元；余振谷捐金壹佰元；姚金水捐金壹佰元；姚利裕捐金壹佰元；王金輝捐金五十元；曾錫寶捐金五十元；曾江水捐金五十元；陳維賢捐金五十元；陳思忠捐金五十元；關嘉盛捐金五十元；蔡立國捐金五十元；王聚秀捐金五十元；陳深池捐金五十元；曾思遠捐金五十元；林金益捐金五十元；陳庚瑞捐金五十元；湯陳進捐金五十元；湯陽成捐金五十元；孟功成捐金五十元；豐源棧捐金三十元；洪有昌捐金三十元；徐心清捐金二十五元；李深見捐金二十五元；蔡立地捐金二十五元；葉福合捐金二十五元；邱五合捐金二十五元；楊照祥捐金二十五元；昌盛棧捐金二十元；林士官捐金二十元；譚揚揖捐金二十元；陳恭儉捐金二十元；源發當捐金二十元；伍寬海捐金二十元；生昌號捐金二十元；生和號捐金二十元；和珍號捐金二十元；廣萬源捐金二十元；洪益秀捐金十六元；吴文章捐金十五元；永興公司捐金乙十元；凌建吉捐金乙十元；陳杰官捐金乙十元；黄桂合捐金乙十元；合裕山捐金乙十元；余洪元捐金乙十元；余英元捐金乙十元；永瑞祥捐金乙十元；郭新發捐金乙十元；捷成號捐金乙十元；開成棧捐金乙十元；協興棧捐金乙十元；邱泰清捐金乙十元；振長春捐金乙十元；陳添泰捐金乙十元；怡美號捐金乙十元；陳和成捐金乙十元；余光源捐金乙十元；龍家讓捐金乙十元；徐文清捐金乙十元；興記號捐金乙十元；蔡開泰捐金乙十元；曾石泉捐金乙十元；張順發捐金乙十元；黄立慶捐金乙十元；楊鎮海捐金乙十元；廣合號捐金乙十元；生裕當捐金乙十元；新悦勝捐金乙十元；王得

澤捐金乙十元；王欽吉捐金乙十元；和興當捐金乙十元；陳若河捐金乙十元；馥蘭當捐金乙十元；梁協春捐金乙十元；余德畔捐金乙十元；聚興當捐金乙十元；鄭戊秀捐金乙十元；黃氏枯泰捐金乙十元；黃源昌捐金乙十元；陳若鵬捐金乙十元；葉清倫捐金乙十元；翁連娘捐金乙十元；茂興號捐金乙十元；楊元合捐金乙十元；何權官捐金乙十元；劉保合捐金乙十元；萬益山捐金乙十元；曾旺合捐金乙十元；黃天湘捐金乙十元；戴富新捐金乙十元；戴富嬌捐金乙十元；合德號捐金乙十元；曹文富捐金乙十元；李慶熙捐金乙十元；王清輝捐金乙十元；何其祥捐金乙十元；鄭文宜捐金五元；鄭文元捐金五元；鄭士萬捐金五元；劉掌觀、陳文追、王士觀、黃源昌、羅福生、黃清朝、邱士進、黃清賓、鄭合興、黃騰利、潘詣力、陳儒聲、協源山、何金養、李再源、陳生、謝綿源、陳連臺、王士椿、林清臺、梁士共、許亞春、盧士久、陳桂臺、蔡士核、王永謙、張良烈、林雲送、湯先椿、益成興、蔡士螺、林有拖、陳山科、夏騰臺、鄭攬石、南裕號、林兵合、龍成山、陳昌娘、周錦安、周緒經、黃尊三、吴旭合、陳寶金、龍發山、三合號、協興山、新福裕、洪有昌、陳家立，以上各捐五元。

五三八　和勝宮重建募題碑之二

【碑刻名稱】和勝宮重建募題碑之二

【材　質】石材

【形　制】長方形立碑

【尺　寸】長一百二十八厘米、寬六十二厘米

【書　體】楷書

【碑　額】無

【碑　題】無

【碑文撰者】無

【碑文書丹】無

【立 碑 者】和勝宮大總理陳瑞金等

【立碑時間】清光緒三十一年（一九〇五）

【存　佚】現存

【地　點】馬來西亞馬六甲和勝宮

【碑刻録文】

陳若林捐金乙佰五十；新利棧捐金二十元；李文昆捐金十二元；同利號捐金壹十元；麥廷吉捐金壹十元；新得悦

捐金壹十元；楊鎮海、許長壽、南利號、芯瑞吉、福源號、如順成、福興號、協裕號、振發號、怡成號、義發號、廣安祥、保滋堂、林德洤、楊久壽、陳溫興、新泰隆、孟功全、陳蓮池、振安號、發興號、德興號、濟安堂、萬勝號、再興號、瓊裕豐、王國成、王水源、廣益成、熊益昌、泉盛號、梁樹棠、吉和成、茂昌號、新源棧、新廣成、源棧號、黄新興、熊德源、開豐美、永和興、伍英吉、曾振成、曾萬昌、捷裕源、萬吉堂、同善堂、溫何清、陳宗歷、孟功泰、溫金九、蕭合發、楊德和、馮德成、瓊南昌、馮亞生、羅錦郎、永萬安、峇禮亞吧齊和、益和安、同發號、成福源棧、深竹居、芳興號、蕭後仁、勝花樓、順香樓、新勝花、興發堂、梁和、再香樓、粤興隆、妙花樓、新成發、新順發、天香樓、大吉順和、新悦勝、李玉庭、煥勝樓、陳美吉、黎桂喜、吴元興、陳承恩、沈和豐、謝聖徒、曾河寧、廣濟堂、廣和隆、廣恒盛、裕興隆、彭奎昌、永泰隆、成開順、張世位、吴登合、蔡清惠、廖福興、廣利源、瓊會昌、巧生號、陳時訓、聯和號、蕭石謨、振元興、李金岩、許石泉、許江淮、楊氏鳳娘、李水英、李氏玉賢、李金谷、金瑞興、王逢春、新再順、豐益號、黄佰受、許瑞官、張長安、李氏佛然娘、廣興隆、悦歡樓、大吉堂、王克安、萬豐堂、曾振隆、新合發、陳招財、吴存興、雷英源、陳德潤、源昌號、薛連升、成茂山、成和山、豐利山、葉雲輝、金泰山、李成炳、會靚斗、吴省合、馮廷春、郭來進、吴奎記、張長盛、鄧德福、鄧天保、黄保合、伍永蘭、鄭士瓶、李貴合、謝東源、何光勝、林協春山、湯貴合、耶春茂、林流協、永裕興、何福憐、陳金龍、洪笏、謝文昌、王定開、羅奇昌、文賢孫、劉浮臺、林利折、文賢孫、劉浮合、林利折、鍾忝合、陳麗章、和利號、陳川合、李昌合、葉豐山、新葉興山、陳鈕合、賴貴生、蔣石隆、劉應合、黄藍松、豐裕山、蔡香合、李榮合、麥廷質，以上各五元。

大總理陳瑞金、張長才、甘慶霖。

三十九　本頭公

五三九　素叻海南公所建廟碑銘

【碑刻名稱】素叻海南公所建廟碑銘
【材　質】石材
【形　制】長方形立碑
【尺　寸】長一百五十厘米、寬五十厘米
【書　體】楷書
【碑　額】無
【碑　題】建廟碑銘
【碑文撰者】無
【碑文書丹】無

【立 碑 者】素叻海南公所董事等
【立碑時間】民國元年（一九一二）
【存　佚】現存
【地　點】泰國素叻海南公所
【碑刻録文】

建廟碑銘

我海南瓊、文二邑，通商而寓居於初梅者衆矣；然而衆志求神作福，號本頭以廟祀者亦久矣。第初造於篱芭港也，地之湫隘，廟僅草茅，則劉老安、羅文章、郭詩誦倡聯衆備磚瓦以遷造於本屯焉。于此也地靈神效、洋溢聲名護諸商而稛載錦旋者，如陽春有脚也。惟觀各港中興效桃園而歸□者，更造廟以列祀。關帝鴻恩焉至林詩武興衆日，我初梅富客出入之區，巨艦往來之所，豈不能奮中興之爲乎！彼時則存聖軀與花龕，兼議本埠棉花抽頭，陳現禮亦與之倡抽也。于是美舉樂從，繼事述志。迨同治壬申，郭安亭、張敬儒更□衆人捐資，兼前抽積之銀，則新造大厦上間，次光緒丙子更鼎新增廊下間，兼之廊園繕備。然則子不亦左宜右有上安下全者乎？此觀之新廟奕奕神聖洋洋，薦馨香者憑靈爽行，祭義者任趨勝，商旅者能托駐阜，貨物者可息藏，是以志。

五四〇　素叻瓊州公所購置廟前旁地捐緣碑

【碑刻名稱】素叻瓊州公所購置廟前旁地捐緣碑
【材　質】石材
【形　制】長方形立碑
【尺　寸】長一百零二厘米、寬六十五厘米
【書　體】楷書
【碑　額】無
【碑　題】無
【碑文撰者】無
【碑文書丹】無
【立　碑　者】素叻瓊州公所董事等
【立碑時間】一九六三
【存　佚】現存
【地　點】泰國素叻瓊州公所
【碑刻録文】

大廟宇寬潤，風景清幽，前臨江水，後涵遠山，風帆挾沙鳥而飛，揚竹樹繞烟雲而挺秀，芳草萋萋，緑滿庭口之下，波光瀲瀧，川流廟宇之前，此乃瓊川公所之勝境。無不賴昔人創造偉績宏聰也。一九五三年，被火神焚燒，同鄉人士詢謀衆議，籌備重建。今廳堂寬敞，宮殿莊麗，神前文采，輪奂燦然，亦無不賴後代懋功卓著也。又同鄉人士鑒於廟前旁缺地不整，爰成會議，隨願樂助買接連之地，修葺美觀，此亦無不賴各界人士厚力，藉以維持也。吾人去國離鄉，追源溯本，今敬恭之義，俎豆之儀，香烟勿替，奉祀日隆，美景良辰，集僑衆而聯歡，敦鄉里之情誼，親親長長，雍雍熙熙，其樂何如耶？是爲序。

兹將樂助買廟前旁地芳名臚列于左：

富新火鋸叁仟銖；張乾初壹仟銖；許振泉、瓊昌盛、鄭緒昌、富興呂伍佰銖；（下略）

歲次癸卯季夏月吉旦。

五四一　瓊州公所成德社序碑

【碑刻名稱】瓊州公所成德社序碑

【材　質】石材

【形　制】長方形立碑

【尺　寸】長一百二十厘米、寬七十厘米

【書　體】楷書

【碑　額】無

【碑　題】無

【碑文撰者】唐輝恒

【碑文書丹】無

【立 碑 者】素叻瓊州公所董事等

【立碑時間】一九六三

【存　佚】現存

【地　點】泰國素叻瓊州公所

【碑刻録文】

成德社序

夫國，衆之而積社會。社會也者，小之爲一鄉，大者爲一國。我瓊屬水秀山明，地靈人杰。奮科名者，叨甲第之榮興；商務者，極梯航之盛。獨是團體不結，則雅意不孚，而桑梓之情無以聯，魚水而留諸久遠也。吾等憂之，因集同人聯之，以情結之，以義而名曰「成德社」。使顧名思義，則成人之美，愛人以德，莫不氣相求而聲相應，望相助而患相扶。是造無窮之幸福，而留不朽之芳名，良有以也。伏願暹都人士，匡其不逮，同濡大筆，各解罌囊，集腋成裘，揮汗成雨，愈推愈廣。則本社籍賴良多，而同郡受福不淺，豈不懿□。是爲序。

光緒二十七年林鴻昌撰。

成德社創於前光緒二七年，五百餘名瓊僑捐助。而成先入社者，每名社費五銖，後者七銖或十銖，集資購置地産。現市立第三小學校址，新發興火鋸，振興船廠，越崗巷鋪二幢。以上各地，乃葉用昌先生、陳如蕓先生、吳乾文先生署名代買。後因法律關係，交給瓊州公所代管。社内尚有老者、養學者、助終者聲之章程，成德社之風，山高水長。

一九六三年唐輝恒撰。

總理：經歷鍾興祺、州同葉用昌、國學吳乾文、國學潘乾輝；國學：陳玉麟、林鴻葉、方維運、林天蕃、陳如蕓、符問彥；協理國學：潘宜川、潘瑛輝、林鴻昌、林聖謨、楊日昌、吳元義、林天就、謝全福、陳德厚、潘益輝。

兹將捐題芳名開列于左：

演豐市：何子聖、（何）家福、李明富、（李）明昭、（李）明易、（李）明佐；演豐市：王德輝、吳時詩、（吳）永全、（吳）永武、（吳）有綱、（吳）時亍；演豐市：周成大、（周）成和、馮夙聽、（馮）生義、（馮）道緒、王胡通；東坡市：韓統豐、（韓）續豐、林天蕃、史其俊、彭運炳；田尾市：林樹豐、（林）鴻位、（林）鴻珍、（林）鴻昌、（林）天就、（林）開典；鋪前市：蘇開林、李天祿；隆豐市：潘子豐、鍾光福、陳家維；羅豆市：王國琦、（王）祿宗、吳基魁、（吳）坤能、陳如蕓、（陳）如振；金墩市：馮魯鳳、（馮）裕興、郭書花、郭貽琦；會同縣：吳國漢；烟墩市：符和鳴、王繼綿；抱羅市：馮恩紳、黃聞盛、李王金、□□□（下略）

五四二　佛統仰道壇皇佛祖靈應筶詩木牌

【碑刻名稱】佛統仰道壇皇佛祖靈應筶詩木牌
【材　　質】木材
【形　　制】長方形橫牌
【尺　　寸】長一百二十八厘米、寬五十六厘米
【書　　體】楷書
【碑　　額】無
【碑　　題】皇佛祖靈應筶詩
【碑文撰者】無
【碑文書丹】無
【立 碑 者】仰道壇住持
【立碑時間】民國九年（一九二〇）
【存　　佚】現存
【地　　點】泰國佛統仰道壇
【碑刻録文】

皇佛祖靈應筶詩

聖陰聖　求籤島島禄，□□□□□；所求事如意，財喜雙登門。吉。

聖陰陽　春夏供大吉，秋冬有損傷；□主財禄位，久後定不祥。平。

聖陽陽　殘花遭雨打，月缺被雲遮；行人多科沛，□□事如麻。凶。

聖陰陰　五谷皆大熟，人民賀太平；□無手點禍，百福自駢臻。吉。

陽陽陽　此卦大吉昌，强爲有損傷；勸君休努力，作事忍爲良。中。

陽陽聖　鑿石方得玉，淘沙始得金；相識不深信，久後莫知音。吉。

陽陽陰　兩陽下一陰，鬼賊并相侵；皆求神佛佐，灾害不復臨。平。

陽聖陰　所求皆如意，中有貴人扶；佛母多保佑，大吉事事無。吉。

陽陰陽　空山難取寶，處枉費心機；床頭黄金盡，壯士亦愁眉。平。

陽陰聖　白虎林中生，青龍天上飛；不見仙人面，空倚欄杆歸。平。

陽聖陽　久雨未得晴，風吹無片雲；但看初旬月，天開月再明。平。

陽聖聖　問我陽聖聖，灾去福來臨；求財皆吉利，赴試點頭名。吉。

陽陰陰　龍虎上天臺，借問大賢才；中間遷正穴，必定福澤來。吉。

陰陰陰　三陰筶不良，命理和不相；天曹先注定，不死受灾殃。下。

陰陰聖　寶鏡似明月，團團光輝熒；婚姻同諧老，琴瑟得和鳴。吉。

陰陰陽　兩陰下一陽，婚姻不久長；縱然須結定，破財受損傷。下。

陰聖陰　清水救良民，何必問別神；佛母親下降，病去福又臨。中。

陰陽陰　陰保陽又保，不須再煩惱；任他東西去，到處還歸好。中。

陰聖陽　心高望浮雲，求謀事不成；家中奇怪异，辛苦一場空。凶。

陰聖聖　月出清明節，光輝滿天下；五湖并四海，萬事清心懷。吉。

陰陽陽　上陰下二陽，仙佛降吉祥；求官加爵禄，福壽須無疆。吉。

陰陽聖　問我陰陽聖，此售通仙聖；修行成正果，所求萬事興。吉。

中華民國玖年歲次庚申玖月初一日盥手立。

五四三　北柳本頭公廟靈籤石板文

【碑刻名稱】北柳本頭公廟靈籤石板文

【材　質】石材

【形　制】長方形橫碑

【尺　寸】長一百二十厘米、寬六十八厘米

【書　體】楷書

【碑　額】無

【碑　題】無

【碑文撰者】無

【碑文書丹】無

【立 碑 者】信士張灼、余敬新

【立碑時間】約一九五八

【存　佚】現存

【地　點】泰國北柳本頭公廟

【碑刻録文】

本頭公神威顯赫，愷澤汪洋，功參造化，福惠庶民。因事憂疑，固有感而皆通；危困待援，亦無求而莫應。靈簽聖意，顯著昭明，虔誠祈禱，獲福無疆。

第一號：角聲三弄響，無雲心自寒；勸君休愁慮，合營人馬安。

第二號：亢星屬金龍，常行子丑宮；暗藏身在未，急急避他鄉；

第三號：低頭偷觀看，暗羨好佳人；君與相談話，只恐未成親。

第四號：房中生瑞草，姙婦喜臨盆；合眷皆安慶，麟鳳是子孫。

第五號：心事未分明，惶恐被鬼驚；細想難得救，路暗失明燈。

第六號：尾與頭相似，不寒亦不温；行人須兼程，宿館便尋村。

第七號：箕帚是夫妻，掀盡污濁堤；一朝晋王殿，便得貴人提。

第八號：斗秤不公平，恐他買不成；西邊交易了，到底亦相争。

第九號：牛飽欄中眠，牧童在眼前；若人識得我，快樂似神仙。

第十號：佳女竟良緣，通音自能成；相看談未了，好事由天來。

十一號：虚心去拜神，自然不見明；所求難遂意，枉費汝心情。

十二號：危途殊堪憂，未免得無愁；細思千里外，山水兩悠悠。

十三號：家室争已成，世事均和平；若要心頭快，青雲足下生。

十四號：壁月挂雲間，如魚上急灘；欲捉魚與月，上下兩艱難。

十五號：奎星報君知，汝且聽因端；上觀十一□，下看十八分。

十六號：婁氏頭戴米，身穿子路衣；人人皆説是，我且猶猜疑。

十七號：胃肚脉和調，安心睡一宵；任他兵馬動，我且自無聊。

十八號：昴星頭戴日，炎威亦成多；欲避此時熟，終須受他磨。
十九號：畢竟西風起，走疲遠客馬；秋來休嫌冷，惟見月華明。
二十號：觜占昆山玉，幾人知吉凶；勸君急退步，久恐污程中。
廿一號：參宿元來吉，勸君不須疑；所見皆稱遂，好事大家知。
廿二號：井泉清且甘，和風便是南；呼童來取水，躍魚上高岩。
廿三號：鬼祟爲灾殃，防關守看羊；火中躍出馬，四蹄却無傷。
廿四號：楊絮舞春風，向西又向東；行人開口笑，可作老萊翁。
廿五號：星辰光輝明，銀河一路通；牛女纔相見，泪別各西東。
廿六號：張舍出賢人，流傳代代新；到頭歸澗谷，此事實是真。
廿七號：鵬飛萬里程，引步在雲霄；一旦風雲起，身任天空飄。
廿八號：軫當二八位，思想不甘心；有話無相合，依然□自吟。
求尾號簽添油三斤。
聖恩福庇，萬事吉昌。
信士張灼、余敬新整。

五四四　沙敦本頭公廟各界善信捐緣碑之一

【碑刻名稱】沙敦本頭公廟各界善信捐緣碑之一
【材　質】石材
【形　制】長方形橫碑
【尺　寸】長九十五厘米、寬六十二厘米
【書　體】楷書
【碑　額】無
【碑　題】無
【碑文撰者】無
【碑文書丹】無
【立 碑 者】沙敦本頭公廟董事等
【立碑時間】一九六六
【存　佚】現存
【地　點】泰國沙敦本頭公廟
【碑刻録文】
兹將各界善信樂助本廟建築材料芳名勒碑存記（恕不稱呼）：

陳興武獻全部廟地；陳仁松捐老爺金身三尊，又漆銀貳仟貳佰銖；洪炳均、洪炳松，壹萬貳仟銖；鍾海勝壹萬貳仟銖；江菜花捌仟肆佰銖；吴沓沓沙石伍仟肆佰銖；同倫周慶亮報效工銀伍仟銖；黄仕鴻肆仟銖；郭裕燦叁仟貳佰銖；李吉林叁仟銖；郭耀波貳仟銖；嚴元翔貳仟銖；李統秀貳仟銖；丘秀鑾貳仟銖；燕葉兩合公司壹仟銖；胥亞寶壹仟銖；洪亞福壹仟銖；檳城連合摩多壹仟銖；沙堆火鋸有限公司壹仟銖；陳文聰壹仟銖；張福壽伍佰銖；柯天生伍佰銖；丘興伍佰銖；葉東溪伍佰銖；林來合伍佰銖；李成記伍佰銖；陳柱光伍佰銖；吴安興伍佰銖；陳針隆伍佰銖；莊慶珠伍佰銖；賴紹興伍佰銖；同光魚廊公司伍佰銖；檳城郭朝怡伍佰銖；同倫盛泰伍佰銖；盧福祥伍佰銖；坤倫方明和伍佰銖；李崇裕伍佰銖；張水龍伍佰銖；叻萬崙伍佰銖；許亞貢伍佰銖；吴亞鈴伍佰銖。

公元一九六六，佛曆二五〇九年立。

五四五　沙敦本頭公廟各界善信捐緣碑之二

【碑刻名稱】沙敦本頭公廟各界善信捐緣碑之二

【材　質】石材

【形　制】長方形横碑

【尺　寸】長九十五厘米、寬六十二厘米

【書　體】楷書

【碑　額】無

【碑　題】無

【碑文撰者】無

【碑文書丹】無

【立　碑　者】沙敦本頭公廟董事等

【立碑時間】一九六六

【存　佚】現存

【地　點】泰國沙敦本頭公廟

【碑刻録文】

兹將各界善信樂助本廟建築材料芳名勒碑存記（恕不稱呼）：

林振爲壹萬伍仟銖、星洲鄭振盛伍仟銖、檳城榮利公司伍仟銖、檳城南發伍仟銖、檳城德記伍仟銖、什田陳維德藥行伍仟貳拾銖、雙□紀黃楚隆伍仟銖、翁振利伍仟銖、周金萬伍仟銖、翁龍漢叁仟銖、張益才張益友叁仟銖、娘隆叁仟銖、檳城楊宏賜叁仟銖、雙□紀楊添發貳仟伍佰銖、周天有貳仟伍佰銖、新安藥行貳仟四佰一拾銖、泰南沙敦雷廊貳仟銖、李準見壹仟伍佰銖、新建興壹仟伍佰銖、許智尾壹仟貳佰銖、陳南香壹仟貳佰銖、馬亞主壹仟銖、李玉妹壹仟銖、丘南海壹仟銖、吳順記壹仟銖、黃亞泗壹仟銖、檳城海源壹仟銖、郭亞有壹仟銖、合艾更生公司伍佰銖、合艾鄭臣謀伍佰銖、合艾福興磚廊伍佰銖、合艾奇香園伍佰銖、星洲陳家慶伍佰銖、張火鵝伍佰銖、林亞論伍佰銖、許清發伍佰銖、雙記吻吧實伍佰銖、北湖長美廊伍佰銖、翁和隆伍佰銖、謝亞興伍佰銖、陳志成伍佰銖、陳吻仁伍佰銖、黃秀貴伍佰銖、榮成發酒廊伍佰銖、新興伍佰銖、娫偏伍佰銖。

公元一九六六年，佛曆二五〇九立。

五四六　沙敦本頭公廟各界善信捐緣碑之三

【碑刻名稱】沙敦本頭公廟各界善信捐緣碑之三
【材　質】石材
【形　制】長方形立碑
【尺　寸】長六十二厘米、寬五十五厘米
【書　體】楷書
【碑　額】無
【碑　題】無
【碑文撰者】無
【碑文書丹】無
【立 碑 者】沙敦本頭公廟董事等
【立碑時間】一九六六
【存　佚】現存
【地　點】泰國沙敦本頭公廟
【碑刻録文】

黃瑞金伍仟銖、運輸公司壹仟伍佰銖、郭海良壹仟銖、隆發寶號壹仟銖、王永海陸佰七十銖、郭大最陸佰七十銖、郭堅陸佰七十銖、信聯寶號陸佰七十銖、聯英寶號伍佰三十六銖、忠南興伍佰銖、王吉心伍佰銖、檳城集源和伍佰銖、張漢鴻伍佰銖、陳家光伍佰銖。

五四七　磨艾古廟開光勝會紀事碑

【碑刻名稱】磨艾古廟開光勝會紀事碑
【材　質】混凝土板材
【形　制】長方形横碑
【尺　寸】長一百二十厘米、寬六十厘米
【書　體】楷書
【碑　額】神光普照
【碑　題】磨艾埠本頭公廟開光勝會紀事
【碑文撰者】莊笑生
【碑文書丹】莊禮文
【立　碑　者】磨艾古廟理事蔡佳成等
【立碑時間】一九六七
【存　佚】現存
【地　點】泰國柯叻磨艾古廟
【碑刻録文】

磨艾埠本頭公廟開光勝會紀事神光普照

《易》曰：積善之家，必有餘慶。人有積慶，毋亦爲善，必昌之義乎。溯我磨艾埠本頭公廟，自經倡建以還，經之營之，今日成之，中間耗費人力物力，委實不貲。皆賴諸善信樂善爲懷，抱定當仁不讓，見善争先爲宗旨，慷慨解囊，聚沙成塔，集腋成裘，得其早日完成。功果非鮮，誠堪褒奬。值兹開光盛典，本屆理事才疏德薄，任重道遠，荷蒙各方鼎力襄理，出錢出力，使游神勝會盛况空前，共沾殊榮。緬維者番偉績，全仗各善信積德之心。同人等無以爲謝，敢求聖神，福自天申，佑我善人，所謂扶持自是神明力者，是誠然也。爰特敬送「神光普照」匾額，藉留雪痕鴻爪，以示不忘也。

鯫生不才，甚且無學，之無初通，執筆自知塗鴉。魯魚未解，揮毫何敢題鳳，不外以至誠之心祈神，以至明之，顯物華天寶，地靈人杰，風調雨順，國泰民安而已矣。

沐恩治子莊笑生敬撰。

丁未年值届理事張盛□□、義豐隆、李際興、莊雙合、吴利記、林連光、張合利、邱聯泰、蔡佳成、李松興、鄭豐盛、張能合、莊建業、蔡廷□、許勤盛、楊慈忠謹啓，莊禮文敬書，公元一九六七年四月五日立。

五四八　重修老本頭廟序碑

【碑刻名稱】重修老本頭廟序碑
【材　質】石材
【形　制】長方形立碑
【尺　寸】長一百一十厘米、寬五十六厘米
【書　體】楷書
【碑　額】無
【碑　題】重修老本頭廟序
【碑文撰者】澄海鄭寄雲
【碑文書丹】無
【立 碑 者】大本頭公廟董事人等
【立碑時間】民國三十二年（一九四三）
【存　佚】現存
【地　點】泰國曼谷大本頭公廟
【碑刻録文】

重修老本頭廟序

老本頭廟爲我潮僑在泰京公共信奉之廟宇。自民國五年重建後，閱時至今已歷廿八載，年久失修殘破不堪，善信士女常引爲憾。去冬寄雲被舉爲潮州會館主席，特召集執監委員聯席會議討論再行重修以壯觀瞻。當蒙全体執監委員之同意，一致議决予以通過，并推選張蘭臣、陳振敬、許仲宜、陳澤榮、廖靭初、余融初、盧颭川、陳梧賓、許少鋒、謝毅庵諸君曁寄雲等十一人爲修廟委員負責修廟事宜。當先向警方請準募捐，先後共募得捐款二萬七千三百六十餘銖。工程自今春開始，直至秋末方告完竣修葺。續共支去三萬六千餘銖，收支相抵不敷達八千餘銖。該款經將同僑救濟水□餘款三千七百九十餘銖及同僑貸助會館會□項下撥出以資彌補。玆值工事告成，爰將各善信捐款在五十銖以上者芳名勒石以垂紀念，藉揚仁風。是爲序。

中華民國卅二年十月一日，澄海鄭寄雲識。

四十　天上神公

五四九　曼谷仙公宮重修碑

【碑刻名稱】曼谷仙公宮重修碑
【材　質】石材
【形　制】長方形横碑
【尺　寸】長一百八十厘米、寬五十六厘米
【書　體】楷書
【碑　額】無
【碑　題】仙公宮重修序文
【碑文撰者】無
【碑文書丹】無

【立 碑 者】仙公宫主任吴玉音等
【立碑時間】一九六九
【存　佚】現存
【地　點】泰國曼谷仙公宫
【碑刻録文】

仙公宫重修序文

巍巍乎宫，皇皇乎廟宇。英靈坐鎮，威振四方八表；神功浩大，恩被六合五内；朝夕崇拜，中泰庶黎感欽。考仙公宫，興建於遜清咸豐四年歲次甲寅，即佛曆二三九七年，屈指於兹，一百一十餘年。廟宇因年久失修，神靈聖座有礙觀瞻。爐下同仁，有鑒於斯，爰諏吉於佛曆二五一零年十一月十一，農曆丁未年十月初十日午時，興功重予修葺。建築款額由仁翁善長發心樂助。從兹廟貌焕然一新，聖殿莊嚴，所謂神人共樂也。本年六月廿八日（農曆己酉五月十四日）寅時，法會開光梨觴，慶祝神靈，千秋顯赫，黎民獲福無疆。兹將各善信及樂助款項，泐石於後，以垂久遠。

仙公宫重修委員會志。

修建仙公宫諸委員芳名列左：

主任：吴玉音；副主任：李廣松；委員：李兩榮、李瑞典、何如明、陳銀河、康國揚、黄禮城、鄭添、周英亮、李來□、□□□；主□：李秋國、李玉喜。

茲將諸善信樂助修建仙公宮芳名列左（恕不稱呼）：

吳玉音貳萬銖、王源利棧壹萬貳仟銖、□□□壹萬銖、□寨壹萬銖、王慕成壹萬銖、李泰莨壹萬銖、梅記壹萬銖、陳同曩壹萬銖、林廣福昌壹萬銖、齊源□壹萬銖、楊□坤壹萬銖、鄭□□□壹萬銖、陳龍全壹萬銖、陳永盛陸仟銖、金成泰陸仟銖、李業盛陸仟銖、榮記□興陸仟銖、□榮泰陸仟銖、□發盛陸仟銖、李□發陸仟銖、□盛豐陸仟銖（下略）

佛曆二五一二年六月廿八日（農曆己酉年五月十四日）立。

四十一　聖侯恩主

五五〇　浯江孚濟廟碑記

【碑刻名稱】浯江孚濟廟碑記
【材　質】石材
【形　制】長方形立碑
【尺　寸】長一百六十一厘米、寬一百一十一厘米
【書　體】碑題隸書，正文楷書
【碑　額】浮雕雙龍朝日
【碑　題】浯江孚濟廟碑記
【碑文撰者】信士林衡南
【碑文書丹】林衡南

【立　碑　者】大董事黄英偉等
【立碑時間】清光緒二年（一八七六）
【存　　佚】現存
【地　　點】新加坡金門會館
【碑刻録文】

浯江孚濟廟碑記

竊以地必因神而始靈，人必以和而爲貴，故欲仗神明之呵護，須闔桑梓以敷榮。矧我浯島之客處南洋者，夫固實繁有徒矣。而或蓬梗長飄，既莫推而莫挽；枌榆在宥，宜相繫以相維。此有心人所爲，集諸同人商其美舉，因於新嘉坡之牛車水創建浯江孚濟廟焉。坐丁向癸，分金於丁未丁丑，維時光緒二年歲在丙子，而廟之中堂崇祀聖侯恩主。夫聖侯素著英靈，曾弭灾患於浯島，遠庇商旅，仍敷德澤於星坡。此崇德報功之盛典，何可或忘！而廟之後殿則奉祀福德正神，以憑恩庇。樓上則恭立禄位，以隆配享，如是則神人共慶，民物咸寧。諸事安詳，既措施之悉協；一堂親睦，實休戚以相關。法良意美，千載一時。雖然捐輸維殷，曾佐斧斤之令；則經營伊始，宜勒金石之文。用志芳名，受茲景福，爰爲之序，以觀厥成。

沐恩信士林衡南敬撰并書。

捐題芳名并列于左：

大董事：李連排、黄英偉、楊振都、洪文聰、黄良川、吴仲鍾、陳清泰、黄超和；董事：林光銓、李仕炭、吴凸觀、李毛觀、吳宗觀、蔡貢生、洪根觀、張杰諸、何文瓊、黃良椅、薛夢麟、李清爐、黃良玹、薛榮華、黃文瓚、楊淵泰、黃良闖、陳光信、黃送觀、陳明欣、楊閂觀、張水石、關天送、陳金瓶、陳明捏、黃清吉、劉瑞麟、楊歳序、黃金篆、李連科、黃西觀、陳罩觀；大總理：李仕撻。

黃英偉捐銀壹仟叁佰元；楊振都捐銀壹仟壹佰元；李連排捐銀壹仟壹佰元；李仕達捐銀壹仟大元正；吳仲鍾捐銀壹佰大元正；陳清泰捐銀伍佰大元正；洪文聰捐銀伍佰大元正；黃良川捐銀叁佰捌拾元；黃超和捐銀叁佰大元正；李仕虔捐銀貳佰大元正；林光銓捐銀貳佰大元正；吳凸觀捐銀貳佰大元正；李毛觀捐銀貳佰大元正；吳宗觀捐銀壹佰柒拾元；洪根觀捐銀壹佰陸拾元；張杰巧捐銀壹佰伍拾元；何文瓊捐銀壹佰肆拾元；李清爐捐銀壹佰肆拾元；薛榮華捐銀壹佰叁拾元；黃良埔捐銀壹佰貳拾元；黃文瓚捐銀壹佰貳拾元；薛夢麟捐銀壹佰拾伍元；楊源泰捐銀壹佰拾伍元；蔡貢生、張水石、楊閂觀、黃送觀、陈金瓶、陈明欣、黃清吉、劉瑞麟、黃良闖、楊歳序、陈明提、陈罩觀、李連科、黃金篆、陈光信，以上各捐銀壹佰元；黃面觀銀六十五元；邵文檣銀六十元；吳拈觀銀四十六元；李册騫、林應夢、王華觀、許侯湫、楊卒生、楊廷看、王算觀、張意觀、李德珪、方鋒觀、楊卅觀、王天降、楊瑞觀、楊平觀、蔡文鎮、楊頭觀、楊位觀、陳金盞，以上各捐銀伍拾元；王杏林、薛杰觀、蔡進觀、黃注觀、吕甫觀，以上各捐銀三十五元；林清徽二十二元；林天器三十三元；蔡騰觀、翁高棉、翁宣觀、黃金觀，以上各捐銀三十元；黃添觀、黃有慶、洪蚶觀、吕瓶觀，以上各捐銀二十五元；林天佐二十七元；黃相好二十四元；吕天在二十七元；吳大賀、吳集觀、翁林忠、黃時觀、吳待觀、黃清麟、許忠觀、許先定、鄭芳扭、方賢觀、林再生、洪清油，以上一十二名各捐銀二十元；歐鑒觀二十六元；莊符觀二十六元；陳淵觀、蔡源興、陳鉗觀、張田觀、黃果觀、陳撫觀、黃極觀，以上各捐銀十五元；楊初觀十四元；洪排觀、洪東觀、吳厲觀、吳丹桂、吳別觀、吳溢觀、梁鳩觀、蔡金國、蔡寬裕、蔡炳觀、劉金榜、林問觀、蔡桅觀、蔡守觀、蔡文賢、蔡腿觀、李水觀、李超觀、李坤觀、李根觀、李册觀、李然觀、王天國、楊承觀、楊緣觀、楊□觀、盧立觀、盧衆觀、黄悦觀、黄卓科、陳魁觀、陳棨觀、鄭閩觀、歐彭觀、黄振生、李瑚褳、陳奢觀、童精注、薛廷鏞、許輸波、張尋觀、林映觀、董標觀、歐萍觀，以上各捐銀拾元；張福致九元；陳雙觀八元；黄女景、黄景委、黄景親、李友伴、李友傅、徐來觀，以上各捐陸元；張提觀、蔡維波、成武秀、黄惠觀、黄典耀、黄女華、陳占頭，十元；李合觀、黄添觀、黄西瓜、黄益觀、楊祭觀、楊天賞、楊臺觀、楊劄觀、楊閑觀、楊旺觀、楊大觀、王鋤觀、王豹觀、王開觀、王位觀、王情觀、洪瑞觀、洪愚觀、洪招觀、楊維觀、李舉觀、李兵觀、李水觀、李敕觀、歐邦觀、歐發觀、歐凛觀、歐典觀、吴尚觀、吴天錫、吴謹觀、林熟觀、林天泫、林香觀、林葛觀、林罩觀、林掌觀、林孝觀、林安觀、何邦觀、何猪觀、何庇觀、李基觀、李振抄、李挨觀、吴小賢、歐陽泉、莊長觀、方井觀、薛限篆、陳磁觀、吕博觀、吕槍觀、蕭愛觀、戴振觀、方粗觀、宋合福、薛正觀、梁舉觀、蔡世觀、蔡唇觀、蔡卜觀、蔡根藤、張燦觀、張舉觀、李願觀、李詩觀、陳頭觀、黄查觀、許□觀、許□觀、許添觀、許沛觀、許瑞觀、許猪觀、薛因觀、辛必觀、羅切觀、陳舉觀、陳峪觀、陳印觀、陳森觀、陳時觀、陳養觀、陳念觀、陳上問、陳乾觀。

時光緒貳年歲次丙子擇吉日，大董事大總理等仝立。

五五一　孚濟廟創始人禄位

【碑刻名稱】孚濟廟創始人禄位
【材　質】石材
【形　制】長方形立碑
【尺　寸】長一百厘米、寬六十二厘米
【書　體】楷書
【碑　額】浮雕雙龍朝日
【碑　題】無
【碑文撰者】無
【碑文書丹】無
【立 碑 者】孚濟廟董事會
【立碑時間】清光緒二年（一八七六）
【存　佚】現存
【地　點】新加坡金門會館
【碑刻録文】

皇清大顯考諱諸府君之禄位

黄良川公、李仕撻公、李連排公、黄英偉公、楊振都公、洪文聰公、吴仲鍾公、陳清泰公、薛榮華公、李清爐公、黄良鉉公、何文瓊公、洪朝根公、李毛生公、林光銓公、黄超和公、李仕炭公、吴凸生公、薛夢鱗公、吴根宗公、黄良椅公、張杰諸公、黄文瓚公、陳光信公、陳光罩公、黄金篆公、陳金瓶公、楊光閂公、劉瑞麟公、李連科公、蔡貢生公、楊渊泰公、黄天送公、張水石公、黄良闖公、陈明欣公、黄清吉公、楊歲序公、陈明提公、方光銓公、王天降公、楊本生公、李德珪公、楊廷看公、蔡文鎮公、邵文墻公、吴光拈公、關天送公、黄光面公、李册騫公、楊光頭公、林應要公、王光算公、張媽意公、楊光惴公、楊光平公、楊光件公、王清華公、許候鋤公、楊光位公。

五五二　重建孚濟廟碑記

【碑刻名稱】重建孚濟廟碑記
【材　　質】石材
【形　　制】長方形立碑
【尺　　寸】長一百零二厘米、寬五十五厘米
【書　　體】楷書
【碑　　額】無
【碑　　題】重建孚濟廟碑記
【碑文撰者】許允之
【碑文書丹】許允之
【立　碑　者】董事黄金鍾、受托人許怡輝等
【立碑時間】民國二十年（一九三一）
【存　　佚】現存
【地　　點】新加坡金門會館
【碑刻録文】

重建孚濟廟碑記

金門會館孚濟廟，始建自遜清光緒丙子。雖仗神明而設立，實寓聯絡感情、敬恭桑梓之意也。過去歷史，夙勒貞珉，足資考鏡。惟歲月淹久，梁棟浸摧，往來者或失栖寄，瞻望者且爲嘆咨。垂至民八，土木重興，糜幣巨萬，築樓三層，最高爲廟堂，而會館在焉其下。出貫挹貲，藉注經費，綽焉有餘，故凡利物濟人之舉，敏行自勉，猗歟休哉！夫以當日諸君之熱諶提倡，固有足多，要亦吾鄉僑踴躍樂輸，方克臻亹。同人撫今追昔，緬感滋殷。于是本會館大會，乃議決徵集捐款芳名，鎸碑闡發，復命本届董事查照辦理，意至善也。顧事久時遷，恐失根據，念勸募固必盡取乎錙銖，而表彰安忍疏忽其姓氏，是以鄭重登報，廣爲搜羅，所得如斯，謹用泐石，并導梗概，以示弗諼。尚冀後之君子，有爲有守，長存魯殿於星洲；同德同心，永樹甘棠於浯島。

許允之撰并書。

董事：黃金鍾、蔡嘉種、陳芳歲、陳景蘭、鄭古悅、黃肖岩、陳清吉、陳受益、黃章懷、王丙丁、鄭應心、翁如松、黃卓善、李景泰、許允之；受托人：許怡輝、李媽贊、黃文汀、楊長水、董春波、吴得力，仝立石。

中華民國二十年十二月　日。

五五三　民八重建孚濟廟捐款芳名碑

【碑刻名稱】民八重建孚濟廟捐款芳名碑
【材　　質】石材
【形　　制】長方形立碑
【尺　　寸】長一百零二厘米、寬五十五厘米
【書　　體】楷書
【碑　　額】無
【碑　　題】民八重建孚濟廟捐款芳名
【碑文撰者】許允之
【碑文書丹】許允之
【立 碑 者】金門會館董事暨受托人
【立碑時間】民國二十年（一九三一）
【存　　佚】現存
【地　　點】新加坡金門會館
【碑刻録文】

民八重建孚濟廟捐款芳名

金福和與黃良檀捐銀壹仟貳佰圓、陳芳歲捐銀壹仟圓、陳芳裔捐銀伍佰圓、吴繼輦捐銀伍佰圖、歐陽景聰捐銀伍佰圓、吴光枰捐銀伍佰圓、長發號捐銀伍佰圓、黃文汀捐銀伍佰圓、陳景蘭捐銀伍佰圓、金和興捐銀肆佰圓、益順號捐銀肆佰圓、李清濆捐銀肆佰圓、陳益插捐銀肆佰圓、陳厚仲捐銀肆佰圓、金興利捐銀叁佰圓、綿利號捐銀叁佰圓、林春水捐銀叁佰圓、陳天立捐銀叁佰圓、黃卓滿捐銀叁佰圓、陳振象捐銀叁佰圓、金福源捐銀貳佰圓、長生號捐銀貳佰圓、金永和捐銀貳佰圓、順源號捐銀貳佰圓、金記號捐銀貳佰圓、金順成捐銀貳佰圓、陳書抒捐銀貳佰圓、金成興捐銀壹佰伍拾圓、新合勝捐銀壹佰伍拾圓、瑞泰號捐銀壹佰圓、金永發捐銀壹佰圓、順美公司捐銀壹佰圓、兩慶發捐銀壹佰圓、高安士捐銀壹佰圓、楊文同捐銀壹佰圓、楊存錠捐銀壹佰圓、洪中和捐銀壹佰圓、陳嘉祥捐銀壹佰圓、楊金魚捐銀伍佰圓，以上計三十九條共英銀壹萬貳仟壹佰伍拾大圓。

金門會館董事暨受托人仝立石。中華民國二十年十二月　日，許允之書。

五五四　金門會館重修落成記碑

【碑刻名稱】金門會館重修落成記碑
【材　質】石材
【形　制】長方形立碑
【尺　寸】長一百厘米、寬六十厘米
【書　體】楷書
【碑　額】無
【碑　題】金門會館重修落成記
【碑文撰者】蔡景榮
【碑文書丹】蔡景榮
【立 碑 者】金門會館董事黄祖耀、信托人陳清吉等
【立碑時間】一九六二
【存　佚】現存
【地　點】新加坡金門會館
【碑刻録文】

金門會館重修落成記

溯本館之設立，乃孕育於孚濟廟，先有廟而後會館附焉。廟崇祀聖侯恩主，以紀念其開疆闢土之精神。會館旨在治理廟務，聯感情，謀福利，猶其次焉。本會館成立於光緒歲次丙子，距今已九十周年，歷史悠久，滄桑閱盡。其間由簡陋草創中，經改組立章，以迄置業建館，確曾受盡波折，撫今追昔，其事其功，誠也彪炳。本會館重建於歲次己未，址在市軸，宇凡三層。頂層立龕兼作禮堂，以下則出租收益。資産除不動産外，尚有固定基金寄存於大華銀行，年息所入有餘則多辦福利，不敷則由董事捐挹，所嘉惠於吾金人者，亦難以罄述也。同人等鑒於館宇年久失修，既碍觀瞻，又耎風雨，于是集會討論修葺；獲贊成通過在案，議既决遂進行籌費、動工，分途并進。杲也頃刻間，鉅款立集，不旋踵而大功告成。從此美輪美奂，廟貌翻新，雕梁畫棟，金碧輝煌，懿嘆盛哉。是歲又逢本館成立第九十周年紀念及恩主聖誕，值兹双喜臨門，緬懷先賢豐功，益凛維述有責，不有紀念，奚勵來兹？籌備同慶，意殊深長，重修落成之日，三慶并舉，一堂聯歡，幸蒙黃慶昌先生躬臨主持剪彩典禮，式簡而隆重。入夜則假福建會館舉行宴會，冠蓋雲集，盛况空前。主席陳國礎乘間致詞，勖同鄉團結合作，繼承前賢遺志，力謀館務發展，言簡意賅，足資欽式。余何幸叨陪末座，爲志盛事，烏可無一言以泐碑乎？因濡筆而爲之記。

蔡景榮撰并書。

董事：黃祖耀、陳永福、王濟堂、蔡普中、杨緒祥、陳國礎、歐毓章、陳錫奎、鄭天賜、黃鏡源、鄭樹顒、李炎涯、許天福、陳天球、蔡景榮；信托人：陳清吉、楊長水、黃慶昌、黃卓善、鄭應心、歐振隆。

熱心樂捐重修基金鄉親芳名録左：

黃慶昌貳仟元、蔡普中壹仟元、陳清吉壹仟元、歐陽棟壹仟元、黃祖耀壹仟元、黃鏡源壹仟元、李康塔遺産壹仟元、李炎涯壹仟元、黃卓善壹仟元、歐毓章壹仟元、翁贊商壹仟元、鄭古悦巴士公司壹仟元、許天福伍佰元、吕水溝伍佰元、張允中伍佰元、蔡建正伍佰元、鄧重壽伍佰元、洪水才叁佰元、陳錫奎叁佰元、王尚志叁佰元、王濟堂叁佰元、黃鍾榮叁佰元、許昭明叁佰元、陳滙川叁佰元、陳文中叁佰元、陳天助叁佰元、陳國礎叁佰元、王仁育叁佰元、陳天球叁佰元、源合興公司叁佰元、陈永福叁佰元、莊水池貳佰元、黃章福貳佰元、鄭誠泉貳佰元、集福號貳佰元、王遥望貳佰元、黃木榮貳佰元、鄭應心貳佰元、林爾伶遺産貳佰元、李增楫壹佰元、蔡晓東壹佰元、陳仲命壹佰元、蔡延甫壹佰元、李忠信壹佰元、陈玉昆壹佰元、吴西川壹佰元、歐振隆壹佰元、楊應和伍拾元、黃天福伍拾元、蔡景榮叁拾元、蔡東春叁拾元，計五拾壹條共捐來銀貳萬壹仟捌佰壹拾元正。

金門會館董事暨信托人仝立石，公曆一九六二年九月　日。蔡景榮書。

五五五　金門會館三建新厦碑記

【碑刻名稱】金門會館三建新厦碑記

【材　質】石材

【形　制】長方形立碑

【尺　寸】長一百九十二厘米、寬九十厘米

【書　體】隸書

【碑　額】無

【碑　題】金門會館三建新厦碑記

【碑文撰者】黄啓澍

【碑文書丹】傅子昭

【立 碑 者】金門會館董事黄祖耀等

【立碑時間】一九八六

【存　佚】現存

【地　點】新加坡金門會館

【碑刻録文】

金門會館三建新厦碑記

金門，昔名浯洲嶼，又稱浯江，明初改名金門島。公元一九一五年，合烈嶼、大嶝嶼、小嶝嶼，置金門縣，面積一七六平方公里，市鎮二，鄉村一百六十八。環島山明水秀，民風淳樸，堪稱爲世外桃源。現在居住本邦金門同鄉約十萬名左右，獨立後皆歸化爲公民，此乃大勢所趨，亦環境使然。而今會館三建，豈祇聯絡桑梓情誼而已，亦木本水源之意也。

公元一八七六年，清光緒二年，金門先輩始建二層洋樓於士敏街，祀唐朝聖侯恩主神像，蓋追念其墾闢浯洲功勛。前英殖民地法律，祀神可以自由集會，兼辦僑鄉福利事項，故稱孚濟廟而不以會館名。廟爲總理李仕樘、董事李連排等三十九人，及鄉衆人等共同捐款興建。至公元一九一九年改建爲二座毗連三樓店屋，除出租外，三樓奉祀聖侯恩主及禮堂，爲當時董事黃金鍾等十五人、信托人許怡輝六人及鄉衆人等所出資共建。公元一九六二年捐款重修，當時董事黃祖耀等十五人、信托人陳清吉等六人及鄉衆人等捐資修葺，大厦焕然一新，會務諸多建樹。公元一九七五年十一月，士敏街大厦被政府徵用後，租用幕里街二號二樓。公元一九七八年，主席黃祖耀倡議再重建會館，并首獻鉅款，深得各位董事及鄉衆之熱烈響應。公元一九八三年一月，於慶利路七十二號現址，由主席黃祖耀主持奠基典禮，於是鳩工庀材，經之營之，歷時年餘，四層樓大厦終告落成。外則堂皇瑰麗，頗有古典美，內則設計新穎，十分現代化。會館程章爲應時代需求，經修改後，於公元一九八五年一月注册獲准。緬懷先賢創業之不易，尤望後輩急起而直追，使本會館之歷史與日月同其光輝，共天地垂諸萬世。是爲記。

黃啓澍謹識。

董事：黃祖耀、王濟堂、黃章福、李忠信、楊士祥、黃章美、陳篤漢、楊清芳、許金鍾、李榮寬、李增紅、謝漢、黃木榮、鄭安侖、陳國民、黃卓極、蔡承堅、蔡其全、蔡普中、林堃生、黃積成、張允中、歐興國、陳民農、張允伏、呂水溝、鄭和漢、王永堯、王朝成、蔡端拱、翁世愷、李皆得、周元興、蔡承澤、許乃斗、林承國、趙儒世；信托人：黃祖耀、王濟堂、黃卓善、黃木榮；募捐委員：黃卓極、黃章美、楊清芳、李忠信、楊士祥、陳國恩、林堃生、鄭安侖、歐毓章、蔡承堅、蔡其全、謝漢、陳篤漢、李皆得、洪天送、盧任慰、吳榮國、張清月、蔡頂柱、黃啓澍、陳潮水、黃清遠、歐興國、王永堯、林承國、洪金成，仝立石。

公元一九八六年三月　日，傅子昭敬書。

五五六　金門會館建築大厦基金捐款芳名列次碑

【碑刻名稱】金門會館建築大厦基金捐款芳名列次碑
【材　　質】石材
【形　　制】長方形立碑
【尺　　寸】長一百七十五厘米、寬九十厘米
【書　　體】隸書
【碑　　額】無
【碑　　題】金門會館建築大厦基金捐款芳名列次
【碑文撰者】黄啓澍
【碑文書丹】傅子昭
【立 碑 者】金門會館董事黄祖燿等
【立碑時間】一九八七
【存　　佚】現存
【地　　點】新加坡金門會館
【碑刻録文】

金門會館建築大厦基金捐款芳名列次

黃祖耀柒拾萬元；黃木榮壹拾萬元；謝漢伍萬捌仟貳佰伍拾元；王濟堂伍萬柒仟肆佰伍拾元；楊清芳伍萬伍仟元；黃章福伍萬元；張允中伍萬元；張允伏伍萬元；林蔭華伍萬元；周元興伍萬元；許乃門伍萬元；邵永發伍萬元；許燕穆叁萬伍仟元；蔡普中叁萬元；黃卓極貳萬伍仟元；黃卓善貳萬伍仟元；吕水溝貳萬伍仟元；蔡偉卿貳萬伍仟元；翁贊商貳萬伍仟元；李皆得貳萬肆仟叁佰捌拾元；歐興國貳萬叁仟壹佰元；陳國民貳萬元；陳普地貳萬元；蔡金情貳萬元；陳民農貳萬元；林堃生貳萬元；吕水草貳萬元；黃積成貳萬元；黃卓清貳萬元；洪水勝貳萬元；李火炎貳萬元；黃天覭貳萬元；陳篤漢貳萬元；鄭和漢貳萬元；陳國恩壹萬捌仟柒佰伍拾元；洪忠成壹萬捌仟伍佰元；鄭水齊壹萬元；王朝成壹萬元；吳光枰夫人壹萬元；黃金通壹萬元；李炎涯壹萬元；蔡有禄捌仟玖佰伍拾元；黃鍾成捌仟元；洪天送柒仟另捌拾元；陳國祥伍仟貳佰元；李增紅伍仟壹佰元；李忠信、李榮寬、盧任慰、蔡承澤、王永堯、張春長、洪天生、林長鏢、李成家、黃則衷、陳順土、陳綿允、黃耕農、邱國礎、孫天温、王金泉、陳匯川、王秀華女士、蔡嘉種、陳清吉，以上二十名各伍仟元；歐毓章、黃啓澍、蔡端拱、吳榮國、趙儁世、蔡頂柱、鄭江良、李國泰、蔡石洲、許昭明、陳天木、邱少華、林水柱、謝遠騰、王振成、林天九、洪金成、林朝水、吳文鬱、蔡員目、林振達、林振源、陳永份、吕亞海、吳福氣女士、周元成、周源福、許炳松、洪金海、歐西朝、陳叔恭、黃章明、王江秋、何漢明、林再球、蔡金對、王仁健、郭根汝、鄭文水、王健爵、陳天福、陳新民、馮新民、黃振生、陳期成、陳世英、洪總管、陳國光、謝水猛，以上四十九名各叁仟元；黃章壽壹蔡其傳貳仟叁佰元；何福民貳仟壹百叁拾元；許金鍾、許天福、許乃餘、陳懷瑾，以上四名各貳仟元；

仟伍佰元；李成助壹仟伍佰元；吳西權、呂雙魚、戴長春、黃水白、董光炎、陳慶榮、陳智從、金寶芳金鋪、林柏年、陳芳葳、莊文程、楊叔和、蔡其順、王德明、葉永萬、林瑪居、張再添、吳天助、張國柱、邵長江、呂成吉、林伯湖、呂冰霖、趙德芳、羅水秋、蔡顯謀、吳淵明，以上二十七名各壹仟元；謝遠利、謝遠立、黃雙福、黃文良、鄭安侖、黃清和、何天壘、楊天耻、楊仁佳、蔡純篤、洪海洲、楊聰鋭、李永文、黃清港、楊士祥、楊永生、張清月、黃森樹、陳水偏、呂健成、王仁乞、陳浩顯、余朝明、邱少寶、邱少衆、邱少東、邱少青、王壽洲、王有土、劉以萱、翁進財、楊成家、李清傳、呂金龍、林成興、蔡錫琛、黃遠志、金明發同鄉、金保安同鄉、楊考生、許進榮，以上四十一名各伍佰元；李清張、顏聯甲、陳家摸、黃進賓、蔡汝韜、陳家才、黃清平、吳來湖、黃猷建、李福海、李井攔、李柏祥、李增森、楊宗南、李添福、許丕明、陳永玉，以上十七名各叁佰元；何敬火、蔡光大、盧志發、盧維池、洪安在、許華民、蔡其仕、蔡文德、許嘉長、許嘉淳、許明源、蕭天乞、何克澳、楊水盛、李天平、吳國猛、葉天富、陳潮水、林春魁、鄭樹英、盧仁豐、羅天正、羅天祥、洪嫣達、方滋碧、方金樹、蔡水瓜、蔡金典、陳可培、謝大貢、金源發、趙長福、鄭春田、李清佐、陳禮昭、陳國泉、楊水洌、金岐山同鄉、金萃安同鄉、金長發聯誼社、東安渡頭聯誼社、金合發電船、同業公會、李順源、蔡其福、李炳丁、吳天注、洪清添、洪玉、蔡榮新、黃金城、呂德榮、金成發（溪山）、陳清嘉、吳清約、方永忠、方永得、莊亞武、洪慶吉、蔡承丑、黃延新、黃延中、黃延滔、黃延廣、許嘉卓，以上六十四（六十五）名各貳佰元；翁文練、趙金槍、呂鵬暉、鄭福來、得利公司、黃明輝、黃章敏、黃天厚、黃進山、黃章類、王慶春、李聯從、董文編、陳坤堆、蔡志生、黃清泉、鄭清爽、蕭榮顯、蔡崇美、蔡水土、許乃健、許乃杰、許乃蕓、許乃儀、許乃德、許乃揚、許乃楝、許智偉、許智評、許智煊、許智强、歐國榮、蕭永城、呂福南、蔡水源、蔡發聽、蔡發楫、□□波、李清輝、戴信泉、羅和尚、洪錦榮、羅天每、王先盾、王先言、陳朝木、何水吉、楊清吉、宋天佑、陳溢裕、謝才吉、王慶發、王天敏、王明任、王永成、楊振諒、周金漳、李天來、葉振平、陳永泰、孫丁分、翁漢民、陳金獅、盧慧新、許丕成、許丕發、許丕德、蔡其生、蔡其興、蔡其吉、陳書家、陳德華、林水頂、吕水通、王天助、王天賜、王天給、許丕興、蔡金星、李增鰲，以上捌拾名各壹佰元；陳永繆柒拾元；盧秉丁、盧建國、鄭慶平、鄭肇南、鄭成福、鄭金星、鄭德幸、鄭祥華、鄭水楚、鄭兆基、鄭馬猷、鄭成魚、鄭清湖、鄭財福、鄭欽盛、劉連發、王水來、鄭清浯、黃順情、黃順福、吴天沛、黃明恩、趙生權、陳金排、黃炳進、、黃承全、黃清遠、陳大武、李賢慶、張文肥、楊昆明、楊曰新、李文慶、許永定、吕伯翔、黃慶祝、鄭清池、鄭立忠、鄭明倫、陳文鬱、李增發、莊友甘、杜添福、杜添禄、吕石角、洪日、翁文泊、林水孔、黃世猛，以上四十九名各伍拾元；鄭福林、鄭祥輝、鄭坤陣，以上三名叁拾元；黃金冬、鄭天平、鄭成東、鄭清潔、鄭聯茂、鄭亞枝、鄭肇枝、鄭朝泉、吕金海、吕天生、蕭金池、吴順良、何金錫、劉景樹、吕成金、黃振福、鄭木生、鄭松連，以上十八名各貳拾元；黃淑源、黃清海，以上二名各拾元。馬來西亞：吕亞洲貳萬元；王玉樹壹萬元；拿督歐峇舌壹萬元；張成章、李朝第、吕慶福、楊金土、陳金德，以上五名各伍仟元；蔡錫洪、吕清良，以上二名各叁仟元；梁水石、金源發火鋸、金振和火鋸，以上三名各貳仟元；黃良生、王豪杰、許丕全、吕慶安、金德隆火鋸、謝葉鳳、李清水、金長興公司，以上八名各壹仟元；王瑞良、陳禮教、楊清水、李錫獻、林延猷、李枇杷、黃金福、蔡天順、劉添傳、李明朝、楊誠燦、陳大同、王國禄、蔡永星、莊友炳、黃高源、劉天助，以上十七名各伍佰元。印尼：黃啓堂伍萬元、黃自立貳萬元、許丕田貳萬元、黃明水貳萬元、黃章掘壹萬元、黃文德壹萬元、黃進益壹萬元、陳文章伍仟元、黃錦堂貳仟伍佰元、王國慶壹仟伍佰元、黃振壽壹仟元、黃天助壹仟元。汶萊：劉錦國貳萬伍仟元；拿督王金紀貳萬元；林長享壹萬元；李仁義捌仟元；林能根伍仟元；拿督林清注、洪德星、陳天送，以上三名各叁仟元；陳天振貳仟元。香港：許延森貳萬伍仟元。臺灣：楊忠等貳佰貳拾元、楊忠興貳佰貳拾元。計收來四百八十七名共銀貳佰陸拾貳萬陸仟捌佰另拾捌元正。

公元一九八七年三月　日。

五五七　二〇〇六年金門會館大廈擴建董事暨鄉親捐款芳名牌

【碑刻名稱】二〇〇六年金門會館大廈擴建董事暨鄉親捐款芳名牌

【材　質】銅材

【形　制】長方形立牌

【尺　寸】長一百二十厘米、寬九十二厘米

【書　體】楷書

【碑　額】無

【碑　題】二〇〇六年金門會館大廈擴建董事暨鄉親捐款芳名

【碑文撰者】無

【碑文書丹】無

【立 碑 者】金門會館董事會

【立碑時間】二〇〇六

【存　佚】現存

【地　點】新加坡金門會館

【碑刻録文】

二〇〇六年金門會館大廈擴建董事暨鄉親捐款芳名

黃祖耀	$ 200000.00	蔡偉卿	$ 75000.00	陳建邦	$ 61820.00
陳國恩	$ 61385.00	陳篤漢	$ 56000.00	張允中	$ 50000.00
張騏牧	$ 38070.00	方水金	$ 30000.00	楊清芳	$ 30000.00
蔡其生	$ 30000.00	蔡端供	$ 30000.00	紀念楊國民	$ 30000.00
黃蕙管律師	$ 30000.00	雪人演唱會籌款	$ 30000.00	蔡錫琛	$ 25000.00
陳佳模	$ 20000.00	張允伏	$ 20000.00	王明任	$ 18800.00
林長鏢	$ 16250.00	洪天送	$ 16130.00	李志遠	$ 15000.00
蔡榮新	$ 13600.00	何漢明	$ 10000.00	王培坤	$ 10000.00
紀念歐興國	$ 10000.00	李碧慧	$ 10000.00	周元興	$ 10000.00
方耀明	$ 10000.00	紀念蔡綠竹	$ 10000.00	浯卿陳氏公會	$ 8050.00
陳威良	$ 6000.00	蔡旭東	$ 5600.00	李財豐	$ 5500.00
其他	$ 5214.10	黃正順	$ 5000.00	蔡仁強	$ 5000.00
黃正發	$ 5000.00	林再球	$ 5000.00	瓊林村旅外同鄉	$ 5000.00
歐陽萱殷	$ 5000.00	許秀卿	$ 5000.00	陳如新	$ 5000.00
許嘉煜	$ 5000.00	林國民	$ 5000.00	王顯榮博士	$ 5000.00

翁金華	$5000.00
黃章美	$5000.00
李康南	$4100.00
林國文	$3300.00
金臺發聯誼社	$3050.00
蔡國霖	$3000.00
洪建國	$3000.00
王英漢	$3000.00
王建洲	$3000.00
黃卓彬	$3000.00
林國平（烈嶼）	$3000.00
謝進保	$3000.00
方耀旗	$3000.00
ThomasTan	$3000.00
董加權	$3000.00
陳素曦	$3000.00
陳慶耀	$3000.00
金長發聯誼社	$2100.00
林國欽	$5000.00
王永堯	$5000.00
會山寺理事會	$4100.00
新加坡湖峰社	$3100.00
邱少華	$3000.00
陳成欣	$3000.00
盧振東	$3000.00
邵美真	$3000.00
張騏崇	$3000.00
蔡承樟	$3000.00
林雅貴	$3000.00
羅和尚	$3000.00
方耀清	$3000.00
楊俊賢律師	$3000.00
陳錦珍	$3000.00
林明祥（汶萊）	$3000.00
陳慶權	$3000.00
東安渡頭聯誼社	$2100.00
許國振	$5000.00
高爾夫球賽籌款	$5000.00
張國良	$4000.00
金再發同多	$3050.00
方百成	$3000.00
呂紀葆	$3000.00
李篤從	$3000.00
黃添發	$3000.00
陳永海	$3000.00
紀念張延堅	$3000.00
紀念謝再生	$3000.00
紀念盧任慰	$3000.00
吳耀晃	$3000.00
蔡志慶	$3000.00
陳素霞	$3000.00
許金鍾	$3000.00
許明源	$3000.00
紀念洪忠成	$2000.00

歐陽公會	$2000.00
中秋節會員捐款	$1929.00
張健南	$1300.00
金岐山同鄉	$1100.00
許進榮	$1000.00
辛仲木	$1000.00
孫金海	$1000.00
許乃貴	$1000.00
陳國民	$1000.00
王明智	$1000.00
葉世品	$800.00
李增紅	$600.00
新加坡汶源官	$500.00
陳詩福	$500.00
吳榮貴	$500.00
柔佛州金門厦會館	$425.00
楊慶隆	$300.00
趙金槍	$300.00
古寧同鄉會	$2000.00
麻裏巴板金門同鄉會	$1530.90
王振源	$1200.00
黃遠志	$1050.00
陳慶良	$1000.00
傅麗月	$1000.00
吕基祝	$1000.00
椰加達金門同鄉會	$1000.00
紀念董蘇鵬	$1000.00
王志剛	$1000.00
洪秀瓊	$600.00
李福山（金門）	$600.00
歐陽天仁	$500.00
陳詩和	$500.00
吳鐵城	$500.00
楊慶霖	$300.00
楊慶強	$300.00
陳榮順	$300.00
吳廷煥	$2000.00
聖誕節會員捐款	$1300.00
楊搥砲	$1100.00
李天賜	$1000.00
李明瑞	$1000.00
孫金華	$1000.00
金僑友公會	$1000.00
王仁有	$1000.00
王彩旋	$1000.00
巴生金門會館	$850.00
姚秀鳳	$600.00
戴慈德	$550.00
陳詩恭	$500.00
陳延文	$500.00
洪總管	$500.00
楊慶亨	$300.00
楊慶副	$300.00
林長慶	$300.00

何應盼	$300.00
黃麗芬	$300.00
洪建和	$200.00
蔡偉達	$200.00
周長貴	$200.00
許丕勝	$200.00
林成豐	$200.00
楊素萍	$200.00
陳雅文	$200.00
林錦榮	$200.00
謝增興	$200.00
呂誠絢	$200.00
呂尚原	$200.00
陳建財	$200.00
蔡玉靈	$200.00
吳宗輝	$200.00
陳石豹	$200.00
林清偉	$100.00
李昭勝	$300.00
林水胡	$230.00
洪植賢	$200.00
蔡健德	$200.00
許金春	$200.00
翁文忠	$200.00
林進財	$200.00
蔡發廳	$200.00
李增森	$200.00
黃耀樹	$200.00
黃美芬	$200.00
范維香	$200.00
謝才吉	$200.00
金浯山同鄉會	$200.00
洪海株	$200.00
李慶祥	$200.00
楊素美	$200.00
楊聯發	$100.00
林明買	$300.00
洪建民	$200.00
蔡偉强	$200.00
鄭清爽	$200.00
陳世棋	$200.00
張幼芝	$200.00
葉鉛麗	$200.00
許乃愚	$200.00
盧慧新	$200.00
許國榮	$200.00
陳蓮華	$200.00
呂尚益	$200.00
蔡玉盆	$200.00
黃水白	$200.00
唐良辰	$200.00
呂西慶	$200.00
李增賜	$100.00
陳清淵	$100.00

周清添	$100.00	李秀瓊	$100.00	吳柳電	$100.00
吳俐臻	$100.00	陳麗華	$100.00	陳坤堆	$100.00
蔡賢駿	$100.00	盧榮宜	$100.00	許錫岩	$100.00
太平洋中醫	$100.00	陳志明	$100.00	陳篤宗	$100.00
陳篤川	$100.00	王天助	$100.00	鄭福明	$100.00
黃奕升	$100.00	楊振諒	$100.00	張漢銓	$100.00
陳宇頂	$100.00	呂涌泉	$100.00	王思豪	$100.00
王思銘	$100.00	王遠杰	$100.00	王遠豪	$100.00
王康宇	$100.00	林錦坤	$60.00	林明德	$50.00
徐榮謙	$50.00	張秀容	$50.00	黃麗鳳	$50.00
鄭清池	$50.00	林根盛	$50.00	陳清直	$50.00
楊肅平	$50.00	金保安同鄉	$50.00	吳天助	$50.00
吳克振	$50.00	吳振倫	$50.00	謝亞□	$50.00
金明發同鄉	$50.00	合安聯誼社	$50.00	金盤山同鄉	$50.00
星洲官山社	$50.00	洪新銘	$50.00	許俊才	$50.00
許禮義	$50.00	許加篤	$50.00	李永義	$50.00

林長鏢先生報效大厦電器工程超費＄6596.00° 共計＄1268244.00°

四十二　拿督公

五五八　重修福山宮碑

【碑刻名稱】重修福山宮碑
【材　質】石材
【形　制】長方形立碑
【尺　寸】長八十一厘米、寬五十一厘米
【書　體】楷書
【碑　額】無
【碑　題】重修福山宮
【碑文撰者】無
【碑文書丹】無

【立　碑　者】福山宮董事
【立碑時間】清宣統元年（一九〇九）
【存　　佚】現存
【地　　點】新加坡龜嶼福山宮大伯公廟
【碑刻録文】

重修福山宮

金福和、黄安基，題捐銀壹佰元；陳竹安、陳水秧，題捐銀壹佰元；德昌號、王三龍，以上□名各捐銀伍十元；新成發題捐銀壹佰元；金順源、新德興、合隆號，以上三名各捐銀二十元；黄忠福、陳仲禮、□□□、金成春、金榮春，以上五名各捐銀十元；源源火鋸捐銀六元；陳續翁、陳寶翁、吴成源、李隆翁、蘇天翁、蘇道翁、曾龍發、楊親翁、新錦生、新葉興、陳益安、蔡成號、蔡永成、再葉興、長春號、恒生號、陳臣昌、永振號，以上十八名各捐銀五元；新葉發、泉長成、和成號，以上三名各捐銀五元；上林號題捐銀四元；振葉春、臣隆號，以上二名各捐銀三元；新聯利、林安源、正上和、黄振興、葉泰號、萬建成、萬建興、陳泉勝、和生號、漳順興、順德發、建春號、集美號、萬隆號、福裕號、金和美、金順興、黄斐春、紀烈翁、李辣翁、何苍翁、葉族翁、蘇朝武、王美財、蔡内翁、陳佛翁、王波翁、章江泉、翁清德、陳秉章，以上三十名各捐銀二元；林來順題捐銀一元；新泉興題捐銀一元，總計□□□共收銀柒佰□。

謹將修葺工料録□：

一　砂厘尺八十七元。
一　石板柱□。
一　磚灰枋□。
一　土木工□□□五元。
合計□共銀七百九十二元。
宣統己酉元年，董事金福和、陳竹安、新成發、德昌號仝立。

五五九　重修龜嶼大伯公宮碑

【碑刻名稱】重修龜嶼大伯公宮碑
【材　質】石材
【形　制】長方形立碑
【尺　寸】長一百二十厘米、寬八十厘米
【書　體】楷書
【碑　額】無
【碑　題】無
【碑文撰者】無
【碑文書丹】無
【立 碑 者】龜嶼大伯公宮重修董事部
【立碑時間】民國十六年（一九二七）
【存　佚】現存
【地　點】新加坡龜嶼福山宮大伯公廟
【碑刻録文】

重修龜嶼大伯公宮所有捐款諸寶號先生芳名列左（恕不稱呼）：

王水斗捐二百五十元；邱益昌捐二百元；金福春捐一百五十元；傅芙蓉捐一百一十元；謝致成、陳烏九、吳士
基、沈添國，以上各捐一百元；聯珍公司六十元；陳耘之、陳芳歲、陳德隆、陳文烈、萬福興、萬祥美、萬山
棧、萬茂、葉倚文、葉水榈、黃瓊瑤、黃源發、陳文清、張炎、謝豐和、吳成源、李永香、蔡連桃、林深澤、周
學振、承日興、金和美、合昌棧、綿興茂、許貴竹、聯盛、聚德、協隆、仙丹公司，以上各捐五十元；沈賽珠、
新榮成、黃騰、王嘉禄，以上各捐四十元；陳清和、許嘉進、蔣泉和、吳恩永、劉連城、黃慶昌、林利成、莊漱
生、同協興、楊集茂、集茂興、恒利棧、源順豐、天成公司、合隆、吉美、鄭浪、陳振泰，以上各捐三十元；葉
萬隆、金福和、陳鳳池、林連貴，以上各捐二十五元；通和捐二十四元；王觀興、王文選、王庭陀、吳卉秧、吳
沈同、張兩端、張新衷、吕同記、吕文江、賴仰盤、賴金奎、林和泰、林聯豐、楊福安、陳四美、陳水蚌、陳亞
納、陳無名氏、福振隆、福榮源、新德興、新福成、新協興、泉義興、泉益、松林火鋸、松發、金順成、金振
興、永成美、永裕、梁金再、李永香、黃通寶、胡協吉、成昌火鋸、南春、萬春、振源、鄭建泰、林清成，以上
各捐二十元；黃奕楮、黃源春、順德發、新吉林、林虱母、金典利、蔡坃泉、王文汀、謝英涂、曾雲瓦、聯合火
鋸、再興、復茂、竹安、謝愀，以上各捐十五元；林鼎昌、林紅記、林源發、蔡渭金、許戊海、高芹記、長安，
以上各捐十二元；陳順茂、陳成比、陳子雲、張木水、陳紅狗、陳學仕、陳攀兄、陳德昌、陳桂發、陳芳窗、陳
秀印、陳兩慶發、陳財、陳霞、林天寶、林添福、林金吉、林有德、林德發、林榮華、林交籃、林和、陳文象、
張水錦、張金泉、張成興、張順養、張乃勝、張標記、李論文、李劍秋、李泉發、吳水山、吳木澤、吳大棟、吳
麗和、黃水池、黃瑞隆、黃振、黃泉長發、金興裕、金成興、金泉興、金泉源、謝成發、謝國仁、謝烏揉、傅子
堂、傅孫烏、傅亞太、郭麪龜、郭氏、曾志成、王梅亭、王長輝、汪天運、洪源裕、沈員目、鍾盈科、吕水礶、
蔡顯高、章順華、潘斯控、潘雪年、田春娘、薛武院、甘石蛋、劉順和、周元、葉仁、文文、源安、盈豐、協

利、長林、匯通、通成、致成、信孚、和隆、義合、振華、萬發、萬興、萬瑞福、萬建興、福同成、福同源、福順美、福安、福興、新合發、新南昌、新合源、源合興、源福隆、泉成公司、張順美、順發、德順發、德和昌、同成典、振榮興、建成發、南成發、南源、怡成棧、民生棧、祥茂號、永吉美、永泰義記、錦涌公司、寶源堂、修絡氏，以上各捐十元；洪元、隆成記、羅廷，以上各捐八元；陳炳寬、義美、龔石、王瑞、發源，以上各捐六元；林本立、林保家、中和、啓泰、合勝、裕茂、永益、協美、茂興、陳合吉、陳清吉、陳榮記、陳亞呇、陳麟免、陳可排、陳賜寶、陳金華、陳順炳、陳月娘、陳華彩、陳金鏡、陳慶泰、陳火秋、陳水涩、陳金娘、陳松林、陳泰盛、陳桂花、陳文忠、陳俊德、陳協裕、陳祺、陳運、陳認、陳石、陳庵、陳門、林榮長、林華奇、林天富、林德興、林同安、林水辨、林向葵、林清江、林秀治、林英結、黃玉心、黃南泰、黃漢種、黃永成、黃萬隆、黃開岸、黃萬千、黃召友、黃大妗、黃可、黃新南泰、吳振鋒、吳振鐸、吳長庚、吳錦成、吳漢、朱成章、朱亞昌、朱寶清、李賽玉、李記興、李德厚、李丕树、李文鳳、李有驕、李氏、李金拨、李金拔、王源成、王秀英、王金坡、王宗賢、王文宗、王順安、王合發、王振福、田克明、田成、謝忠麥、謝金水、謝合龍、謝坤記、謝天和、謝永成、謝永徹、楊以熾、楊瑞祥、楊六使、楊亞芋、楊永、蔡山水、蔡玉燕、蔡輔佐、蔡文安、蔡亞九、蔡狗、蔡福才、王玉娥、金裕發、金怡盛、金益香、金慶元、張坤炎、張和順、張文郁、張家平、張南、沈杏春、沈寶文、沈劍鋒、沈紅狗、沈祈財、沈祈泗、沈水生、沈水旺、沈敬油、石源龍、蘇亞呇、蘇炳祥、蘇瑞發、蘇朋治、傅恒典、傅順成、洪高興、洪泉安、洪陽和、洪朝柱、洪恭品、洪蝌、何金全、何福安、何廖氏、郭福成、郭依水、郭存禮、柯裕源、孫和成、孫合和、葉慶義、葉和尚、曾道良、曾欽、鄭厚蝦、鄭堯山、許春木、許孔遠、汪清水、汪長興、唐仁政、唐桂春、盧菜池、蕭呇菴、周國春、姚林、薛弟沛、余再良居、蔡首仁義、康進德、黎繼福、莊爲埕、馮清温、卓福源、譚泉安、芳榮、顏通佑、新源發、新和發、新榮源、新成興、新合勝、萬應章、萬德發、萬成安、振華美、振和、振峰、張金福、協和公司、源和興、源合順、福泉興、同成興、典利昌、南泰棧、彩珍軒、長成棧、新同源、成和公司、四合興、怡茂、東美、信記、吉興、昌發、泉成、和德，以上各捐五元；五元之下列登木牌計一千二百四十五名，共捐一千四百九十元零九角正；蘇彬廷先生敬捐本宮二十四寸相片二張。以上計壹仟陸佰玖拾伍名，合共捐銀捌仟貳佰伍拾叁元玖角正。

進支表：進：捐款計一千二百九十五條，共來銀八仟二百五十三元九角。計一條。

支款項下計開：色柴料共去銀一仟六佰四十元零五角、唐山瓦共去銀四百零六元八角、緑隨珠共去銀七十六元零五角、海水砂共去銀四十元、烏洋灰共去銀五百二十八元零五角一占、鐵器料共去銀三百四十六元零八角五占、各賬簿共去銀四百三十六元、紅大磚共去銀二百二十六元零八角、油面磚共去銀三百五十五元、緑欄杆共去銀二十一元、漆工料共去銀四百五十四元、各柴工共去銀五百六十八元零四角、土灰工共去銀一千五百四十八元零四角四占、雜小工共去銀五十六元零二角、各辛工共去銀三百九十元、家器具共去銀五十五元、電船税共去銀二百零七元零三角二占、大軲税共去銀一百九十八元零八角、舢板税共去銀一百九十七元零七角、風車税共去銀三十七元零九角五占、手車税共去銀八十七元零一角六占、牛車税共去銀五十元零七角二占、各紙筆共去銀五百七十元零七角、映相片共去銀二十四元、雜粹費共去銀一百九十元零五占、登報費共去銀一百九十八元、印務費共去銀六十九元零三角、安宮費共去銀五百一十五元零二角三占、福食費共去銀二百一十三元零七角六占、石碑費共去銀一百二十六元。

支：各款計三十一條，共去銀八千一百九十三元六角二占正。

進支對除外净剩銀六十元零二角八占正。

所剩六十元零二角八占之款交本坡廣惠肇醫院收，此布。

進支兩完。

所有進支詳細條目請看徵信銀便知，此布。

職員表：

財政：陳文清；協理：王水斗；總理：沈添國；協理：汪聲音；查賬：周仁貴；董事：賴仰盤、鄭清河；司理：吴卉秧；董事：吴沈同、傅子堂。

中華民國十六年歲次丙寅十月吉日重修董事部立。

四十三　石頭伯公

五六〇　重修北西坂讓福德廟碑記

【碑刻名稱】重修北西坂讓福德廟碑記
【材　質】石材
【形　制】長方形立碑
【尺　寸】因原碑已佚，尺寸未知
【書　體】未知
【碑　額】無
【碑　題】無
【碑文撰者】無
【碑文書丹】無

【立 碑 者】特授甲必丹巡理府正堂章桂苑
【立碑時間】清光緒十七年（一八九一）
【存 佚】已佚
【地 點】原碑曾存于新加坡巴西班讓北西坂讓福德廟
【碑刻録文】

重修北西坂讓福德廟碑記

同治歲癸亥十一月，余買受此地，築室於山之巔西，曰「苑南園」。而此址則傍山帶石，明著香火，詢知爲北西坂讓土人。數十年來，福德之神也，屢昭驗靈，無感不通。土人遂請余建廟，以爲奉祀之主。夫以明德維馨，而所格者在，是敢不敬謹以迓神庥乎哉！于是就地拓址，廟及三弓，工從簡樸。漸而風雨飄摇，鮮苔侵蝕，日就頹傾。光緒十六年，余又重加修葺，焕然一新。而廟臨巨海，潮聲帆影，悉度簷前。神之靈爽憑之樂得其所，從兹永著顯赫，則凡致誠自荷鑒佑矣。爰勒數言，俾後讀碑者知所尚也。

時光緒拾柒年歲次辛卯五月穀旦，大清國欽加一品銜賞戴花翎鹽運使司奉派駐新北洋委員籌辦南洋等處東賑事務、大英特授甲必丹巡理府正堂章桂苑立。

四十四　泰華聖娘

五六一　泰華聖娘廟「萬古流芳」碑

【碑刻名稱】泰華聖娘廟「萬古流芳」碑
【材　質】石材
【形　制】長方形立碑
【尺　寸】長一百一十二厘米、寬五十八厘米
【書　體】楷書
【碑　額】萬古流芳
【碑　題】無
【碑文撰者】無
【碑文書丹】無

【立　碑　者】泰華聖娘廟董事人等

【立碑時間】清同治五年（一八六六）

【存　　佚】現存

【地　　點】泰國曼谷泰華聖娘廟

【碑刻録文】

萬古流芳

靈神保佑新基創廟，榜名開列：

首事朱天桂捐銀壹仟捌百銖、譚安吉捐銀貳百伍拾銖、陳奎成公司捐銀伍拾銖、黄樹成捐銀伍拾銖、黄泰昌捐銀四拾銖、劉冰光捐銀四拾銖、林文記捐銀叁拾銖、黄樹琪捐銀叁拾銖、梁成昌捐銀叁拾銖、韓又合捐銀壹十六銖、陳永發捐銀壹十七銖、陳茂發捐銀壹十八銖、符世珍捐銀四拾銖、馮思興捐銀貳拾銖、吴家盛捐銀貳拾銖、邢樹澤捐銀貳十伍銖、劉裕源捐銀壹十貳銖、韓記昌捐銀壹拾銖、劉河萍捐銀壹拾銖、劉文榮捐銀壹拾銖、劉乾意捐銀壹拾銖、曾順興捐銀壹拾銖、符賢慶捐銀壹拾銖、黄福源捐銀捌銖、協振號捐銀捌銖、潘順盛捐銀捌銖、陳永盛捐銀捌銖、韓复興捐銀六銖、符和順捐銀六銖、符和錦捐銀六銖（下略）以上廿一名捐銀一銖。

天运丙寅年四月孟十日。

五六二　重建泰華聖娘廟碑之一

【碑刻名稱】重建泰華聖娘廟碑之一
【材　質】石材
【形　制】長方形立碑
【尺　寸】長一百三十六厘米、寬六十八厘米
【書　體】楷書
【碑　額】無
【碑　題】無
【碑文撰者】鄉人優增生符□區
【碑文書丹】無
【立 碑 者】泰華聖娘廟董事人等
【立碑時間】清光緒二十一年（一八九五）
【存　佚】現存
【地　點】泰國曼谷泰華聖娘廟
【碑刻録文】
光緒二十一年歲次乙未夏月吉日重建。

盛矣乎，泰華聖娘之功德乎，瓊人之客于暹者，或士而農而工而商，以及醫卜命算藝術技數諸家，攘攘熙熙，不知凡幾，而無一不歌且頌焉，令人敬信若斯哉！蓋必有所以致此者，其享有廟食，垂諸不朽，固其宜也。歲丁亥，余游暹，舟車□吉，皆神賜也。適鄉父老以重建碑序請因輟數言，以昭久遠云。

鄉人優增生符□區敬撰。

總理：雲崇對、符載儆、曾志彬；襄理：駱爵卿、尤賢茂、謝源漢、陳成隆、唐輝昶、符和順、韓佩豐。

曾順興捐銀六百銖；雲瑞和捐銀六百銖；符和順捐銀六百銖；符載儆捐銀六百銖；黃有全捐銀四百銖；蘇大峰捐銀二百銖；張學問捐銀二百銖；謝源興捐銀二百零九銖；瑞和興捐銀二百六十銖；林仁和、馮桂海、邱天紀，以上每名銀一百四十銖；陳精斗一百三十銖；王廷槐一百三十銖；雲茂浩一百三十銖；潘順成一百三十銖；葉瓊豐一百三十銖；符夜利、林信和、符忝興、唐思和，以上每名捐銀一百二十銖；陳豐盛、蘇學成、寶盛號，以上每名捐銀一百一十銖；馮廣興、玉珍號、沅盛號、傅捐福、陳順生、符忝豐、楊鏈富、盧佑豐、吴文茂、韓板光、瓊輝盛，以上每名捐銀一百銖；林樹熙、符萬興、陳惟秀、駱文慶，以上每名捐銀八十銖；合□號、雲茂明、元盛興、陳貴源、韓鳳翌，以上每名捐銀七十銖；潘宏輝、李珍盛、□□□、黎自秀、□□□、黃善□，以上每名捐銀六十五銖；鄧廷美六十五銖；韓怡記、雲崇鈴、符用師、龍李海、寶發盛，以上每名捐銀六十銖；張修能五十五銖；雲昌球五十二銖；何經琛、統合利、吴建業、三利號、韓永盛、盧順昌、張修聲、億成號、韓運□、陳□□、潘榮發、謝源漢、邢德裕、寶興號、盧英焕，以上每名捐銀五十銖。

五六三　重建泰華聖娘廟碑之二

【碑刻名稱】重建泰華聖娘廟碑之二
【材　　質】石材
【形　　制】長方形立碑
【尺　　寸】長一百三十六厘米、寬六十八厘米
【書　　體】楷書
【碑　　額】無
【碑　　題】無
【碑文撰者】鄉人優增生符□區
【碑文書丹】無
【立 碑 者】泰華聖娘廟董事人等
【立碑時間】清光緒二十一年（一八九五）
【存　　佚】現存
【地　　點】泰國曼谷泰華聖娘廟
【碑刻録文】

林天福捐銀四十五銖；詹尊玖捐銀四十五銖；蘇成發、吴世選、黄樹茂、瑞和寳泉、陳祥利、韓蛟豐、陳來盛、

韓福準、孫甫義、瑞成號、同源號、張亭孔、何敦生、林樹英、何名信、林樹廷、林福昌、韓年豐、呂升慶、韓峰準、金仁盛、何修文、林振英、陳成隆、葉福基，以上每名捐銀四十銖；恒茂號捐銀三十銖；陳怡盛捐銀三十銖；仁安當捐銀三十銖；裕泰隆捐銀三十銖；吴家祥捐銀三十銖；何修榮捐銀三十銖；韓桐準捐銀三十銖；符和順捐銀三十銖；瓊興盛捐銀三十銖；協和昌捐銀三十銖；邢同盛捐銀三十銖；王統書二十三銖；黄機密二十二銖；賴巨成捐銀二十五銖；人和堂捐銀二十五銖；吴盛祥捐銀二十五銖；梁運德捐銀二十五銖；呂升榜、陳貴龍、陳貴文、韓紳準、韓位翌、符載成、王槐琦、長泰裝、寶盛裝、馮懷興、黄樹芳、泰利公司、陳文琳、符宏輝、黄善章、黄四而、蘇家武、韓瑞彝、馮思坤、瓊合利、陳德義、盧發、詹所邠、陳志開、陳之典、符顯和、林豐德、黄元吉、呂友昆、陳成隆、侯芳利、歐育孝、符載盛，以上每名捐銀二十銖；吴永明、吴存益、韓曙川、陳經瑰、陳貴邦、曾鏗發、韓珍準，以上每名捐銀一十六銖；雲茂珞捐銀一十六銖；陳美新捐銀一十六銖；王會文、王大評，以上二位每名捐銀一十六銖；林天統、鄧成瑋、雲茂珮、陳玉瑞、陳德盛、雲茂五、方惟隆、符德全、鄧章盛，以上每名捐銀一十五銖；吴烈岡、陳如岳、保安堂、陳文成、□□□，以上五位每名捐銀一十三銖；源泰隆、福興隆、朱合盛、潘先仁、陳文寶、吴開位、符洪和、柯樹進、許其隆、王槐廣、陳必坤、曾輝富、陳如山、廣利號、陳義合、符氣仁、廣裕隆、陳嘉泰、黄善豐、張敬寬、朱文仁、陳來清、韓佩豐，以上每名捐銀一十二銖；梁耀升、韓禄準，二位每名捐銀一十一銖；韓仁豐、韓國豐、韓仕準、韋學清、符昌球、韓員準、符洪成、楊述德、符福成、陳奇深、韓勉準、林崇柏、梁同春、吴純德、符芝成、符福安、符洪文、林友瓊、盧怡隆、李天琳、韓玉合、韓合發、史士元、呂友昌、林天士、林天仁、朱文玉、方其光、韓南利、楊可贊、陳貴春，以上每名捐銀十銖；史士斌捐銀八銖；曾志禎捐銀四銖。

五六四　重建泰華聖娘廟碑之三

【碑刻名稱】重建泰華聖娘廟碑之三
【材　質】石材
【形　制】長方形立碑
【尺　寸】長一百三十六厘米、寬六十八厘米
【書　體】楷書
【碑　額】無
【碑　題】無
【碑文撰者】鄉人優增生符□區
【碑文書丹】無
【立　碑　者】泰華聖娘廟董事人等
【立碑時間】清光緒二十一年（一八九五）
【存　佚】現存
【地　點】泰國曼谷泰華聖娘廟
【碑刻録文】

姚貝山、符開明、何榜侖、馮思放、潘先泰、陳文榮、林樹彬、陳嘉義、陳大漢、王載輝、符和文、符用成、楊

學高、黃士學、陳玉章、韓協盛、林樹生、蔡開梧、周成美、吳乾貴、符福立、王洪炳、李長森、傅昌楫、潘于
俊、潘先禎、盧連業、何題順、翁世祥、陳道生、陳玉田、黃善位、陳如斌、黃亦發、韓鴻翌、張修岡、吳家
蘭、林運開、林鴻熙、蘇家賓、韓珍豐、雲茂錦、李詩進、吳世文、潘先禄、楊綿金、吳朝賓、何題豐、陳如
烈、陳精儒、陳明鏡、黃機統、韓紀準、吳家吉、韓憑翌、吳大武、唐名俊、邢證階、陳大垣、林鴻和、韓盛
豐、劉鳴成、劉肇玉、韓錫準、陳昌貴、韓梧豐、符和欽、吳乃高、任期道、詹行生、潘有基、符順發、吳開
信、周成緯、韓倬豐、陳宗利、翁榮富、鍾慶章、黃應天、張景瓚、黃合盛、黃善新、韓祥豐、符瓊發、陳如
川、吕升逢、吕友明、陳貴益、潘于稷、黃聞盛、韓鴻翌、盧順盛、林天成、韓開元、黃文澤、曾時足、吕升
隆、吳盛蛟、黃守慶、高日輝、張敬三、曾興美、黃有蕃、林成發、陳如清、王菊春、雲茂拱、吳有駿、符孔
杏、黃善鳳、吳安招、連開寶、吳運權、陳如熙、盧瑪焕、黎科升、何題任、李乾輝、高萬興、陳嘉昆、潘輝
寬、何題偉、韓英豐、張修成、陳昌德、張詩連、吳行道、洪明鸞、符才斌、韓修準、吳盛吉、符玉岡、趙繼
明、張散名、唐輝成、韋家岡、郭貽禄、趙繼成、鄭朝拔、潘先輝、陳明任、黃有仁、曾興章、潘于朝、馮夙
純、符用昌、謝源劍、洪明欽、黃振瑞、符世裕、王執恒、王則善、黃良珍、韓忠豐、陳之貴、韓萃豐、李文
衡、宋開清、林克升、陳嘉鹿、吳世煌、李詩瓊、黃有春、鄭照例、何敦玉、韓吉翌、韓吉準、吳坤成、黃振
昌、陳昌清、王執安、陳宗豐、吳家璜、雲茂宗、林鴻翌、唐邦御、梁居裕、李生紀、林樹佩、符建松、馮思
宏、史昌泰、黃有義、何題安、鄭蘭香、黃春山、黃樹盛、林和興、黃運照、張在仕、王執文、王吉昌、韓壽
豐、吳乾就、史其瓊、陳玉芳、符功昱、凌宏秀、□安裝、詹修一、葉建基、韓章翌、黃有利、韓積豐、吳清
灼、魏家顯、陳昌積、林茂興、陳德貴、陳明欽、王宏仁、唐業輝、張修文、吳家標、韓德準、楊鐘月、馮思
龍、吳茂章、麥同秋、符和鈴、周緒豐、李儒統、鄭大榮、符用仁、林天志、黃志仁、陳精書、吳永貴、黃善

興、王瓊靖、莊家關、鄭廷錦、周成鳳、雲崇球、林樹盛、陳如月、張攸琦、沈越璘、何金棠、施月正、□輝

慶、陳文慶、林樹準、潘先覺、李名尊、翁建和、林學盛、陳嘉俊、王兆德、韓金彝、劉聲蕃、黃樹春、余道

和、賴榮桂、張運行、洪了斐，以上計共每名捐銀四銖。

五六五　重建泰華聖娘廟碑之四

【碑刻名稱】重建泰華聖娘廟碑之四
【材　質】石材
【形　制】長方形立碑
【尺　寸】長一百三十六厘米、寬六十八厘米
【書　體】楷書
【碑　額】無
【碑　題】無
【碑文撰者】鄉人優增生符□區
【碑文書丹】無
【立 碑 者】泰華聖娘廟董事人等
【立碑時間】清光緒二十一年（一八九五）
【存　佚】現存
【地　點】泰國曼谷泰華聖娘廟
【碑刻録文】

葉用霖、吕拔才、雲茂金、陳玉衡、陳嘉純、張用盛、黄善標、陳芳吉、陳嘉儒、符明隆、陳貴忠、陳昌興、符

大和、林道運、韓才豐、韓暄準、王其甫、韓成豐、陳明廷、林樹生、馮思美、林天位、王美興、吴世順、許詩文、韓祉準、盧準者、陳元佐、詹修旦、韓□□、陳嘉□、韓佳元、韓永豐、陳如才、陳如埠、林鴻宇、林運義、馮思成、陳丕宏、王運芳、韓如準、謝自花、韓灼準、陳嘉誠、許樂□、柳鐘鎮、鄭廷霖、郭貽位、韓樹進、□□公司、楊□□、符□□、廣南□、雲逢進、林天志、楊鐘全、馮裕昌、潘家發、陳德求、林天民、韓霖豐、陳如和、許書榮、陳嘉文、雲運義、林鴻升、林紹湖、曾輝灼、符福興、詹尊聖、許書山、符達淳、洪成金、雲茂高、韓灼準、周續珍、王其煥、蒙輝祥、林樹秀、黄善才、瓊美興、韓裕豐、黄寶興、吴盛煥、莊家□、黄大善、傅舟維、唐輝雲、陳賓勤、雲昌智、吴盛錦、韓權準、符宏模、符顯文、雲逢深、邢昭佳、潘于祥、林所慶、王邦茂、王茄治、雲茂欣、□□豐、謝源賓、陳□美、雲逢熙、陳嘉智、許在廷、楊氏嫉、韓仁豐、陳廷瑞、徐士禎、陳貴蘭、陳嘉發、史其寬、曾士權、林樹茂、許仁福、引洞仙、王載撥、吴盛隆、梁居祿、韓昭彝、周緒章、陳嘉惠、謝源秀、楊進宏、韓文豐、陳精祐、楊鐘芳、韓進豐、黄有輝、符用蕃、陳文志、林天光、吕振成、洪德禎、符建玊、林鴻元、韓瑞準、符建禄、韓宜準、雲逢慶、王槐昌、雲茂典、謝源昭、吴乾佩、駱道周、黄樹雲、朱章源、徐士棉、符載保、陳貴珍、洪明儒、蔡開興、林開植、馮思珍、王德隆、朱文雲、符和安、符建英、黄有昆、葉用顯、雲茂連、史昌煥、謝自富、陳嘉積、文光炳、黄才雲、凌文澤、符用樹、符孟寬、陳貴泰、葉禮基、曾士盛、陳嘉學、林樹甫、潘于通、朱儒純、岑明暉、陳必智、韓賓翌、雲逢業、韓平準、符世成、韓萬準、林鴻岡、韓統翌、符楊珊、凌宏福、陳貴宣、陳世敬、符廷桂、張修存、謝源汾、韓鳳翌、陳昌頤、凌明英、王統升、吴盛昌、馮夙興、符和鈞、陳寶德、韓吉豐、陳進魁、韓郁豐、林樹杰、蔡章記、周續典、黄學德、韓琦豐、楊作嵩、李滋雄、許鴻仁、黄德花、李業廣、符和盛、張修業、符和熙、王菟元、鄭廷春、謝自佳、黄聞進、韓升豐、黄善安、許文興、黄聞連、韓煥準、黄樹楷、陳來陳鳳、邢定琳、吴家忠、林樹容、李順利、郭貽美、何題平、王德雲、潘光裕、林天元，以上計共每名銀四銖；吕光玉美、雲茂盛、雲昌吉、謝源福、韓進豐、林樹花、吴世芬、陳嘉月、凌廣盛、陳元友、葉裕基、韓居豐、盛、韓奉廷、符樹偉、盧丕隆、益鎰隆、孫世吉、雲□容。

五六六　重建泰華聖娘廟碑之五

【碑刻名稱】重建泰華聖娘廟碑之五
【材　質】石材
【形　制】長方形立碑
【尺　寸】長一百三十六厘米、寬六十八厘米
【書　體】楷書
【碑　額】無
【碑　題】無
【碑文撰者】鄉人優增生符□區
【碑文書丹】無
【立 碑 者】泰華聖娘廟董事人等
【立碑時間】清光緒二十一年（一八九五）
【存　佚】現存
【地　點】泰國曼谷泰華聖娘廟
【碑刻録文】

林樹松、吴盛保、謝源貴、盧儒業、陳嘉智、黄善安、符用祥、黄有榮、陳嘉榮、楊應春、王撥英、洪德義、李

華春、吳世豐、陳嘉義、陳嘉禮、陳玉珍、歐秀乾、陳光列、林樹甫、鄭南英、雲昌識、何忠列、許書雲、王載坤、蘇貴之、范昌寅、韓立翌、陳玉琳、李桂榮、李端菜、符建作、駱道全、謝熙周、黃善隆、葉興基、林熙明、符用鴻、符和珍、符世英、謝明典、雲逢故、韓和豐、徐維新、韓宜準、蘇家輝、王道興、陳嘉藻、張敬蛟、梁居士、符大甫、陳世撥、楊福隆、潘琨輝、鄭國定、呂生道、曾鏗光、呂華敬、陳昌仁、符氣□、史士元、符和同、陳進玉、陳如山、韓亨平、陳嘉續、李猷基、韓足豐、張景蛟、李運瑣、符世亨、傅周利、林森發、林天時、黃文華、林開三、黃善倫、韓富豐、陳德忠、傅舟義、符福開、陳欽列、黃有儀、謝自佳、黃善寬、史昌榮、王道祿、王道稷、呂孝平、陳昌杰、李運祿、黃端林、林天倫、王廷連、王□蘭、符世義、黃文贊、黃有仁、周續詩、何修□、黃得季、郭詩業、陳來□、林樹積、□進坤、符顯威、史其芬、韓封翌、陳如蛟、吳盛財、伍毓篁、吳乃福、高英昌、許仁興、顏克江、張昌任、陳如舜、沈士俊、吳家義、陳獻瓊、韓福天、林崇裕、吳盛書、韓富翌、許詩正、韓引翌、根倆娘、韓標準、林鴻元、伍秀懋、方惟俊、張修武、韓瓊準、符達仁、顏克柄、吳盛田、謝源義、陳全義、林樹蘭、陳永旗、韓安豐、韓習豐、韓情豐、符先德、陳嘉齊、施鳳和、楊行富、韓怡豐、梅運貴、王昌褚、李家秀、林友亨、張德榮、林天寶、彭運應、韓章翌、阮合宗、雲昌行、符載章、陳永洲、韓貴豐、高月德、韓春翌、韓開元、林鴻飛、黎有泮、劉基壯、韓標彝、葉其基、陳嘉銘、余道惠、黃元亨、邢正惠、何名通、史其業、陳如軒、林開宗、顏永玉、邢定統、黃學瑞、符世皇、陳嘉文、韓振豐、韓惠準、周緒章、雲茂華、雲昌儀、許書誼、陳如德、李溝和、潘光德、陳伯勇、符洪偉、韓培豐、潘琪輝、韓梧準、符洪廣、周成芳、邢定基、鄭蘭熙、潘千槐、陳壽智、黃樹欽、符□泰、雲逢蛾、雲榮道、雲逢慶、王昌盛、韓家豐、伍秀溪、符世沐、符洪輝、雲逢定、符載盛、韓仁豐、韓宥翌、蘇興開、吴盛德、庄基□、鄭南盛、洪路通、蘇大禧、符山□、何□□、何惠□、陳□□、馮□□、李長安、陳□□、王□□、林世□、韓金□、田□□、許金池、周□□、王秉生、韓□翌、陳如登、鄭廷興，以上計共每名捐銀四銖。

五六七　重建泰華聖娘廟碑之六

【碑刻名稱】重建泰華聖娘廟碑之六
【材　質】石材
【形　制】長方形立碑
【尺　寸】長一百三十六厘米、寬六十八厘米
【書　體】楷書
【碑　額】無
【碑　題】無
【碑文撰者】鄉人優增生符□區
【碑文書丹】無
【立　碑　者】泰華聖娘廟董事人等
【立碑時間】清光緒二十一年（一八九五）
【存　佚】現存
【地　點】泰國曼谷泰華聖娘廟
【碑刻録文】

陳明霖、馮懷翌、韓紀彝、符樹輝、林樹吉、符厚經、韓必豐、韓春元、翁家珍、蔡章元、王昌運、林樹京、林

之茂、陳開美、韓佳元、張敬爲、韓萬豐、岑明芳、黃樹芳、符建實、詹修錦、邢穀登、陳秋生、陳全廷、何經續、李長久、周緒招、周緒廣、林樹紳、何和興、林鴻彥、潘聖光、吴生源、符用經、潘有紳、張修深、韓祥準、韓保題、黃文卿、林鸞坤、陳貴琦、符樹煌、曾士吉、洪明軒、韓梓準、吴基男、陳益興、陳遠樹、馮聚豐、洪明行、陳嘉蕭、林鴻英、鄭昌德、符福琛、林開柏、韓智準、韓會元、陳之坤、林猷元、羅招軒、張運吉、韓滿豐、馮夙豐、林樹評、張修岡、符大豐、陳進敬、周道盛、邢修義、林樹富、韓廣準、陳秋賓、梁定選、韓文翌、梁安慶、陳日三、陳嘉清、朱文恨、吴乃生、王其忠、朱文經、許書秀、陳治銘、韓平準、吴勉國、王會連、梁居鴻、莊運和、黃善美、韓源準、吴世官、何題盛、韓華元、楊行美、張敬道、韓雲準、郭于禄，以上計共每名銀四銖；王會文、雲茂烟、林鴻成、李芝蘭、張修富、張運忠、陳進璧、梁安福、陳世香、嚴廷集、黃善貴、雲茂岑、黃有香、嚴安慶、林樹榮、黃潯富、陳昌順、羅正芳、鄭蘭結、林鴻寶、駱道純、張修詩、祝聲才、黃家藩、陳玉圳、唐輝章、韓行豐、潘于戊、唐輝岱、陳如武、莫夜成、余道維、陳精洋、曾志一、盧思焕、陳如俊、陳元任、楊緒位、吴乾元、楊鐘行、謝家芳、韓物翌、許振教、馮懷名、韓星準、韓禄準、馮懷紳、陳宗孟、駱道統、駱協成、梁居榮、唐輝湖、梁居位、符洪通、翁家芬、周緒明、林樹裕、高日星、黃漢開、韓鳳翌、韓永順、邢穀連、吴大綿、黃有成、陳寶來、邢穀藩、韓玉光、陳如貴、韓軸準、曾士猷、王載坤，以上每名銀五銖；符用書、陳昌珮、韓經翌、潘于佑、韓才豐、鄭月深、蔡正禮、黃聲揚、韓有豐、周成章、張修文、蘇興珠、陳嘉圖、韓蘭豐、吴乾三、顔克仁、陳玉樹、符宏業、符定貴、黃有儀、韓洽豐、李世泰、陳德儒、林樹賓、郭書仁、黃達義、許友炳，以上每名銀六銖；林天忠、符泰豐、陳如準、潘和輝、龍有翌、吴元璋、王載安、韓惠準、莊德興、翁元利、楊必素、符福衍、曾士武、謝源卿、韓高彛、周續文、雲崇詩、熊岱儒、盧順發、王大評、周乾發、吴乾豐、雲茂佩、陳嘉拔、韓亨豐、鄭庭保、韓書準、李進陳貴榮、韓球豐、巨成號、雙合號、雲茂才、符顯成、陳明南，以上每名銀八銖；陳昌昱、萬利裝、陳錦軒、許書光、曾士吉、韓榮準、林樹蘭、林開癸、李澤龍、韓瑞翌、韓勉準、陳寶芳、王瓊昌、吴昌盛、林鳳豐、吉、唐輝保、黎登祥、賴家隆、謝淵海、張修成、黄歲富、陳進□，以上每名銀十銖。

五六八　泰華柔惠三仙聖娘詩頌牌

【碑刻名稱】泰華柔惠三仙聖娘詩頌牌
【材　質】木材
【形　制】長方形橫牌
【尺　寸】長一百二十厘米、寬四十八厘米
【書　體】楷書
【碑　額】無
【碑　題】頌泰華柔惠三仙聖娘詩二首
【碑文撰者】沐恩信商潘德民
【碑文書丹】無
【立 碑 者】泰華聖娘廟董事人等
【立碑時間】一九五三
【存　佚】現存
【地　點】泰國曼谷泰華聖娘廟
【碑刻録文】

頌泰華柔惠三仙聖娘詩二首

泰華封祀享明禋，中外尊崇禮正神。廟鎮湄江十百世，恩施僑衆萬千人。

神威赫奕山河舊，寶殿莊嚴日月新。俎豆常新垂奕禩，馨香誠虔薦南天。

聖娘恩德薄雲天，廟宇宏偉湄水濱。先輩肇基天地老，後人潤色奐輪新。

龍蟠虎踞山川秀，鳥草翬飛霄漢連。觀厥落成松柏茂，萬方蔭庇沐深仁。

一九五三年春月，沐恩信商潘德民敬撰。

五六九　泰華聖娘廟購地擴建新廟宇序碑

【碑刻名稱】泰華聖娘廟購地擴建新廟宇序碑
【材　質】石材
【形　制】長方形横碑
【尺　寸】其一長九十八厘米、寬六十八厘米，其二長一百二十厘米、寬六十八厘米
【書　體】楷書
【碑　額】無
【碑　題】泰華聖娘廟購地擴建新廟宇序
【碑文撰者】泰華聖娘廟購地建廟委員會
【碑文書丹】無
【立 碑 者】泰華聖娘廟購地建廟委員會
【立碑時間】一九八一
【存　佚】現存
【地　點】泰國曼谷泰華聖娘廟
【碑刻録文】

泰華聖娘廟購地擴建新廟宇序

泰華聖娘廟，乃我瓊旅泰諸先賢於遜清年間所創建，迄今已歷百餘年，向來神靈顯赫，香火鼎盛，惟最近廟前庭地，已被當局徵用擴建馬路，今後演梨酬神與福酌聯歡，場地已感狹隘。本廟第廿九屆首事會爲適應實際情況，特商請泰國海南會館與瓊屬各宗祠家社、神社聯合進行購置本廟後面曠地四十五哇，擴建廟宇一進，而將前面部分拆除，并於佛曆二五二一年七月間組設泰華聖娘廟購地建廟委員會，會員負責主持，俾利事功。同時推舉陳昌耀爲主任委員，方是忠、符紹登、張光嶷、雲昌任四位爲副主任委員；林道松、符氣盛爲正、副財政，林明堂、符桂林、陳奕儒、雲大初四位爲秘書；葉能杰、黄奕導爲正、副總務；張道肩、楊培英爲聯絡正、副主任；并由各宗祠家社、各區神社爲委員。大衆分工合作，積極籌劃，各界熱心人士咸以事關保存歷史悠久之故鄉傳統文化，意義深長，紛起響應，自動樂助經費，慷慨輸將，共襄善舉，尤其是副主任委員方是忠及財政林道松兩先生，對於各項工作莫不悉力以赴，幾乎事必躬親，不辭辛勞，厥功至巨，實堪敬佩。迨至購地手續辦妥後，立即拆舊建新，遷前擴後，鳩工庀材，一時并舉，隨於二五二三年十一月間，恭請泰國財政部長雲逢松先生主持升梁儀式，不數月而焕然一新，廟貌益增，富麗堂皇，并於二五二四年四月八日隆重舉行落成揭幕典禮。從此苞桑鞏固，神安人樂，瓊島鐘靈，誕毓群英，當亦可預期矣。爰略叙緣由，并將樂助者芳名勒石以垂不朽，亦藉表績，續前徽激勵來兹之至意云爾，是爲序。

泰華聖娘廟購地建廟委員會謹識，佛曆二五二四年歲次辛酉季冬月吉旦。

泰華聖娘廟購地擴建廟宇期間，自戊午年至辛酉年第廿九届至第卅二届首事暨顧問芳名：

正理事長：方是忠；副理事長：何敦活、陳其信、符紹吾、岑克桂；正秘書：陳偉馨；副秘書：張德紡、盧芳文、雲大初、林明堂；正財政：林道松；副財政：雲逢寬；稽核：林猷積、謝自治。

（下略）

四十五　張公聖君

五七〇　永春會館告厥成功碑

【碑刻名稱】永春會館告厥成功碑
【材　質】石材
【形　制】長方形立碑
【尺　寸】長一百六十三厘米、寬六十一厘米
【書　體】碑題篆書，碑文楷書
【碑　額】無
【碑　題】永春會館告厥成功
【碑文撰者】周騰飛
【碑文書丹】無

【立　碑　者】永春會館前董事新董事等
【立碑時間】清光緒三十一年（一九〇五）
【存　　佚】現存
【地　　點】新加坡永春會館
【碑刻録文】

永春會館告厥成功

粤自海禁大開，通商互市，南洋各島無不有吾永人之足迹，而皆以新嘉坡爲必經之地，故其商於斯、賈於斯、聚世族於斯者，日以滋多。然其勢易散，其情多疏，昔之人不忍聽其散且疏也，於是募建會館於小坡以聯之，俾吾永人歲時一會，不忘桑梓之恭，意至善已。顧規模未備，地勢近偏，衆情多所未愜。洎光緒戊子年，永之人乃集衆再議。共推李君清棉、陳君若錦爲主，續捐鉅金，買屋於大坡之中，仍其閈閎，重加潤色，顔之曰「永春會館」。層樓高矗，峻宇宏開，其地視從前爲要衝，其屋較從前爲華壯矣。

館内崇奉天上聖母、張公聖君神位。每值二聖誕辰，則萃吾永之人，肅整衣冠，稱觥祝嘏，以迓神庥。因而飲酒宴樂，笑語移日，悦親戚之情話，洽朋友之交游。冠裳風物，無异鄉園，雍雍焉，熙熙焉，和親康樂，忘其爲重洋羈旅中人也。

蓋自有會館以聯之，而散者聚，疏者親，故吾永人之聲氣如此其感通，吾永人之精神如此其團結耳。若夫永人有事，會館中爲之維持，爲之調護，又其顯而易見者爾。兹經建造有年，成效丕著，諸永人欲將各捐款芳名勒之於碑，爰并述其巔末如此，俾後之閲者知立館之意之所在，利則相讓，義則相先，庶幾乎海外樂邦并受其福焉。是爲序。

游歷廪膳生員周騰飛敬撰。

謹將捐款芳名列左：

陳豊興捐銀貳千六百元；李清棡捐銀壹千六百元；鄭譽錦、李興裕各捐銀五百元；司萬興捐銀四百六拾元；姚士梓捐銀叁百六拾元；李清輝捐銀叁百元；集藏珍捐銀貳百四拾元；鄭昭明、黄藏興、陳連登各捐銀貳百元；顔煌年、章孝澂、鄭成德各捐銀壹百五拾元；鄭源春捐銀壹百四拾五元；李耀立、李慶熙、李慶直、陳英杰、振和興、姚士斜、黄孫江、張成文、顔五美、林炎生、鄭裕成、李家堵、藏興號、永泰號、和順發、陳欽發，以上各捐銀壹百元；泉永發捐銀八拾五元；錦堂春、鄭成興、同成興各捐銀八拾元；陳源美捐銀七拾五元；新萬成捐銀六拾五元；陳長和、孫乾顯各捐銀六拾元；錦成興捐銀五拾七元；文圃軒、合振號各捐銀五拾五元；宋忠勛捐銀五拾叁元；金成興捐銀五拾貳元；李伯慶、李天來、李士覲、萬春號、新藏裕、陳文賜、顔建源、新萬源、孫道隆、黄振亮、昌發號，以上各捐銀五拾元；包仁送、包智池各捐銀四拾五元；永萬發、陳士直、萬德隆、陳士轉，以上各捐銀四拾元；陳協美捐銀叁拾七元；允昌號、萬通號、葉鼎欽、潘萬興各捐銀叁拾五元；鄭安邦、陳順隆、吴興盛、東順號、王士高、陳士昜、鄭士借、顔添花、萬成興、鄭業額、張文焕、元裕號，以上各捐銀叁拾元；林采達捐銀貳拾五元；豐振號、永合發、邱文銅各捐銀貳拾貳元；源成號、劉肇松、李智厚、陳元慈、陳士騰、吕基彦、鄭士棗、陳如奎、林佳道、伍向榮、陳文漢、張士杭、蘇珊玉、陳晋裘、邱廉啓、林登順、陳士碩、陳榮春、陳同利、陳文炭、裕源號、林邦昌、徐和國、鄭士莊、張昭諒、顔文檜，以上各捐銀貳拾元；新永興捐銀壹拾八元；永裕成捐銀壹拾七元；永同昌、新泉記、協振號各捐壹拾六元；陳友咏、陳晋甲、孫簪顯、陳和泰昌號、源永興、和礽雙、陳士錦、顏吉祜、范士贊、黃連璧、新永發各捐銀壹拾五元；劉敏才捐銀壹拾四元；泰昌號、源永興、和林居、永發祥、新美發各捐銀壹拾元；永珍號、和濟堂各捐銀壹拾貳元；周孫津、鄭世高、陳振泰、邱士浮、陳文爐、黃穎善、李智泳、宋興頜、鄭世洲、黃光禄、王金飲、李士邦、鄭孫滋、林士綯、洪士濬、王士榜、陳萬裕、林有慶、合春號、鄭月墻、顏簪祜、李璧霖、薛文冰、黃振煌、益裕號、顏文杜、顏國水、永發號、王文談、林思頌、鄭文納、林有銀、顏士抱、李士發、鄭儒謀、張貽謀、林遠謀、坤美號、張文沁、邱士土、林柳道、章孝坤、李廷濟、春興號、李士錠、同春號、方士杣、周文振、新振榮、周英心、王士謀、東鎰號、吕文炭、鄭奕富、李啓信、鄭士汲、黃長留、余士水、顏萬秀、林思頡、林士貴、春珍號、黃士剖、周文興、黃玉棒、黃勤讀、陳士易、曾士蓋、顏祝欣、辛士德、陳士珠、黃士友、萬濟堂、源興號、吕英火、陳福興、陳隆興、李文哲、協美號、姚水池、李文通、劉英祝、陳士安、廖文欽、鄭士票、張光炎、徐和碧、姚永藍、顏春山、黃祖池、永豐成、陳振禄、陳礽錦、顏楫受、顏實受、劉孫桐、隆記號，以上各捐銀壹拾元；顏載熙、黃采芹各捐銀壹拾元。

大清光緒乙巳年陽月穀旦。

前董事顏奇標、陳英佐、吕基彦、顏甘年、陳日安、李耀立、顏尊益、陳維新、章孝潡，新董事張文煥、李家廪、陳文磚、林采達、顏煌年、顏文耀、姚士偶、鄭成東、李家堵、鄭世高、鄭文博、黃文玉等敬勒碑。

五七一　永春會館重建大厦落成碑記

【碑刻名稱】永春會館重建大厦落成碑記
【材　質】石材
【形　制】長方形立碑
【尺　寸】長一百二十厘米、寬八十厘米
【書　體】碑題篆書，碑文隸書
【碑　額】無
【碑　題】永春會館重建大厦落成碑記
【碑文撰者】永春會館主席陳承丕
【碑文書丹】無
【立 碑 者】永春會館董事會
【立碑時間】一九五九
【存　佚】現存
【地　點】新加坡永春會館
【碑刻録文】

永春會館重建大厦落成碑記

一九五九年夏，星洲永春會館重建大厦落成。是年也，適值星洲自治舉行大選，萬民歡慶，史册同光。星洲爲東南亞之要衝，商業轉□，雄視八方。歐陽文忠公有美堂記所謂「覽人物之盛麗，誇都邑之雄富者，必據夫四達之衝，舟車之會，而後足焉者也」。自開埠百餘年來，經之營之，故有今日。然微華僑之力，又曷克臻此。在華僑當中吾永春邑僑亦一柱焉。

永春會館之有會址，始購於光緒戊子年，李君清棉、陳君若錦領導募款，乃置今址，由小坡美芝律遷移於此，蓋距今已七十一年，其歷史之悠久可想而知。近年来，邑僑因鑒於館屋年久失修，乃募集鉅金，重新建立一現代化巨厦。樓聳五層，地居繁市，碧海面臨，氣象雄渾，青山背倚，永祈安祥。登斯樓也，胸襟披豁，心曠神怡，極目滄溟而有去國懷鄉之思。

丕忝爲是屆主席，膺斯重責，時虞隕越，端賴全體邑僑團結之力，始克有成。爰將歷屆邑僑曾助本館者芳名勒之於石，以示承先啓後。

星洲永春會館主席陳承丕謹志。

公元一千九百五十九年十月，農曆己亥年孟冬穀旦。

謹將捐款芳名列左：

陳承丕、李尚維、林采爲、李俊承、陳興□各捐壹萬元；陳世才捐伍仟元；李延年捐肆仟元；林振水、陳甘水各捐叁仟元；李修教、鄭種玉各捐貳仟元；鄭美森、陳禮煎、劉榮華、林世滄、王聲世夫人、李振濟、陳大春、陳清福、陳世謀、張垂萬、章添財、陳國梁、陳礽崇遺産、林廷光、陳楚穀遺産、李祖金遺産各捐壹仟元；豐美有限公司捐陸佰元；林景波、李泛舟、林邦彦、陳碧相、鄭天送、周光寶、劉源標、泉吉棧有限公司、鄭贊、顏經祜、鄭光耀、永興號、陳添福、郭禮八、陳礽琴、新萬興、周志鏗各捐伍佰元；李升信捐肆佰元；林邦光、林邦和、厦門公司信局、瑞和號、張來芳、林瓊瑶、張來信、許德他、民生棧、林仲濕各捐叁佰元；聯益行、陳礽唐、李修扳、陳承文、顏品文、李元墻、榮記公司、陳咨永、許金堆、鄭再發、陳啓鮑、姚明蕓、林良雲、黄光炳、陳成角、林奕錐各捐貳佰元；李克顯捐壹佰伍拾元；吴聲坦、南昌公司、陳孫經、鄭光漢、孫易敏、黄則寶、吴賜丁、林天成、陳國燦、王旭升、陳永煅、陳綸獎、尤詩君、周萬成、陳吉能、陳光賢、陳得相、陳明捆、郭文籐、大美公司、李堯結、李宜今、顏振宣、李样瑞、劉在川、劉晴川、顏吉拔、陳傳通、陳維垣各捐壹佰元；尤詩炮、鄭士夏各捐伍拾元。

五七二　新加坡永春會館一百廿五周年紀念暨重建會所落成碑記

【碑刻名稱】新加坡永春會館一百廿五周年紀念暨重建會所落成碑記
【材　　質】石材
【形　　制】長方形立碑
【尺　　寸】長一百二十厘米、寬八十厘米
【書　　體】碑題篆書，碑文隸書
【碑　　額】無
【碑　　題】新加坡永春會館一百廿五周年紀念暨重建會所落成碑記
【碑文撰者】永春會館主席陳新榮
【碑文書丹】無
【立 碑 者】永春會館董事會
【立碑時間】一九九四
【存　　佚】現存
【地　　點】新加坡永春會館
【碑刻録文】

新加坡永春會館一百廿五周年紀念暨重建會所落成碑記

本會館創立于一八六七年。一八八八年由鄉賢集資購置美芝律四五七號爲會址。一九零五年遷入厦門街今址，一九五九年大厦重建峻工。

因時代變遷，會館之任務亦須迎合社會之需求，故於籌慶一百廿五周年紀念，理事會決定重修會所，俾能擴展會務，更有效爲國家、社會和鄉親作出貢獻。蒙我國國家發展部高級政務次長暨本會會務顧問李玉勝鄉賢熱心指導及端賴鄉親鼎力支持，慷慨捐獻，始克有成。

一九九二年十一月八日，本會館假海皇剧院舉行成立一百廿五周年紀念慶典，我國總理暨本會名譽顧問吴作棟鄉賢親臨主持，盛况空前。同時劉抗鄉賢爲本會精繪畫作贈獻吴總理，陳文麟鄉賢撰寫賀聯，共襄義舉。是爲記。

一九九四年六月，新加坡永春會館主席陳新榮謹志。

兹将捐款者芳名列左：

總計樂捐款額捌拾萬伍千玖百伍拾元正。

陳新榮捐壹拾伍萬元；陳義明、林曼椿各捐叁萬伍千元；郭謹向、張添堯各捐叁萬元；顧章湖捐貳萬伍千元；許明德、陳振蕊各捐貳萬貳千元；黄明江捐貳萬元；鄭倉浦、李光義、顔文祥各捐壹萬伍千元；李鄭玉葉、李德盛各捐壹萬貳千元；桃源俱樂部、鄭榮杰、陳明泥、林植壁、鄭建成、陳新圖、林雲實、鄭金水各捐壹萬元；張金明、林紀相各捐陸千元；劉榮華捐伍千伍百元；邱瑞頗、梁劍雲、陳連鈞、王金桐、鄭金湖、李正言、周大教、李火水、陳泰源、陳振煜、陳新燎、陳漢瑞、鄭聯財、陳明水、陳秀明、陳錫石、陳金成、林建仁、林亞禮、劉章蔭、黄敬岑、林啓發各捐伍千元；鄭振樹、吴國瑞、盛兄弟公司各捐肆千元；劉平國、盛光新、鄭培勝、李文彬、鄭朝柳、李水生、許金發各捐叁千伍百元；鄭朝良、陳東桂、陳維垣各捐叁千叁百元；鮑德新、陳敬賢、陳禮儀、陳皆霈、劉桑澤、盛玉平、李偉生、陳文章、陳文犨、李章進、許順興、陳王黎、薛美生、陳錦星、預鋌堯、劉水民、薛祖曉、許明彬各捐叁仟元；張許文捐貳千陸百元；劉詩業捐貳千叁百元；鄭光耀、盛光杉、陳龍銓、陳樹坤、孫敏炎、李康琪各捐貳千元；許金鍾、陳玉財各捐壹千伍百元；黄生泉、李克顯、陳仁石各捐壹千貳百元；謝玉冰、周鴻昌、陳晋釗、周卿華、鄭九章、陳光榮、顔挺節、顔拱楓、顔振源、許世良、劉天壽、黄鄉山、劉加特、鄭源木、陳振雲、陳振吉、張天保、顔振隆、顔榮犖、黄國恩、劉抗各捐壹千元；陳興源、劉成體各捐捌百元；孫一塵、陳光炫、陳南星、林天送、陳五美各捐柒百元；鄭福來、林炳智、陳星輝、李元本各捐陸百元；許隆禄、顔金賢、鄭异選、陳文隧、陳金炎、陳文鋤、陳盤明、陳金佳、康福民、陳培慶、鄭後坤、陳家耀、李福泉、鮑龍各捐伍百元；陳金星捐叁百元；黄廉博、陳英、陳清淵各捐貳百元；余文堃捐壹百元；鄭美珍捐伍拾元。

五七三　新加坡永春會館安置神龕供奉張公聖君捐款者芳名録牌

【碑刻名稱】新加坡永春會館安置神龕供奉張公聖君捐款者芳名録牌
【材　質】金屬
【形　制】長方形横牌
【尺　寸】長一百厘米、寬六十厘米
【書　體】楷書
【碑　額】無
【碑　題】新加坡永春會館安置神龕供奉張公聖君捐款者芳名録
【碑文撰者】無
【碑文書丹】無
【立 碑 者】永春會館董事會
【立碑時間】二〇〇三
【存　佚】現存
【地　點】新加坡永春會館
【碑刻録文】

新加坡永春會館安置神龕供奉張公聖君捐款者芳名録

顏章湖五千元、鄭桂發五千元、鄭金水五千元、鄭建成五千元、張智國五千元、林雲實三千元、林普能三千元、林建仁三千元、陳義明二千元、黃明江二千元、劉桑澤二千元、林建興二千元、張金鵉二千元、林曼椿一千元、黃廉博一千元、劉文良一千元、鄭華强一千元、施玉堂一千元、林阿禮一千元、陳亞樹一千元、張金明一千元、張天保一千元、顏清水一千元、鄭華郎一千元、李火水一千元、陳金成一千元、劉平國一千元、顏挺堯一千元、周大教一千元、劉抗五百元、陳新榮五百元、邱瑞頗五百元、鄭榮杰五百元、陳振蕊五百元、鮑德新五百元、張碧雲五百元、許金發五百元、林啓發五百元、黃興五百元、黃精文五百元、顏挺節五百元、顏少平五百元、顏振源五百元、鄭義坤五百元、顏振起五百元、吕子達五百元、郭相成五百元、陳連鈎三百元、陳敬賢三百元、林紀相三百元、陳南星三百元、鮑龍三百元、陳國燦三百元、光輝帆布三百元、吴慧敏二百元、黃敬岑二百元、黃國恩二百元、陳聲華二百元、許海瑞二百元、吴國瑞二百元、鄭明杉二百元、陳萬金二百元、陳升基二百元、鄭長二百元、廖嬌娣二百元、張坤成二百元、陳家紹二百元、張添堯一百元、鄭振樹一百元、林炳智一百元、陳英一百元、陳仁石一百元、廖成章一百元、黃敬志一百元、林俊德一百元、陳晋盛一百元、謝培耀一百元、陳文宗一百元、鄭雪玉一百元，合計七萬五千元。

公元二〇〇三年七月十三日，癸未年六月十四日　立。

五七四　新加坡世界永春社團聯誼會第九屆會員代表大會捐獻徵信録牌

【碑刻名稱】新加坡世界永春社團聯誼會第九屆會員代表大會捐獻徵信録牌
【材　　質】金屬
【形　　制】長方形立牌
【尺　　寸】長一百二十厘米、寬八十厘米
【書　　體】黑體
【碑　　額】無
【碑　　題】世界永春社團聯誼會第九屆會員代表大會捐獻徵信録
【碑文撰者】無
【碑文書丹】無
【立 碑 者】永春會館董事會
【立碑時間】二〇一〇
【存　　佚】現存
【地　　點】新加坡永春會館
【碑刻録文】

世界永春社團聯誼會第九屆會員代表大會捐獻徵信録

新加坡永春會館主辦（二〇一〇年十月二十）

捐款人	款額	捐款人	款額	捐款人	款額	捐款人	款額	捐款人	款額
鄭桂發	$35000	鄭倉滿	$30000	鄭建成	$30000	郭謹向	$20000	劉桑澤	$20000
顏佺樺	$20000	李啓成	$15000	陳義明	$10000	顏章湖	$10000	顏詩琴	$10000
鄭華强	$10000	許順興	$10000	林華强	$10000	鄭耀機	$10000	鄭華郎	$10000
施玉堂	$10000	陳東源	$10000	林建興	$10000	陳亞樹	$10000	陳福裕	$10000
鄭國寶	$10000	鄭炳賢	$10000	潘金財	$10000	陳新榮	$6000	林曼格	$6000
黃精文	$6000	劉文良	$5000	劉慶聯	$5000	鄭祥林	$5000	顏文福	$5000
餘春炎	$5000	顏德雄	$5000	林國友	$5000	鄭九章	$5000	顏陳白蘭	$5000
陳超歐	$5000	顏志雄	$5000	陳明泥	$3000	顏挺堯	$3000	方義資	$3000
李天民	$3000	顏少平	$3000	鄭興山	$3000	陳家安	$3000	許海强	$2000
林雲寶	$2000	李德盛	$2000	張天保	$2000	鄭金水	$2000	戴國勝	$2000
陳春財	$2000	陳振海	$2000	李玉勝	$1000	黃明江	$1000	劉平國	$1000
林啓發	$1000	吳國瑞	$1000	陳萬全	$1000	李火水	$1000	顏文祥	$1000
陳振賢	$1000	陳敬賢	$1000	陳聲華	$1000	張智國	$1000	林普能	$1000
許海瑜	$1000	許皓薦	$1000	黃　興	$1000	李宜安	$1000	孫敏炎	$1000

許金髮	$1000
鄭良球	$1000
陳海揚	$500
王春涌	$500
黃敬岑	$300
鄭善因	$200
林玉泉	$200
許銪益	$100
總　計	$474810

鮑　龍	$1000
張隆興	$1000
林紀相	$500
陳威智	$500
鄭明杉	$250
張碧雲	$200
郭和俊	$200
李露萍	$100

顏發成	$1000
桃源俱樂部	$1000
陳仁石	$500
蘇榮醉	$500
梁劍雲	$200
陳春嵐	$200
鄭秀梅	$150
林俊德	$100

林錦仁	$1000
陳國泰	$500
張金明	$500
顏清水	$300
陳培植	$200
陳雅尤	$200
張添堯	$110

薛祖曉	$1000
周大教	$500
陳方洲	$500
黃國恩	$300
林柄智	$200
林生民	$200
陳　英	$100

五七五　永春會館新會所翻修工程樂捐者芳名録牌

【碑刻名稱】永春會館新會所翻修工程樂捐者芳名録牌
【材　　質】塑料
【形　　制】長方形立牌
【尺　　寸】長一百二十厘米、寬八十厘米
【書　　體】隸書
【碑　　額】無
【碑　　題】永春會館新會所翻修工程樂捐者芳名録
【碑文撰者】無
【碑文書丹】無
【立 碑 者】永春會館董事會
【立碑時間】二〇〇五
【存　　佚】現存
【地　　點】新加坡永春會館
【碑刻録文】

永春會館新會所翻修工程樂捐者芳名録

公元二〇〇五年五月底，永春會館第六十九屆執委會，以經濟效益爲本，爲會館百年根基籌謀，議決將會館大厦底層出租，將會所遷至三樓。會員熱心支援，慷慨解囊，群策群力，翻修工程于十月宣告完竣。會館于同年十一月五日（農曆乙酉年十月初四）吉時正式遷入新會所，繼續爲會員及鄉親服務。茲將樂捐者芳名立碑，永資紀念。

鄭國寶報效全部電燈器材、設計、供應和裝置，總值一萬五千二百元

陳義明 5400元 顏章湖 5400元 鄭桂發 5400元 劉桑澤 5400元 劉文良 3000元 鄭華郎 2900元
林曼椿 2400元 施玉堂 2400元 陳亞樹 2400元 林建興 2400元 陳新榮 2000元 林雲實 2000元
陳漢瑞 2000元 林普能 1900元 鄭金水 1900元 鄭建成 1500元 陳東源 1400元 顏金勇 1000元
李玉勝 1000元 黃明江 1000元 顏詩琴 1000元 陳明泥 1000元 張添堯 1000元 鄭華强 1000元
顏挺堯 1000元 劉平國 1000元 李德盛 1000元 周大教 1000元 張慶順 1000元 梁劍雲 1000元
顏文祥 1000元 陳敬賢 1000元 林建仁 1000元 黃精文 1000元 陳方洲 1000元 盛文金 1000元
顏挺節 500元 顏清水 500元 林啓發 500元 陳萬全 500元 鄭明杉 500元 鄭培勝 500元
張智國 500元 許金發 500元 張金明 500元 李宜安 500元 鄭炳賢 500元 陳文華 500元
顏業隆 500元 陳振平 500元 李天民 500元 邱淑霞 500元 李啓孝 500元 李啓成 500元
蘇榮醉 500元 陳國泰 500元 陳振蕊 300元 陳聲華 300元 許海瑞 300元 孫敏炎 300元
黃　興 300元 劉慶聯 300元 鮑　龍 300元 黃恒梁 300元 陳振桔 300元 無名氏 209元

謝聖佳 201元
鄭振樹 200元
陳仁石 200元
林紀相 200元
吳國瑞 200元
陳家耀 200元

張天保 200元
鄭善因 200元
李元本 200元
陳國燦 200元
林生民 200元
林瑞年 200元

陳南星 200元
林瑞仁 200元
鄭榮杰 100元
孫一塵 100元
陳培植 100元
林炳智 100元

黃姍娜 100元
黃敬岑 100元
許皓薦 100元
張碧雲 100元
陳　英 100元
陳莉妮 100元

黃國恩 100元
鄭朝日 100元
林玉泉 100元
陳其格 100元
林瑞珠 100元
郭東秋 100元

李添源 100元
黃濟禄 100元
黃敬志 100元
鄭　長 100元
廖鴻章 80元
李建聰 50元

陳升基 50元
顔成礎 50元
鄭雪玉 50元
鄭炳焱 50元
林俊德 50元
陳金佳 30元

無名氏 20元
洪麗金 10元

總　計 102150元

四十六　澤海真人

五七六　三寶壟澤海廟重修土庫厝木簽之一

【碑刻名稱】三寶壟澤海廟重修土庫厝木簽之一

【材　質】木材

【形　制】長方形木簽

【尺　寸】長一百八十厘米、寬三十六厘米

【書　體】楷書

【碑　額】無

【碑　題】無

【碑文撰者】無

【碑文書丹】無

【立 碑 者】澤海廟董事人等

【立碑時間】清嘉慶二十五年（一八二〇）

【存 佚】現存

【地 點】印度尼西亞中爪哇三寶壟澤海廟

【碑刻録文】

嘉慶庚辰年重修土庫厝三間。霞源公司捐銀壹佰捌拾伍元、遇春捐銀捌拾元、梧老捐銀捌拾元、笨生貳拾伍元、仲老貳拾伍元、格老貳拾伍元、葛厨貳拾大元、俊德壹拾伍元、强光壹拾伍元、春霞壹拾貳元、□□壹拾貳元、益川拾元、士節拾元、抱老拾元、好川拾元、濫老拾元、□□拾元、本草捌元，□□□□、金波陸元、□□陸元、□□陸元、端老陸元、夾老陸元、涌源伍元、玖老伍元、萃老伍元、猫老伍元、□□伍元、□□肆元、梓果肆元、西河肆元、光漢肆元、諒老肆元、簡老肆元、朝□四元、淮老四元、榮和四元、爲政四元、理明四元、義富三元、百合三元、□□三元、安汶貳元、珍郎貳元、景陽貳元、瑱瑰貳元、六三貳元、結力貳元、坐老貳元、□□貳元、□□貳元、□□貳元、梧新貳元、茶老貳元、□□貳元、□□貳元、□□貳元、□□貳元、□□貳元、□□貳元、□□貳元、三才貳元、選老貳元、□□貳元、□□貳元、庭老貳元、福成號貳元、惠娘貳元、嫣成貳元、嫣恭貳元、□□貳元、□□貳元、□□貳元、大紙壹元、信老壹元、□□壹元、□□壹元、□□壹元、□□壹元、□□壹元、□□壹元、□□壹元。

癸酉年重修。董事遇春、俊德、再興、春江仝立。

敬緣舊梁簽先賢向義諸芳名，但年久内中字迹多有遺失，莫可稽考，始仍舊闕文以垂不朽云。

五七七　三寶壟澤海廟重修土庫厝木簽之二

【碑刻名稱】三寶壟澤海廟重修土庫厝木簽之二
【材　質】木材
【形　制】長方形木簽
【尺　寸】長一百八十厘米、寬三十六厘米
【書　體】楷書
【碑　額】無
【碑　題】無
【碑文撰者】無
【碑文書丹】無
【立 碑 者】澤海廟董事人等
【立碑時間】清道光四年（一八二四）
【存　佚】現存
【地　點】印度尼西亞中爪哇三寶壟澤海廟
【碑刻録文】

道光甲申年捐題衆善信列左：

霞源公司捐銀貳佰捌拾貳元、修理亭後街六官爺土庫梁簽、梧老捐銀肆拾元、遇春捐銀貳拾元、亞帕捐銀貳拾元、格老捐銀貳拾元、珣與貳拾文旧、迺老貳拾文旧、萃老拾六元、渺少拾伍元、坎水壹拾元、百合壹拾元、天賜壹拾元、仕節壹拾元、兼娘壹拾元、烏成壹拾文旧、升堂壹拾文旧、虔老捌大元、簡老六大元、猫静六大元、維娘六大元、春霞六大元、兆祥六文旧、而時六文旧、高升六文旧、美娘六文旧、濫老五元、灘老五元、純老五元、仲偉五文旧、野叟五文旧、堅水五文旧、緣老五文旧、梓哥四元、維順四元、抱老四元、金波四元、三才四元、三陽四元、廷老四文旧、文尉四文旧、奉章四文旧、榮華四文旧、義富四文旧、拱老四文旧、龍盛四文旧、旗老三文旧、武老三文旧、榮華三文旧、永豐三文旧、西河貳元、嫣源貳元、慶瑞貳元、大柴貳元、馬力貳元、舜老貳元、雙德貳元、連宗貳元、爲政貳元、夾老貳元、寒老貳元、拔章貳元、崇山貳元、色湖貳元、景順壹元、琪贇壹元、武英壹元，

以上六十六條共捐緣銀陸佰柒拾陸元叁拔，共收來緣銀六百七十六元三。

修理土庫一間共費用銀七百二十九元二；對除外尚侵去銀伍拾貳元叁拔董事支理。

癸酉年重修董事再興、春江、遇春、俊德同。

五七八　澤海廟大清同治重興木牌

【碑刻名稱】澤海廟大清同治重興木牌

【材　質】木材

【形　制】長方形立牌

【尺　寸】長二百一十厘米、寬六十二厘米

【書　體】楷書

【碑　額】無

【碑　題】無

【碑文撰者】無

【碑文書丹】無

【立 碑 者】澤海廟總理春江暨董事等

【立碑時間】清同治十二年（一八七三）

【存　佚】現存

【地　點】印度尼西亞中爪哇三寶壟澤海廟

【碑刻録文】

大清同治拾貳年歲次癸酉夏月重興，六［爺］公祖廟於桂月竣成暨裔侄孫捐緣及開諸費列明于匾：

茂卿公岩望現任甲必丹捐金貳拾伍盾、克昌公泗水欽賜甲必丹捐金壹佰盾、茂泰公雙汗現任雷珍蘭捐金伍佰盾、聯祥公亞惹現任雷珍蘭捐金壹佰盾、茂川公嗎壟現任雷珍蘭捐金壹佰盾、再興官捐金伍佰貳拾盾、春江官捐金伍佰盾、懷仁官捐金叁佰盾、潯娘（陳順成公妻）捐金貳佰盾、濬衍官捐金壹佰肆拾盾、壘官（居住雙汗）捐金壹佰貳拾盾、西卿官捐金壹佰盾、春盛官捐金壹佰盾、懷恩官捐金壹佰盾、啓興官捐金壹佰盾、振澤官捐金壹佰盾、金鏞官捐金捌拾盾、金練官（居末里紛）捐金捌拾盾、熙和官捐金陸拾盾、懷安官（居比葛連）捐金陸拾盾、文章官（居住日惹）捐金陸拾盾、發育官捐金伍拾盾、添賜官（居住泗水）捐金伍拾盾、石寶官（居住岩望）捐金伍拾盾、石器官（居住岩望）捐金伍拾盾、瓊琳官（居井裡汶）捐金伍拾盾、崇岳官（居井裡汶）捐金伍拾盾、鳳官（居井裡汶）捐金伍拾盾、端娘（潘口癸母）捐金伍拾盾、懷純官捐金肆拾盾、懷裡官捐金肆拾盾、高巧官（居住南旺）捐金肆拾盾、彩麟官（居住日惹）捐金肆拾盾、懷祥官捐金叁拾盾、潘露官捐金叁拾盾、濬潢官捐金叁拾盾、懷義官捐金貳拾盾、遠民官（居住知甲）捐金叁拾盾、有娘（何裕源妻）捐金叁拾盾、經娘（陳夏西母）捐金叁拾盾、容娘（李鴻根妻）捐金叁拾盾、維翰官捐金貳拾伍盾、福祥官捐金貳拾伍盾、美祥官捐金貳拾伍盾、春山官捐金貳拾伍盾、紹熊官捐金貳拾伍盾、斌老官捐金貳拾肆盾、振輝官（居吉里淵）捐金貳拾伍盾、捷隆官捐金貳拾盾、長泉官捐金貳拾盾、隆慶官捐金貳拾盾、楚樣官捐金貳拾盾、青松官（居住惹里）捐金貳拾盾、乾才官（居住惹里）捐金貳拾盾、潤吉官（居住惹里）捐金貳拾盾、安在官（居住知甲）捐金貳拾盾、瓊琳官（居住知甲）捐金貳拾盾、雁蕓官（居住知甲）捐金貳拾盾、專娘（陳清裕妻）捐金貳拾盾、貞娘（葉江波妻）捐金貳拾盾、福娘（陳昆松母）捐金貳拾盾、姜娘（陳金結妻）捐金貳拾盾、茂讀娘（吴榮來妻）捐金貳拾盾、清滿官捐金壹拾伍盾、清連官捐金壹拾伍盾、金龍官捐金壹拾五盾、有德官（偵容）捐金壹拾伍盾、永堪官（居住郎杜）捐金壹拾伍盾、聘懷官（居住噫里）捐金壹拾伍盾、奕厚官（居住雙汗）捐金壹拾貳盾、坤海官（居住雙汗）捐金壹拾貳盾、心弁官（居住雙汗）捐金壹拾貳盾、長安官（居住雙汗）捐金壹拾貳盾、發泰官捐金壹拾盾、維松官捐金壹拾盾、維蘭官捐金壹拾盾、槐燦官捐金壹拾盾、水生官捐金壹拾盾、敏惠官捐金壹拾盾、河水官捐金壹拾盾、仁成官捐金壹拾盾、金玉官捐金壹拾盾、天送官捐金壹拾盾、白官捐金壹拾盾、仁官（居住泗水）捐金壹拾盾、龍章官（居住岩望）捐金壹拾盾、石池官（居住岩望）捐金壹拾盾、良才官（居住岩望）捐金壹拾盾、度官（居住岩望）捐金壹拾盾、良籌官（居住岩望）捐金壹拾盾、敬意官（居住岩望）捐金壹拾盾、瀨瓊官（居住日惹）捐金壹拾盾、振祥官（居住日惹）捐金壹拾盾、澄洲官（居住日惹）捐金壹拾盾、瑞卿官（居住日惹）捐金壹拾盾、泥金官（居住日惹）捐金壹拾盾、俊杰官（居住龍門）捐金壹拾盾、佛言官（居住雙汗）捐金壹拾盾、雙鳳官（居住知甲）捐金壹拾盾、顯壽官（居住噫里）捐金壹拾盾、瑞生官（居住噫里）捐金壹拾盾、藜杖官（居住噫里）捐金壹拾盾、春水官（居住噫里）捐金壹拾盾、媽心官（居住噫里）捐金壹拾盾、捷官（居住噫里）捐金壹拾盾、宇宙官（居住吉里淵）捐金壹拾盾、儉娘（五二母）捐金壹拾盾、梅娘（林容妻）捐金壹拾盾、鶯娘（丁新福母）捐金壹拾盾、信娘（林文修妻）捐金壹拾盾、安娘（施炳武妻）捐金壹拾盾、珍娘（胡克俊妻）捐金壹拾盾、柔娘（温碧泉妻）捐金壹拾盾、香娘（王私填妻）捐金壹拾盾、美娘（鴻衍妻）捐金壹拾盾、真娘（陳俊瑞妻）捐金壹拾盾、才娘（陳天來妻）捐金壹拾盾、壁娘（陳振江妻）捐金壹拾盾、燕娘（陳紹昌妻）捐金壹拾盾、財娘（陳春江妻）捐金壹拾盾、雪娘（陳乾斌妻）捐金壹拾盾、揖娘（陳榮亮母）捐金壹拾盾、安娘（黎紀烈妻）捐金壹拾盾、蓮娘（□□女）捐金壹拾盾、春玉娘（靈江水妻）捐金壹拾盾、雁娘（施有泰母）捐金柒盾、發祥官捐金陸盾、魏炳官捐金陸盾、神樾官捐金陸盾、廷俊官捐金伍盾、廷訓官捐金伍盾、江海官捐金伍盾、瓊琚官捐金伍盾、振華官捐金伍盾、忠文官捐金伍盾、長義官捐金伍盾、五三官捐金伍盾、景星官捐金伍盾、溪芳官捐金伍盾、長宗官（居住日惹）捐金伍盾、文忠官（居住日惹）捐金伍盾、文惠官（居住日惹）捐金伍盾、長榮官（居住日惹）捐金伍盾、敬茂官（居住岩望）捐金伍盾、高明官（居住岩望）捐金伍盾、六官（居住惹里）捐金伍盾、雁石官（居住知甲）捐金伍盾、妙宇官（居住知甲）捐金伍盾、媽恩官（居住知甲）捐金伍盾、艷娘（陳君端母）捐金伍盾、蓮娘（陳昆德妻）捐金伍盾、鳳娘（張海山妻）捐金伍盾、勿娘（會才漢妻）捐金伍盾、絨娘（黃金生母）捐金伍盾、順娘（何光軒妻）捐金伍盾、建娘（會光瓊妻）捐金伍盾、甚娘（周媽愛妻）捐金伍盾、福娘（王開管妻）捐金伍盾、根娘（居住隆門）捐金伍盾、秋娘（居住隆門）捐金伍盾、鸞娘（居住隆門）捐金伍盾、燦娘（居住隆門）捐金伍盾、振榮官捐金肆盾、天瑞官捐金肆盾、烱燦官捐金肆盾、聯祥官捐金肆盾、元祥官捐金肆盾、國祥官捐金肆盾、克恭官捐金肆盾、球娘（再興之女）捐金肆盾、漳娘（再興之女）捐金肆盾、湜娘（英群之女）捐金肆盾、意娘（蘇松山妻）捐金肆盾、陽娘（徐映妻）捐金肆盾、葛娘（蔡昆侖妻）捐金肆盾、添丁官捐金叁盾、珠玉官捐金叁盾、維任官捐金叁盾、槐烟官捐金叁盾、悦娘（金之女）捐金叁盾、槐煊官捐金叁盾、石蛋官捐金二十五盾、怡娘（金鏞山女）捐金叁盾、妙老官捐金貳盾、任貴官捐金貳盾、錫傳官捐金貳盾、維岳官捐金貳盾、宗漢官（居住雙汗）捐金貳盾、其力官（居住雙汗）捐金貳盾、長順官（居住惹里）捐金貳盾、振文官（居住雙汗）捐金貳盾、王炳官（居住惹里）捐金貳盾、四立官（居住惹里）捐金貳盾、娥娘（柯添泉妻）捐金貳盾、寧官（居住惹里）捐金貳盾、燦娘（蘭之女）捐金貳盾、玉娘（黃雙安妻）捐金貳盾、忠清官（居住惹里）捐金壹盾、善娘（蘭之女）捐金貳盾、明算官（居住惹里）捐金壹盾。

甲戌年冬再題碑芳名：

德興公（甲殿地甲必丹）捐金貳拾伍盾、開明官（實叻人）捐金貳佰盾正、叔夜官（梭囉人）捐金貳拾盾正、德良官（□□□）捐金壹拾盾正、喬木官（□□□）捐金貳拾陸盾。

一　存六叔公祖公項來銀［二千四百八十四盾七十八］。

一　承上截收列位來緣銀五千五百七十四盾五。

一　收對總簿第□□□□□□□□□□□□□來銀九百二十八盾。
收得勝巨港勞直黎來銀九十五盾。
肆條合銀九千零八十二盾二十八。（下略）
對除外尚侵用去銀叁佰柒拾貳盾零陸占。
大總理春江、再興，幫理西唧、長泉、懷仁、金鏞、濬衍、捷隆，仝立。
右條所録列芳名，内中若其字有不妥，可以指南於董事人，方能改換，倘不能指明，至乙亥年抄自當照此而謄寫刻石，其無後悔。謹識。

五七九　北加浪寶安宮樂捐牌

【碑刻名稱】北加浪寶安宮樂捐牌
【材　質】木材
【形　制】長方形横牌
【尺　寸】長一百六十厘米、寬七十二厘米
【書　體】楷書
【碑　額】無
【碑　題】無
【碑文撰者】無
【碑文書丹】無
【立 碑 者】寶安宮主事人黄錦成等
【立碑時間】清光緒九年（一八八三）
【存　佚】現存
【地　點】印度尼西亞中爪哇北加浪寶安宮
【碑刻録文】

我浪埠自建觀音亭歷年已久，勢將毁壞。是故公議而重新之，更加華彩艷麗，以壯廟貌之大觀。因所積之公項微少，不足供其所用，乃勸諸信士，喜出緣資而添用也。列位捐緣之芳名序次于左：

特授浪甲必丹黃銘成、欽加吧雷珍蘭黃銘棬，同捐緣銀貳仟盾；欽加浪甲必丹王旋興捐緣銀叁佰盾；特授浪雷珍蘭林福榮捐緣銀伍佰盾；黃燕官捐緣銀伍佰盾；黃忠輝官捐緣銀伍佰盾；黃垂貯官捐緣銀伍佰盾；黃瓊瑶官捐緣銀肆佰盾；三合亞片大睽捐緣銀叁佰盾；何瑞現官捐緣銀叁佰盾；吳茂瑞官捐緣銀貳佰盾；李文臺官捐緣銀貳佰盾；陳煉燦官捐緣銀貳佰盾；陳心安官捐緣銀壹佰二十盾；黃生段官捐緣銀壹佰二十盾；黃清玉官捐緣銀壹佰二十盾；黃垂湖官、黃長登官、陳置業官、吳典基官、陳光勃官、陳恒基官、黃思盛官、楊金麻官、曾元和官、郭長壽官、陳榮忠官、黃松得官、王源輝官、郭智水官，以上芳名每一人捐緣銀壹佰盾；陳東强順舍、黃琴列官、林頂山官，三人每捐緣銀陸拾盾正；王文章官、曾錦碧官、沈添恩官、陳源榮官、黃長駒官、黃情長官、郭懷興官、黃神助官、九合餉當，以上芳名每一人捐緣銀伍拾盾；黃眷禧官、林助生官、黃來水官、曾妙恭官、林財圖官、邱佑官、陳長庚官、楊咩興官、陳樹宣官，以上芳名每一人捐緣銀肆拾盾；蔡長春官、黃長芳官、黃老官、魯情華官、許財興官、楊子儀官、協和餉當，以上芳名每一人捐緣銀叁拾盾；顏長富官捐緣銀貳拾伍盾；陳樹慶官捐緣銀貳拾伍盾；黃肇升官、林佳生官、曾妙桂官、李開草官、陳水那官、施哲惠官、黃清鈴官、顏景杰官、黃山智官，以上芳名每一人捐緣銀貳拾四盾；曾淀生官、郭清水官、陳朝獅官、陳東官、郭拱騰官、黃明春官，以上芳名每一人捐緣銀貳拾盾；林長源官、江武域官、李忠魁官、李長發官、王文旦官、吳文泰官、黃金鑒官、王元生官、林玉海官、葉獻圖官、莊有竟官、周百忠官、陳春郾官、潘禄竹官、李□來官、黃清水官、黃賜進官、黃清俊官、馬聞進官、陳壹色官、黃明觶官、林添成官、許有斐官，以上芳名每一人捐緣銀貳拾盾；黃長才官捐緣銀壹拾陸盾；葉玉山官捐緣銀壹拾伍盾；邱有德官、陳榮懷官、黃振春官、林夏竹官、陳文仕官、林管漢官、陳四海官、黃扁官、林長芳官、施協源官、周正吉官、林長清官，以上芳名每一人捐緣銀壹拾貳盾；陳東煉金官、程有雜官、顏長茂官、顏三春官、蘇清風官、廖江城官、陳錦秀官、陳金象官、陳國耀官、陳源順官、陳宗智官、陳金卿官、陳進財官、陳福臨官、陳搶官、陳錦順官、陳如初官、陳寅生官、陳先捧官、陳登科官、陳江山官、陳光山官、陳玉音官、黃俊容官、黃永自官、黃福敏官、黃景水官、黃儀官、黃榮華官、黃景德官、黃永慶官、黃鴛鴦官、黃瑞成官、黃炎生官、黃致祥官、黃清竣官、黃敏捷官、黃梓好官、黃訓土官、黃春華官、黃文挺官、黃光瑞官、黃水連官、黃玉榮官、黃漢章官、黃長興官、黃啓元官、黃瑞癸官、林漢色官、林漢祥官、林正春官、林六使官、林茂容官、林明姜官、林曾官、林文教官、林麻義官、林景輝官、林金獅官、楊深源官、楊勃然官、楊榮宗官、楊祥才官、楊玲東官、楊振榮官、顏再安官、顏連寅官、顏隆基官、顏吉興官、郭振盛官、郭榮華官、郭榮枝官、郭璿妙官、郭天文官、王祖培官、王朝安官、王梓細官、施燕周官、施清茂官、施怡福官、周長振官、周長興官、潘育貴官、潘夏通官、李德水官、李挺容官、江源興官、江來春官、江碧水官、紀經德官、薛善官、莊秀睿官、莊有信官、宋培善官、黎亞二官、許文旦官、廖江福官、蔣清輝官、協成西餉當、協成南餉當、協成北餉當、何繩夏官、何水偉官、胡水泉官、洪和寧官、魏肇基官、紀有才官、邱丙丁官、洪金魚官、甘永朝官、謝秀溪官、魏曲水官、廣發隆號，以上芳名每一人捐緣銀壹拾盾。總共貳佰貳拾伍人，合共捐緣銀壹萬壹仟零壹拾壹盾。

大清光緒玖年癸未，和嘯壹仟捌佰捌拾叁年，主事人黃錦成題。

五八〇　南安由晏清廟修廟樂捐牌之一

【碑刻名稱】南安由晏清廟修廟樂捐牌之一

【材　質】木材

【形　制】長方形立牌

【尺　寸】長一百一十厘米、寬五十六厘米

【書　體】楷書

【碑　額】無

【碑　題】無

【碑文撰者】陳英供

【碑文書丹】無

【立　碑　者】晏清廟董事雷珍蘭陳德昌等

【立碑時間】清光緒十二年（一八八六）

【存　佚】現存

【地　點】印度尼西亞西爪哇南安由晏清廟

【碑刻録文】

革故鼎新，事非遇剥，修廟栖神，理所固然。曩者第因飛生充厥，藏伏於澤海真人廟宇，已歷數年。洎乎乙酉年，德昌公爰集衆籌，酬情酌理，揆義度勢，捐募同合，榮謀涓〔吉〕，申請合同，而秤其舊，重建立新，更易其方，改正告成。於今建築告成，然則所謂如竹苞松茂，自革翠飛，較□□昔之觀，神人□□，合境有變□□□□，□□□□。

雷珍蘭陳德昌捐金壹佰盾正、傅昆淵捐金叁佰盾正、陳嫣登捐金叁佰盾正、鍾石楝捐金壹佰伍拾盾、安盛吧棧捐金壹佰貳拾盾、廣惠豐捐金壹佰貳拾盾、宋源安捐金壹佰貳拾盾、楊綿昌捐金壹佰盾正、黄金玉捐金壹佰盾正、方順和捐金壹佰盾正、陳隆興捐金陸拾盾正、陳錦良捐金陸拾盾正、林德興捐金陸拾盾正、黄嘉謨捐金陸拾盾正、柯炳文捐金陸拾盾正、高應兵捐金陸拾盾正、蘇清黎捐金陸拾盾正、莊沙官捐金陸拾盾正、益源餉當捐金伍拾盾正、鄭二妹捐金伍拾盾正、豐順餉當捐金伍拾盾正、陳良賓捐金肆拾盾正、家長鍾錦熙錦揚捐金肆拾盾正、康順景捐金肆拾盾正、黄俊堅捐金肆拾盾正、蔡正明捐金肆拾盾正、葉玉明捐金叁拾盾正、楊本福捐金叁拾盾正、高齊良捐金叁拾盾正、宋禧終捐金貳拾伍盾正、宋池官捐金貳拾伍盾正、陳芳來捐金貳拾伍盾正、錦成棧捐金貳拾伍盾正、杯水生捐金貳拾盾正、陳應銘捐金貳拾盾正、陳聯生捐金貳拾盾正、陳文周捐金貳拾盾正、黄元義捐金貳拾盾正、高清海捐金貳拾盾正、金瑞□捐金貳拾盾正、傅昆河捐金貳拾盾正、蔡如福捐金貳拾盾正、傅怡棗捐金貳拾盾正、傅益孫捐金貳拾盾正、高仁德捐金貳拾盾正、陳啓福捐金貳拾盾正、方衍錫捐金貳拾盾正、李德興捐金貳拾盾正、傅國忠捐金貳拾盾正、陳立成捐金壹拾伍盾、柯景通捐金壹拾伍盾、丁連鹿捐金壹拾伍盾、方學種捐金壹拾伍盾正、壽興堂捐金壹拾伍盾正、邱錦棠捐金壹拾伍盾正、郭荅南〔孀〕捐金壹拾盾正、鍾錦秋捐金壹拾盾正、王南提捐金壹拾盾正、鍾宣光捐金壹拾盾正、鄭水獺捐金壹拾盾正、陳如順捐金壹拾盾正、陳傅香捐金壹拾盾正、陳通官捐金壹拾盾正、鄭福全捐金壹拾盾正、蔡在官捐金壹拾盾正、薛養官捐金壹拾盾正、陳國順捐金壹拾盾正、鍾宣泰捐金壹拾盾正、楊永安捐金壹拾盾正、許榮黎捐金壹拾盾正、鄧良春捐金壹拾盾正、王元輝捐金壹拾盾正、傅淵娘捐金壹拾盾正。

五八一　南安由晏清廟修廟樂捐牌之二

【碑刻名稱】南安由晏清廟修廟樂捐牌之二
【材　質】木材
【形　制】長方形立牌
【尺　寸】長一百一十厘米、寬五十六厘米
【書　體】楷書
【碑　額】無
【碑　題】無
【碑文撰者】陳英供
【碑文書丹】無
【立 碑 者】晏清廟董事雷珍蘭陳德昌等
【立碑時間】清光緒十二年（一八八六）
【存　佚】現存
【地　點】印度尼西亞西爪哇南安由晏清廟
【碑刻録文】

賴文叻：家長魏巳酉捐金叁拾盾正、陳良山捐金壹拾盾正、魏明官捐金壹拾盾正、陳明月捐金伍盾正，以上計四條共銀五十五盾正；壤茄社：家長陳陸珍捐金叁拾盾正、翁招遂捐金叁拾盾正、黃嫣超捐金叁拾盾正、翁招成捐金叁拾盾正、陳吉祥捐金貳拾盾正、連天麟捐金貳拾盾正、揚高瀾捐金壹拾盾正、傅昆祥捐金壹拾盾正、傅瓊官捐金壹拾盾正、甘順香捐金壹拾盾正、傅淇法捐金壹拾盾正、黃元旦捐金壹拾盾正、曾清河捐金壹拾盾正，以上計十三條共銀二百三十盾；惹致厨洲：吴元九捐金叁拾盾正、吴明佑捐金壹拾盾正、彭紅娘捐金壹拾盾正、家長吴清佑捐金壹拾盾正、吴旺佑捐金壹拾盾正、陳景親捐金伍盾正、高甫官捐金伍盾正，以上計柒條共銀八十盾正；峇連社：邱璇磯捐金貳拾伍盾正、賴榮利捐金壹拾盾正、黃朝萬捐金壹拾盾正、巫千里捐金伍盾正、温真珠捐金伍盾正、黃賜福捐金伍盾正、家長陳禹芳捐金貳拾盾正、沈錦龍捐金壹拾盾正、陳仁生捐金壹拾盾正、蔡瑞慶捐金伍盾正、黃文爽捐金伍盾正，以上計十一條共銀一百一十五盾正。連上伍大條總收緣金肆仟伍佰盾大正。

順録修廟什費并築冢亭及置器皿諸費于左：

一　開對德盛修廟雜費共去銀七千三百九十七盾四十三角。

一　開買陳錦良厝壹間去銀五百盾正。

一　開買黃百忍川厝壹間去銀二百五十盾正。

一　開做厝字諸費捐金一百五十盾。

一　開對豐盛築冢亭壹間共去銀一千二百五十一盾二角正。

以上伍條開費銀玖仟伍佰肆拾八盾六十三角。

器具：

一　置長衫外套袍計肆付；

一　置四方桌計壹拾柒隻；

一　置校椅計壹拾貳領；
一　置飯碗計貳佰個；
一　置五寸盤計壹佰伍拾個；
一　置碟仔計貳佰個；
一　置白茶碗計伍佰個；
一　置焚帽壳計肆頂；
一　置纂席計壹拾貳領；
一　置中斗碗計肆伍個；
一　置七寸盤計壹佰伍拾個；
一　置湯匙計貳佰個；
一　置竹箸計貳佰個；
一　置酒盞計貳佰個。
滿座吉慶，合境平安。
董事：雷珍蘭陳德昌、陳芳美、傅昆淵、陳陸興、林勝長、黃昆泉、郭坤福、黃長美、陳媽登、鍾石棟、方寶山；總理：陳媽登、高長宣、陳源成；地理師：蘇寶任；擇日課：葉榮華。
沐恩弟子陳英供志，時皇清光緒十有二年歲次柔兆閹茂夷則穀旦。

五八二　直葛重修澤海宮木牌

【碑刻名稱】直葛重修澤海宮木牌
【材　質】木材
【形　制】長方形立牌
【尺　寸】長一百六十厘米、寬七十二厘米
【書　體】楷書
【碑　額】無
【碑　題】澤海宮
【碑文撰者】無
【碑文書丹】無
【立 碑 者】澤海宮董事人特授甲必丹許高泰等
【立碑時間】清光緒二十三年（一八九七）
【存　佚】現存
【地　點】印度尼西亞中爪哇直葛澤海宮
【碑刻録文】

澤海宮葛之社稷也，不知建於何年，尊祀郭真人，不知始於何代，但覺靈應護人，赫赫海邦。聞之鄉老所傳，殆必至人至德，化身常佑我旅民者也。閱梁籤所書道光丁酉年重修，經又光緒丁酉年，歷歲久遠，殿宇剝蝕，初擬重修，繼而新造，巍然壯麗，是皆諸善士之力也。玆特勒石題名，永垂不朽。是爲序。

連錯筆總合收緣金一萬八千九百三十九盾，謹録諸善士芳名列左：

陳有恒對錯筆再捐金壹佰盾；特授甲必丹許高泰捐金陸佰盾正；特授雷珍蘭黃振揚捐金叁佰盾正；特授雷珍蘭蘇祥源捐金壹佰貳拾盾；李九嬰捐金壹仟盾正；陳清修捐金壹仟盾正；陳昌盛捐金伍佰盾正；林壬澤捐金伍佰盾正；王加富捐金叁佰盾正；□□許有成捐金叁佰盾正；林□□捐金叁佰盾正；郭瑞明捐金叁佰盾正；林紫荊捐金叁佰盾正；林長庚捐金叁佰盾正；林淼泉捐金叁佰盾正；林厥招捐金叁佰盾正；許振坤捐金叁佰盾正；許振咖捐金叁佰盾正；周煌耀捐金貳佰盾正；聯昌號捐金貳佰盾正；許志□捐金貳佰盾正；王天水捐金貳佰盾正；謝德實捐金貳佰盾正，又捐金捌拾盾正；黃文芳捐金貳佰盾正；林榮義捐金貳佰盾正；林瑞泰捐金貳佰盾正；林漢且捐金貳佰盾正；陳有恒捐金貳佰盾正；陳厚重捐金貳佰盾正；康榮昌捐金壹佰伍拾盾；郭寬淮捐金壹佰伍拾盾；榮興號捐金壹佰伍拾盾；錦茂號捐金壹佰伍拾盾；欽裕號捐金壹佰伍拾盾；林忠超捐金壹佰伍拾盾；林忠地捐金壹佰伍拾盾；李光波捐金壹佰貳拾盾；陳東金川捐金壹佰貳拾盾；陳鴻儒捐金壹佰貳拾盾；許仕平捐金壹佰壹拾盾；黃四海捐金壹佰盾正；黃有林捐金壹佰盾正；林永成捐金壹佰盾正；林忠永捐金壹佰盾正；林果遜捐金壹佰盾正；林長洲捐金壹佰盾正；林長南捐金壹佰盾正；林長壽捐金壹佰盾正；林天升捐金壹佰盾正；林□昌捐金壹

佰盾正；林能杞捐金壹佰盾正；林瑞鳳捐金壹佰盾正；林瑞綿捐金壹佰盾正；林欣隆捐金壹佰盾正；許漢奇捐金
壹佰盾正；許永和捐金壹佰盾正；許□水捐金壹佰盾正；許志本捐金壹佰盾正；許錦源捐金壹佰盾正；陳永茂捐
金壹佰盾正；陳商昌捐金壹佰盾正；陳順財捐金壹佰盾正；陳清宣捐金壹佰盾正；陳以漫捐金壹佰盾正；陳萬壘
捐金壹佰盾正；李日塗捐金壹佰盾正；温長齡捐金壹佰盾正；郭景美捐金壹佰盾正；蘇長才捐金壹佰盾正；謝光
傳捐金壹佰盾正；梁亞五捐金壹佰盾正；李萬丁捐金柒拾伍盾；林査某捐金柒拾伍盾；許志學捐金陸拾盾正；李
東海捐金陸拾盾正；劉錦美捐金陸拾盾正；王有德捐金陸拾盾正；張樞漆捐金陸拾盾正；陳□祥捐金陸拾盾正；
林清江捐金陸拾盾正；林厥照捐金陸拾盾正；陳順象捐金伍拾盾；陳景安捐金伍拾盾；陳振耀捐金伍拾盾；陳長
水捐金伍拾盾；陳清波捐金伍拾盾；陳日宣捐金伍拾盾；陳求能捐金伍拾盾；陳以洽捐金伍拾盾；郭瑞珍捐金伍
拾盾；郭松年捐金伍拾盾；林清涼捐金伍拾盾；林清源捐金伍拾盾；林清月捐金伍拾盾；許遠水捐金伍拾盾；許
有章捐金伍拾盾、李俊生捐金伍拾盾，黃清秀捐金伍拾盾；嚴銀丹捐金伍拾盾；柯增輝捐金伍拾盾；葉達生捐金
伍拾盾；徐祥山捐金伍拾盾；和源棧捐金伍拾盾；松裕和捐金伍拾盾；許永妙捐金四拾盾；許坤厚捐金四拾盾；
陳烏唐捐金四拾盾；陳貴温捐金四拾盾；劉怡銹捐金四拾盾；林西池捐金四拾盾；林永茂捐金叄拾盾；林廷基捐
金叄拾盾；林宗文、張葛蒲、林雙喜、陳□機、陳彬德、陳金鍊、陳新修、郭金波、蘇傳受、楊文基、嚴春源、
王存觀、黃滿山、黃林建，右上各叄拾盾；張金泰、張亞奈、張俊□、張雅言、黃生觀、黃成上、黃天安、林紅
□、林幀樣、劉長善、郭金水、甘芳川、陳悟秉、高榮輝，以上各貳拾伍盾；許仁龍、許□發、許果能、許添
咨、郭有招、許志才、許春利、黃長裕、黃長生、黃高明、陳霓裕、陳清義、陳求成、陳佳生、陳松茂、陳光
炎、陳民德、陳錦發、陳長信、林邦本、林春禧、林群興、林□國、林荊川、林培柏、林振源、林□觀、王□
愷、王□□、王碧炎、王碧壘、蘇傳順、蘇西興、蘇華生、蘇榮智、劉長發、劉錦順、葉長順、葉金達、張怡

祥、張景安、沈清時、蕭文彬、蔡温柔、曾慶宗、宋拱照、周祥龍、呂得禄、吴學誼、薛華音、楊欲基、蔣清富、謝漢信、丁豆簽、温文章、甘登貴、郭陽春，以上各貳拾盾；侯嬰觀、葉由通、林大本，以上各捐拾伍盾；陳永貴、陳廣福、陳謂觀、陳貴連、陳潤澤、陳捷升、陳求本、陳清坤、陳龍德、陳求全、陳祥泉、陳仙□、林天月、林清泉、林秋漢、林邦國、林金芳、林□□、林悦觀、林昆玉、黄天黄、黄豐盈、黄鴻基、黄鴻臨、黄順福、黄元亨、黄水叮、謝瑞福、謝順月、謝德仲、謝以仲、謝清忠、謝壽元、許永忠、許瑞德、許必源、許景□、許振美、許□龍、蘇建子、蘇清基、蘇九陵、蘇景明、蘇江泉、蘇□明、郭有成、郭朝觀、郭陽明、郭有和、郭桂祥、郭有温、楊克和、楊以仁、楊□金、楊貴邦、張合順、張玉合、張昆玉、鄭錦麟、鄭□觀、李□□、李□□、朱西光、朱拱喜、蕭江川、蕭人幅、戴□生、甘興清、吴啓贊、呂乙亥、嚴岐鵬、歐雨倡、周獻珍、姚坤陸、康量□、王富觀、潘佾觀、寶和號，以上各壹拾盾；許清喜伍盾；侯長喜肆盾。總共將捐金壹萬捌仟柒佰貳拾玖盾開完。

大聖二四四八年光緒貳拾叁年歲次丁酉，西曆一八九七季春穀旦。

董事人特授甲必丹許高泰、雷珍蘭黄振揚、黄四海、李九嬰、王天水、王加富、林紫荊、陳清修仝立石。

五八三　直葛重修澤海宮碑

【碑刻名稱】直葛重修澤海宮碑
【材　質】石材
【形　制】長方形横碑
【尺　寸】長六十八厘米、寬四十五厘米
【書　體】楷書
【碑　額】無
【碑　題】澤海宮
【碑文撰者】無
【碑文書丹】無
【立 碑 者】澤海宮董事人特授甲必丹許高泰等
【立碑時間】清光緒二十三年（一八九七）
【存　佚】現存
【地　點】印度尼西亞中爪哇直葛澤海宮
【碑刻録文】

兹録建新澤海宮諸費并收緣項及兑舊料列條于左：

一、總共收緣項來銀一萬八千九百三十九盾，一、總共兑舊料來銀五百四十盾五六，計貳條共銀一萬九千四百七十九盾五六。

開李燧侯包柴土花工資計去銀五千一百九十盾、開油漆司并畫花工資計去銀一千六百五十八盾、開土水小工戈里工資計去銀一千六百四十七盾、開鋸柴工資計去銀三百三十七盾六六、開刻柴花帳眉工計去銀一百二十盾、開包做寶仔門志工計去銀八十盾、開包做孤枰工資計去銀一百盾、開刻題緣石碑柴牌并漆計去銀三百六十三盾、開林清江辛金二十三個月計去銀四百六十盾、開什費并買零物計去銀一千二百七十九盾三、開買色料漆油粉金箔計去銀一千九百九十二盾九五、開買石白灰計去銀九百零九盾四五、開買大小紅磚計去銀七百二十一盾、開買甓仔計去銀五百七十三盾五、開買厝瓦二萬個計去銀二百二十盾、開買沙仔計去銀一百八十二盾四四、開買石矸石條小石并費計去銀二百九十二盾、開買□石碑一片磚三千個并磨工計去銀一百八十七盾、開買剪花碗料計去銀九十一盾、開買□瓦計去銀一百七十四盾四八、開買銅做水槽并劍槍頭計去銀一百九十九盾九六、開買長桌椅□條計去銀一百三十七盾、開買紫柏紡桶仔計去銀二千七百三十四盾、開買鐵賂做劍槍并工資計去銀四百一十二盾五五、開嚟唧鐵厨一個并八仙計去銀二十三盾四、開換呆銀貼頭計去銀一十六盾五、開買套袍六十付計去銀一百一十五盾，計二十七條共銀一萬九千四百七十九盾五六。

光緒丁酉年。

董事人特授甲必丹許高泰、特授雷珍蘭黄振揚、王加富、黄四海、李九嬰、王天水、林紫荆、陳清修仝啓。

五八四　直葛澤海宮落成樂捐題名碑

【碑刻名稱】直葛澤海宮落成樂捐題名碑

【材　　質】石材

【形　　制】長方形立碑

【尺　　寸】長一百八十厘米、寬七十厘米

【書　　體】楷書

【碑　　額】無

【碑　　題】澤海宮

【碑文撰者】無

【碑文書丹】無

【立 碑 者】澤海宮董事人特授甲必丹許高泰等

【立碑時間】清光緒二十七年（一九〇一）

【存　　佚】現存

【地　　點】印度尼西亞中爪哇直葛澤海宮

【碑刻録文】

慶祝神庥，藉人民之鼓舞成功，克告喜善信之婆心。兹我澤海宮落成已慶，四境咸寧，雖神功之浩大，感發丹誠，亦人心之齊一，樂解囊金。是日也，建清醮五朝，演梨園半月，神人同慶，遠近相欣，一時之勝，於斯爲盛。是皆諸善信之力，爰勒芳名，以志不泯。是爲序。

特授甲必丹許高泰捐金壹佰貳拾盾；特授雷珍蘭黃振陽捐金陸拾盾喜正；特授雷珍蘭蘇祥源捐金叁拾貳盾伍角；林壬澤捐金壹佰貳拾盾；王加富捐金壹佰壹拾盾；周煌耀捐金壹佰壹拾盾；李九嬰捐金壹佰盾喜正；陳昌盛捐金壹佰盾喜正；厥祥棧捐金壹佰盾喜正；許振坤捐金壹佰盾喜正；林漢且捐金壹佰盾喜正；林厥輝捐金壹佰盾喜正；黃文芳捐金壹佰盾喜正；林淼泉捐金壹佰盾喜正；錦茂號捐金壹佰盾喜正；榮興號捐金捌拾盾喜正；聯昌號捐金捌拾盾喜正；陳鴻儒捐金捌拾盾喜正；林長庚捐金柒拾盾喜正；陳金川捐金柒拾盾喜正；林漢義捐金柒拾盾喜正；陳有恒捐金柒拾盾喜正；陳永茂捐金柒拾盾喜正；許振卿捐金陸拾盾喜正；郭瑞珍捐金陸拾盾喜正；許仕平捐金陸拾盾喜正；沈亞伍捐金陸拾盾喜正；葉達盛捐金陸拾盾喜正；林國才捐金伍拾盾喜正；謝德安捐金伍拾盾喜正；陳順才捐金四拾盾喜正；陳順泉捐金四拾盾喜正；林天生捐金四拾盾喜正；林榮成捐金四拾盾喜正；李東海捐金四拾盾喜正；同美號捐金四拾盾喜正；蘇傳順捐金四拾盾喜正；陳爾昌捐金四拾盾喜正；陳求寧捐金四拾盾喜正；陳厚重捐金四拾盾喜正；林忠超捐金四拾盾喜正；林貞祥捐金四拾盾喜正；李曰塗捐金四拾盾喜正；王天水捐金四拾盾喜正；劉錦明捐金四拾盾喜正；林秋漢捐金叁拾盾喜正；林瑞泰捐金叁拾盾正；林長南捐金叁拾盾正；陳日宣捐金叁拾盾正；同記號捐金叁拾盾正；郭寬淮捐金叁拾盾正；振榮公捐金叁拾盾正；黃清秀捐金

叁拾盾正；林長洲捐金叁拾盾正；吕德禄捐金叁拾盾正；謙源棧捐金叁拾盾正；郭松年捐金叁拾盾正；成安號捐金叁拾盾正；王霧觀捐金叁拾盾正；黄琔理捐金貳拾伍盾；張雅言捐金貳拾伍盾；許有招捐金貳拾伍盾；黄長奇捐金貳拾伍盾；張秦觀捐金貳拾伍盾；陳爾春捐金貳拾盾正；陳貴温捐金貳拾盾正；陳新修捐金貳拾盾正；陳加生捐金貳拾盾正；陳金鍊捐金貳拾盾正；林瑞鵬捐金貳拾盾正；林長壽捐金貳拾盾正；林振源捐金貳拾盾正；郭葉吉捐金貳拾盾正；黄長裕捐金貳拾盾正；陳以濂捐金貳拾盾正；陳清宣捐金貳拾盾正；陳肖輝捐金貳拾盾正；林江□捐金貳拾盾正；林厥招捐金貳拾盾正；林金福捐金貳拾盾正；郭春茂捐金貳拾盾正；郭陽明捐金貳拾盾正；黄成土捐金貳拾盾正；許必源捐金貳拾盾正；許有章捐金貳拾盾正；謝川仲捐金貳拾盾正；嚴良丹捐金貳拾盾正；廖傳善捐金貳拾盾正；施康寧捐金貳拾盾正；柯增發捐金貳拾盾正；張福添捐金貳拾盾正；亦修園捐金貳拾盾正；許志本捐金貳拾盾正；德美號捐金貳拾盾正；謝水鶯捐金貳拾盾正；林建基捐金貳拾盾正；葉長順捐金貳拾盾正；王有德捐金貳拾盾正；新和盛捐金貳拾盾正；蘇萃生捐金貳拾盾正；高瑞當餉捐金貳拾盾正；林邦固捐金壹拾伍盾；林一桂捐金壹拾伍盾；陳長水捐金壹拾伍盾；李萬丁捐金壹拾伍盾；張星員捐金壹拾伍盾；沈景棠捐金壹拾伍盾；寶和號捐金壹拾伍盾；林漢章捐金壹拾伍盾；陳德觀捐金壹拾伍盾；陳能德捐金壹拾伍盾；張合順捐金壹拾伍盾；鄭長榮捐金壹拾伍盾；許瑞德捐金壹拾伍盾；謝秀輝捐金壹拾伍盾；陳廣裕捐金壹拾盾正；陳能春捐金壹拾盾正；陳景安捐金壹拾盾正；陳貞義捐金壹拾盾正；陳寬裕捐金壹拾盾正；陳有萬捐金壹拾盾正；陳振耀捐金壹拾盾正；林春禧捐金壹拾盾正；林培柏捐金壹拾盾正；林忠地捐金壹拾盾正；林發財捐金壹拾盾正；黄鴻基捐金壹拾盾正；黄長水捐金壹拾盾正；陳壽南捐金壹拾盾正；陳貞坤捐金壹拾盾正；林元濟捐金壹拾盾正；林忠論捐金壹拾盾正；林清江捐金壹拾盾正；林瑞麟捐金壹拾盾正；黄天安捐金壹拾盾正；黄豐盈捐金壹拾盾正；黄坐觀捐金壹拾盾正；黄萬山捐金壹拾盾正；黄鎔江捐金壹拾盾正；黄連枝捐金壹拾盾正；楊芳金捐

金壹拾盾正；楊光和捐金壹拾盾正；蘇龍心捐金壹拾盾正；蘇清變捐金壹拾盾正；蔡温録捐金壹拾盾正；綴落和氏捐金壹拾盾正；黄天送捐金壹拾盾正；黄鴻昌捐金壹拾盾正；黄水可捐金壹拾盾正；楊安邦捐金壹拾盾正；蘇傳受捐金壹拾盾正；蘇成章捐金壹拾盾正；蘇啓明捐金壹拾盾正；蔡能泉捐金壹拾盾正；劉長喜捐金壹拾盾正；懸堂居捐金壹拾盾正；謝志昌捐金壹拾盾正；甘芳來捐金壹拾盾正；許坤厚捐金壹拾盾正；許振美捐金壹拾盾正；薛華音捐金壹拾盾正；義合號捐金壹拾盾正；顔贊觀捐金壹拾盾正；宋玉舸捐金壹拾盾正；吴榮煌捐金壹拾盾正；甘芳才捐金壹拾盾正；周吉駐捐金壹拾盾正；許仁親捐金壹拾盾正；許百福捐金壹拾盾正；歐兩儀捐金壹拾盾正；丁豆簽捐金壹拾盾正；張景安捐金壹拾盾正；宋桃觀捐金壹拾盾正；吕庚申捐金壹拾盾正；吴李禮捐金壹拾盾正；兆坤隆捐金壹拾盾正；葉祐通捐金壹拾盾正；郭寬宏捐金壹拾盾正；蔣進福捐金壹拾盾正；蔣進金捐金壹拾盾正；陳百年捐金伍盾喜正；陳捷升捐金伍盾喜正；陳贊觀捐金伍盾喜正；陳爲忠捐金伍盾喜正；陳百昌捐金伍盾喜正；陳文獻捐金伍盾喜正；陳厥祥捐金伍盾喜正；陳貴連捐金伍盾喜正；陳炳寅捐金伍盾喜正；陳清陸捐金伍盾喜正；陳昆明捐金伍盾喜正；陳潤漳捐金伍盾喜正；陳延鵬捐金伍盾喜正；陳聯壽捐金伍盾喜正；陳天保捐金伍盾喜正；陳金榜捐金伍盾喜正；黄長亨捐金伍盾喜正；黄高明捐金伍盾喜正；陳彬德捐金伍盾喜正；陳金發捐金伍盾喜正；陳地坤捐金伍盾喜正；陳語秉捐金伍盾喜正；黄坤輝捐金伍盾喜正；黄源順捐金伍盾喜正；黄箭觀捐金伍盾喜正；許涉川捐金伍盾喜正；許增發捐金伍盾喜正；黄添成捐金伍盾喜正；許永忠捐金伍盾喜正；許龍炭捐金伍盾喜正；許果寧捐金伍盾喜正；許光裕捐金伍盾喜正；林清泉捐金伍盾喜正；林景美捐金伍盾喜正；林添木捐金伍盾喜正；林明觀捐金伍盾喜正；林一鴻捐金伍盾喜正；謝清發捐金伍盾喜正；謝瑞福捐金伍盾喜正；許果論捐金伍盾喜正；許保安捐金伍盾喜正；林祥興捐金伍盾喜正；林景川捐金伍盾喜正；林悦觀捐金伍盾喜正；林清月捐金伍盾喜正；林海觀捐金伍盾喜正；謝清忠捐金伍盾喜正；謝懿仲捐金伍盾喜正；謝秀源

捐金伍盾喜正；蘇西典捐金伍盾喜正；蘇九能捐金伍盾喜正；楊欲基捐金伍盾喜正；陳日彰捐金伍盾喜正；王長發捐金伍盾喜正；劉三思捐金伍盾喜正；劉怡明捐金伍盾喜正；謝德忠捐金伍盾喜正；蘇啓榮捐金伍盾喜正；蘇傳福捐金伍盾喜正；楊天銀捐金伍盾喜正；鄭振美捐金伍盾喜正；王長水捐金伍盾喜正；劉榮春捐金伍盾喜正；蘇寅丑捐金伍盾喜正；林聲登、劉錦順、吕丁丑、怡濟堂、伍亞振，右上各伍盾；柯永財、朱福星、馮基觀、藍玉成、蔡振發、陳金沙、陳和隆、陳水貞、戴良會、謝光典、葉綿遠、葉文寧、陳顯文、陳賢生、陳瑞發、林漢能、鄭錦盛、鄭錦泰、杜越友、戴奇壽、林茶郎、林振典、林本觀、林聯輝、戴奇明、嚴岐鵬、鄭票觀、鄭悦來、黄長生、王益謙、朱拱喜、楊慧仁、甘芳源、廖傳基、周建賢、洪竹觀、楊百年、楊家瑞、謝德發、邱順義、張長生、張合進、張尼姑、蔡能安、莊明智、許集信、蘇乞觀、甘朝漢、郭淮安、甘朝源、潘觀、梁文蔓、許流觀、鄭及觀、許添能、吴啓贊、侯九嬰、傳忠喜、蕭江川、廖丁保、郭成章、黄順福，右上各貳盾伍角。總合共叁佰壹拾壹名，銀五仟三百二十盾。

一，捐闔埠緣金計三佰一十一名，共收來銀五仟五佰五十貳盾五；一，收在澤海宮兑什物共收來銀四佰四十五盾；一，收賣苑葦戲棚□□共收來銀三十二盾。計三條合共銀陸仟零二十九盾五。

一，開請潮班官音戲演吧□來往算費共銀一千八佰四十二盾；一，開請吧道士并歡鼓首計八名做五天醮來往等費共銀七佰盾；一，開分福户之做慶月登計共費去銀九佰二十五盾；一，開宮内外什用以及米里□禮香月油火諸等，費去銀一千九佰五十五盾。計四條合共去銀五千四佰二十二盾。

前捐緣結對除以來外尚伸來銀陸佰零七盾五。

許高泰再捐金貳拾盾正、黄振揚再捐金壹拾盾正、王加富再捐金貳拾盾正、李九嬰再捐金貳拾盾正、厥祥棧再捐金貳拾盾正、許振卿再捐金貳拾盾正、聯昌號再捐金貳拾盾正、林趨觀再捐金貳拾盾正、林厥照再捐金貳拾盾正、林天來再捐金貳拾盾正、林啓泰再捐金貳拾盾正、陳順象再捐金壹拾盾正、葉達盛再捐金壹拾盾正、林秋漢再捐金壹拾盾正、吕德祿再捐金壹拾盾正、陳以顯再捐金壹拾盾正、謝德安再捐金壹拾盾正、林瑞燕再捐金壹拾盾正、成安號再捐金壹拾盾正、張福添再捐金貳拾盾正、周煌耀再捐金壹拾盾正、黄四海再捐金壹拾盾正、林天生再捐金壹拾盾正、郭春茂再捐金壹拾盾正、陳鴻儒再捐金壹拾盾正、王天水再捐金壹拾盾正、陳葛盈再捐金壹拾盾正、林瑞鳳再捐金壹拾盾正、林宗文再捐金壹拾盾正，計二十九條合共銀四百盾。

一　對連上條取尾結存來銀陸佰零柒盾伍角，再總共貳條合銀一千零七盾五。

一　開買澤海宫川西厝六百零二等銀壹仟零七盾五，開完。

光緒貳拾柒年歲次辛丑桂月初九起醮日。

董事人特授甲必丹許高泰、特授雷珍蘭黄振揚、林壬澤、王加富、周煌耀、陳順象、陳清波、王天水等仝吉置。

五八五　重修直葛澤海宮捐題碑

【碑刻名稱】重修直葛澤海宮捐題碑

【材　質】石材

【形　制】長方形立碑

【尺　寸】長一百三十厘米、寬八十二厘米

【書　體】楷書

【碑　額】無

【碑　題】無

【碑文撰者】無

【碑文書丹】無

【立 碑 者】澤海宮董事人等

【立碑時間】一九五七

【存　佚】現存

【地　點】印度尼西亞中爪哇直葛澤海宮

【碑刻録文】

茲將澤海宮重修壹佰廿周年慶祝紀念善士捐題芳名列左：

陳福良捐銀七百五十盾；浩然公司捐銀五百盾；姚文先捐銀三百盾；黄發妹捐銀三百盾；林木水捐銀三百盾；李桃梅捐銀三百盾；莊福興捐銀二百五十盾；陳寬輝捐銀二百盾；莊福源捐銀二百五十盾；陳慶川捐銀二百盾；黄紹典捐銀二百盾；黄珠祥捐銀二百盾；林厥榮捐銀二百盾；米廠公會捐銀二百盾；陳思良捐銀二百盾；呀吧汽車公會捐銀二百盾；陳新霖捐銀二百盾；黄紫秀捐銀二百盾；許綿清捐銀二百盾；和源公司捐銀二百盾；粒粒香捐銀二百盾；陳志香捐銀一百五十盾；夏亞丁捐銀一百盾；姚亞富捐銀一百盾；施有慶捐銀一百盾；謝宣照捐銀一百盾；丁春輝捐銀一百盾；黄良興捐銀一百盾；黄長興捐銀一百盾；陳長和捐銀一百盾；陳美壽捐銀一百盾；陳寬祥捐銀一百盾；林秉賢捐銀一百盾；林維祥捐銀一百盾；林照順捐銀一百盾；李禄才捐銀一百盾；許紫鳳捐銀一百盾；許綿寧捐銀一百盾；許春淵夫人捐銀一百盾；倪直寧捐銀一百盾；德裕興捐銀一百盾；蘇承艷捐銀一百盾；嚴振岫捐銀一百盾；王必藩捐銀一百盾；温銘華捐銀一百盾；丁忠挈捐銀一百盾；黄天爵捐銀一百盾；陳西榮捐銀一百盾；陳至才捐銀一百盾；陳利春捐銀一百盾；陳啓仁捐銀一百盾；林錫福捐銀一百盾；林明智捐銀一百盾；林瑞温捐銀一百盾；李慶岳夫人捐銀一百盾；許維宗捐銀一百盾；許綿隆捐銀一百盾；福德廟梭佬知呀捐銀一百盾；葉振□捐銀一百盾；陳丕成捐銀五十盾；陳亞藥捐銀五十盾；陳春妹捐銀五十盾；陳良牡捐銀五十盾；陳泰山捐銀五十盾；黄子才捐銀五十盾；黄成道捐銀五十盾；黄達意捐銀五十盾；林意茶捐銀五十盾；林正堤捐銀五十盾；許山勛捐銀五十盾；劉仁興捐銀五十盾；陳丕祥捐銀五十盾；陳碧春捐銀五十盾；陳德慶捐銀五十盾；陳新梅捐銀五十盾；陳瑞添捐銀五十盾；陳和淵捐銀五十盾；黄世茂捐銀五十盾；黄淵和捐銀五十盾；林漢添捐銀五十盾；林妙良捐銀五十盾；許綿泰捐銀五十盾；劉翠第捐銀五十盾；劉瑞琪捐銀五十盾；蘇永輝捐銀五十盾；蘇永良捐銀五十盾；顏有成捐銀五十盾；楊都美捐銀五十盾；謝純才捐銀五十盾；羅梅英捐銀五十盾；鄒潤喜捐銀五十盾；陳忠安捐銀五十盾；張亞齊娘捐銀五十盾；甘福典捐銀五十盾；丘才祥捐銀五十盾；戴李通

捐銀五十盾；蕭戊連捐銀五十盾；王修竹捐銀五十盾；萬隆商店捐銀五十盾；蘇永根捐銀五十盾；顏妙興捐銀五十盾；楊福連捐銀五十盾；謝漢英捐銀五十盾；羅敏昭夫人捐銀五十盾；廖淡妹捐銀五十盾；溫心妹捐銀五十盾；陳慶真捐銀五十盾；姚亞元捐銀五十盾；郭維哲捐銀五十盾；李毓祥捐銀五十盾；李永華捐銀五十盾；荼振山捐銀五十盾；福順公司捐銀五十盾；新時代商店捐銀五十盾；蘇新喜捐銀三十盾；陳金長捐銀三十盾；譚合生捐銀三十盾；林金蛇、林吾奄、林如松、林海德、林桐□、林兆昌、林福明、林聞新夫人、林綿和、林和順、林桐輝夫人、林森林、林秋梅、李善彩、林溫協、李春嬌、李珍祥、李訓民、李龍宗、李贊鄭、李潤勛、陳銀和、陳忠和、陳議順、陳丕福、陳丕發、陳平義、陳金明、陳致興、陳致泉、陳慶基夫人、陳慶成、陳以德、陳仁培、陳坤成、陳世作、陳瑞作、陳蓮花、鄭財源、鄭維寬、鄭春祥、許建益、許植基、許延理、許連志娘、丁春安、丁忠美、丁進連、黃啓妙、黃宗興、黃招娘、蔡合安、蔡合珍、溫亞次、溫源昌、鍾棠妹、鍾木清、蘇順仁、蘇全基、戴瑞積、徐益興、蔣瑞厚、賴順錦、關偉芳、楊明耀、傅良發、彭星輝、施景日、駢元保、謝永祿、張永年、郭維昌、何君振、葉厥利、麟昌號、思多茂、葉慶詩、壽招喜、利百洽商店，以上每名各捐題銀二十五盾；陳以儉、陳珍詩、陳漢烈、丁春賓、林秋貴、曾珠成，以上每名捐來銀二十盾；華香居、張和生、李廣順、謝保良，以上每名捐來銀十五盾；陳龍基、陳厥娘、陳厥義、陳啓源、黃成興、黃成美、黃紹祖夫人、林慶安、林炳烈、林厥賓、林啓遇、林琛玉、林厥喜、許綿發、許艮順、許平安、周捷松、周福源、鄭鴻興、鄭定點、郭以寧、蔡宗秀、甘丁美、蘇榮華、高天送、李爲通、泰興號、鄭都號、天民號，以上每名捐來銀十盾。

又另捐題謝做布袋戲芳名：

姚亞富捐二枰銀九百盾；姚文先捐一枰銀四百盾；姚理先捐一枰銀四百盾；陳新霖捐一枰銀四百盾；林木水捐一枰銀四百盾；李慶岳、李慶椒合捐一枰銀四百盾；溫□華、楊文涵、李禎川、李禄方，四名合捐一枰銀四百盾。

計十一名共銀三千盾。

計二百四十六名，共銀一萬七千九百三十五盾。

一　對還布袋一十□去銀三千五百盾。

一　對開什費共去銀九千六百四十九盾一二。

對除以外尚伸存來銀四千六百八十六盾八八。

至聖孔子二五〇八年，丁酉年二月初二日，公元一九五七年三月初三日。

澤海宮董事部：爐主：林世捷；秘書：林温協；正總理：夏亞丁；副總理：陳慶川；顧問員：黄紹典；財政：林厥榮；敬事員：林得時；監察員：陳丕祥；監察員：蔡合安；事務員：李潤勛；管物員：蔡振山；監察員：蘇承艷；監察員：黄子才；監察員：丁忠美；惠寧廟經理：陳美壽、劉仁興；仝布告。

四十七　三一教主

五八六　巴生宗孔堂重建落成立碑紀念序

【碑刻名稱】巴生宗孔堂重建落成立碑紀念序
【材　質】石材
【形　制】長方形横碑
【尺　寸】長一百九十厘米、寬九十八厘米
【書　體】楷書
【碑　額】無
【碑　題】巴生宗孔堂重建落成立碑紀念序
【碑文撰者】無
【碑文書丹】無

【立 碑 者】巴生宗孔堂建委會
【立碑時間】一九六三
【存 佚】現存
【地 點】馬來西亞雪蘭莪巴生宗孔堂
【碑刻録文】

巴生宗孔堂重建落成立碑紀念序

司馬遷曰：「先人有言，自周公卒五百歲而有孔子。孔子卒後至於今五百歲，有能紹明世，正《易傳》，繼《春秋》，本《詩》《書》《禮》《樂》之際？意在斯乎！意在斯乎！小子何敢讓焉。」余亦曰：自史遷卒，其間久也遠矣，於千有五百歲之後，有能繼絶世，正人心，補敝起廢，其有功於名教者，舍先生其誰歟？先生創儒、道、釋三教合一之説，其學流衍傳播，遍及祖國南北，至於今垂五百年矣。

溯我巴生宗孔堂，自四十五年前，邑人郭和君之奉設先生香火於加埔路鋅板屋。惜於民國十五年，鋅屋遭回禄毁壞，乃遷祀先生於加埔路卅五號。至民國卅五年，以吾邑諸道友童君文伍、童君金樹、劉君永美、黄君進治、薛君前九、黄君金賢、關君天順、黄君福成、林君明棋等之倡，建板屋於今之原址。一九六二年，板屋因蟲蛀破壞，再由諸道友重組建委會從事建築，乃有此巍峨莊麗之廟宇，以垂永久云。是爲序。

諸道友爲誰？：童文伍、黄錦文、關德發、關天順、童玉森、劉永美、楊清蘭有限公司、瑞順興、黄升福、童金樹、童國德、童國謨、薛前九、黄金賢、徐福隆、黄大勛、陳天霖、徐成來、陳金龍、萬發公司、萬源興、黄安興、童金鐘、童滿、駱茂榮、童金發、方金開、王芙蓉、蔡金燕、陳天藻、黃文森、黃元瑞、黃文作、黃銀龍、黃克連、天福、陳海瑞、黃文科、王信富、黃大宗、中華書局、黃大祥、黃大慶、郭本埜、王元才、黃當星、黃清儀、崇發貿易公司，是也。

一九六三年孟秋瓜月重建宗孔堂廟宇善男信女樂捐喜題緣金芳名臚列于下：

童文伍伍仟元、黃錦文三仟元、關德發貳仟元、關天順貳仟元、童玉森貳仟元、劉永美貳仟元、楊清蘭有限公司貳仟元、瓜勝雪蘭莪巴士有限公司貳仟元、瑞順興壹仟伍佰元、黃升福壹仟伍佰元、薛前九壹仟元、陳金龍壹仟元、黃大勛壹仟元、黃金樹壹仟元、黃國德壹仟元、陳添霖壹仟元、徐成來壹仟元、黃金賢壹仟元、徐福隆壹仟元、萬發公司壹仟元、珠光書院壹仟元、萬源興陸佰元、黃安興伍佰元、童金鍾伍佰元、童滿伍佰元、駱茂榮伍佰元、童金發伍佰元、方金開伍佰元、王芙蓉伍佰元、陳添藻伍佰元、黃文森伍佰元、黃元瑞伍佰元、黃文作伍佰元、黃銀龍伍佰元、黃克連伍佰元、天福伍佰元、陳海瑞伍佰元、黃文祥伍佰元、王信富伍佰元、黃大宗伍佰元、中華書局伍佰元、黃大祥伍佰元、黃大慶伍佰元、郭本埜伍佰元、王元才伍佰元、黃富星伍佰元、黃清儀伍佰元、崇發貿易公司伍佰元、翁承基三佰元、徐金錠三佰元、李瑞三佰元、蔡金龍三佰元、林亞祥三佰元、黃富源三佰元、黃富泉三佰元、黃玉錦三佰元、王堂客三佰元、東方汽車公司三佰元、馬□□貳佰伍拾元、陳玉清貳佰伍拾元、黃德安貳佰伍拾元、陳金英貳佰伍拾元、林玉光貳佰元、徐瑞寶貳佰元、林鳳寶貳佰元、宋亞尾貳佰元、陳安清貳佰元、何慶貳佰元、周九意貳佰元、蔡天意貳佰元、新瑞興貳佰元、瑞成隆貳佰元、徐瑞明貳佰元、蔡玉滿貳佰元、嘉興貳佰元、篤津順萬興貳佰元、余光耀貳佰元、嚴文高貳佰元、彭玉珍貳佰元、王開枝貳佰元、盧紹貳佰元、德源公司貳佰元、蔡漢祥貳佰元、姚金城貳佰元、輝公司貳佰元、林柏山貳佰元、蔡九霖貳佰元、黃克宗壹佰元、陳富鳳壹佰元、鄭秋華壹佰元、彭錦源壹佰元、蔡錦熇壹佰元、龔玉桂壹佰元、徐文連壹佰元、徐文寧壹佰元、童申壹佰元、黃玉盤壹佰元、黃金清壹佰元、楊燕壹佰元、劉春香壹佰元、童玉流壹佰元、高梅英壹佰元、加泰國華戲院壹佰元、鄭大龍壹佰元、龔金鎖壹佰元、蔡亞桃女士壹佰元、楊文福壹佰元、蔡金桃壹佰元、黃模先壹佰元、徐友義壹佰元、陳德寶壹佰元、蔡金漢壹佰元、鄭金崇壹佰元、王秋玉壹佰元、蔡文君壹佰元、張游墩壹佰元、周元堦壹佰元、劉文容壹佰元、黃選壹佰元、黃克英壹佰元、新奇生壹佰元、萬榮興壹佰元、蔡龍水壹佰元、黃玉書壹佰元、四叔公司壹佰元、霖玉書壹佰元、方信孔壹佰元、黃細九壹佰元、葉國梁壹佰元、鄭炳壹佰元、黃玉森壹佰元、盧元扇壹佰元、陳金星壹佰元、盧亞珠壹佰元、黃金發壹佰元、萬順發壹佰元、黃天霖壹佰元、宅金本壹佰元、蔡甲壹佰元、李嘉源壹佰元、南利壹佰元、萬新發壹佰元、楊知壹佰元、林春德壹佰元、余英發壹佰元、新利興壹佰元、丁開政壹佰元、徐國祥壹佰元、盧毬毬壹佰元、陳金海壹佰元、黃竈毬壹佰元、盧再壹佰元、邱文輝壹佰元、陳亞英壹佰元、童車廠壹佰元、鄭桂壹佰元、周玉書壹佰元、陳自生壹佰元、李泮水壹佰元、黃光長壹佰元、李錦郎壹佰元、唐火明壹佰元、黃德炳壹佰元、黃成萬壹佰元、蔡木梓壹佰元、泉發石板壹佰元、福昌銀店壹佰元、許開亮陸拾元、亞東伍拾元、陳金堂伍拾元、黃顯松伍拾元、黃先錦伍拾元、黃富瑞伍拾元、鄭天祥伍拾元、陳粉女士伍拾元、林柳園女士伍拾元、林金印伍拾元、黃天金伍拾元、黃天裕伍拾元、林景儀伍拾元、陳玉理伍拾元、黃克鵬伍拾元、關把理伍拾元、蔡金攀伍拾元、錦昌伍拾元、翁金宗伍拾元、趙亞珠女士伍拾元、王野伍拾元、建興伍拾元、關天財伍拾元、關天富伍拾元、黃富棉伍拾元、郭亞毬伍拾元、象葛萬新興伍拾元、李春林伍拾元、盧金水伍拾元、張玉舞伍拾元、新合興伍拾元、林聲煌伍拾元、華英伍拾元、新源發伍拾元、陳金煥伍拾元、盧藏伍拾元、游紅鈕伍拾元、鄭圓伍拾元、何文樵伍拾元、林清江伍拾元、陳鹿伍拾元、楊誠財伍拾元、陳碧英伍拾元、李永德伍拾元、陳玉紫伍拾元、蔡玉泉伍拾元、姚慶貴伍拾元、馬水園伍拾元、黃亞鈺伍拾元、謝月乃伍拾元、盧九桂伍拾元、徐文密伍拾元、黃福興伍拾元、李瑞霖伍拾元、徐亞寶伍拾元、龔金艷伍拾元、許攀伍拾元、龔文芳伍拾元、龔金陶伍拾元、徐金鳳伍拾元、陳麗珠伍拾元、龔承烈伍拾元、陳德喜伍拾元、詹偉强伍拾元、余金發伍拾元、興記茶室伍拾元、王亞雯女士伍拾元、何怡溪伍拾元、宋圖伍拾元、吴瑞隆伍拾元、陳金宗伍拾元、黄毬仔伍拾元、蔡玉麟伍拾元、楊亞才伍拾元、福隆興伍拾元、新振成伍拾元、邱文欽伍拾元、嚴文賜伍拾元、盧龍伍拾元、新義興伍拾元、新昌興伍拾元、陳金盛伍拾元、關毬仔伍拾元、宋梅伍拾元、李錦華伍拾元、李成欽伍拾元、楊玉振伍拾元、林國華伍拾元。

附訂喜題緣金奬勵辦法列左：

（一）凡捐款五拾元以上者，其芳名將刻列於磁石懸挂堂上，以垂紀念。

（二）凡捐款五百元以上者，除（一）項辦法外，并敦聘爲本堂重建委會委員（其芳名將另銘刻於重建委員會名表内），以資表揚。

（三）凡捐款仟元以上者，除（一）（二）項辦法外，并敦聘爲本堂永遠名譽董事。

（四）凡捐款貳仟元以上者，除（一）（二）項辦法外，并敦聘爲本堂永遠名譽董事長。

如有差錯，望祈指示。

四十八　呂府仙祖

五八七　紫雲建廟碑記

【碑刻名稱】紫雲建廟碑記
【材　質】石材
【形　制】長方形立碑
【尺　寸】長二百零四厘米、寬一百零九厘米
【書　體】碑題隸書，正文楷書
【碑　額】浮雕雙龍朝日
【碑　題】紫雲建廟碑記
【碑文撰者】謝德修
【碑文書丹】無

【立 碑 者】董事林應端等
【立碑時間】清同治七年（一八六八）
【存　　佚】現存
【地　　點】新加坡厦門街仙祖宮
【碑刻録文】

紫雲建廟碑記

嘗聞山不在高，有仙則名，山之足重，由来久矣；顧人知山之足重，猶未知所以重；即知所以重，誰能營立其宮，俾憑依不遠福浮□猖□沫。夫仙者，超形聲之謂也。想□其修身煉性，服氣煉形，道應六匡，職司二籍，天上人间，須臾心往，山陬海澨，頃刻而來，凡其盡心竭力，皆心普濟衆生耳。是故考其平昔之所居，不曰蕊珠閬苑，則曰紫府瑶臺，此中之微妙無窮，固難爲俗緣未脱者道也。千古登仙，仙雲下降，自近勝地，於亞翼之西偏，前臨大海，後嚴文屏，又有龍井甘泉在之左右，隨時涌出而無不逢其源，誠所謂爰得我所矣。□又賴董事爲謀僉同，自捐多金以勵衆志，而總理諸君亦踴躍歡忻，共襄其事。爰涓日辰，乃召石工匠，於甲子年創造，丙寅年落成，顔曰「紫雲」，建廟義取「紫氣東來，青雲得路」也。從兹棟宇巍峨，聲靈赫濯，感而遂通，求則必應。庇祐我民，無遠弗届，則斯宮之構，其有裨於新嘉坡良□淺鮮也。後列捐資諸芳名，共勒貞珉，以垂久遠。

董事：林應端觀捐銀貳佰六十六元、李清街觀捐銀八十元。總理：裕泰號捐銀四十六元、春成號捐銀四十四元。

信士：陳清添觀捐銀四十元；新和興棧捐銀貳十四元；振成公司捐銀四十元；豐興公司捐銀四十元；顔应鱗觀捐

銀五十八元；謝源發號捐銀四十二元；恒發盛公司捐銀四十二元；周源美號捐銀四十元；長發號捐銀三十九元；協振號捐銀三十八元；瑞隆號捐銀三十六元；芳吉號捐銀三十四元；長格號捐銀三十四元；張客星觀捐銀三十二元；恒春號捐銀三十元；萬安號捐銀二十八元；曾紫雲觀捐銀二十八元；成泰號捐銀二十八元；王滄周觀捐銀二十八元；洪振盛號捐銀二十八元；長茂號捐銀二十八元；順美號捐銀二十八元；黃霞玉記捐銀二十四元；協恒發公司捐銀二十元；侯河海觀捐銀二十元；永裕號捐銀二十元；聞元棧捐銀二十元；和興石鋪捐銀二十元；豐源號捐銀十九元；瑞泰號捐銀十八元；黃昆以觀捐銀十七元；豐泰號捐銀十七元；德源號捐銀十六元；黃超和觀捐銀十五元；源泰號捐銀十四元；振裕號捐銀十三元五角；新順成號捐銀十三元；林百斗觀捐銀十三元；萬山號捐銀十二元；謝順麟觀捐銀十二元；戴河水觀捐銀十二元；阮錫禧觀捐銀十二元；陳文秀觀捐銀十一元；福山號捐銀十一元；開順號、蔡貢觀、蕭廣茂號、宋鶴鳴觀、楊佛敬觀、邱晴霑觀、和遠號，以上各捐銀拾元；陳挂蘭觀捐銀九元；陳金殿觀、源通號、集成號、新錦祥號，以上各捐銀八元；黃委觀、豊成號、益源號、鍾安然觀，以上各捐銀七元；謝仍興號、恒盛號、新恒發號、勝金號、柔遠號、長美號、瑞成號、陳祥英觀、豐順號、成裕號、怡成號、合成號、侯國龍，以上各捐銀陸元；章逢春觀、陳福星觀，以上各捐銀□□。

一，收小緣計七十九名合共捐銀叁百叁拾元零五角，總合計二百九十五名收來緣銀貳千壹百壹拾貳元。

開費列于左：

一　開柴工土水開山掘井共去銀貳百捌拾四元四角。

一　開買磚尾礴花窗岸只去銀貳百六十九元四角。

一　開買石火灰土石共去銀壹百八十七元六角。

一　開柴料枋楹桷仔共去銀壹百四十八元五角。

一　開買鐵器做屏楣共去銀四十貳元七角。

一　開做慶成油漆築後基竈下去銀壹百七十一元五角。

一　開買長案桌八仙桌共去銀貳十元零六角。

一　開立石碑開山筑屋仔去銀一百十五元。

一　開買宮地一所并呀躪字費去銀八百貳拾元。

一　開買色料什費緣銀不敷共去銀五十二元叁角。

計十條合共出銀貳仟壹百壹拾貳元。

時同治柒年歲次戊辰桂月　日，董事總理等仝立碑。

五八八　仙祖宫重修碑

【碑刻名稱】仙祖宫重修碑

【材　質】石材

【形　制】長方形立碑

【尺　寸】長一百一十厘米、寬七十厘米

【書　體】碑題隸書，正文楷書

【碑　額】無

【碑　題】仙祖宫

【碑文撰者】蘇轉成

【碑文書丹】文記石店

【立 碑 者】無

【立碑時間】民國三十七年（一九四八）

【存　佚】現存

【地　點】新加坡廈門街仙祖宫

【碑刻録文】

重修本宮各善男信女樂助芳名列左：

住持：僧性覺；董事：張嗣雲、許玉如、張丹來、李金泉、蔡多華、鄭棟力、林成家。

張嗣雲伍佰元；許玉如叁佰元；鄭棟力貳佰元；林成家貳佰元；蔡多華貳佰元；高瑞錦一佰元；王世蛋一佰元；劉清枝一佰元；蔡芳雲一佰元；高墀針一佰元；張水目一佰元；黃榮才一佰元；李章良一佰元；蔡兩全一佰元；徐士凱一佰元；王文石一佰元；蔡亞霖一佰元；林忠長一佰元；建成發一佰元；僧香林一佰元；陳春芳七拾元；陳演南六拾元；邱品三伍拾元；王江秋伍拾元；林順華伍拾元；僧忠心伍拾元；蕭細知伍拾元；僧嘉景伍拾元；王牛屎伍拾元；高思恭四拾元；福進香、鄭依妹、蔣烏弥、賢蓮姑、蕭成財、秋海號，以上各三十元；郭南元、李烏龍、張金榮、鍾清快、王陳氏、梁明常、羅炳煌、蔡弟子、李天賽、孫明通、蕭永妙、陳振華，以上各二十元；黃天佑、振華號、張秀金、張義成、黃金福、林慶魁、陳允朝、張志榮、蕭瑞茂、許天平、僧性雲、蘇其欽、蘇福春、廣慎姑、妙音姑、僧達恭、曾金成、莊福成、劉丕謀、石炳祝、張鳳愛、羅炳源、王信女、白文碎、陳星洲、李川源、福老盛、瑞珍號、陳金淵、復興號、宏發公司、真記號、祥興號、廣泰號、歐國華、蘇坤旺，以上各助十元；僧性覺捐四千九百二十九元。共收緣九千一百二十九元。

重修本宮付出列下：

付大殿柴料工等三千四百元、付厝頂双龍一千一百元、付大殿鐵門七百元、付修理護厝一千一百五十三元、付神龕一座七百元、付建醮并做戲九百五十元、付刻神主五百八十四元、付做電火綫二百一十元、付水喉面桶一百一十元、付大殿做桌一百二十二元、付刻碑工資一百元，共一十一條付銀九千一百二十九元。
蘇轉成報效此石；文記石店督造。
中華民國三十七年六月十九日立碑。

四十九　何仙姑

五八九　何仙姑廟重修本廟碑記

【碑刻名稱】何仙姑廟重修本廟碑記
【材　質】石材
【形　制】長方形立碑
【尺　寸】長二百二十厘米、寬八十二厘米
【書　體】楷書
【碑　額】無
【碑　題】重修本廟碑記
【碑文撰者】無
【碑文書丹】無

【立 碑 者】何仙姑廟重修總理廣德店等
【立碑時間】清宣統元年（一九〇九）
【存　　佚】現存
【地　　點】馬來西亞霹靂州太平何仙姑廟
【碑刻録文】

重修本廟碑記

霹靂太平東南山麓，有粵東商民鼎何大仙姑廟焉。規模宏敞，極棟宇之輝煌；神聖英明，鐘山川之靈秀。□前則地名鼓打，顯豁明堂；盾後則水號石流，矗開屏障。□□左繞，蜿蜒儼若青龍；廛市右連，馴伏洵如白虎。此所以香烟繁盛，方藥應靈，□惠及工商，□恩周士女，作一方之保障，祐四境以安寧，匪伊朝夕矣。無如歲月久經，丹堊遞變，瓊樓玉宇，既遭風雨摧殘，畫棟雕梁，復被蟻螻侵蝕。遂致左廊之瓦木盡塌，全座之堂構將頹。思昔撫今，傷心慘目。若非全間拆卸，速即土木重興，奚能妥侑神靈，藉以恭酬報享。第念工程浩大，物料紛繁，叠經廣集同人，籌商至再。僉謂宜呼將伯，策力於群，庶大厦之能支，藉衆擎而易舉。因修小引，遍告□大方。當思□法雨慈雲，無方不匝，光天化日，有地皆春。求恩者固要輸誠，食德者尤宜鼎力。所望紳商工賈，男女同胞，勿吝錙銖，争先下筆；無分畛域，恐後傾囊。則點滴頻飛，便積西山之雪；涓流匯注，即成東海之波。於以杯卜興工，庀材將事；將見鴻基仍舊，龍殿聿新。鳥翬飛載，咏千秋壯麗；鳧趨虎拜，齊叨百世恩光矣。用是爲引以勸云。

何仙姑廟重修總理：廣德店；協理：均安和、陸允升；值理：海記店、泰利店、蘇北盛、鄭憲豐、祥盛店、杏春堂、榮泰店、陳典純、祥發店、劉合記、祥記店、萬利隆、福蘭堂、陳崇勛。

茲將各善信捐緣工金芳名開列于左：

海記内仰平貳百員；廣德店壹百五拾員；泰利店、均安和、祥盛店、劉合記、陳崇勛、廣同發、廣同生、顧應通，以上各壹百員；萬利隆、祥發店、陳永全，以上各伍拾員；杏春堂、陸允升、榮泰店、永生和、萬寶美，以上各叁拾員；廣永祥、慎遠堂，以上各貳拾五員；新同茂、順利店，各貳拾員；耀記店拾五員；祥記店、福蘭堂、萬寶美、安全盛、和興店、陸南生、梅壯、安利店、慶記店、蘇北盛、和升店、燕心店、新均和、泰壽店、兆記店、鍾雨益、興發公司，以上各壹拾員；廣信隆陸員；馬合記、合昌店、南豐店、天和堂、一品升、會道館、灼記店、裕和店、成利店、天福店、影相樓、同昌店、裕記店、裕昌隆、陳伍記、利棧店、黄才、萬鋈隆、永升店、輪生店、永泰店、廣全發、安昌店、醉馨店、慶祥店、岑桐、永昌隆成記、方輝、莫振興，以上各伍員；遂連昌、順昌店、三益隆，以上各四員；合昌店、廣昌隆、愛仁堂、信記店、泰鋈店、劉鴻普、萬祥店、新協興、萬合和、廣吉升、致和店、寶昌店、慎全店、成珍店、林牝水，以上各叁員；鄭憲豐、悦成店、羅生、東升店、萬成店、林啓明、趙炳生、劉金、合德店、廣盛棧、伍泰生、黄和、程榮、公和店、盛記店、爲利店、東利店、永合店、廣惠新、成合店、李榕超、捷順店、受記店、瑞興源、陳新記、和昌店、郭林、陳國、張純栢、廣萬和、應利店、吉祥店、李邦、廣亨店、耀記店、珍香店、華昌店、馮延、興昌店、恒益店、昆盛店、友信店、陳觀悦、裕興店、德安泰、廣隆昌、陳三元、泰昌店、錫記店、生泰昌、廣榮生、麥福記、廣利店、順吉店、柯兩成、廣勝店、義記店、陳榮記、泰和店、義合店、松興店、馮蘭、裕豐店、金記店、馮林、董普、歐炳、吴兆、列錦、連久好、二姐、瑞德店、廣裕店、廖勝、同興店、洪升店、萬裕店、永豐店、義記店、鄭興海、永生店、新利勝、許唐、李業、義和店、張文煜、李福、泰然店、華芳店、順興店、榮利店、生記店、甄群、吴氏、羅林、陳慶、文秀、潘丁勝、魏蘇妹、張榮、何全、羅水源、鄧春、龍森、王三、葉寳、何德、誠昌和、區根、和安店、永昌店、郭根、蔡錦清、歐明、廣興和、張德記、陳坤、有利店、如雲店、怡珍店、財新、嚴松、全和店、郭經葵、馮生、鄭星垣、范瑞琪、劉錫、義合店、陳注、廣萬來、天德店、慶記店、楊榮、李尚、郭氏、劉金玉，以上各貳員；港門埠、羅志合、泰興店、瓊觴樓、得元堂、興記店、陸觀華、祥泰店、廣南興、廣興店、鄧耀廷、興利店、廣義利，以上各貳員。

司祝手緣簿：顧成喜三員；顔序芳、姚焕培、梁文學、鄧觀賢、黄枝、卜榮泰、黄嬌、梁鑒光、李葉氏，以上各貳員。

南三館緣簿：范子□、盧堯軒、曾佐廷，各助三員；范仲卿、范□桐、趙仲式、□□□、□實山、□□全、劉雲熊、鄧有文、高瀾生、羅錦棠、李清旺、梅瑞麟、張雁奮、□成修、袁逸南、梁楊氏，以上各貳員。

順德館緣簿：岑□□五員；雷挺生、鄧□贊、胡□□，以上各三員；岑松初、林□蝦、張□高、馮九、曾□□、□華勝、梁丁、楊歲、胡懷、梁作桃、李福光、胡忠□、杜裕華、張南，以上各貳員。

東安館緣簿：翟燿宗五員；胡亨、鄧容、王洪，以上各貳員。

龍館緣簿：郭照，砂房，拾員；鄭仰平公司、馮熾堂、馬永全、吕梓楠，以上各五員；劉西三員；□□科、魏紹材，以上各貳員。

清遠館緣簿：陳典純、黄□□，以上各五員；同昌店、天福店、周裕安、温忠廷、徐源興、胡定章、楊□□、徐全興、徐東榮、慎全店、曾金華、譚炳、陳登桂、陳登瀛、李忠、李水龍、林喬芳、潘觀華、劉森、曾昌培、曾德，以上各貳員。

瓊州館緣簿：瓊州會館四員；羅正國、羅正謙、黄其斌、陳大烈、朱振統、朱應楠、王運璇、黄信豐、林之苑、莫清文、□運修、雲崇翔、王永錦、吴盈、張家球、全興店、陳如岐、李世禄、陳昌玖，以上各貳員；

會員館簿：莫英拾員、曾泗和貳員。

從化館緣簿：張英貳員。

肇溪館緣簿：謝桂森貳員。

香山館緣簿：香山會館五員。

海記號緣柬：區炳燦、胡秀山，以上各伍員；鄭子、張竈保、林琢、楊滿、王苟、鄭熾昌、吕衍蕃、賴石忠、劉户、馮瑞琪、謝郁文、趙通、張蔭、劉德、劉銀、楊煌、泉瑞春、林朝、□□公司，以上各貳員。

天福店緣柬：李錦秋伍拾員；邱秋妹拾員；葉金枝、王新、李樹妹、陸門朱賢，以上各伍員；冼水、岑阿妹、李巫氏、戴三姑、葉桂姐、陳門二姑、李鄧氏、蘇亞基、黄氏、李氏、陳傅阿蘭、李阿五、王帶好、廖引娣、陳祥、馮寶、葉燕、林東、陳賢□，以上各貳員。

新錦記緣簿：巫松基五員；祥順店、錦記店、開興店、義和店、安棧店、泰隆棧、曾貴昌，以上各三員；廣協興、泰棧店、杏和堂、交易店、蔣洪記、生利傌、榮豐店、協豐店、梁長、彰利店，以上各貳員。

均安和緣簿：戴硯五員；黄南三員；泰昌店、何仕冠、曾金生、張泰祥、葉教，以上各貳員。

公和板廠緣柬：吴芳澤、吴盤鍊、龐元泰，以上各貳員。

廣玉昌公司緣柬：廣玉昌公司、黄玉，以上各拾員；盧春、劉進、鍾發、李鳳英、李鳳，以上各貳員。

廣興昌公司緣柬：廣興昌拾員；曾坤五員；林珠、伍桂甫，以上各貳員。

萬和興公司緣柬：林長、劉勇、劉瑜，以上各五員；蔡定豐貳員。

怡生昌公司緣柬：怡生昌公司、李福，以上各五員；林瓊、德昌公司，以上各三員；曾森、勝昌公司、灼榮公司會文，以上各貳員。

萬成昌緣簿：李潤進拾五員；高隆三員；黃天寶、黃英、劉松照、謝存、張鉗，以上各貳員。

各青樓緣簿：德順樓貳員；鄧妹五員；李好、順有、亞英、有金，以上各貳員；富月樓、廖梁氏、梁陳氏、杜亞金、莫松枝、李錦，以上各貳員；禄鳳樓三員；葉秋、葉金九、葉阿地、陳牛、楊榮森、葉綿，以上各貳員；潤勝堂五員；秋桂、李執，以上各貳員；雨順樓、有好、帶金，以上各貳員；泗順樓、滿發堂、新月樓，以上各五員；□悦樓、新發、新合□，以上各三員；妙春樓、得心樓、錦綉堂，以上各貳員。

孔子降生二千四百六十年，宣統元年歲次己酉，閏仲春月穀旦。

倡修董事廣德店、均安和、海記店、陸允升、泰利店、杏春堂、萬利隆、祥盛店、祥發店、劉合記、榮泰店、陳崇勛、蘇北盛、鄭憲豐、福蘭堂、祥記店、陳興純仝泐。

五十　義勇公

五九〇　塍森重修義勇公廟牌

【碑刻名稱】塍森重修義勇公廟牌
【材　質】木材
【形　制】長方形橫牌
【尺　寸】長二百一十厘米、寬五十厘米
【書　體】楷書
【碑　額】無
【碑　題】無
【碑文撰者】無
【碑文書丹】無

【立　碑　者】義勇公廟董事人等
【立碑時間】清道光九年（一八二九）
【存　　佚】現存
【地　　點】印度尼西亞中爪哇勝森義勇公廟
【碑刻録文】

重興義勇公廟衆弟子等捐金開列于左：

黄汝漢捐金貳百伍拾文、陳畫觀捐金壹百柒拾文、盧水生捐金壹百叁拾文、林奇松捐金壹百壹拾文、周植東捐金壹百壹拾文、陳天春捐金壹百壹拾文、陳肯傳捐金壹百壹拾文、理事林柑桔捐金叁拾文、陳隆德捐金貳拾伍文、陳铳觀捐金貳拾肆文、理事林命文捐金貳拾文、郭熻觀捐金貳拾文、郭佃觀捐金貳拾文、陳岩觀捐金壹拾柒文、陳春鄾捐金拾陸文貳攵、許炳觀捐金拾陸文貳攵、林啓基捐金壹拾伍文、林先陣捐金壹拾肆文、韓榮軒捐金壹拾伍文、余理祐捐金壹拾叁文、施主張捐金壹拾貳文、林錦山捐金壹拾貳文、曾秀觀捐金壹拾文、林如松捐金壹拾文、黄西儀捐金壹拾文、林九鯉捐金壹拾文、林克昌捐金玖文貳攵、謝補觀捐金柒文、王文容捐金柒文、林占成捐金柒文、陳德强捐金伍文貳攵、高親觀捐金伍文、王評奇捐金伍文、曾秋觀捐金伍文、曾永韵捐金肆文貳攵、林斐然捐金肆文、陳□觀捐金肆文、黄自遠捐金肆文、曾佛成捐金叁文貳攵、曾共照捐金叁文貳攵、劉媽柔捐金叁文貳攵、楊傳觀捐金叁文貳攵、黄要□水捐金叁文貳攵、李定國捐金叁文、曾豪俊捐金叁文、林成章捐金叁文、林文山捐金叁文、林霑觀捐金叁文、王鋭觀捐金叁文、陳宅觀捐金叁文、陳啓觀捐金叁文、余仰觀捐金叁文、李秋觀捐金貳文貳攵、陳武略捐金貳文貳攵、蔡文蘭捐金貳文貳攵、林順觀捐金貳文貳攵、林清光捐金貳文貳攵、陳瀘水捐金貳文、林桂傳捐金貳文、林胤老捐金貳文、黄闍觀捐金貳文、林河觀捐金貳文、鄭桂林捐金貳文、李存恩捐金貳文、高混觀捐金貳文、曾有年捐金貳文、林長泰捐金貳文、邱德發捐金壹文貳戔、林蒲觀捐金壹文貳戔、林維財捐金壹文貳戔、張三郎捐金壹文、林坤觀捐金壹文、林光輝捐金壹文、陳登雲捐金壹文、顏子堅捐金壹文、陳惇觀捐金壹文、江春觀捐金壹文、林長興捐金壹文、李英才捐金壹文、陳文晁捐金壹文、余鳴琮捐金壹文、余明珍捐金壹文、曾向觀捐金壹文、馬俊杰捐金壹文、林象光捐金壹文、林成美捐金壹文、余深淵捐金壹文、蔡桂郎捐金壹文、林江河捐金壹文、余爨乾曾捐金壹文、林萬興捐金貳戔、李德育捐金貳戔、陳初瑞捐金貳戔、林思祖捐金貳戔、李三禄捐金貳戔、陳夜光捐金貳戔、張俊德捐金貳戔、戴宗德捐金貳戔、韓榮華捐金貳戔、陳聞觀捐金貳戔。

道光九年歲次己丑季夏吉旦敬題。

五十一　子龍爺（趙子龍）

五九一　北海天福宮碑

【碑刻名稱】北海天福宮碑
【材　質】石材
【形　制】長方形立碑
【尺　寸】長一百一十二厘米、寬四十六厘米
【書　體】楷書
【碑　額】浮雕雙龍
【碑　題】無
【碑文撰者】無
【碑文書丹】無

【立 碑 者】大總理暨諸善信等
【立碑時間】清光緒十四年（一八八八）
【存　　佚】現存
【地　　點】馬來西亞檳城北海天福宮
【碑刻録文】

嘗思古今人生以授天地之中，莫不有誠求聖神保庇求護安。夫有求莫必有靈，有聖莫必有焉。因我同人自寄居西洋檳城，亦成百年矣。各諸善信每有誠求靈神恩祐，利澤康安。今船仔頭福如社子龍爺宮，前始創草堂，難能久遠，每被風雨打壞破漏，聖神不能自安。我見之不忍之心，故鳩集我同人葉舉善捐緣金，共成起蓋宮殿維新，而今告竣。故將諸善信樂助喜緣有交我甘迎禧親收者，即將各芳名列上碑記，以表萬年姓字香。

胡泰興父子大夫喜助廟地乙大段深闊呀嘯面批明白；邱天德觀喜助各楹杉等料全備的銀貳佰四十乙員柒角；陳文吝觀貳十九員叁角；林福娘貳十六員；林文賴貳十四員；社文□娘貳十四員；甘緑柳、甘□娘、甘緑柳、甘浩娘、蔡長金娘，以上各十貳員；葉其宗、吴妃觀、陳桂娘、甘絲綸娘，以上十員；林香茹娘經交柒拾伍員；柯綉枝娘、謝水娘、蔡水娘、謝彩珍娘、甘錦坤娘，以上捐銀六員；王美娘□員；陳桃娘四員；蘇諒娘四員；楊如娘四員；楊碧霞娘、陳理娘、邱綉鯉娘、楊媚娘、邱綉枝娘、謝玉鑽娘，以上捐銀貳員；邱綉燕、邱瓊娘、□綉□、蔡月娟、林心來、劉雙□、謝□娘、曾珠娘，以上捐銀乙員正。

總收來緣銀四佰九十七員玖角壹正，合計開出去銀陸佰零七員八角壹分正，來往扣除外不敷之項代理事甘迎禧支理先出去銀壹佰零九員九角盡，批明碑上爲紀。

大清光緒戊子年中秋佳節，英壹千八百八十八年　月　日，大總理事順平侯聖神連下諸善信等衆碑記。

五九二　北海天福宮順平侯碑

【碑刻名稱】北海天福宮順平侯碑
【材　　質】石材
【形　　制】長方形立碑
【尺　　寸】長一百一十六厘米、寬四十八厘米
【書　　體】楷書
【碑　　額】無
【碑　　題】順平侯
【碑文撰者】無
【碑文書丹】無
【立 碑 者】天福宮董事人
【立碑時間】清光緒十四年（一八八八）
【存　　佚】現存
【地　　點】馬來西亞檳城北海天福宮
【碑刻録文】

義香號捐銀壹佰零伍元；林淑汝捐銀五十三元；張個記捐銀四十八元；林正天捐銀三十元；王清娘捐銀三十元；順成號捐銀二十四元；劉裕觀、甘連卜、成發號、和發號、永發號、捷和號、張大科，捐銀二十元；黃斯、王水江、義利號，捐銀十六元；甘友文、張文達，以上各捐銀十二元；張杰記、吴紅柿、謝文乞、李夏龍、吴文榮，以上各捐銀十一元；汪正各、傅文仕、林成泗、顏玉惜、謝大勸、吴三典、顏月圓、林和禄、胡江喜、胡桂全、顏克蚋、謝和安、王亞春、胡安然，以上各捐銀六元；謝川直、黃大山，捐銀伍元。謝花跳、康祥托、吴進忠、葉大達、顏長觀、林成屋、林應德、黃水沉、謝烏番、温萬興、金振順、黃福再、陳安鎖、高君取、陳大仲、新源興、陳扶觀、鄭塔觀、黃莪觀、張倫觀，以上各捐銀四元。

光緒十四年歲次戊子腊月吉日，董事人仝泐石。

五九三　北海天福宮捐緣碑之一

【碑刻名稱】北海天福宮捐緣碑之一
【材　質】石材
【形　制】長方形立碑
【尺　寸】長一百一十二厘米、寬四十六厘米
【書　體】楷書
【碑　額】浮雕雙龍
【碑　題】天福宮
【碑文撰者】無
【碑文書丹】無
【立 碑 者】董事人暨信士洪球臻等
【立碑時間】民國四年（一九一五）
【存　佚】現存
【地　點】馬來西亞檳城北海天福宮
【碑刻録文】

天福宫

洪球琛伍拾元、林淑洳伍拾元、陳菜能貳拾元、王文董拾伍元、張森財拾貳元、義香號拾貳元、林梧桐拾元、王家回拾元、顏金成拾元、顏文杉拾元、洪金花拾元、林文旋拾元、張清水拾元、林自南拾元、洪祖屋伍元、顏大目伍元、林順積伍元、李厚忠伍元、胡安□伍元、林成利伍元、汪文榮伍元、汪閣團伍元、劉清水伍元、胡金隆伍元、黃怡寧伍元、李宣君伍元、羅生□伍元、黃金□伍元、謝文乞伍元、黃禮笛伍元、蔡連發伍元、胡福祥伍元、陳朝明肆元、林衍圃肆元、陳章誇肆元（下略）

民國己卯年季冬　月　日，董事人信士洪球臻、顏文杉、林文旋、林淑洳、洪金花、張清水仝立。

五九四　北海天福宮捐緣碑之二

【碑刻名稱】北海天福宮捐緣碑之二
【材　質】石材
【形　制】長方形立碑
【尺　寸】長一百一十六厘米、寬四十八厘米
【書　體】楷書
【碑　額】浮雕雙龍
【碑　題】天福宮
【碑文撰者】無
【碑文書丹】無
【立 碑 者】天福宮諸董事同人
【立碑時間】民國二十六年（一九三七）
【存　佚】現存
【地　點】馬來西亞檳城北海天福宮
【碑刻録文】

兹將各方諸善男信女芳名列上（石碑表覽）：
張明福叁拾元；汪春來叁拾元；林庚子貳拾元；洪我抱貳拾元；陳亞金拾伍元；蔡亞順拾伍元；林水□拾元；謝森發拾元；李文發拾元；吴來金拾元；振成號拾元；黄四郎拾元；黄怡□拾元；洪源坤拾元；謝源納拾元；洪維通拾元；振合興拾元；洪我願拾元；鄭天德拾元；蘇宗强拾元；黄禮品拾元；黄椿□陸元；洪我金陸元；洪我反陸元；洪源坪、林清香、徐水池、張府□、劉清水、陳雙寶、張清友、翁明秀、黄文烏、王金連、謝圭□、李孔臣、吴錫星、王思固、李有土、洪連益、胡成棧、汪國園、郭顯全、曾銀龍、鄭榮串、吴芳順、洪湖順、洪我鞍、王家敬、恒珍號、吴水金、陳興利、彭炳權、林通興、謝田水、黄車公司、萬泉和、邱維調、邱清吉、陳文堯、吕尚菁、傅若泰、梁峇有、李時娘、洪清山、陳文贊、張石和、彭文交、林文匣、李玉珍、林沐光、周祖讀、吕清冬、洪源荷、洪源群、洪源振、莊玉□、黄金月、尤文滚、顏龍泉、吴元吉、林源通、洪冷水、黄和閣、陳永發、林裘炳、林晋興、汪同發、黄禮解、新順成、李文願、王可御、顏蓮心、陳振程、黄天富、楊思等、魏文興、邱來發、李文香、楊老娑、林樹胡、翁福壽、萬德利、陳志願、白松柏、林永豐、黄五璧、張駢約、振順興、宋城號、劉百禄、福泉安、陳川七、陳桂心、温大發、謝德義、洪源釵、萬順成、陶海濱、洪源氣、白杰山、吴清意、洪水源、黄世遠、洪維有、魏慧源、洪思□、阮華圓、王炳觀、李金豆、陳文泉、許慈哲、林□□、王千金、黄扶秋、陳富□、中國汽水、黄叻魚、洪恭篤、蔡耀成、利齊號、葉德記、洪成發、黄金

□、□□□、□□□、王俊□、真長□、顏錦華、林玉□、□□□、黃□□、張萬□、鄭月心、□□□、林清

□、王文□、楊文□、莊天□、林亞□、楊水深、黃□萬，捐伍元。

中華民國廿陸年歲次丁丑桂月仲秋，諸董事同人立。

五十二　閩林始祖晉安郡王

五九五　新建九龍堂碑記

【碑刻名稱】新建九龍堂碑記
【材　質】石材
【形　制】長方形立碑
【尺　寸】長一百八十二厘米、寬八十六厘米
【書　體】楷書
【碑　額】無
【碑　題】新建九龍堂碑記
【碑文撰者】侍讀銜内閣中書廣邁
【碑文書丹】無

【立碑者】董事墀郡、孝友等

【立碑時間】清同治十一年（一八七二）

【存　佚】現存

【地　點】馬來西亞檳城林氏宗祠

【碑刻録文】

新建九龍堂碑記

九龍堂者，祀我閩林始祖晋安郡王而建也。郡王之封塋，在惠安九龍山。其孫裔蕃衍，自閩而散於粤，於江右、江左、皖浙之間，而閩爲最盛。閩林則有九牧、闕下之派。九牧以忠傳，闕下以孝顯。闕下單傳至唐季金紫公，而開巨族。在宋則有後九牧之稱，而唐初孔著公隨陳玉鈐來漳，則又有開閩、開漳之分派，此其最著者也。自明季中國與夷人互市，海船往來，渡洋者多。今在檳榔嶼林姓相聚，宛然中華氣象。因以謂數典不可忘，祖功宗德，宜有以表之也。九龍堂之建，以展孝思，以揚先烈；俾我林姓在嶼者，有以識水木源本之由來，則重溟之中，何异鄒魯之國。堂之建，誠不可少也。董其事者，爲墀郡、孝友、金獅、奇賞、三奇、光瑚、仁德、啓發、祥瑞、瑞草、大壽、清甲。以癸亥年經始，以丙寅年落成。問序於余，因爲志其命名之故，以示於後。

侍讀銜内閣中書裔孫廣邁拜題。

東棣捐銀壹仟貳百元；候補直隸州正堂正芹捐銀壹仟貳百元；昭覃捐銀壹仟貳百元；榮水捐銀貳百陸拾元；仁德捐銀貳百貳拾元；元直捐銀貳百貳拾元；子八捐銀貳百貳拾元；正化捐銀貳百貳拾元；銘翁捐銀壹百柒拾元；孝友捐

銀壹百陸拾元；錦麟捐銀壹百陸拾元；中陣捐銀壹百肆拾元；存賞捐銀壹百肆拾元；百甜捐銀壹百叁拾元；王志捐銀壹百貳拾元；福生捐銀壹百貳拾元；正川捐銀壹百貳拾元；玉理捐銀壹百貳拾元；煥盛捐銀壹百貳拾元；光綏捐銀壹百貳拾元；招兔捐銀壹百貳拾元；光來捐銀壹百貳拾元；百蚱捐銀壹百大元正；保吉捐銀壹百大元正；平心捐銀壹百大元正；招宧捐銀壹百大元正；滄淵捐銀捌拾肆元正；己命捐銀捌拾叁元正；光瑶捐銀捌拾大元正；有慶捐銀捌拾大元正；光現捐銀捌拾大元正；文堅捐銀捌拾大元正；金牌捐銀柒拾二元正；如玉捐銀柒拾二元正；三奇捐銀柒拾大元；大呼捐銀柒拾大元；紫荆捐銀陸拾肆元；壽感、金生、花鑚、款待、有財、正立、招感、煥春、當□、建安、保全，以上六十元；文倚五十六元；媽朝五十二元，應候肆拾捌元；南苗肆拾捌元；媽任肆拾捌元；天銀四十二元；特補四十一元；光瑚、紫霧、金狮、香泉、大前、銘然、猜得、瑞□、長蘇、清井、清甲、文塔、久恭，以上四十元；長若、光海、光榮、光草、明好、其□、墀郡、玉京、和禄、萬順，以上三十元；啓祥、登表、天來、百德、良王、文錦、瓜嗾、生來、永到、八挂、應秦，以上二十四元；連遂、媽任、文永、百老、典夙，以上二十元；仁義、登榜、清彈、忠鵬、文箱、文溪，以上十六元；光同、束振、港洲、答然，以上十四元；會信、有祀、瑞求、天舞、芳遠、有平、文贊、百清、鶴照、抱柑、媽彭、漸仁、水車、文敬、選司、文良、百辦、啓榜、文如、德蓮、宋同、拳德、天泗、文提、光塞、銀灶、清忠、□家、升綸、長盛、光仁、仁外、仁哲、建康、崇碩、登基、自批、文井、建章、明水、天同、蓋項、永銓、金海、長源、媽朝、德行、從池、文勝、淡濕、友銅、友榔、載振、大峰、百年、清杰，以上十二元；士哲、振期、文長、開禧、啓發、奇旺、媽布、文全、文宾、祖幸、道解、文意、文發、文必、成祝、瑞坐、銘翁、成教、和尚、文翁、亭硯、周順、阿滿、應招、文却、瑞蘭、萬香、文聰、誠相、永昌、萬助、永甲、文天、建安、花命、安頓、開恙、成金、順波、會壬、舉生、明月、祖平，以上十元。

五九六　重修九龍堂碑記

【碑刻名稱】重修九龍堂碑記
【材　質】石材
【形　制】長方形立碑
【尺　寸】長一百八十厘米、寬七十八厘米
【書　體】楷書
【碑　額】浮雕雙龍
【碑　題】重修九龍堂碑記
【碑文撰者】中書科中書裔孫載陽
【碑文書丹】無
【立 碑 者】林氏宗祠董事
【立碑時間】清光緒十九年（一八九三）
【存　佚】現存
【地　點】馬來西亞檳城林氏宗祠
【碑刻録文】

重修九龍堂碑記

檳江九龍堂祀始祖九牧公，作於同治壬申。諸倡首者，原爲吾宗族是邦敦親報本而設也。歷今二十餘年風雨漂摇，不無梁木侵蝕，瓦礫荒榛。光緒癸未，公議修葺，更易舊制。聚衆鳩金，庀材蒇事。舊者新其式，小者大其規。由是堂廡焕然，較前宏敞。堂之左舊有小屋四，今并增大之，以出賃爲祀費。落成於光緒甲申。此誠足追步前徽也。工既竣，爰將捐款諸人勒石以垂不朽，亦使後世數典不忘焉爾。

中書科中書裔孫載陽拜題。

家德水捐銀壹仟大元；勝昌號捐貳佰五拾元；家寧綽捐貳佰四拾元；家應物捐貳佰四拾元；幼里九龍堂捐貳佰元；家心吉捐壹佰八拾元；家長遠捐壹佰六拾元；家百蚱捐壹佰四拾元；家紅柿捐壹佰貳拾元；德升號捐壹佰貳拾元；家圓娘捐壹佰貳拾元；家泗川捐壹佰貳拾元；家百忍捐壹佰貳拾元；家泗俊捐壹佰貳拾元；家阿春捐壹佰貳拾元；家開佐捐壹佰貳拾元；家錦祥捐壹佰貳拾元；家頌捐壹佰貳拾元；家安禎捐壹佰貳拾元；家正天捐壹佰貳拾元；家水抛捐壹佰貳拾元；家佳球捐壹佰貳拾元；家光存捐壹佰貳拾元；家建昭捐壹佰貳拾元；家仁體捐壹佰大元；籬巴蜡地頭壹佰元；家慶之母捐壹佰元；家有德捐壹佰大元；家有汜捐壹佰大元；家自誠捐八十大元；家泗鎮捐八十大元；家長喜捐五十大元；家克全捐五十大元；家淡濕捐三十六元；家王偏捐二十五元；勝源號捐二十二元；家啓發捐十五大元；家忠散捐十四大元；家秋江、家洲振、家百甜、家百闕、家補、家廷祥、家光題、家開禧、家山河、家禄、家百烈，以上六十元；勝友號、家阿合、家謹、德順號、家永妙、勝豐號，以上四十元；家文昌、家篤祐、家載陽、家昭尾，以上卅二元；家金生、家文聞、家敦厚、家學能、素昭國、家志鵬、東、家三、家成只、家光緞、家嫣雍、家錦定、家錦諧、家錫諧、家保全、家永、家三貴，以上廿四元；家文捷、家佳道、家三貴，以上廿四元；家永、家保全、

家擇、家三品、勝順號、以上十六元；勝和號、家傳摭、家光催、家國富、家仲恭、家祥，以上二十元；美號、家祥，以上二十元；

家挨、家塗、家潤、家棣、家淪、家蝗、家怡、家稅、家變、家桃、家續、家存、家仕通、家武、家田順、選、

登、尚志、紫霧、佐會、昭孝、清華、昭化、英才、嫣續、瑞章、家揀、家祥、家居、家臣、家卯、家誥、家灘、

榮、世上、和連、光搭、紫垣、元爪、拱傳、淑簡、嫣澐、烏石、卡老、資德、獅毡、康寧、大節、召報、吟、

春、洲靴、錦泉、黨淼、光碗、五味、正天、天買、玉樹、美浩（下略）

大清光緒歲次癸巳三月吉旦。

五十三　陳府真人

五九七　始建龐越龍泉廟信善芳名録牌

【碑刻名稱】始建龐越龍泉廟信善芳名録牌
【材　質】木材
【形　制】長方形横牌
【尺　寸】長二百一十厘米、寬五十二厘米
【書　體】楷書
【碑　額】無
【碑　題】無
【碑文撰者】無
【碑文書丹】梅縣松□曾煜堂

【立 碑 者】鷺江吕江諒、蔡温玉
【立碑時間】民國十七年（一九二八）
【存 佚】現存
【地 點】印度尼西亞東爪哇龐越龍泉廟
【碑刻録文】

清同治四年始建龍泉廟信善芳名録

蓋聞卜地崇神，世之超然，築廟奉神，佛之崇祀。伏查陳府真人公，祖籍本潮廣也，幼年勤業，事母至孝，雁行有三，昆仲友恭，格有仙風之範，藝如其工之巧，造王宫於峇厘島，立仙籍外南夢埠。然而神光之赫，誰不謳頌不輟，竊以應越隅奇鎮良稀，人烟綢密，商賈往來之地，舟車輻輳之區，山川秀茂，港灣優良，雲從高岫，結翠之景；風從根亭，掃不軌之兆，四時照序，八節循環，真乃古今之奇區。即於同治四年間，蒙温寶昌公暨許君添福、林君允性、魏君對生等，感沐鴻恩，僉商妥便，設緣册募捐福户，卜地建築神廟。願籌向青彩雲形龍地，琦滄海水泉滔聲，因號「龍泉廟」，業即役馳赴外南夢，虔請主持前來龐越督建。公祖寶刹，巍巍尊大，赫赫稱神之外，求禱無不保赤爲懷，遂定建廟。廟成本擬砌石記存，不遂；遂於草率權書帖於壁上，不覺二十餘載矣。年久月深，恐墻損壞，恐建廟舉遺失，是以諒等細心改書於木板，而訪教年高有德，咨詢公祖始終底藴，細心詢問無遺，爰將前時捐獻姓氏，謹寫於此木板上，以昭善信。則後世仁人君子，誰不好義於鑒前功庶。

温寶昌公捐銀五千二百五十盾、韓國南公捐銀三千零五十盾、温源昌公捐銀二千七百五十盾、義源夫人捐銀一千二百盾、黃安然官捐銀九百七十盾、黎旅蔡官捐銀九百盾、劉道鏡官捐銀八百五十盾、許添福官捐銀八百五十盾、楊俊發官捐銀七百零三盾、許先進官捐銀六百八十一盾、韓浩溪官捐銀六百盾、林添安官捐銀五百九十五盾、黃看和官捐銀五百九十四盾、林鍾安官捐銀五百五十盾、黃浩官捐銀五百二十六盾、韓英泰官捐銀五百盾、溫仕元官捐銀五百盾、黃福興官捐銀五百盾、蔡建美官捐銀五百盾、黃英泰官捐銀五百盾、林久牲官捐銀四百七十盾、魏對生官捐銀四百六十盾、黃源榮官捐銀四百五十盾、黃閏生官捐銀四百五十盾、溫南田官捐銀三百八十四盾、王光興官捐銀三百八十二盾、林明龍官捐銀三百八十盾、戴文芳官捐銀三百六十盾、戴景上官捐銀三百五十盾、林鵬飛官捐銀三百五十盾、鄭克泰官捐銀三百五十盾、林歷元官捐銀三百五十盾、郭揖熙官捐銀三百五十盾、韓慶和官捐銀三百五十盾、李嗣德官捐銀三百五十盾、陳尼姑官捐銀三百五十盾、溫長山官捐銀三百五十盾、郭永泰官捐銀三百五十盾、郭石池官捐銀三百五十盾、陳尼姑官捐銀三百五十盾、溫長山官捐銀三百五十盾、韓再杰官捐銀二百盾、鍾亞壽官捐銀二百盾、楊淑章官捐銀一百二十五盾、林璋先官捐銀一百二十五盾、鄭基全官捐銀一百二十五盾、黃三進官捐銀一百二十五盾、許成就官捐銀一百二十五盾、王雙璧官捐銀一百二十五盾、顏水聲官捐銀一百二十五盾、江三涼官捐銀一百二十五盾、鍾顯光官捐銀一百二十五盾、陳杰道官捐銀一百二十五盾、宋馮貝官捐銀一百二十五盾、余鬱金官捐銀一百二十五盾、甘成竹官捐銀一百二十五盾、許元光官捐銀一百二十五盾、陳有成官捐銀一百二十五盾、林生功官捐銀一百二十五盾、溫對三官捐銀一百二十五盾、江顯宋官捐銀一百二十五盾、曾宋玉官捐銀一百二十五盾、吳榮倫官捐銀一百二十五盾、郭孝魁官捐銀一百二十五盾、許耀輝官捐銀一百二十五盾、林審萬官捐銀一百盾、蔡拱星官捐銀一百盾、曾宋抬官捐銀一百盾、黃奪元官捐銀一百盾、黃長泰官捐銀一百盾、高雅棠官捐銀一百盾、溫香水官捐銀一百盾、顏光繼官捐銀一百盾、楊文辭官捐銀一百盾、黃思海官捐銀一百盾、許春美官捐銀一百盾、王道宋官捐銀一百盾、戴達權官捐銀一百盾、高無章官捐銀一百盾、伍建根官捐銀一百盾、卜温才官捐銀一百盾、劉成棋官捐銀一百盾、許茂准官捐銀一百盾、蔡閏澤官捐銀一百盾、王天錫官捐銀一百盾、林道能官捐銀一百盾、盧和水官捐銀一百盾、蔡和尚官捐銀一百盾、江春寶官捐銀一百盾、許根三官捐銀一百盾、陳對金官捐銀一百盾、吕主旺官捐銀一百盾、段一聲官捐銀一百盾、陳財官捐銀一百盾、王千金官捐銀一百盾、韓國才官捐銀一百盾、韓大進官捐銀一百盾、楊正官捐銀一百盾、何成胡官捐銀一百盾、郭奇觀官捐銀一百盾、黄昌泰官捐銀一百盾、温香水官捐銀一百盾、曾宗治官捐銀一百盾、黄奪亢官捐銀一百盾、黄致楊官捐銀七十盾、温南山官捐銀七十盾、韓雙貴官捐銀六十盾、李漢池官捐銀五十二盾、韓長爾官捐銀五十盾、蔡枋官捐銀五十盾、黄碧印官捐銀五十盾、蔡清水官捐銀五十盾、林絨官捐銀五十盾、黄馬然官捐銀五十盾、温進元官捐銀五十盾、林絨官捐銀五十盾、凌春才官捐銀二十五盾、王象官捐銀二十五盾、甘加作官捐銀二十五盾、郭春先官捐銀二十五盾、韓開章官捐銀二十五盾、王有道官捐銀二十五盾、林江清官捐銀二十五盾、許大德官捐銀二十五盾、蔡有才官捐銀二十五盾、江浩然官捐銀二十五盾、陳長官捐銀十四盾、郭孝魁官捐銀一十二盾五、許耀輝官捐銀一十二盾五、黄昌盛官捐銀十二盾、吴用根官捐銀十二盾、甘成作官捐銀十二盾五、許元夫官捐銀十二盾五、温俊治官捐銀十盾、鄭潯參官捐銀十盾、温六參官捐銀十盾、林敬維官捐銀十盾、温振勝官捐銀十盾、温長朝官捐銀十盾、郭桂英官捐銀十盾、郭貂源官捐銀十盾、池淥美官捐銀十盾、葉和成官捐銀十盾、陳光棟官捐銀十盾、梁亞巳官捐銀十盾、盧永傳官捐銀十盾、蔡漢大官捐銀十盾、劉德新官捐銀十盾、温長安官捐銀十盾、吕長康官捐銀十盾、陳朝才官捐銀十盾、鄭富官捐銀五盾、林啓美官捐銀五盾、戴皇興官捐銀五盾、楊蘭洲官捐銀五盾、許瑞官官捐銀五盾、江□須官捐銀五盾、韓清祺官捐銀五盾、嚴清算官捐銀五盾。

以上一百七十六名，來銀叁萬肆仟四百四十四盾正。該款均開建龍泉廟工料等資，業以前董事將賬書榜曉示，以上進出款項吻合捐抵，毋庸再言。由是觀之，前董并福户傾誠虔心，踴躍捐題，同建廟宇，其數甚大，亦非容易焉！創此皆神令功庇，我等之獲福無窮也。然廟内可請工人料理焚香洒掃整理清潔事務，以及粉壁蓋仄，并修葺損壞，例歸廟祝負責。奈無産業所持，僅藉靠香資充作共費，何期香資有限，更難維持。雖知此學非人獨力好善，亦未盡逐效，再仰仗善信人等，量力添施，福緣善念，種德無窮，加助香資，俾廟祝賴以是衍，爲善盡美，庶爲久遠，其虔捨之功，而神庥不既也。合得相應仰啓。

光緒十五年八月十五日鷺江吕江諒、蔡温玉拜立。民國十七年陳隆漳重修，公元一九七八年梅縣松□曾煜堂再書。

五十四　林太師

五九八　新建禡山溪雲山宮記

【碑刻名稱】新建禡山溪雲山宮記
【材　　質】石材
【形　　制】長方形立碑
【尺　　寸】長二百四十厘米、寬一百零五厘米
【書　　體】隸書
【碑　　額】雙龍朝日
【碑　　題】新建禡山溪雲山宮記
【碑文撰者】甲午科舉人邱煒萲
【碑文書丹】無

【立 碑 者】雲山宫董事
【立碑時間】清光緒二十八年（一九〇二）
【存 佚】現存
【地 點】新加坡雲山宫
【碑刻録文】

新建禡山溪雲山宫記

星洲之北有禡山溪者，形勢綿迴，旅人以其地實宜神所栖止，乃群奉林太史公神鎮焉。考神在明季時官提學道，其氏族名號悉具《福建通志》，即後學称爲警庸先生是也。近百年來，世傳爲神尊之者，又競奉以林太師公之號，越在海外罔敢或异？洲之士女，禱祠必處，一如赤子之於慈母矣。迨歲辛丑，林君崇德偕同人等，亟以具新廟貌爲言。爰有十股公司先獻宫地一區，復爲募捐於闔坡士商者。鳩工庀材，肇創夏季，遂於是冬竣事，乃卜吉舉行落成之禮。越明年壬寅，而使林君采達以廟記屬余。余按諸古，其聰明正直而爲神，及能捍患禦興者則祀之，皆見於傳，不可誣也。今二君雖於神爲族裔之近，然能因衆所敬畏愛慕之誠，而浚推其爲親親仁民之意，則信乎其知禮者矣。若夫諸善信之明禮報德亦何一兆，如在其上如在其左右之思乎。是宫本以雲山名，夫神因雲霄人也，乃爲之祠曰：神之來兮乘雲車，神之往兮雲爲家，雲山蒼蒼兮其靈爽式憑以無涯。

欽加二品頂戴廣東補用道甲午科舉人邱煒萲敬撰。

盧添福、陳冬后、林□紳、楊瑞□、曾成金、謝元□、黄計爾、鍾存仁同奉送雲山宫地乙衣曾。

董事：林業儒；恊理：林西河、吳澤生、楊樹生、林水生、蔡笋生、黃柏生、漳萬春、沈桃生、戴衣生、吳周前、新豐合、林顏生、林占生、陳迎生、林喜生、王湖生、郭別生、春興號、曾亞江、陳歪生、李勇生、黃義裕、張溪生、蘇芳奏、林美生、林由生、信興號、吳富生、林仁生、蔡和傅、蔡于生、林合生、林尊生、林章生、楊全生、蔡裁傅。

計開喜捐芳名列左：

林崇德喜捐大銀六十二元；潘夷己捐大銀四十元；林西河喜捐大銀三十一元；漳萬春喜捐大銀三十一元；林占生喜捐大銀三十一元；曾亞江喜捐大銀三十一元；林美生喜捐大銀三十一元；蔡于生喜捐大銀三十一元；吳澤生喜捐大銀三十一元；沈桃生喜捐大銀三十一元；陳迎生喜捐大銀三十一元；陳歪生喜捐大銀三十一元；林由生喜捐大銀三十一元；林合生喜捐大銀三十一元；楊樹生喜捐大銀三十一元；戴衣生喜捐大銀三十一元；林喜生喜捐大銀三十一元；李勇生喜捐大銀三十一元；信興號喜捐大銀三十一元；林尊生喜捐大銀三十一元；林水生喜捐大銀三十一元；吳周前喜捐大銀三十一元；王湖生喜捐大銀三十一元；黃義裕喜捐大銀三十一元；吳富生喜捐大銀三十一元；林章生喜捐大銀三十一元；蔡笋生喜捐大銀三十一元；新覺合喜捐大銀三十一元；郭別生喜捐大銀三十一元；張溪生喜捐大銀三十一元；林仁生喜捐大銀三十一元；楊全生喜捐大銀三十一元；黃柏生喜捐大銀三十一元；林顏生喜捐大銀三十一元；春奥號喜捐大銀三十一元；蘇芳奏喜捐大銀三十一元；蔡和傅引、蔡和裁引捐大銀三十一元；楊汶生捐大銀三十元；張保生捐大銀三十元；黃小襶捐大銀二十元；鄭等生捐大銀二十元；葉牛生捐大銀十五元；林和坂捐大銀十二元；蔡波生捐大銀十二元；吳知曹捐大銀十二元；林楚生捐大銀乙十元；林淑生捐大銀乙十元；王南生捐大銀乙十元；黃壬生捐大銀乙十元；漳泰成捐大銀乙十元；卓納生捐大銀乙十元；陳霧生捐大銀乙十元；許道生捐大銀乙十元；許再福捐大銀乙十元；陳待詩捐大銀乙十元；傅銅生捐大銀乙十元；

翁志坤捐大銀乙十元；蔡三重捐大銀乙十元；金再發捐大銀乙十元；傅芙蓉捐大銀乙十元；王恩生捐大銀乙十元；陳蒼宜捐大銀柒元正；漳合奏、陳連花、漳福詭、胡怡順、陳文理、陳連池、楊滿生、吳協生、林却生、林燈生、梁申生、林會生、王水號、王木生、傅孫棟、泉興號、易來進、許富生、章文生、泉盛號、林添娘、黄平生、鄭烏生、許梨生、蔡成剥、歐昭來、林歪生、陳猴生、蔡道能、磊焱號、新和順、泰昌號、福安和、吳擺生、蔣番生、湯泰興、揚清生、沈玉記、合興號、張傳生、陳天德、陳鳳安、林南德、陳开和、林其泉、黄井生、林財合，以上各捐銀六元正；林金喜、陳音生、陳夏生、王荳粒、陳源成、蔡合發、傅仁和、吕亞仁、光昌號、蔡年鍾、林萬春、陳温生、曾蜻生、黄鉗生、吳巷生、黄劉生、蔡毓茴、林搭生、林奚生、蔡現生，以上各捐銀伍元；蔡教生、郭化生、蔡勤生、林开生、陳螺生、德興號、蔡拮生、永興號、林清花、曾花中、吳蒼明、陳沁朕、陳金連、吳春后、吳吉盛、顔藍生、洪決生、吳番盛、曾亞河、歐水客、黄究生、塗慶志、林水甲、蔡灣生、蔡求生、林友聘、林早生、林辣生，以上各捐銀叁元正；三元以下上祭碑，計共三文七角五占，合大銀四百一十二元一角；另題慶成聖養加四名聖□頭家合銀四百四十九元九角；董事協理共大銀一仟一百四十七元。計共收捐來銀二仟七百六十五元九角。

一　開赴廟及補貼合共大銀一仟四百七十六元四角。

一　開慶成聖養什費用合共大銀八百七十五元零八角二占五。

一　油漆两門神禮門□车工合共大銀一百零一元五角。

一　開貼王湖赴厝合共大銀一十五元正。

一　開做醮尾什費用共大銀三十元零四角二占。

一　開石碑牌柴匾牌合挠共大銀一百二十七元正。

一　開赴廟首尾什費大銀□百□十□元。

合挩開結去大銀二仟七百七十九元八角三占五。

總扣除外銀尚侵欠大銀一十三元九角三占二厘五正。

光緒廿八年歲次壬寅夏五月吉日，董事仝立石。

五九九　重修雲山宮太師公廟宇志

【碑刻名稱】重修雲山宮太師公廟宇志
【材　質】石材
【形　制】長方形立碑
【尺　寸】長一百九十七厘米、寬一百厘米
【書　體】隸書
【碑　額】中鎸林太師，雙側石虎
【碑　題】重修雲山宮太師公廟宇志
【碑文撰者】蔡士田
【碑文書丹】無
【立 碑 者】雲山宮諸董事
【立碑時間】民國九年（一九二〇）
【存　佚】現存
【地　點】新加坡雲山宮
【碑刻録文】

竊以建築路橋，善人之盛德，重修廟宇，義士之高風。兹因崇奉林太師公之神者，爲溯其源忠愛受爵靖共爾位，前明萬曆皇帝選進内閣，故稱之曰太師。厥後正直成神，大清顯醫德乎七邑。辛丑初夏，華人共襄議舉，争解金錢，建造廟宇。迄今星霜幾度，土木漸以傾頽，風雨數經，棟梁將見損壞，欲爲修葺而獨力难支。於民國己未歲，四方君子各坡商旅宏施善願，同樂喜捐，俾廟宇重新，香烟永遠，想神道昭彰，報應不爽，而諸好善受福無疆，乃勒石以記其事云爾。

蔡士田。

并附喜捐芳名開列于左：

林清柑、林孝琂、林國捌、林元同、林榮隆、德春堂、王源記、蔡和禎、林瑞豐、林水池、林福順、林振發、林和心、陳萬長、陳士念、陳再利、陳士婆、佘士别、黄士兩、林利盞、林利成、林利舍、林利籠、林利丹、黄條英、黄泉發、黄秋吝、林士對、林士棍、林焦圭、林孝樹、林朝在、洪福壽、錦春號、林宗鏞、李士來、合發號、春成號、蔡進却、蔡玉同、蔡泉隆、蔡清早、王文孝、王太元、王文闖、林會水、林新約、林健致、林利傳、林利諸、林金河、金春公司，各捐五元；林士萬、陳逸才、陳成興、劉炳獻，各捐五元；葉士牛、易水仙、湯金穆、黄佳發、陳士音、新泉安、張健登、曾程平、陳士岩、周洪龜、余燕章、吴士謙，捐銀十元；吴士成、蔡士弟、信興號、余士弟、尤士凉，各捐四元；林鐵豐捐銀五十元；林推遷捐銀二十四元；源振豐捐銀二十元；永和安捐銀十七元；林士土捐銀十七元；謝永成捐銀十元；謝成興捐銀十元；張文炎捐銀十元；謝泉發捐銀十元；林鳴興捐銀十元；泉和號捐銀十元；新泉興捐銀十元；蕭文和捐銀十元；林水掌捐銀十元；林順蔭捐銀十元；黃士深捐銀十元；林阿昭捐銀十元；黃士腰捐銀十元；梁樹林捐銀十元；吴士鳳捐銀十元；瑞春號捐銀十元；黃開順捐銀十元；協順號捐銀十元；林文敕捐銀十元；一珍號捐銀八十元；陳士猴、陳士月、正和勝、唐佳椗、泉晉成、成記號、林喜生、葉士涷、林士飯、泉安號、高士甲、協興隆、蔡盒高、沈士丙、蘇士周、合振公司、許士必、梁士增、永順利、黃士月、吴文門、陳士來、卓士于、林士力、沈士問、源順盛，各捐六十元；林李樹、蔡士周、新泉豐、陳士宋、蔡士炎、林義和、蔡士嘮、瑞豐隆記、黃慶春、陳文隆、謙豐號、王士理、傅君鳥、環士榜、楊士森、卓文書、林士賓、林甘實、信隆號、成茂號、蔡輔佑、福春號、楊士益、聚春號、余士車、林士某、蔡正源、廖士深、永源成、蔡士亥、林甘份、合發號、周士尊，各五元。林洋泮捐銀十元；林文向捐五元。

一　開收理宮銀乙千二百六十元。

一　開登尾銀捌十九元七尾。

一　開帖做金爐宮庭二百元。

一　開什費銀乙百八十八元七尾。

一　開慶成銀八百二十七元。

一　開五碑乙百九十元。

一　開太帖元號厝銀六十元。

共柒條銀二千八百一十六元一尾。

一　收來園稅庚申年二月止銀乙百五十三元七尾。

一　收來存捐銀乙十二元正。

一　收來捐銀合木牌共乙仟玖百四十七元五。

一　收來總協五十一共銀七百六十五元。

共四條銀二千八百三十五元二尾。

對除外尚伸銀壹拾玖元一尾，民國歲次庚申年葭月吉日，諸董事公立。

五十五　大生主（摩訶波闍婆提）

六〇〇　大生佛堂重修捐助木牌

【碑刻名稱】大生佛堂重修捐助木牌
【材　質】木材
【形　制】長方形橫牌
【尺　寸】長一百三十六厘米、寬六十二厘米
【書　體】楷書
【碑　額】無
【碑　題】無
【碑文撰者】無
【碑文書丹】無

【立 碑 者】大生佛堂信衆

【立碑時間】光緒二十二年（一八九六）

【存　佚】現存

【地　點】馬來西亞檳城大生佛堂

【碑刻録文】

光緒拾玖年癸巳歲仲冬月重修捐助人名開列：

郭道龍捐銀貳佰陸拾元；戴喜雲捐銀伍拾大員；柯祖仕捐銀肆拾大員；戴運光捐銀二十六元一角五占；吴義誠捐銀貳拾大員；陳意妙捐銀拾貳大員；陳伍香捐銀拾大員；周自在捐銀陸大員；黄明洋捐銀伍大員；吴亮誠捐銀伍大員；蘇一善捐銀伍大員；黄智誠捐銀伍大員；池同貴捐銀伍大員；葉志忠捐銀肆大員；馬信普捐銀肆大員；李潔賢捐銀叁大員；彭禮通捐銀叁大員；黄孝貫捐銀叁大員；陳信廣捐銀叁大員；鄭孝悟捐銀叁大員；陳弟令捐銀叁大員；洪志佶捐銀叁大員；官德全捐銀叁大員；陳志惠捐銀叁大員；許孝先捐銀貳員；林弟修捐銀貳員；許義真捐銀貳員；顔耻春捐銀貳員；周弟和捐銀貳員；陳禮機捐銀貳員；謝安捐銀貳員；林歸基捐銀貳員；黄濟仁捐銀貳員；集成發捐銀貳員；陳田觀捐銀貳員；黄英俊捐銀貳員；紀耻忠捐銀貳員；曹道通捐銀貳員；馬明意捐銀貳員；王堅心捐銀壹員；黄普徵、吴潤姑、黄裕照、馬吉祥、連子承、黄英財、李耻盛、王堅性、柯潔盟、黄會真、鄭寶蓮、劉貴合、姚耳朗、林忠扶、潘廣進、陳耻團、黄妙安、馬學元、劉萬華、陳聚會、陳仁良、李卧雲、鄭子有、黄存志、許仁化、林主端、鄭正和、鄭庚娘、林原良、鄭耻明、尤信静、陳吉真、衛古緣、黄興通、李瑞清、黄祥安、潘禮崇、黄至静、許禮參、黄順愛，以上各捐銀壹大員；池財娘捐銀六角；陳耻亮捐銀六角；伍國煌、黄氏娘、陳何侵、黄耻圓、張廉内、黄禮禪、劉觀童、鄭禮鎮、陳子器、黄蘇氏、蔡孝得、黄裕珍、謝仁光、吴仁亮、黄裕勝、黄何康，以上各捐銀壹中員；吴墻生捐銀四角；黄裕慶捐銀二角五分；劉永寶捐銀二角；官潤芳捐銀壹角；胡瑞寶捐銀壹角。

光緒二十二年丙申歲新造横屋捐助銀名録：

林信機捐銀壹佰壹拾大員、張至誠捐銀伍拾大員、沈慈元捐銀叁拾大員、大乘堂捐銀伍拾盾、黄明洋捐銀貳拾大員、胡月娥捐銀壹拾陸大員、朱阿黄捐銀壹拾陸大員、葉悟真捐銀二十盾、胡明信捐銀壹拾大員、郭禮鎮捐銀拾大員、陳意妙捐銀陸大員、鄭綉蓮捐銀陸大員、鄭綉英捐銀陸大員、林阿切捐銀陸大員、陳志慧捐銀伍大員、李過賢捐銀伍大員、李靈機捐銀伍大員、衛真傳捐銀伍大員、張天曹捐銀伍大員、胡氏捐銀伍大員、鄭綉鳳捐銀伍員、廖丙娘捐銀伍員、無名氏捐銀四員四毛、林阿團捐銀肆大員、林綉裙捐銀肆大員、杜萬生捐銀肆大員、洪志佶捐銀叁大員、王守慶捐銀伍盾、李存仁捐銀伍盾、無名氏捐銀二元三角、邱荷蘭捐銀貳元、杜清溪捐銀貳元、藍上德捐銀貳元、羅有妙捐銀貳元、張善緣捐銀貳元、陳振春捐銀貳元、盧氏捐銀貳元、謝玉娘捐銀貳元、謝顔娘捐銀貳元、謝好娘捐銀貳元、無名氏捐銀一員九角、謝意娘捐銀一員六角、林阿用捐銀一元五角、謝速好捐銀一元五角、陳展明捐銀貳盾、謝國玄捐銀貳盾、郭時清捐銀一員、周金玲捐銀一員、李靈山捐銀一員、黄金蓮捐銀一員、馮原妙捐銀一員、洪蓮真捐銀一員、林有福捐銀一員、林阿仲捐銀一員、黄果真捐銀一員、林桂枝捐銀一員、謝岸良捐銀一員、李阿識捐銀一員、杜秀變捐銀一員、李阿月捐銀一員、鄭阿惹捐銀一大員、楊正邦捐銀一大員、張榮參捐銀一大員、陳阿秀捐銀一大員、吴阿惹捐銀一大員、陳阿秀捐銀一大員、邱春蘭捐銀一大員、林德裕捐銀一大員、無名氏捐銀二元二角、沈長遠捐銀陸角、官鴻英捐銀陸角、賴西進捐銀壹盾、何氏捐銀伍角、謝阿顔捐銀伍角。

五十六　陳仲真太祖

六〇一　重建馬登綏靖伯廟碑記

【碑刻名稱】重建馬登綏靖伯廟碑記
【材　　質】石材
【形　　制】長方形立碑
【尺　　寸】長一百三十九厘米、寬八十六厘米
【書　　體】楷書
【碑　　額】無
【碑　　題】重建馬登綏靖伯廟碑記
【碑文撰者】無
【碑文書丹】無

【立 碑 者】馬登綏靖伯廟同人
【立碑時間】清光緒十九年（一八九三）
【存　　佚】現存
【地　　點】馬來西亞霹靂州馬丹（登）綏靖伯廟
【碑刻録文】

重建馬登綏靖伯廟碑記

重建馬登綏靖伯廟：

總理：陳畊全、廣順棧、鄭景貴、陳聖琰、林佳瓊、區焯、劉松享、伍垣學、謙萬和、成興號、吴輝周、何百齡；協理：周群、曹錫齡、麗生棧、羅逢生、張瑞君、許德、林漢、鄭觀養、曹國安、黎平、胡準懷、羅均泉、衛學舟、曾思秀、陳鈞、崔芝田、阮洪焯、張南、伍廷威、梁澄波、陳樹德、馬甲、馬烏晶、吴耀南、利升號、陸南生、杏春堂、廣同發、戴閏德、鄭承開、廣安昌、洪徐、新寶珍、福興號、張相、德源號、李崇沛、益友、譚福生、陳什君、李大賞、蔡三合、陳鏡澄、吴碧生、黄雨宜、盧豐來、何辰、保生堂。

兹將各善信捐題芳名録左：

鄭景貴喜捐銀貳佰伍拾大員；謙萬和喜捐銀壹佰捌拾大員；馬成興喜捐銀壹佰貳拾大員；吴輝周喜捐銀捌拾大員；泰利號喜捐銀伍拾大員；廣順棧喜捐銀伍拾大員；鄭觀養喜捐銀伍拾大員；伍垣學喜捐銀肆拾大員；何百齡喜捐銀叁拾伍員；萬順利喜捐銀叁拾大員；冠群英喜捐銀叁拾大員；劉松享喜捐銀貳拾伍員；鄭承開喜捐銀貳拾伍員；新

同茂喜捐銀貳拾貳員；廣和號喜捐銀貳拾大員；范福興喜捐銀貳拾大員；成萬源喜捐銀壹拾伍員；忠和號喜捐銀壹
拾伍員；陳聖琰喜捐銀壹拾伍員；新再發喜捐銀壹拾伍員；吴碧玉喜捐銀壹拾貳員；兩合號喜捐銀壹拾貳員；惠昌
號喜捐銀壹拾貳員；祥德號喜捐銀捌大員；劉文喜喜捐銀捌大員；新和興喜捐銀陸大員；新合和喜捐銀陸大員；金
玉樓喜捐銀陸大員；張春喜捐銀□□□；泰和春、梁輝南、緑美樓、羅逢生、廣昌利、杏春堂、麗生棧、利升店、
陳畊全、金石樓、會勝樓、榮合店、永正興、李大掌、茂昌店、阮群耀、何長、張南、馬甲□、廣永和、陳什宮、
乾泰□、胡準懷、李元□、譚福□、張師岳、林鴻鶴、榮春□、新合利、合源□、鄭奕□、吴□□、陳宗□、陳錫
□、保生堂、伍于贊，以上每名喜捐銀壹拾大員；蓮發堂、遠生店、誠昌、同利店、祥源店、陸南生、洪升店、廣
義祥、祥盛店、劉記、廣同發、廣安昌、廣潤利、宴瓊林、均安和、廣同生、永昌隆、彩芳樓、得勝樓、伍華亮、
潘斯浩、怡和店、日升、益友店、和興店、新雲泰、東有堂、鄭三魁、陳樹德、鄭嗣和、致和祥、勝隆堂、陳鏡澄、
衛文儔、衛學舟、林漢、馬源利、泗順樓、伍學□、張明、李娘泰、萬潤利、彩悦樓、月仙樓、林奇居、鄭坤記、
崔芝田、阮觀有、吴源成、譚楊、葛虎、林如義、新茂發、同合店、林黨、譚照華、鄺英進、廣萬利、戴潤德、吴
親、黄星有、公和店、陳葵、林楊記、陳説、陳洞、張心□、蔡芝娘、羅尾、鄭哲、許六、黄廉，以上每名捐銀伍
大員正；和合店、陳記升、盧豐來、趙琴、趙鐵佛、吴祥禎、金合號、新興記、吴發合、新恒利、蔡洪、新源發、
林和盛、馬綿、劉孫、同發店、雷振勝，以上每名喜捐銀肆大員正；馬阿四、謙記、新合記、祥利店、新成興、洪
昌店、廣德店、□興隆、宴花樓、彩勝樓、勝香樓、叙花樓、錦香樓、黄阿炎、馬島晶、信利店、吴捷□、張阿明、
吴曲、鄒厝、新順利、鄭來、謝阿掖、陳玉成、吴認、胡準瑯、文敦、胡三、陳三元、謙隆、黄塔、蘇盛、馬結盛、
張年豐、許□、趙宗、何三□、胡丑、張承來、胡保，以上每名喜捐銀三大員正；伍琰文、品芳樓、天和堂、祥興
店、巧玉店、喧記、鄢興仁、林朝宜、黄野、李亮、周料、劉鳳成、陳崇、趙楮、吴財、林徒癩、伍士祥、萬順利、

廣誠信、雲林閣、廣昌店、和昌店、茂合店、李能、陳動、陳幼晶、林婆賜、郭加記、歐美、吳采、周速、林養、萬有店、譚憲、萬盛店、陸信生、余元中、賽香樓、梁澄波、陳貢、賴新、馬溪、伍文景、馬厚盛、馬四、吳海、林進、吳溪、柯媽輔、福蘭堂、黃得利、巨興店、和昌棧、東成堂、兩利店、賴永、林利、李郭、伍務文、馬笑、周娘城、吳飯碟、魏鴇仔、趙娘順、廣泰興、慎昌店、萬益店、福祥店、新德昌、孫萬、馬敬、鄭錦順、李錢、吳丑、馬和興、馬領、林福、林河、陳滇、趙枯、趙市、林巧、祥利店、新廣勝、陳大妹、鍾澤、鍾祥、馬有春、方祖、高城、陳中容、林乾、陳□□、謝□□、仁和□、蕭愛、謝興順、吳娘鷄、洪仲秋、劉細晶、吳猴鼻、趙江、陳全、楊官保、林大河、吳五片、周枝、吳大頭、江興、范妹、陳煿焜、陳大江、孫富、李永照、陳娘秦、陳社寧、洪大辦、何松、謝進、陳達源、林育、陳和乾、黃榮、吳保、陳軼、程福、莊梅花、練容、吳齊、李栳、李先進、陳瑞、廖青、黃龍想、郭子喜、梁瑞藏、伍文體、張光輝、趙源、郭長合、林樹、吳崇高、陳秀音、韓豐、鄭媽賓、吳賜義、林指、尤俊、林魁、黃三智、黃哲、吳搭也、曾文輝、彭昌、彭得利、吳天□、崔澤□、鄭升、鄭文順、黃好□、許文義、張萬成、莊成、邱沐、呂弼、林扇、謝細妹、譚子來、林徐、李紅記、温養、胡賀、林安心、賴竹銘、許詛賜、吳蚱、陳成利、祥興店、古年、三□□、伍術學、謝全獅、林□、蕭甜、方兆、陳葉、林听、劉大進、陳多、唐豆干、蔡棣、林良和、張明、順成店、陳明、曾泰隆、林禁、陳□□、新成發、梅燦、吳吃、謝送、王□□、林有記、周潤賢、鍾□□、鄭庚弟、李長野、黃思、許殿、賴初、黃矮、徐中結、□□化、張加媽、王鹹、陳副火、黃居、林就、楊如慰、邱□□、陳同、林錢、羅猴、□幸□、孫□□、吳武烈、陳□□、吳朝升、吳靜、馬□□、陳娘□、馬□□、許□□，以上每名喜捐銀貳大員正。

倘有錯漏，祈爲指示。

光緒十九年歲次癸巳暮春吉旦，同人謹立。

五十七　士元盧仙長

六〇二　歲戊申冬臘月九鯉洞功成爰爲之頌碑

【碑刻名稱】歲戊申冬臘月九鯉洞功成爰爲之頌碑
【材　質】石材
【形　制】長方形立碑
【尺　寸】長一百一十六厘米、寬六十二厘米
【書　體】楷書
【碑　額】無
【碑　題】歲戊申冬臘月九鯉洞功成爰爲之頌
【碑文撰者】受教門人乾鎮
【碑文書丹】無

【立 碑 者】九鯉洞董事人等

【立碑時間】一九六九

【存　佚】現存

【地　點】印度尼西亞直民丁宜九鯉洞

【碑刻録文】

歲戊申冬臘月九鯉洞功成爰爲之頌

頌曰：

瓊瑶法教，溯源莆田；禮惟南駐，歷有所年。

士元仙長，受命於天；降鸞呵護，黎庶山川。

靈丹符水，度救萬千；仙恩浩蕩，被及海埏。

瑶壇高建，爰集鄉賢；大興土木，悉盡所能。

朝夕不怠，道兄乾牽；弗辭勞瘁，大任斯肩。

經之營之，廿載辛勤；萬年寶蓋，聿觀厥成。

堂哉皇哉，輪焉奂焉；滿園桃李，樂拜宫墻。

瞻仰載道，裙屐聯翩；三生有幸，香火因緣。

印尼蘇島，直名丁宜；市區名勝，地以神傳。

緬茲盛舉，僉曰空前；摛詞以頌，立石而鎸。

受教門人乾鎮敬撰。

五十八　薛公素德

六〇三　安汶薛公廟薛素德公媽靈篋木牌

【碑刻名稱】安汶薛公廟薛素德公媽靈篋木牌
【材　質】木材
【形　制】長方形橫牌
【尺　寸】長九十八厘米、寬五十六厘米
【書　體】楷書
【碑　額】無
【碑　題】薛素德公媽靈篋
【碑文撰者】無
【碑文書丹】無

【立 碑 者】陳仍舍、洪孝順
【立碑時間】一九七二
【存 佚】現存
【地 點】印度尼西亞安汶薛公廟
【碑刻録文】

薛素德公媽靈簽

一九七二年吉日。

一 日出便見風雪散，光明清凈照世間；一向前途通大道，萬事清吉保平安。
二 於今此景正常時，看看欲吐百花魁；若能遇得春色到，一洗清潔脱塵埃。
三 勸君把愛心莫虚，天注衣禄自有餘；和合重重常吉慶，時來終遇得明珠。
四 風怡浪静可行舟，恰是中秋月一輪；凡事不須多憂慮，富禄自有慶家門。
五 只恐前途明有變，勸君作忽可宜先；且守長江無大事，運逢太白守身邊。
六 風雲致爾樂洋洋，天灾時氣必有傷；命内此事難和合，更逢一足出他鄉。
七 雲開月出正分明，不須進退問前程；婚姻皆由天注定，和合清吉萬事成。
八 禾稻看看結成完，此事必定兩相全；回到家中寬心坐，妻兒鼓腹樂團圓。
九 龍虎相隨在深山，君你可須背後看；不知此去相愛惡，他日與我却無干。

十　花開結子一半枯，勸君不用問前途；漸漸日落西山去，可惜今年汝虛度。

十一　靈鷄漸漸見分明，凡事且看子丑寅；雲開日出照天下，郎君即便見太平。

十二　長江風浪漸漸静，于今得進可安寧；必有貴人相扶助，凶事脱出見太平。

十三　命中正逢羅孛關，用盡心機總未安；作福問神難得過，恰似行船上高灘。

十四　財中漸漸見分明，花開花謝結子成；寬心且看月中桂，郎君即便見太平。

十五　八十原來是太公，看看晚景遇文王；目下緊事休相問，勸君且守待運通。

十六　不須作福不須求，用盡心機總未休；陽世不知陰世事，官法如牢不自由。

十七　恨事重重未改爲，家中禍患不臨危；須當謹防宜作福，龍蛇交會得相會。

十八　君問中間此言因，看看禄馬拱前程；求得貴人多得利，和合自有兩分明。

十九　富貴由命天注定，心高必然誤君行；不然且回依舊路，雲開月出見分明。

二〇　前途功名未得意，只恐命丙又交加；兩家必定防損失，勸君且退莫容嗟。

二十一　十方佛法有靈通，大難禍患不相同；紅日當空常照耀，還有貴人到家堂。

二十二　太公家業八十成，月出光輝四海明；命内自然逢大吉，茅屋中間百事亨。

二十三　欲去長江水茫茫，前途未遂運未通；如今絲綸叙在手，只恐魚水不相逢。

二十四　月出光輝四海明，前途禄位見太平；浮雲掃退原無事，可保禍患不臨身。

二十五　總是前途莫心勞，求神問聖枉是多；但看鷄犬日過後，不信禍福事如何。

二十六　選出牡丹第一枝，勸君折取莫遲疑；世間若問相知處，萬事逢春正及時。

二十七　君爾寬心且自由，門庭清吉家無憂；財寶自然終吉利，凡事無傷不用求。

二十八　余今莫作此當時，虎落平洋被犬欺；世間凡事何難定，千山萬水也遲疑。
二十九　枯木可惜未逢春，如今且在暗中存；寬心且守風霜退，還君依舊作乾坤。
三〇　漸漸看此月中和，過後須防未得高；改變顏色前途去，凡事必定見重勞。
三十一　緑柳蒼蒼正當時，任君此去作乾坤；花果結實無殘謝，福禄自有慶家門。
三十二　龍虎相交在門前，此事必定兩相連；黄金忽然變成鐵，何須作福問神仙。
三十三　欲去長江水闊茫，行船把定未遭風；户内用心兩作福，看看魚水得相逢。
三十四　危險高山行過盡，莫嫌此路有重重；若見蘭桂漸漸發，長蛇反轉變成龍。
三十五　此事何須用心機，前途變怪自然知；看看此去得和合，漸漸脱出見太平。
三十六　福如東海壽如山，君你何須嘆苦難；命内自然逢大吉，祈保分明得自安。
三十七　連逢得意身顯達，君你身中皆有益；一向前途無難事，快意之中保清吉。
三十八　名顯有意在中間，不須祈禱心自安；早晚看看日過後，即時得意在中間。
三十九　意中若問神仙路，勸君且退望高樓；寬心且得寬心土，必然遇得貴人扶。
四〇　平生富貴成禄位，君家門户定光輝；此中必定無損失，夫妻百歲喜相隨。
四十一　今行到手實難推，高歌暢飲自徘徊；鷄犬相聞消息近，夫妻百歲結成雙。
四十二　一重江水一重山，誰知此去路又難；任他改求終不過，是非終久未得安。
四十三　一年作事息如飛，君你寬心莫遲疑；貴人還在千里水，音信月中漸漸知。
四十四　客到前途多得意，君你何故兩相疑；須是中間防進退，月出光輝得運時。
四十五　花開今已結成果，富貴榮幸終到老；君子小人相會合，萬事清吉莫煩惱。

四十六　功名得位與君顯，前途富貴喜安然；若遇一輪明月照，十五團圓照滿天。
四十七　君你何須問聖迹，自己心中皆有益；於於且看月中桂，凶事脱出化成吉。
四十八　陰事陽事未和同，雲遮月色正朦朧；心中意欲前途去，只恐命内運未通。
四十九　言語雖多不可從，風雲静處未行龍；暗中終得明消息，君你何須問重重。
五〇　佛前發誓無异心，且看前途得好音；此物原來本是鐵，也能變化得成金。
五十一　東西南北不堪行，前途此事正叮嚀；勸君把定莫煩惱，家門自有保安静。
五十二　功名事業本由天，不須挂念意懸懸；若問中間遲與速，際會風雲在眼前。
五十三　看君來問心中事，積善之家慶有餘；運亨財子雙雙至，指日喜氣溢門閭。
五十四　孤燈寂寂夜沉沉，萬事清吉萬事成；若逢陰中有善果，燒得好香達神明。
五十五　須知進退轂虚言，看看發暗未必全；珠玉深藏還未變，心中但得杜徒然。
五十六　病中莫得苦心勞，到底完全總未達；去後不須回頭問，心中事務反消磨。
五十七　勸君把定心莫虚，前途清吉得安舒；到底中間無大事，又遇神仙守安居。
五十八　蛇身意欲變成龍，只恐命内運未通；久病且作寬心看，言語雖多不可從。
五十九　有心作福莫遲疑，求名清吉正當時；此去必能成會合，財寶自然喜相逢。
六〇　月出光輝本清吉，浮雲總是蔽陰色；户内用心兩作福，當官分理便有益。
六十一　罰簽：來往無憑泛柏舟，意中混雜欲何求；不知神道原高妙，誠敬心田可少留。來意不誠，抽出罰簽。
罰金罰油，遂心敬心。來者則安，有求必應。
弟子陳仍舍、洪孝順叩敬。

五十九　周秦符璽令受姓始祖諱公雅公配存氏楚國夫人神牌

六〇四　符氏社勒碑

【碑刻名稱】符氏社勒碑
【材　質】石材
【形　制】長方形立碑
【尺　寸】長一百三十二厘米、寬五十八厘米
【書　體】楷書
【碑　額】無
【碑　題】符氏社勒碑
【碑文撰者】無
【碑文書丹】無

【立碑者】符氏社董事等
【立碑時間】清光緒三十三年（一九〇七）
【存佚】現存
【地點】新加坡符氏社
【碑刻録文】

符氏社勒碑

今將董事捐題名字開列永遠于后：
創理：愈貴、福基、昌文；續理：和鈴、鴻琦、昌邠、鴻福、用聯、振學、輝勉、典五；協理：福仁、載慶、開震、福千、福理、致財、用存、福環、樹程、兆光、氣秀、洪剛；參理：載明、用官、福成、達富、福章、獻春、福運、國斌、世杰、世春、宏爵、用杰、建祐、樹美、和卿、和星、振三、文志、昌玑、其槐、用茂、運政、開祥、樹松、載福、和昌、振盛、用焕、大綸、大琇、用玉、福開、用琳、用三、樹積、用喜、開節、先業、建章、福星、福安、昌旭、建綸、家宏、用五、開花、獻桂、世秀、厚賓、福明、名花、用禮、廷智、業脩、可洪、達志、居清、大升、世輝、昌志、楊桐、氣番、洪三、和怡、家積、昌養、洪祥、和斌、洪基、開業、樹番、用儀。
以下各名係原老部捐：
愈貴捐銀五百元；昌邠捐銀五十元；和鈴捐銀二十元；振學捐銀二十元；德三捐銀二十元；鴻琦捐銀十五元；典

五捐銀十大元；洪剛捐銀十大元；福千捐銀十大元；用聯捐銀十大元；開祥捐銀十大元；鴻福捐銀十大元；鴻琦捐銀十大元；輝勉捐銀十大元；載和捐銀一十元；和寬捐銀一十元；福椿捐銀一十元；開震捐銀一十元；用存捐銀一十元；文志捐銀一十元；益三捐銀一十元；鴻德捐銀一十元；載文捐銀一十元；世祥捐銀一十元；家逵捐銀一十元；福星捐銀一十元；福琮捐銀一十元；世珍捐銀一十元；用官捐銀一十元；載慶捐銀一十元；德堂妻周氏銀六元；和彦捐銀六大元；□慶捐銀六大元；毓卿捐銀五大元；朝松捐銀五大元；朝均捐銀五大元；用積捐銀五大元；用政捐銀五大元；用升捐銀五大元；洪周捐銀五大元；氣隆妻陳氏銀五元；福章妻柯氏銀五元；朝卿、和蘭、氣隆、用霖、致輝、兆慶、福章、和炳、和貴、洪高、大連、洪才、其球、其樹、梅山、氣雲、和榮、振三、福五、福潮、福嶺、氣英、建標、洪運、氣浩、和明、洪芳、洪義、洪春、載宜、和建、和升、氣禄、載瓊、和成、樹德、楊斌、花國、家訓、得隆、致高、和耀、其吉、載錦、洪充、開廷、開雲、福至、建欽、用忠、世祥、致喜、氣紅、氣吉、兆雯、載爲、建貽、氣裕、福裕、家時、和情、祥富、和論、樹仁、氣明、建全、氣永、氣義、福仁、氣充、樹澄、振興、經蕃、和伍、氣深、用興、開英、福昌、洪玉、樹猷、洪獻、仁奇、世超、蔚紀、樹松、福芊、和文、和三、樹熙、洪莊、和積、建元、氣融、洪猷、文榮、建如、和亦、明永、氣充、氣香、童就、洪藻、氣深、樹松、達經。

六〇五　符氏社重修流芳碑

【碑刻名稱】符氏社重修流芳碑
【材　　質】石材
【形　　制】長方形立碑
【尺　　寸】長一百三十二厘米、寬五十八厘米
【書　　體】楷書
【碑　　額】無
【碑　　題】重修流芳碑
【碑文撰者】無
【碑文書丹】無
【立 碑 者】符氏社董事等
【立碑時間】民國九年（一九二〇）
【存　　佚】現存
【地　　點】新加坡符氏社
【碑刻録文】

重修流芳碑

民國歲次庚申年九月吉日同衆立。續理重修：和應、氣淮。

今將樂捐重修薦具芳名開列于左：

氣淮、用存、用秩，以上五十元；福星、鴻萱、致輝、福星，以上三十元；和應二十五元；斗文、鴻秀、氣培、氣鴻、氣裕、福成、鴻晴、致裕，以上二十元；和楫、致濱、致瑚，以上十五元；載卿、載錦、福仁、世洋、國校、大銘、大和、用睽、用成、鴻綱、棖雲、樹仁、氣秀、樹德、樹甲、和瓊、和奕、家鍰、鴻禎、昌升、致蕃、用朏，以上十元；氣俊、氣旭、福萬、氣德、致昌、福星、氣蘭、鴻洲、用成、福仕、樹江、国昌、樹苑、紹龍、樹禎、福千、和業、福順、國福、學順、樹積、致忠、義甫、達香、鴻仁、福元、大宏、氣浩、氣森、和仕、月吾、福盛、鴻菌、福高、氣倫、鴻坤、鴻吉、人業、載富、和盛、福裕、氣珍、妻蔣氏、達缉、和蘭、樹周、和就、儒盛、樹芬、功積、和尊、致忠、建文、大珍、載坦、載壇、鴻仟、鴻明、樹元、大球、用纪、振豐、文漢、建桐、家瑚、載雲、燕春、用卿、樹鈺、樹琬、福東，以上五元；和文、鴻柏、鴻仕，以上四元；氣清、和豐、國清、致寬、福景、福五、和喜、樹新、氣佳、樹椿、國棟、功能、功榮、功忠、功蕃、曉桑、樹德、和杏、氣豐、載逢、鴻位、鴻德、世玉、鴻興、鴻建、樹江、鴻桔、和斧、福煥、福思、和珍、建昭、和馥、用椏、建連、樹茂、樹宏、鴻業、元才、和萬、樹梧、用鑒、鴻信、福高、樹榆、用榮，以上三元；鴻烈、大宏、樹行、禄宣、樹祥、用合、用敬、氣富、和泰、和榮、氣俠、氣裕、鴻瀛、和章、致材、和猷、和煥、用柄、用鎂、氣明、氣順、啓鍾、建全、建星、氣梓、和志、氣充、氣成、和美、世運、樹俊，以上二元；氣淮：

薦神桌神燈八仙桌，大吊燈三支時鐘，東面鏡椅桌汽扇；致寧、致瑚：同薦門尾綉鏡一對；樹美表唐山、松樹喜聰祖：薦水喉一支；用紀、用綱：同薦双耳汽燈一支；鴻萱：薦石面沙拂架一個；用聯：薦圖畫墨水鏡一對；輝勉：薦人花旗大鏡一面；和玥：薦拾斤錫香案一付；氣宏：同衆薦門飾頭一對；和應：同衆薦桌四張、椅三十二張、公椅二張、横彩二支；氣淮：同衆薦綉花大枕一對、綉花雀枕二對；鴻洲、鴻德、松樹：同薦金花龍燭、銅香爐烟臺花罇。

六〇六　符氏社一九五四年改建社宇樂捐芳名牌

【碑刻名稱】符氏社一九五四年改建社宇樂捐芳名牌
【材　質】銅材
【形　制】長方形立牌
【尺　寸】長一百四十厘米、寬六十厘米
【書　體】楷書
【碑　額】無
【碑　題】無
【碑文撰者】無
【碑文書丹】無
【立 碑 者】符氏社董事等
【立碑時間】一九五四
【存　佚】現存
【地　點】新加坡符氏社
【碑刻録文】
一九五四年改建社宇樂捐芳名列下：

樂捐仟圓以上者列下：氣浩陸仟圓；鴻煊伍仟圓；鴻俊捐獻地皮一段，價銀肆仟貳佰元；大喜貳仟伍佰元；以敦貳仟元；致逢貳仟元；大炳壹仟元；儒能壹仟元；和昌壹仟元；樹琤壹仟元。樂捐伍佰圓者芳名列下：振炳、美利、翰周、樹漢、和昌、和霖、和佩、玉堂、積開、孔宣、百凱、家譽、致星、用興、振煌。福坤伍佰元。樂捐叁佰元者芳名列下：世智、振樟、孔山、鴻鎮、致橋、氣傳、悅農。樂捐貳佰圓者芳名列下：和玲、氣雲、德讓、德孫、瑞書、樹鸞、致權、氣琳、玉光、世鏡、功能、世發、衍升、樹德、鴻川、氣星、致周、祥光、家蔣、之權、鴻拔、樹苑、用福、國洲、顯芳。致森貳佰元。樂捐壹佰伍拾元者芳名列下：氣坤、用政、祥益、氣秀。樂捐壹佰貳拾元者芳名列下：開祺、樹錦、世茗、國景。儒高壹佰壹拾元、建雲壹佰壹拾元、廷昊壹佰零壹元。樂捐壹佰圓者芳名列下：建貴、祥禧、福吉、大榮、樹天、和鳴、和業、氣龍、國萱、家苑、福洲、和麟、鴻珪、鴻源、唐封、氣成、用卿、祥軒、克全、繼蘭、和杏、和松、氣華、策東、氣道、名彪、鴻金、鴻起、氣安、祥寵、樹椿、玉川、炳城、仲甫、立禹、國楝、敬川、氣興、振雲、福海、福瑛、和通、福金、策堯、樹興、儒錠、建泰、氣東、氣鴻、建育、先承、致輝、和泰、祥龍、國卿、致瑚、氣昌、儒顏、福盛、用瑞、功勤、世雄、啓忠、福昊、文權、繼周、氣侖、氣雄、和權、和慶、和瑛、載振、樹錦、祥春、家鳳、國龍、鴻杏、世鑾、祥猷、厚輝、福仁、國瑚、儒佳、樹吟、樹智、氣漢、人洲、國和、功寬、樹蘭、以利、儒毓、鴻儒、鴻琦、大布、懋民、樹成、祥星、國裕、和琛、和錦、和就、樹蕃、大春、文光、致華、樹英、文忠、文錫、氣昆、鴻潮、氣東、大起、用蕃、大杰、福軒、鴻盛、鴻翔、敦淵、和莊、樹萍、祥光、厚基、敦友、泰禮、致明、樹光、昭瑩、世利、德琳、祥琳、昭炎、致欽、英光、國精、國文、樹海、國校、載坦、氣楷、功敏、氣存、大新、鴻祥、載道、鴻新、之運、大合、建軾、建理、名輝、金英、鴻芳、氣源、和隆、和江、經俊、大旭、建秀、詩榮、鴻江、名輝、和貴、開震、氣球、樹苑、邦信、國璽、儒榮妻、鴻健、和瓊、名軒、鴻盈、祥芹、載榮、功芳、大鎮、和隆、用權、玉香、福萬、致成、玉梅、氣嚴、載冠、致標、建俊、和程、福應、國桃、鴻鵬、樹芳、鴻漢、功謨、致興、氣來、家駟妻、國逢、鴻義妻、國任、功煥、祥光、致椿、國忠、翰亭。和煜壹佰元。蓮華捌拾元。大萬柒拾元。鴻證陸拾元。樂捐伍拾圓者芳名列下：和瓊、氣騰、和廉、宏春、學時、用玉、氣發、樹豐、福喜、氣壯、大椿、和蔭、氣華、國川、福洪、鴻蘭、秀民、和錦、氣銓、樹甲、大信、鴻炎、致寶、儒杰、和錦、功倬、時泰、之光、國典、載桐、氣積、之財、致洲、福安、澤生、鴻成、福鍇、國材、子莊、家椿、和仕、載慶、和耀、國史、致璿、福才、興杰、之明、氣清、顯文、和光、和運、鏗仰、致瑞、名海、氣蕃、大奉、肖鴻、樹理、和逭、鴻濂、和深、國鵬、致祿、和鳳、鴻發、儒發、敦芳、國金、和文、卓群、國英、氣成、福全、和綉、樹登、泰森、之椿、敬齋、國喜、致萱、瑞榮、月波、昭典、用榮、和祿、載昌、國興。樂捐肆拾圓者芳名列下：名諒、和鳳、警民、載和。樂捐叁拾員者芳名列下：氣均、其光、儒駢、氣澤、建寶、基鴻、和垣、永柄、氣清、儒軒、載華、樹齡、和森、致美、家鵠、氣英、國瑶、氣東、和財、福江、和贊、鴻志、氣良、大鵬、和琚、和茂、昆南、和利、建欽、和隆、福澤、氣存、樹李、樹杏、氣明、和鳴、國和、國梁、耕雲、樹全、明俊、紫封、文欽、氣財、國本、敦鴻、和旼、大佩、績銘、載奮、昌榮。樹和貳拾伍元，鴻新貳拾伍元。樂捐貳拾元者芳名列下：史峰、昌軻、樹禮、氣僑、氣源、儒福、鴻海、儒春、致瓊、致明、傅剑、策良、樹洲、建榆、福五、用清、秉初、國光、明煥、昌仲、氣瑛、氣晟、名逵、用才、用伍、致泗、名秀、建軨、和茂、鴻昌、鴻華、標德、氣錟、受軒、國豐、樹洲、美庭、名譚、福操、鴻煊、翰臣、樹宏、樹宇、儒柏、福瓊、鴻忠、和信、氣芳、大佳、用發、樹恒、祥佩、建耀、開文、功清、氣瑚、和隆、建全、名森、氣鉢、宿仙、樹麒、樹豐、如山、儒興、氣復、福信、氣隆、和炎、致應、家時、昌仕、儒興、氣浩、用榕、福爲、氣楊、史英、大發、祥蕃、和合、樹榜、德泰、樹盛、世定、樹

勝、致光、儒雄、玉良、鴻靖、致星、致美、壁東、儒昆、致光、大壽、福逢、樹柏、名佩、氣春、和鸞、岐
山、功儀、會川、儒琨、宏漢、國興、祥瓊、榮卿、福茂、氣軒、樹章、鴻修、樹廣、氣東、大樹、名利、氣
茂、樹興、大釗、鴻清、昭孟、大灼、氣鏡、祥福、和東、載森、功佩、氣錦、國珍、氣東、和盛、氣騰、載
鋯、大亨、史敬、鴻偲、家仍、鴻春、國華、世和、岐山、氣欽、鴻霆、延亨、氣仍、家植、世英、功河、樹
漢、之璋、世緒、儒應、大機、鴻應、文章、致宦、和春、鴻錦、蛟致、致漢、樹倬、敦義、祥祿、詩才、氣
裕、致連、儒椿、鴻福、宏光、儒桐、儒枝、祥龍、和江、敦富、氣宛、載植、福民、鴻和、國地、功炎、家
仟、氣標、建發、希堯、和桂、樹宦、氣桂、鴻權、積炎、致源、和雄、福運、致魁、鴻藻、昌如、鴻英、文
杰、家培、氣仕、致春、大藻、樹珊、民德、敦盛、敦垣、福瑛、名桂、氣全、之光、樹本、敦僑、氣興、鴻
鉞、鴻美、樹瑞、昌新、和寬、和喜、大現、用坡、鏡軒、福潮、載禮、德書、史瑞、功元、祥佩、樹椿、樹
文、鴻連、氣蘭、樹應、祥鳳、致位、致明、致英、樹福、致東、鴻洲、氣雄、祥祿、建英、氣標、國秀、興
克、樹簡、炎載、大逢、昭旻、福存、名春、儒深、祥霖、大祿、績釗、國濂、敦萬、氣運、氣鵬、祥雲、之
富、之璋、鴻芳、和聲、用訓、和清、致瑤、茲散、和爍、福禮、國運、福綱、和民、福裕、建禎、祥軒、傳
德、和興、泰運、氣芳、德珊、鴻楷、鴻位、氣美、功魁、和蕙、樹玖、樹明、基順、福光、發德、昭經、宏
龍、之德、大應、大遺、儒連、大森、茲傳、茲珊、昭官、德彬、氣華、儒官、光銘、儒義、文轅、氣球、國
本、衍周、福侮、致信、致榮、祥周、之禎、德藻、鴻虎、福煥、蘭英、氣質、儒輝、家榮、國信、樹松、氣
棟、瀛橋、福欽、建卿、昌鴻、明文、大德、樹明、福寶、德新、鈞德、鴻理、策龍、泰祥、和清、鴻炳、厚
海、用蘭、國興、用清、茲振、和春、樹五、大俊、人深、人芬、朝秀、樹源、氣錦、氣瑚、建椿、祥珍、史
良、氣潤、和道、樹釗、學琦、氣浩、祥榮、用校、致瓊、鴻娟、氣凫、祖謙、鴻榮、春英、光炎、大喜、邦

泰、氣琳、名夏、昌昆、福熙、德錦、餘氣、儒景、鴻春、大蛟、和喜、文茂、致敬、功鴻、和英、家鶴、致
榮、玉蘭、家鶴、儒麟、大昌、鴻盈、祥珍、氣秀、國鑒、樹松、人僑、和瓊、福茂、和德、國富、和欽、氣
昭、致良、氣杏、先灼、福壽、樹波、國錦、鴻發、儒財、功欽、美南、達裕、鏡清、祥環、福文、福寰、氣
芳、清致、裕甫、和美、氣源、大芬、銘墀、氣榮、功郁、儒忠、祥廷、國宦、致新、國仕、昭當、樹鳳、氣
椿、名傳、氣連、和智、氣掀、國橋、氣璠、氣莊、氣理、福盛、世斗、樹本、國銘、用梅、功吾、德椿、福
琚、樹芳、氣益、致泰、和瑞、福富、昭鑾、和桂、富大、史雄、福書、儒森、和霖、氣烘、和尊、用雲、明
文、家贊、大德、家保、和堂、儒新、致文、寶受女士、大琬、鴻芳、厚軒、月花女士、和業、和請、家讓、家
英、國瑩、和豐、詩煥、鴻日、儒經、國潼、致傅、福三、宏祥、大桐、福灝、昌訓、用貴、用喜、祥春、和
美、樹徵、金英、業光、儒禄、宣達、福君、氣玉、鴻岱、和欽、祥德、氣泮、致琦、世熊、氣仲、名僑、致
鑫、建靖、氣麟、樹光、致岐、福堯、福鑾、鴻發、昌俊、家議、俊英、家雄、國新、氣通、昭鑒、之乙、和
書、業廣、仕仁、祥吉、氣海、和存、福南、德明、建發、顯秀、氣文、和忻、致仟、國海、儒浮、欽致、福
宗、祥珊、澤華、樹華、和仁、國浩、致奉、獻煥、福鑫、樹裕、致連、氣源、績幹、福虎、瑞源、氣琨、符
金、國文、和湜、福桐、國連、鴻德、氣經、鴻瀛、和傅、氣璋、國瓊、福瀛、建福、春花。用忠拾伍元。樂捐
拾圓者芳名列下：和志、和理、之雲、樹隆、祥儒、氣進、氣東、鴻星、氣政、宏位、昭鏡、茲泮、大猷、儒
禄、和心、儒合、和奇、和義、和經、昭權、茲光、儒鳳、宏珀、致晟、大評、之煥、鴻朝、敦瑛、和榮、致
玔、和順、祥泰、樹梧、和熙、開鎮、基卓、澤瓊、世禄、顯謨、瑞精、福璧、茲仕、昭宗、大寬、昭京、紫
徵、國仕、昭炳、和聯、懋琴、氣理、盛華、儒軒、和存、福安、國海、建和、載洲、永吉、和充、和斌、氣
耀、朝裕、國泰、氣杰、家鋭、氣亨、氣雲、和春、史昌、氣鰲、世明、氣值、宏東、昭芳、昭環、敦瑜、和

安、克豐、氣粱、氣清、之新、氣晃、之卿、興厚、國元、國金、祥慶、氣河、樹義。樂捐伍圓者芳名列下：昭宜、宏秀、大換、氣鑫、儒蔭、和榮、福美、氣震、氣春、懿元、福昌、昭欽、宏深、儒貴、昭光、國均、氣萬、之美、氣祥、澍銓、鴻文、文煜。以上共捐來銀柒萬柒仟壹佰玖拾陸圓正。

六〇七　符氏社重印符氏族譜完成舉行各國宗親懇親會樂捐芳名録牌

【碑刻名稱】符氏社重印符氏族譜完成舉行各國宗親懇親會樂捐芳名録牌

【材　質】銅材

【形　制】長方形横牌

【尺　寸】長一百四十厘米、寬五十厘米

【書　體】楷書

【碑　額】無

【碑　題】無

【碑文撰者】無

【碑文書丹】無

【立 碑 者】符氏社董事等

【立碑時間】一九八二

【存　佚】現存

【地　點】新加坡符氏社

【碑刻録文】

鴻標壹仟元、鴻金壹仟元、名材壹仟元、致信壹仟元、家蔣壹仟元、致瑶壹仟元、之權壹仟元、三連壹仟元、氣欽壹仟元、超然壹仟元、建耀壹仟元、德勝（丹麥）壹仟元、紹登（泰）壹仟元、福書（泰）壹仟元、和倫伍佰元、敦垣伍佰元、福君伍佰元、樹豐伍佰元、鴻拔伍佰元、和泰伍佰元、如山伍佰元、致遠伍佰元、國瑞伍佰元、樹卿伍佰元、名犀伍佰元、建軾伍佰元、振師伍佰元、少華伍佰元、致洲（丹麥）伍佰元、敦琴伍佰元、金城（汶来）伍佰元、大煥（汶来）伍佰元、德冠（汶来）伍佰元、大布伍佰元、大光（泰）肆佰元、和瑛（泰）肆佰元、楣雙（泰）肆佰元、致森（泰）肆佰元、致存（泰）肆佰元、永銘叁佰元、鴻漢叁佰元、氣昆（雪）叁佰元、詩鳳（泰）叁佰元、有進（泰）叁佰元、國雄貳佰元、和通貳佰元、致卿貳佰元、福波貳佰元、福吉貳佰元、亞蘭貳佰元、留慶貳佰元、文慶貳佰元、津安貳佰元、和熙（古晋）貳佰元、名永貳佰元、名孝（丹麥）貳佰元、家駟貳佰元、儒灝（吉蘭丹）貳佰元、昭宣（吉蘭丹）貳佰元、儒新（吉蘭丹）貳佰元、績釗（吉蘭丹）貳佰元、必煌貳佰元、幹君貳佰元、儒誠（汶来）貳佰元、永吉（雪）貳佰元、之慶（雪）貳佰元、宏悌（泰）貳佰元、績忠（泰）貳佰元、績和（泰）貳佰元、紹賢（泰）貳佰元、樹栅（泰）貳佰元、榮開（泰）貳佰元、祥全（泰）貳佰元、敦雄（泰）貳佰元、致全（泰）貳佰元、氣龍（泰）貳佰元、開利（泰）貳佰元、樹苑壹佰元、史瑞壹佰元、國興壹佰元、昌輝壹佰元、史峰壹佰元、大鳳壹佰元、國華壹佰元、士軒壹佰元、福藻壹佰元、書紳壹佰元、廷元壹佰元、氣琳壹佰元、家森壹佰元、大起壹佰元、之道壹佰元、和春壹佰元、名海壹佰元、名佩壹佰元、大洲壹佰元、樹芳壹佰元、樹炳壹佰元、功楊壹佰元、鴻堅壹佰元、家瑞壹佰元、大旭壹佰元、氣財壹佰元、和深壹佰元、國光壹佰元、淑妹壹佰元、仲甫壹佰元、日安壹佰元、和棠壹佰元、名洞壹佰元、和川壹佰元、氣東壹佰元、德書壹佰元、建寶壹佰元、和榮壹佰元、致新壹佰元、伯華壹佰元、樹明壹佰元、永豐壹佰元、德泰壹佰元、氣清壹佰元、鴻光壹佰元、氣紫壹佰元、氣良壹佰元、和鳳壹佰元、鴻美壹佰元、忠熙壹佰元、國校壹佰元、永光壹佰元、樹椿壹佰元、之恒壹佰元、鴻福壹佰元、氣益壹佰元、先承壹佰元、名汪壹佰元、致道壹佰元、昭東壹佰元、昭昌壹佰元、和耀（檳）壹佰元、致會（檳）壹佰元、氣桂壹佰元、敦萬壹佰元、漢樞壹佰元、祥鳳壹佰元、祥珍壹佰元、福祺（雪）壹佰元、致强（雪）壹佰元、致玉壹佰元、文轅（雪）壹佰元、大德（雪）壹佰元、和英壹佰元、祥輝（泰）壹佰元、世騁（泰）壹佰元、祥益壹佰元、致洲壹佰元、福海（雪）壹佰元，計壹佰伍拾陸名，共銀肆萬貳仟元正。

公元一九八二年十月廿三日立。

六〇八　符氏社（祖祠）慶祝壹佰周年紀念樂捐芳名牌

【碑刻名稱】符氏社（祖祠）慶祝壹佰周年紀念樂捐芳名牌

【材　質】銅材

【形　制】長方形横牌

【尺　寸】長一百四十厘米、寬六十厘米

【書　體】楷書

【碑　額】無

【碑　題】無

【碑文撰者】無

【碑文書丹】無

【立 碑 者】符氏社董事等

【立碑時間】一九八七

【存　佚】現存

【地　點】新加坡符氏社

【碑刻録文】

符氏社（祖祠）慶祝壹佰周年紀念樂捐芳名列下（一八八七—一九八七）：

建軾壹萬元、鴻標伍仟元、致遠伍仟元、鴻拔伍仟元、之權伍仟元、樹順伍仟元、運錫伍仟元、福君叁仟元、福昊叁仟元、大布叁仟元、國富叁仟元、昭昌叁仟元、大煥（汶）叁仟元、德勝山貳仟元、符氏祖祠（泰）壹仟陸佰元、氣東壹仟貳佰元、符氏（臺北符氏宗親會）壹仟元、名垣壹仟元、名材壹仟元、和泰壹仟元、樹天壹仟元、名潔壹仟元、史麃壹仟元、和棠壹仟元、致瑶壹仟元、樹李壹仟元、國瑞壹仟元、敦垣壹仟元、國晟壹仟元、氣侖壹仟元、致信壹仟元、鴻金壹仟元、樹芳壹仟元、少華壹仟元、三連壹仟元、基光壹仟元、樹竟壹仟元、楣雙（泰）壹仟元、祥全（泰）壹仟元、符氏公會（雪）捌佰零捌元、符氏社（檳）捌佰零捌元、大應（泰）捌佰元、儒仙（泰）捌佰元、致炳（泰）捌佰元、國光（港）柒佰柒拾肆元、儒梁（泰）柒佰元、大光（泰）陸佰元、致民伍佰元、和倫伍佰元、致道伍佰元、致寬伍佰元、樹苑伍佰元、史峰伍佰元、樹豐伍佰元、伯華伍佰元、祥堯伍佰元、樹明伍佰元、鴻光伍佰元、致成伍佰元、國偉伍佰元、幹君伍佰元、儒第伍佰元、名墀伍佰元、致千伍佰元、國校伍佰元、儒伸伍佰元、福藻伍佰元、儒攀伍佰元、鴻春伍佰元、昭東伍佰元、儒江伍佰元、祥琳伍佰元、致楠伍佰元、儒桐伍佰元、鴻修伍佰元、載錯伍佰元、福杰伍佰元、用權伍佰元、永銘伍佰元、和欽伍佰元、氣良伍佰元、致銓伍佰元、家蔣伍佰元、振師伍佰元、昌遠伍佰元、國璽（臺）伍佰元、致新（甲）伍佰元、德冠（汶）伍佰元、氣昆（雪）伍佰元、大安（泰）伍佰元、紹登（泰）伍佰元、顯欽（泰）伍佰元、績和（泰）肆佰元、樹珊（泰）肆佰元、國煖（泰）肆佰元、大桐（泰）肆佰元、榮開（泰）肆佰元、氣境叁佰元、史鎮叁佰元、名佩叁佰元、書鑾叁佰元、名汪叁佰元、敦萬叁佰元、氣紫叁佰元、策忠叁佰元、名鋭叁佰元、書紳叁佰元、永良叁佰元、氣財叁佰元、紅雨叁佰元、和美叁佰元、和鳳叁佰元、名基叁佰元、名海叁佰元、國桃叁佰元、國龍叁佰元、國興叁佰元、鴻美叁佰元、國華叁佰元、氣鵾叁佰元、人開叁佰元、致敬叁佰元、鴻芳叁佰元、氣輝叁佰元、功友叁佰元、致謙叁佰元、裕衍叁佰元、建耀叁佰元、氣益叁佰元、致岐叁佰元、秀山叁佰元、永棟叁佰元、福吉叁佰元、致光叁佰元、大起叁佰元、如山叁佰元、氣苑叁佰元、氣興叁佰元、昌清叁佰元、祥珍叁佰元、策文叁佰元、致濃叁佰元、符陳月蘭叁佰元、大洲叁佰元、致珙叁佰元、祥全叁佰元、敦琴叁佰元、宏圖叁佰元、名開（甲）叁佰元、家春（甲）叁佰元、秀蓮（甲）叁佰元、福海（雪）叁佰元、致全（泰）叁佰元、祥業（泰）叁佰元、永珊（臺）叁佰元、鴻旭（泰）叁佰元、漢樞叁佰元、策堯貳佰元、福波貳佰元、忠勇貳佰元、忠熙貳佰元、名永貳佰元、福安（臺）貳佰元、瑞伍（臺）貳佰元、鐵魂（臺）貳佰元、李德宣（臺）貳佰元、德洲（丹麥）貳佰元、建順（泰）貳佰元、和達（泰）貳佰元、基新（泰）貳佰元、名民壹佰伍拾元、大漢壹佰伍拾元、以觀（雪）壹佰肆拾壹元陸角、祥瓊（雪）壹佰肆拾壹元陸角、昭富（雪）壹佰肆拾壹元陸角、樹源壹佰元、樹星壹佰元、國運壹佰元、名諒壹佰元、家瑞壹佰元、鴻福壹佰元、鴻濂壹佰元、名彪壹佰元、和民壹佰元、和江壹佰元、鴻英壹佰元、玉香壹佰元、國連壹佰元、符許蘭芳壹佰元、鴻忠壹佰元、史漢壹佰元、永源壹佰元、致光壹佰元、樹忠壹佰元、德南壹佰元、和端壹佰元、和榮壹佰元、津安壹佰元、和利壹佰元、國桂壹佰元、和明壹佰元、文欽壹佰元、鴻讓壹佰元、鴻椿壹佰元、樹波壹佰元、之瓊壹佰元、名源壹佰元、國逢（甲）壹佰元、史瑞（甲）壹佰元、樹椿（甲）壹佰元、大鳳（雪）壹佰元、儒俊（泰）壹佰元、樹釗（泰）壹佰元、名華（台）壹佰元、廷元（泰）壹佰元、績坤壹佰元、儒雄壹佰元、國暍壹佰元、儒群壹佰元、祥環壹佰元、氣琛壹佰元、國瑩壹佰元、福澤壹佰元、大禄壹佰元、名林（港）壹佰元、鴻起壹佰元、名堅壹佰元、大杰壹佰元、敦瑚壹佰元、功倬壹佰元、懋德壹佰元、轉樹漢壹佰元、策漢壹佰元、大英壹佰元、名棠壹佰元、□□□□壹佰元、福寶壹佰元、耕雲壹佰元、致珍壹佰元、史雄壹佰元、振明壹佰元、氣明壹佰元、有祥壹佰元、鴻應壹佰元、國□壹佰元、瑷媛壹佰元、名洞壹佰元、策朝壹佰元、建清壹佰元、和森壹佰元、國雄壹佰元、名堯壹佰元、家棟壹佰元、和通壹佰元、建卿壹佰元、符楊冬梅壹佰元、鴻炳壹佰元、仲甫壹佰元、祥春壹佰元、載球壹佰元、符詹翠英壹佰元、横民壹佰元、功揚壹佰元、氣煬壹佰元、氣振壹佰元、致明壹佰元、福如（甲）壹佰元、頭甲（甲）壹佰元、國欽（甲）壹佰元、國基（甲）壹佰元、福漢（甲）壹佰元、金川（甲）壹佰元、顯石（甲）壹佰元、紹吾（泰）壹佰元、鎮安（泰）壹佰元、玉珠（泰）壹佰元、和耀（檳）壹佰元、文科（檳）壹佰元、致造（檳）壹佰元、永炳（檳）壹佰元、氣光（雪）壹佰元、開文壹佰元、氣通（檳）捌拾元零捌角、樹登（檳）捌拾元零捌角、樹波（雪）捌拾元零捌角、樹存（雪）捌拾元零捌角、大德（雪）捌拾元零捌角、雅全（雪）捌拾元零捌角、昌和（雪）捌拾元零捌角、永光（雪）捌拾元零捌角、永政（雪）捌拾元零捌角、樹安（雪）捌拾元零捌角、傳波（雪）捌拾元零捌角。計貳佰玖拾叁名共捐來銀壹拾肆萬玖仟玖佰伍拾叁元陸角正。

公元一九八七年拾一月一日立。

六〇九　新加坡符氏社（祖祠）樂捐購置新社宇基金芳名牌

【碑刻名稱】新加坡符氏社（祖祠）樂捐購置新社宇基金芳名牌

【材　質】銅材

【形　制】長方形横牌

【尺　寸】長一百四十厘米、寬八十厘米

【書　體】楷書

【碑　額】無

【碑　題】新加坡符氏社（祖祠）樂捐購置新社宇基金芳名

【碑文撰者】無

【碑文書丹】無

【立 碑 者】符氏社董事等

【立碑時間】一九九七

【存　佚】現存

【地　點】新加坡符氏社

【碑刻録文】

新加坡符氏社（祖祠）樂捐購置新社宇基金芳名

贊助人：

永遠榮譽社長：建□貳萬元、書光貳萬元、鴻標壹萬元、福异壹萬元。

名譽社長：之玮伍仟元、敦垣伍仟元、家議伍仟元、家贊伍仟元、符玉亞英伍仟元、功欽伍仟元、致瑶伍仟元、名材叁仟元、策大叁仟元、氣郎叁仟元、和泰叁仟元、靖熙叁仟元、敦珏叁仟元、鴻拔叁仟元、名垣叁仟元、樹李叁仟元、樹禎叁仟元、敦河叁仟元、樹順叁仟元、愛珍叁仟元、敦瑚叁仟元、家蔣叁仟元、名基叁仟元、致琦叁仟元、大布叁仟元、傳才叁仟元、樹豐叁仟元、永忠叁仟元。

名譽董事：昭昌貳仟元、雪娟貳仟元、國校貳仟元、載鍇壹仟貳佰伍拾元、氣東壹仟貳佰元、東光壹仟貳佰元、鴻炳壹仟貳佰元、用權壹仟零陸拾元、書鑾壹仟元、史鎮壹仟元、名汪壹仟元、致寬壹仟元、致俊壹仟元、和美壹仟元、福君壹仟元、氣良壹仟元、樹天壹仟元、國興壹仟元、名佩壹仟元、國光壹仟元、祥賓壹仟元、績榮壹仟元、和鳳壹仟元、名墀壹仟元、如山壹仟元、名森壹仟元、樹苑壹仟元、銘任壹仟元、樹星壹仟元、國富壹仟元、國答壹仟元、廷元壹仟元、名洞壹仟元、任之壹仟元、裕衍壹仟元、樹竞壹仟元、和欽壹仟元、昌慶壹仟元、大堅壹仟元、儒新壹仟元、先承壹仟元、國瑞壹仟元、名浩壹仟元、金川壹仟元、名雄壹仟元、名尭壹仟元、致卿壹仟元、祥彪壹仟元、祥春壹仟元、世定壹仟元、永光壹仟元、唐力壹仟元、昌琴壹仟元、懋寶壹仟元、氣英壹仟元、祥書壹仟元、昌翕壹仟元、昌會壹仟元、福杰壹仟元、文茂壹仟元、國謙壹仟元、敦萬壹仟元、史青壹仟元、儒軒壹仟元、敦泰壹仟元、三連壹仟元、家森壹仟元、策文壹仟元、永正壹仟元、國順壹仟國華伍佰元、致濃伍佰元、永强壹仟元、德勝（丹麥）壹仟元、德昭江壹仟元、涌菀壹仟元、祥冠壹仟元、致成壹仟元、和崴伍佰元、符王亞英伍佰元、名潛伍佰元、祥珍伍佰元、德應伍佰元、氣和伍佰元、用清伍佰元、儒僑伍佰元、儒文伍佰元、績聯伍佰元、名棟伍佰元、國桃伍佰元、永光伍佰元、瑞榮伍佰元、符萬叙瓊伍佰元、書紳伍佰元、符王桂娥伍佰元、昌錫伍佰元、樹卿伍佰元、績拔伍佰元、績慶伍佰元、之英伍佰元、史虎伍佰元、氣光叁佰元、和益叁佰元、蓮華叁佰元、氣禄伍佰元、永棟伍佰元、國昌伍佰元、幹君伍佰元、樹漢伍佰元、名永叁佰元、祥雄叁佰元、福波叁佰元、名順叁佰元、名諒叁佰元、和利叁佰元、儒江叁佰元、昌清叁佰元、敦淵叁佰元、氣境叁佰元、和合叁佰元、畯寓叁佰元、大九叁佰元、伯華叁佰元、氣琨叁佰元、懋力叁佰元、致南貳佰元、氣興貳佰元、致謙貳佰元、和聯貳佰元、國桂貳佰元、永平貳佰柒拾陸元、大漢貳佰捌拾元、氣國海貳佰元、之璞貳佰元、愛蓮貳佰元、萊悦貳佰元、氣益貳佰元、氣杰貳佰元、文耀貳佰元、儒俊貳佰元、家逸貳佰元、和江貳佰元、大路貳佰元、鴻堅貳佰元、氣掀貳佰元、載球貳佰元、鴻源貳佰元、鴻春貳佰元、輝貳佰元、大杰貳佰元、儒群貳佰元、績棟貳佰元、紹民貳佰元、名宜貳佰元、史峰貳佰元、績坤貳佰元、國春貳佰元、鴻福貳佰元、樹德貳佰元、永堅貳佰元、儒坤貳佰元、永堅貳佰元、儒桐貳佰元、國聲貳佰元、致周貳佰元、策軻貳佰元、致民貳佰元、儒豐貳佰元、氣通貳佰元、國連貳佰元、史雄貳佰元、兹啓貳佰元、名偉貳佰元、祥財貳佰元、國桐貳佰元、致漢貳佰元、格景貳佰元、樹波貳佰元。

樂捐者：史順壹佰伍拾元、之瓊壹佰貳拾元、樹忠壹佰元、世林壹佰元、敦琨壹佰元、敦瑋壹佰元、樹江壹佰元、史儒壹佰元、和英壹佰元、鴻讓壹佰元、樹智壹佰元、福財壹佰元、國瑩壹佰元、建榆壹佰元、秋瓊壹佰元、詩專壹佰元、詩全壹佰元、水珍壹佰元、符楊春梅壹佰元、功楊壹佰元、國江壹佰元、國逢壹佰元、國章壹佰元、國禄壹佰元、樹椿壹佰元、致珍壹佰元、樹波壹佰元、致銓壹佰元、氣旺壹佰元、鴻忠壹佰元、大禄壹佰元、翠英壹佰元、家棟壹佰元、世楓壹佰元、和桂壹佰元、士軒壹佰元、肇昌壹佰元、肇仁壹佰元、致佳壹佰元、功河壹佰元、鴻嬌壹佰元、國秦壹佰元、鴻森壹佰元、開瓊壹佰元、明東壹佰元、樹英壹佰元、致敬壹佰元、紹南壹佰元、鴻娟壹佰元、喜莉壹佰元、鴻應壹佰元、鴻晶壹佰元、永澤壹佰元、符韓蓮英壹佰元、符馮愛蓮壹佰元、福萬壹佰元、符張翠花壹佰元、符蔣覺英壹佰元、氣振壹佰元、世珍壹佰元、敦球壹佰元、秋桂壹佰元、致美壹佰元、祥發壹佰元、芳濃壹佰元、永良壹佰元、昌任壹佰元、家陳壹佰元、昌仲壹佰元、昌杰壹佰元、昌傳壹佰元、之能壹佰元、和冠伍拾元、臺北市符氏宗親會壹仟伍佰肆拾叁元貳角。

贊助人：符琴（臺）伍佰壹拾肆元肆角、國保（臺）貳佰柒拾柒元柒角柒分、國璽（臺）貳佰伍拾柒元貳角、祥經（臺）貳佰伍拾柒元貳角、伯良（臺）貳佰伍拾柒元貳角、大强（臺）貳佰伍拾柒元貳角、瑞麟（臺）貳佰零伍元柒角□分。

樂捐者：東明（臺）壹佰伍拾肆元叁角貳分、鴻成（臺）壹佰伍拾肆元叁角貳分、祥祺（臺）壹佰伍拾肆元叁角貳分、纘文（臺）壹佰零貳元捌角捌分、家□（臺）壹佰零貳元捌角捌分、義山（臺）壹佰零貳元捌角捌分、樹富（臺）壹佰零貳元捌角捌分、文華（臺）壹佰零貳元捌角捌分、福瓊（臺）壹佰零貳元捌角捌分、氣錦（臺）壹佰零貳元捌角捌分、儒雲（臺）伍拾壹元肆角伍分、文鑾（臺）伍拾壹元肆角伍分、樹耀（臺）伍拾壹元肆角伍分、符堅（臺）伍拾壹元肆角伍分、香港符氏宗親會伍仟元。

名譽董事：國光（港）壹仟元、符强（港）壹仟元、致興（港）壹仟元。

樂捐者：仕才（港）壹佰元、浩光（港）壹佰元。

計叁佰壹拾名，共銀貳拾捌萬玖仟捌佰肆拾肆元捌角伍分。

一九九七年十月十二日立。

六一〇　符氏社慶祝九十一周年紀念樂捐芳名録牌

【碑刻名稱】符氏社慶祝九十一周年紀念樂捐芳名録牌
【材　質】銅材
【形　制】長方形横牌
【尺　寸】長一百四十厘米、寬六十厘米
【書　體】楷書
【碑　額】無
【碑　題】本社慶祝九十一周年紀念樂捐芳名録
【碑文撰者】無
【碑文書丹】無
【立 碑 者】符氏社董事等
【立碑時間】一九九七
【存　佚】現存
【地　點】新加坡符氏社
【碑刻録文】

本社慶祝九十一周年紀念樂捐芳名録

德勝貳仟元、家蔣壹仟伍佰元、振師壹仟元、鴻金壹仟元、致信壹仟元、鴻標壹仟元、樹卿壹仟元、三連壹仟元、致瑶壹仟元、建耀壹仟元、和棠壹仟元、金城壹仟元、樹芳伍佰貳拾元、和倫伍佰元、名墀伍佰元、樹豐伍佰元、致卿伍佰元、建軾伍佰元、敦垣伍佰元、之權伍佰元、名材伍佰元、鴻拔伍佰元、國瑞伍佰元、氣昆伍佰元、大布伍佰元、致森伍佰元、世銘伍佰元、大起伍佰元、致洲伍佰元、詩鳳伍佰元、祥全伍佰元、永吉伍佰元、書紳叁佰元、仲甫叁佰元、鴻漢叁佰元、少華叁佰元、少東叁佰元、玆鈴叁佰元、裕甫叁佰元、功完叁佰元、馬六甲符氏宗親貳佰元、海南諸宗親貳佰元、鴻芳貳佰元、和通貳佰元、國雄貳佰元、氣益貳佰元、鴻美貳佰元、敦琴貳佰元、樹波貳佰元、昌善貳佰元、國鵬貳佰元、致遠貳佰元、幹君貳佰元、和慶貳佰元、儒桐貳佰元、和欽貳佰元、史堂貳佰元、和耀貳佰元、致會貳佰元、宏悌貳佰元、鴻發壹佰伍拾元、德漢壹佰伍拾元、名秀壹佰元、樹李壹佰元、和泰壹佰元、鴻霖壹佰元、福波壹佰元、國群壹佰元、紹南壹佰元、氣騰壹佰元、載植壹佰元、樹天壹佰元、樹明壹佰元、國梁壹佰元、家榜壹佰元、家議壹佰元、大鳳壹佰元、福君壹佰元、祥合壹佰元、國光壹佰元、大芬壹佰元、福澤壹佰元、鴻濂壹佰元、國泰壹佰元、氣榮壹佰元、福昌壹佰元、氣侖壹佰元、名鋭壹佰元、和美壹佰元、國益壹佰元、福寶壹佰元、氣紫壹佰元、氣瑚壹佰元、和英壹佰元、策龍壹佰元、和錦壹佰元、世欽壹佰元、儒景壹佰元、世珍壹佰元、鴻應壹佰元、樹榆壹佰元、之富壹佰元、福嶷壹佰元、致銓壹佰元、家駟壹佰元、瑞源壹佰元、名益壹佰元、清景壹佰元、鴻藻壹佰元、載軒壹佰元、致漢壹佰元、國有壹佰元、宏達壹佰元、鳳仙壹佰元、祥全壹佰元、祥升壹佰元、氣輝壹佰元、敦淵壹佰元、漢樞壹佰

元、樹清壹佰元、和書壹佰元、盛光壹佰元、祥琳壹佰元、肖鴻壹佰元、昭東壹佰元、樹興壹佰元、文娟壹佰
元、樹景壹佰元、樹慶壹佰元、樹蘭壹佰元、國民壹佰元、祥林壹佰元、樹章壹佰元、名佩壹佰元、和鋤壹佰
元、符鋤壹佰元、儒資壹佰元、伯華壹佰元、鴻起壹佰元、儒攀壹佰元、福杰壹佰元、氣財壹佰元、福英壹佰
元、和蔭壹佰元、鴻福壹佰元、世林壹佰元、氣琳壹佰元、祥春壹佰元、亞杰壹佰元、昭昌壹佰元、國桃壹佰
元、福富壹佰元、鴻美壹佰元、德南壹佰元、樹錦壹佰元、儒禄壹佰元、和英壹佰元、麗華壹佰元、昌新壹佰
元、昌清壹佰元、樹梧壹佰元（港）、載和壹佰元、秀蓮壹佰元（甲）、致新壹佰元（甲）、名開壹佰元、致玉壹
佰元（雪）、和充壹佰元（雪）、以觀壹佰元（雪）、國河壹佰元（雪）、國榮壹佰元（雪）、鴻杰壹佰元（雪）、福
麒壹佰元（雪）、之和壹佰元（雪）、少民壹佰元（雪）、致興壹佰元（雪）、樹登伍拾元（檳）、史峰伍拾元、敦
萬伍拾元、氣雄伍拾元、鴻榮伍拾元、大禄伍拾元、致宦伍拾元、儒卓伍拾元、之運伍拾元、儒桐伍拾元、樹桂
伍拾元、敦炳伍拾元、鴻海伍拾元、月英伍拾元、名滄伍拾元、致美伍拾元、和充伍拾元、儒杰伍拾元、泰祥伍
拾元、氣清伍拾元、福海伍拾元、氣鶴伍拾元、蓉華伍拾元、蓉蓮伍拾元、少娟伍拾元、國興伍拾元、世緒伍拾
元、致新伍拾元、鴻源伍拾元、和鳳伍拾元、樹椿伍拾元、名壽伍拾元、以智伍拾元、和欽伍拾元、史瑞伍拾
元、樹釧伍拾元、和鳴伍拾元、名利伍拾元、先承伍拾元、福吉伍拾元、符楊冬梅伍拾元、名汪伍拾元、桂花伍
拾元、業統伍拾元、名諒伍拾元、大漢伍拾元、鴻山伍拾元、祥鳳伍拾元、符吴秀英伍拾元、史儒伍拾元、永銘
伍拾元、符韓蓮英伍拾元、瑞榮伍拾元、玉花伍拾元、氣源伍拾元、鴻修伍拾元、翠花伍拾元、致華伍拾元、氣
麟伍拾元、昌珊伍拾元、祥華伍拾元、德章伍拾元、文欽伍拾元、大釗伍拾元、氣琛伍拾元、和瓊伍拾元、用波
伍拾元、氣環伍拾元、世和伍拾元、永富伍拾元、祥環伍拾元、用模伍拾元、國光伍拾元、覺英伍拾元、氣振伍
拾元、致義伍拾元、樹苑伍拾元、愛玉伍拾元、史雄伍拾元、祥珍伍拾元、氣均伍拾元（檳）、長澤伍拾元、昌

儒伍拾元、名庚伍拾元、（甲）、國芳伍拾元、國晟伍拾元、護身伍拾元（甲）、士軒伍拾元、致濃伍拾元、先儒伍拾元（甲）、世楠伍拾元、金英伍拾元、德賢伍拾元（甲）、祥克伍拾元、國龍伍拾元、家貴伍拾元（甲）、大英伍拾元、大德伍拾元、家春伍拾元（甲）、昆南伍拾元、大旭伍拾元、氣鑾伍拾元（雪）、家培伍拾元、致東伍拾元、建椿伍拾元（雪）、家灼伍拾元、致僑伍拾元、氣華伍拾元（雪）、樹洲伍拾元、福鑾伍拾元、樹文伍拾元（雪）、致成伍拾元、名洞伍拾元、儒秀伍拾元（雪）、秀山伍拾元、和毓伍拾元、名海伍拾元、名潔伍拾元、愛卿伍拾元、需位伍拾元、和冠伍拾元、載森伍拾元、忠熙伍拾元、載冠伍拾元、淑妹壹佰元、氣杰伍拾元、史軒伍拾元、致千伍拾元。計叁佰零伍名，共銀肆萬捌仟零捌拾元正。

六〇　伏波將軍

六一一　老撾萬象伏波廟樂捐碑

【碑刻名稱】老撾萬象伏波廟樂捐碑
【材　質】石材
【形　制】長方形横碑
【尺　寸】長一百六十八厘米、寬九十一厘米
【書　體】楷書
【碑　額】無
【碑　題】無
【碑文撰者】無
【碑文書丹】無

【立 碑 者】老撾萬象伏波廟董事人
【立碑時間】不詳
【存 佚】現存
【地 點】老撾萬象伏波廟
【碑刻録文】

兹將伏波廟籌建善男信女樂捐贊助金芳名臚列于后：

陳福麟捐玖萬玖仟元；徐修乾捌萬玖百元；黄冠雄先生捌萬元；殷進禄先生柒萬元；鄭日蘭先生伍萬元；張智禄先生伍萬元；殷德輝先生叁萬元；龐起武先生叁萬元；陳紀廷先生叁萬元；□平先生叁萬元；曹棟輝先生叁萬元；沈來助貳萬壹仟捌百元；曹偉先生貳萬元；龐新先生貳萬元；黎言記先生貳萬元；福興寶號捐貳萬元；陳有福先生貳萬元；李世富壹萬玖百九十元；何廷佳壹萬玖百元；陳寄南先生壹萬元；黄英先生壹萬元；鄭森茂先生壹萬元；黄濟壽先生壹萬元；張福南先生壹萬元；李雪輝先生壹萬元；葉春積先生壹萬元；蘇勝餘先生壹萬元；黄永任先生壹萬元；吴國華先生壹萬元；袁亞大女士壹萬元；劉光華先生壹萬元；劉善禮先生壹萬元；許記寶號壹萬元；一新行寶號壹萬元；陳文昆先生壹萬元；標記寶號壹萬元；强記寶號壹萬元；黎益豪先生壹萬元；朱福三先生壹萬元；侯君偉先生壹萬元；王國强先生壹萬元；謝楚三先生壹萬元；何二姐女士壹萬元；陳雀先生壹萬元；鍾昌英先生壹萬元；陳祥光先生壹萬元；梁瑶甫先生壹萬元；張午平先生壹萬元；劉廣福先生壹萬元；張秀娟女士壹萬元；黄廷有先生玖仟元；何采機先生陸仟元；龐壽業先生伍仟元；孫承瑞先生伍仟元；黄德輝先生伍仟元；符彩興先生伍仟元；林樹漢先生伍仟元；黄金甫先生伍仟元；陳福先生伍仟元；朱世儒先生伍仟元；沈鴻金先生伍仟元；吴佳先生伍仟元；賴百桃先生伍仟元；覃正寶先生伍仟元；黄漢波先生伍仟元；張華英先生伍仟

元；鄭斯權先生伍仟元；炳和號先生伍仟元；合利號先生伍仟元；焯記寶號伍仟元；梁鴻賓先生伍仟元；鄧立甫先生伍仟元；黃華來先生伍仟元；德康影社伍仟元；張華益先生伍仟元；徐業維先生伍仟元；孔來先生伍仟元；葉祺先生伍仟元；朱瑞青先生伍仟元；黃成琨先生伍仟元；龐起文先生伍仟元；蘇五姑女士伍仟元；黃氏二女士伍仟元；吳南昌先生伍仟元；吳忠貴先生伍仟元；巫英賢先生伍仟元；楊成就先生伍仟元；陳承森先生伍仟元；陳明華先生伍仟元；陳潤威先生伍仟元；姚鳳勝先生伍仟元；吳祖祥先生伍仟元；吕四哥先生伍仟元；陸全忠先生伍仟元；張安素女士伍仟元；鄧根先生伍仟元；洪玉河先生伍仟元；鄧奕佳先生伍仟元；鄭成昌先生肆仟元；朱貴青先生肆仟元；林喜輝先生肆仟元；何德餘先生肆仟元；廖紹雄先生肆仟元；沈鴻珍先生肆仟元；陳蓮姐女士肆仟元；陳彩珍女士肆仟元；茅記寶號叁仟元；林寶隆先生叁仟元；吕信記先生叁仟元；吳漢廷先生叁仟元；太生堂寶號叁仟元；鄭松霖先生叁仟元；譚文章先生叁仟元；黃永興先生叁仟元；林仟輝先生叁仟元；王大貴先生叁仟元；何世武先生叁仟元；湯良生先生叁仟元；龐壽芳先生叁仟元；劉繼爵先生叁仟元；何世義先生叁仟元；黎梓桂先生叁仟元；張勝發先生叁仟元；張勝達先生叁仟元；項發保先生叁仟元；張梓輝先生叁仟元；唐光益先生叁仟元；黃植臣先生叁仟元；李進賢先生叁仟元；羅仕昌先生叁仟元；陳富福先生叁仟元；梁東顯先生叁仟元；李威成先生叁仟元；李齊心女十叁仟元；陳貴先生叁仟元；吳氏信女叁仟元；姚周貴先生叁仟元；何玉鳳女士叁仟元；朱志文先生叁仟元；巫周功先生貳仟玖百元；劉永葉先生貳仟玖百元；周良鳳先生貳仟貳百二十元；曾昭景先生貳仟元；吳少峰先生貳仟元；孫禧先生貳仟元；陸桂山先生貳仟元；徐富錦先生貳仟元；榮華寶號貳仟元；永香寶號貳仟元；袁積餘先生貳仟元；繆仁祥先生貳仟元；殷進興先生貳仟元；江國利先生貳仟元；何世祥先生貳仟元；黃世文先生貳仟元；嚴慶章先生貳仟元；潘廷信先生貳仟元；李玉瑞先生貳仟元；黃權先生貳仟元；黃敏修先生貳仟元；羅日初先生貳仟元；滕明林先生貳仟元；周日賢先生貳仟元；潘祥興先生貳仟元；

寶記先生貳仟元；孫祺先生貳仟元；盧品海先生貳仟元；李儒堂先生貳仟元；黃廣生先生貳仟元；無名氏先生貳仟元；許善初先生貳仟元；王永茂先生貳仟元；江德富先生貳仟元；廖月姐女士貳仟元；鄧德芳先生貳仟元；廖志成先生貳仟元；裴三伯先生貳仟元；鷄石寶先生貳仟元；陳忠義先生貳仟元；蘇炳生先生貳仟元；黃子才先生貳仟元；郭昌宏先生貳仟元；蔡初明先生貳仟元；謝錦華先生貳仟元；何超坤先生貳仟元；黃濟嵩先生貳仟元；鍾六妹女士貳仟元；蘇法生先生貳仟元；趙漢静先生貳仟元；李秀森先生貳仟元；陳桂蓮女士貳仟元；黃堅先生貳仟元；毛譽萍女士貳仟元；何振輝先生貳仟元；黃蓮華先生貳仟元；劉邦先生貳仟元；華杰嫂女士貳仟元；盧八哥先生貳仟元；梁志善先生貳仟元；劉振菊先生貳仟元；羅生先生貳仟元；項有榮女士貳仟元；彭振發先生貳仟元；張繼華先生貳仟元；歐國强先生貳仟元；陳燕萍女士貳仟元；廖永富先生貳仟元；林文明先生貳仟元；蘇茂坤先生貳仟元；黃色海先生貳仟元；黃任昌先生貳仟元；秦志芳先生貳仟元；馮子文先生貳仟元；周梓河先生貳仟元；陳嫂女士貳仟元；梁光偉先生貳仟元；吴德成先生貳仟元；禤祖福先生貳仟元；王宇光先生貳仟元；楊南先生貳仟元；郭惠萍女士貳仟元；姜振貴先生貳仟元；符耀錦先生貳仟元；施□土先生貳仟元；劉廣先生貳仟元；繆輝臣先生貳仟元；沈鴻才先生貳仟元；蘇統和先生貳仟元；謝炳雄先生貳仟元；廖德全壹仟捌百元；繆統才壹仟伍百元；魏德隆壹仟貳百元；潘恒志壹仟玖十元；黃振先生壹仟陸十元；鄭耀明先生壹仟元；廖錦仁先生壹仟元；鄭錦錢先生壹仟元；劉永仙先生壹仟元；黃森堂先生壹仟元；殷進祥先生壹仟元；殷進喜先生壹仟元；李文彬先生壹仟元；湯昌權先生壹仟元；湯昌武先生壹仟元；孫天生先生壹仟元；陸桂平先生壹仟元；符彩文先生壹仟元；王廉芳先生壹仟元；巫有利先生壹仟元；梁槐清先生壹仟元；楊志勇先生壹仟元；何希武先生壹仟元；梁金初先生壹仟元；鄧芳先生壹仟元；謝新華先生壹仟元；陳亞樂先生壹仟元；廖錦輝先生壹仟元；何文財先生壹仟元；永華車廠壹仟元；鄒國正先生壹仟元；宋開蓮女士壹仟元；莫興新先生壹仟元；嚴子英先生壹仟

元；陳瑞南先生壹仟元；黄志遠先生壹仟元；廖世鄉先生壹仟元；謝錦昌先生壹仟元；蘇玉安先生壹仟元；周文福先生壹仟元；黄源生先生壹仟元；董成友先生壹仟元；張興福先生壹仟元；李南先生壹仟元；黄福記先生壹仟元；徐金棠先生壹仟元；李閑養先生壹仟元；謝華堂先生壹仟元；彭德仁先生壹仟元；唐光福先生壹仟元；白岑貴先生壹仟元；曹家珍先生壹仟元；鍾枪鑽先生壹仟元；廖錦賢先生壹仟元；符耀崇先生壹仟元；李榮先生壹仟元；朱奕文先生壹仟元；朱国榮先生壹仟元；梁槐芳先生壹仟元；黄明光先生壹仟元；黄二姑女士壹仟元；黄樹春先生壹仟元；榮華寶號壹仟元；殷國良先生壹仟元；劉樹標先生壹仟元；馮慶年先生壹仟元；謝炳光先生壹仟元；謝炳强先生壹仟元；符耀靖先生壹仟元；周振輝先生壹仟元；陳偉清先生壹仟元；許廷和先生壹仟元；鍾永珊先生壹仟元；賴國藩先生壹仟元；農惠廉先生壹仟元；譚漢先生壹仟元；鄧新華先生伍百元；梁冠成先生伍百元；梁冠深先生伍百元；黄伯群先生伍百元；盧大姐女士伍百元；李玉賢先生伍百元；陳定富先生伍百元；梁顯芳先生伍百元；吴明英先生伍百元；黄祖漢先生肆百元；都農園先生肆百元；何瑞先生叁百元；黄少萍女士叁百元。唐雪基先生叁百元，贈公事臺一張、拜神臺三張；黎源發，天神臺一張、香案臺三張、洋燭脚三對、樂捐伍仟元；李大姐、林惟英，樂捐伍仟元，贈神帳一副；張光宗、張耀宗，贈金香爐三個、洋燭脚三對；許記飯店贈神帳一副；蘇五姑、張智禄、林惟英、黄氏二、陳彩珍、趙誠振、黄冠雄、何玉鳳同贈金鐘一個。

六一二　老撾萬象永珍伏波廟列聖神誕牌

【碑刻名稱】老撾萬象永珍伏波廟列聖神誕牌

【材　質】紙質

【形　制】長方形立牌

【尺　寸】長四十六厘米、寬三十五厘米

【書　體】楷書

【碑　額】無

【碑　題】列聖神誕

【碑文撰者】無

【碑文書丹】無

【立 碑 者】老撾萬象永珍伏波廟董事人

【立碑時間】不詳

【存　佚】現存

【地　點】老撾萬象永珍伏波廟

【碑刻録文】

列聖神誕

敬啓者：茲將本廟祀奉之奉列位神聖誕期公佈於後，敬仰各社友屆時自行前來參加膜拜聚餐，共結善緣，功德無量！本廟謹啓。

正月十五日，伏波旦首歲祈福；

二月十九日，觀音菩薩旦；

三月廿三日，天后娘娘旦；

六月初三日，韋馱菩薩旦；

六月十九日，觀音菩薩旦；

七月初二日，伏波旦、建廟紀念日；

九月十九日，觀音菩薩旦；

十月十八日，地母旦；

十二月十六日，歲抄酬神。

永珍伏波廟。

六十一　順正大王

六一三　菲律賓菲華青陽石鼓廟興建記銅牌

【碑刻名稱】菲律賓菲華青陽石鼓廟興建記銅牌
【材　質】銅材
【形　制】長方形横牌
【尺　寸】長七十厘米、寛五十五厘米
【書　體】楷書
【碑　額】無
【碑　題】菲華青陽石鼓廟興建記
【碑文撰者】無
【碑文書丹】無

【立 碑 者】青陽石鼓廟董事會
【立碑時間】一九八八
【存　　佚】現存
【地　　點】菲律賓馬尼拉市青陽石鼓廟
【碑刻録文】

菲華青陽石鼓廟興建記

青陽石鼓廟敕封順正府大王公，英靈顯赫，香火鼎盛。善信爲崇仰其保國衛民，集資建廟奉祀於菲。兹臚列慨捐建築金菲幣壹萬元及以上者于左，以垂永志，激勵來兹。

莊友理、莊垂賢、莊炳生、蔡篤彬、蘇孫江、張覺盛、莊杰文、莊培基、莊英秀娟、莊坦克、莊吴紅桔、莊垂叱、蔡鐵鍾、莊清水、莊垂裔、莊茂榮、莊材看家屬、莊材施家屬、莊鼎水、莊清泉、莊金耀、莊華生、莊垂祝、莊啓程、李世僑、莊杰梨、莊垂彬、莊垂楷、莊松生、莊金宣、莊焕彩、Afrodo Chargco、陳蔡瓊霞、林文超、莊金來、莊杰華、莊永賜、莊程秀玫、曾莊鳥奏、莊吴麗君、莊裕昆、莊炳華、莊銘爲、莊金龍、莊垂慈、莊長榮、林文黎、莊金礦、張轂南、莊銘鎔、李法蘇、莊材金、李祖經、陳澤森、施修文、莊予民、陳洪淑英、洪祖杰。

青陽石鼓廟敕封順正府大王公董事會立，公元一九八八年元月四日。

六一四　菲律賓青陽石鼓廟敕封順正大王慶祝千秋紀念文

【碑刻名稱】菲律賓青陽石鼓廟敕封順正大王慶祝千秋紀念文

【材　質】石材

【形　制】長方形横碑

【尺　寸】長一百六十厘米、寬九十六厘米

【書　體】楷書

【碑　額】無

【碑　題】石鼓廟敕封順正大王慶祝千秋紀念文

【碑文撰者】無

【碑文書丹】無

【立　碑　者】青陽石鼓廟董事會

【立碑時間】二〇〇四

【存　佚】現存

【地　點】菲律賓青陽石鼓廟

【碑刻録文】

石鼓廟敕封順正大王慶祝千秋紀念文

夫所謂神者，爲其聰明而又正直也。聰明則真機灼照，萬殊悉受藻鑒之精；正直則偏見胥捐，舉世共切高山之仰。而况純全孝行，克盡人倫，又複擁護家邦，忠心耿耿，退凶横之巨虜，躋仁壽於斯民，其印入人之腦海中而深爲感念者，真可以永矢弗諼矣！

我青陽鄉石鼓廟所崇奉順正大王者，其庶幾乎，其庶幾乎！既可令人尊崇，複堪令人感激，居今懷古，疇不樂道津津耶！夷考王之世譜，係出江夏華宗，派衍潮州苗裔。先世遷入泉州，卜居青陽，迤左三傳。而後王始誕生，時係宋孝宗淳熙丙午年九月初五日也。

王生而穎异，孝行性成，竭力事親，名聞遐邇。遥念席温，冬夜枕，扇夏宵，孝道家傳，克繩祖武矣。學問優，品行美，所以蔡寶謨次傅君見而奇异，聘爲典籤，掌理簿書，有條不紊，其道德高尚也。驅諸瓦甕自行入水，養鵝食草不逾界限。而且學易不倦，文武全才，上識天文，下明地理。迨宋寧宗嘉定之歲庚辰元春初四早晨，天上五色慶雲陡然忽現，王遂化身於石鼓廟。先塑後雕，金身供奉，俗呼爲本官公也。聰明正直，司禍福，明吉凶，扶助國家，大顯靈應。辛巳之年金兵入寇，助國有功，得封殿前太尉。又宋恭宗德祐乙亥年，又助國受封，即爲江夏護國清遠上將軍武惠王也。有明永樂年間，三保内監征琉球，戰艦至永寧而危險，幸佩王之香火，顯應縱火，焚夷凱旋。而朝廷喜悦，賜酒三盞，皆接向壁間而□，其神靈如斯顯耀，故受封爲慈濟顯應威烈明王也。崇禎辛未，蔡軍門侃君奉詔出鎮，巡撫雲貴，建昌時則有盗賊竊發，王顯化神通，身騎白馬，平定雲貴、建昌、四川等地。蔡軍門班師入朝，奏明王顯化黄旗之號，得受封爲順正大王，玉帶劍印以旌别其殊勛。至於引人爲善，尤其本心。當宋嘉定庚辰之歲，吴大夫奉詔到廟，忽見王之化身，隨即同化，得封爲太尉府矣。又洪總管隨王定寇，亦封爲都總管之職焉。

綜觀王之生平事迹以及後來之顯赫，直足與日月争光，垂諸千秋而不朽。弟子等屢荷鴻庥，感深鼇戴，日逢神誕，頂禮共祝千秋，謹抒益詞，以申虔悃。且望傳諸久遠，而俾後之仰瞻廟宇者，念王之道德实行、功勛、仁惠，而莫不睪然高望，表現敬心焉。

民國二十七年十月二十七日即古曆九月初五日，公元二〇〇四年九月二十八日，歲次甲申年仲秋，菲律賓青陽石鼓廟敕封順正府大王公董事會、婦女會敬立。

參考文獻

一　中文論著

《道藏》，文物出版社、上海書店出版社、天津古籍出版社一九八八年版。
《重刊道藏輯要》，巴蜀書社一九九五年版。
張繼禹主編：《中華道藏》，華夏出版社二〇〇四年版。
《中華大藏經》，中華書局一九八四年版。
《中國歷代石刻拓片彙編》，中州古籍出版社一九九〇年版。
《石刻史料新編》，臺北新文豐出版公司一九八六年版。
《叢書集成新編》，臺北新文豐出版公司一九八五年版。
《歷代史料筆記叢刊》，中華書局一九八二年（陸續出版）。

王叔岷：《列仙傳校箋》，中華書局二〇〇七年版。
［唐］歐陽詢撰，汪紹楹校：《藝文類聚》，上海古籍出版社一九八二年版。
［宋］李昉等：《太平御覽》，中華書局一九六〇年版。
［宋］李昉等編：《太平廣記》，中華書局一九六一年版。
［清］王昶：《金石萃編》，臺北新文豐出版公司一九八二年版。
［清］陸增祥編：《八瓊室金石補正》，臺北新文豐出版公司一九八二年版。
趙萬里編：《漢魏南北朝墓志集釋》，臺北新文豐出版公司一九八六年版。
趙超：《漢魏南北朝墓志彙編》，天津古籍出版社二〇〇八年版。
羅新、葉煒：《新出魏晋南北朝墓志疏證》，中華書局二〇〇五年版。
［晋］張華撰，范寧校證：《博物志校證》，中華書局一九八〇年版。
［晋］干寶撰，汪紹楹校注：《搜神記》，中華書局一九七九年版。
［晋］陶淵明撰，汪紹楹校注：《搜神後記》，中華書局一九八一年版。
［晋］王嘉撰，齊治平校注：《拾遺記》，中華書局一九八一年版。
［晋］葛洪：《西京雜記》，中華書局一九八五年版。
［南朝宋］劉義慶撰，鄭晚晴輯注：《幽明録》，文化藝術出版社一九八八年版。
［清］嚴可均輯：《全上古三代秦漢三國六朝文》，河北教育出版社一九九七年版。
逯欽立輯校：《先秦漢魏晋南北朝詩》，中華書局一九八三年版。
［清］杜文瀾輯，周紹良校點：《古謠諺》，中華書局一九五八年版。

陳垣編纂，陳智超、曾慶瑛校補：《道家金石略》，文物出版社一九八八年版。
蕭霽虹主編：《雲南道教碑刻輯録》，中國社會科學出版社二〇一三年版。
趙衛東、莊明軍編：《山東道教碑刻集・青州昌樂卷》，齊魯書社二〇一〇年版。
趙衛東、莊明軍編：《山東道教碑刻集・博山卷》，齊魯書社二〇一三年版。
趙衛東、宫德杰編：《山東道教碑刻集・臨朐卷》，齊魯書社二〇一一年版。
趙衛東、王予幻、秦國帥編：《山東道教碑刻集・博山卷》，齊魯書社二〇一三年版。
黎志添、李静編著：《廣州府道教廟宇碑刻集釋》中華書局二〇一三年版。
王見川、林萬博主編：《明清民間宗教經卷文獻》，臺北新文豐出版公司一九九九年版。
王宗昱編：《金元全真教石刻新編》，北京大學出版社二〇〇五年版。
趙世瑜主編：《北京東岳廟與北京泰山信仰碑刻輯録》，中國書店出版社二〇〇四年版。
龍顯昭、黄海德主编：《巴蜀道教碑文集成》，四川大學出版社一九九七年版。
譚世寶：《金石銘刻的澳門史——明清澳門廟宇碑刻鐘銘集録研究》，廣東人民出版社二〇〇六年版。
陳荆和、陳育崧編著：《新加坡華文碑銘集録》，香港中文大學出版部一九七〇年版。
傅吾康、陳鐵凡編：《馬來西亞華文銘刻萃編》三卷，馬來亞大學出版社一九八二、一九八五、一九八七年版。
〔德〕傅吾康主編：《印度尼西亞華文銘刻彙編》三卷，新加坡南洋學會、法國遠東學院一九八八、一九九七年版。
〔德〕傅吾康主编：《泰國華文銘刻彙編》，臺北新文豐出版公司一九九八年版。
〔美〕丁荷生、許源泰編：《新加坡華文銘刻彙編（一八一九—一九一一）》，廣西師範大學出版社二〇一七年版。

〔馬〕黄文斌：《馬六甲三寶山墓碑集録（一六一四—一八二〇）》，吉隆坡華社研究中心二〇一三年版。
〔馬〕張少寬：《檳榔嶼華人寺廟碑銘集録》，南洋田野研究室二〇一三年版。
〔荷〕高延：《中國宗教系統》六册，萊頓，一八九二—一九一〇年英文版。
〔英〕巴素著，郭湘章譯：《東南亞之華僑》，臺北編譯館一九七四年版。
〔馬〕蘇慶華：《節令、民俗與宗教》，吉隆坡華社資料研究中心一九九四年版。
〔美〕馮德麥登著，張世紅譯：《宗教與東南亞現代化》，今日中國出版社一九九五年版。
〔新加坡〕邱新民：《新加坡宗教文化》，星洲時報、南洋商報出版部一九八二年版。
〔美〕歐大年：《中國民間宗教教派研究》，上海古籍出版社一九九三年版。
〔英〕王斯福著，趙旭東譯：《帝國的隱喻：中國民間宗教》，江蘇人民出版社二〇〇八年版。
〔美〕韓森著，包偉民譯：《變遷之神：南宋時期的民間信仰》，浙江人民出版社一九九九年版。
〔日〕渡邊欣雄著，周星譯：《漢族的民俗宗教》，天津人民出版社一九九八年版。
陳波生編：《百年公德被南邦：望海大伯公廟紀事》，新加坡茶陽（大埔）會館、客家文化研究、客屬八邑福德祠二〇〇六年版。
陳劍編：《柯木林卷・石叻史記》，新加坡青年書局二〇〇七年版。
陳聲桂：《四馬路觀音堂》，新加坡四馬路觀音堂一九九七年版。
陳育崧：《椰陰館文存》，新加坡南洋學會一九八三年版。
傳發：《新加坡佛教發展史》，新加坡佛教居士林一九九七年版。
柯木林、林孝勝：《新華歷史與人物研究》，新加坡南洋學會一九八六年版。

柯木林主編：《新華歷史人物列傳》，新加坡教育出版私營有限公司一九九五年版。
石滄金：《馬來西亞華人社團研究》，暨南大學出版社二〇一三年版。
石滄金：《海外華人民間宗教信仰研究》，吉隆坡學林書局二〇一四年版。
李天錫：《華僑華人民間信仰研究》，中國文聯出版社二〇〇一年版。
李志賢編：《海外潮人的移民經驗》，新加坡潮州八邑會館、八方文化企業公司二〇〇三年版。
梁伯康（LeonComber）著、徐李穎譯：《尋廟：新加坡的華人廟宇》，新加坡道教學院二〇一一年版。
林緯毅編：《華人社會與民間文化》，新加坡亞洲研究學會二〇〇六年版。
林孝勝編：《新加坡會館書刊目録匯編》，新加坡宗鄉會館聯合總會一九八九年版。
李鍾玨：《新加坡風土記》，新加坡南洋編譯所一九四七年版。
吕世聰、洪毅瀚：《投桃之報：萬山港福德祠歷史溯源》，新加坡石叻學會二〇〇八年版。
麥留芳著，張清江譯：《星馬華人私會黨的研究》，臺北正中書局一九八五年版。
南風商業出版社編：《新加坡廟宇概覽》，新加坡南風商業出版社一九五一年版。
邱新民：《新加坡宗教文化》，新加坡星洲日報、南洋商報出版社一九八二年版。
邱新民：《新加坡尋根》，新加坡勝友書局一九九〇年版。
饒宗頤：《饒宗頤二十世紀學術文集》，中國人民大學出版社二〇〇九年版。
釋能度等編：《蓮山雙林寺》，新加坡蓮山雙林寺二〇〇一年版。
蘇慶華：《馬、新華人研究——蘇慶華論文選集》，馬來西亞創價學會二〇〇四年版。
吴華：《新加坡華族會館志》，新加坡南洋學會一九七五年版。

徐李穎：《佛道與陰陽：新加坡城隍廟與城隍信仰研究》，厦門大學出版社二〇一〇年版。
黃賢强、許源泰、能度、賢通、何秀娟合編：《新加坡漢傳佛教發展史》，新加坡藥師行願會二〇一〇年版。
許源泰：《沿革與模式：新加坡道教和佛教傳播研究》，新加坡國立大學中文系、八方文化企業公司二〇一三年版。
許雲樵：《新加坡一百五十周年大事記》，新加坡青年書局一九六九年版。
曾玲：《福德祠緑野亭發展史：一八二四—二〇〇四》，新加坡華裔館二〇〇五年版。
鄭振滿：《鄉族與國家：多元視野中的閩臺傳統社會》，生活·讀書·新知三聯書店二〇〇九年版。
莊欽永：《新加坡華人史論叢》，新加坡南洋學會一九八六年版。
莊欽永：《叻峨嘈五虎祠義士新義》，新加坡南洋學會一九九六年版。
《波靖南溟——天福宫與福建會館》編委會編：《波靖南溟——天福宫與福建會館》，新加坡福建會館二〇〇五年版。
《淡濱尼聯合宫慶成典禮紀念特刊》，新加坡淡濱尼聯合宫籌備建宫基金委員會一九九二年版。
《石叻百年古迹都城隍廟光緒卅一年建立：一九〇五—二〇〇五》，新加坡都城隍廟二〇〇五年版。
《新加坡保赤宫建宫一百三十周年（一八七六—二〇〇六）暨首届國際開漳聖王文化聯誼大會雙慶紀念特刊》，新加坡保赤宫首届國際開漳聖王文化聯誼大會二〇〇六年版。
《新加坡鳳山寺》，新加坡古迹保存局與新加坡鳳山寺國家古迹重修委員會二〇〇七年版。
《新加坡福德祠緑野亭公會一百七十五周年紀念特刊（一八二四年至一九九九年）》，新加坡福德祠緑野亭公會一九九九年版。

《新加坡宮廟道長大德史迹》，新加坡敬道社一九九七年版。
《新嘉坡廟宇概覽》，新加坡南風商業出版社一九五一年版。
陳榮照主編：《儒學與新世紀的人類社會》，新加坡儒學會二〇〇四年版。
邱新民：《東南亞文化交通史》，新加坡亞洲研究學會一九八四年版。
李亦園、郭振羽主編：《東南亞華人社會研究》上册，臺北正中書局一九八五年版。
李亦園、郭振羽主編：《東南亞華人社會研究》下册，臺北正中書局一九八五年版。
黎志添：《廣東地方道教研究——道觀、道士及科儀》，香港中文大學出版社二〇〇七年版。
林悟殊：《泰國大峰祖師崇拜與華僑報德善堂研究》，臺北淑馨出版社一九九六年版。
吴振强編著：《東南亞史綱》，新加坡青年書局一九六六年版。
邢福泉：《臺灣的佛教與佛寺》，臺北商務印書館一九八一年版。
鄭文輝：《新加坡從開埠到建國》，新加坡教育出版私營有限公司一九七七年版。
鄭良樹：《馬來西亞・新加坡華人文化史論叢》，新加坡南洋學會一九八二年版。
莊欽永：《石功峨嘈五虎祠義士新義》，新加坡南洋學會一九九六年版。
姚枬、許鈺編譯：《古代南洋史地叢考》，商務印書館一九五八年版。
[澳]顔清湟著，粟明鮮等譯：《新馬華人社會史》，中國華僑出版公司一九九一年版。
《大巴窯修德善堂金禧紀念特刊一九四二——一九九二》，新加坡大巴窯修德善堂一九九二年版。
《新加坡華僑志》，臺北華僑文化出版社一九六〇年版。
《新加坡修德善堂養心社慶祝宋大峰祖師聖誕暨成立七十五周年鑽禧　興建新堂落成十周年紀念特刊》，新加坡修德善堂養心社一九九二年版。
《星洲靈隱寺金禧紀念特刊　慶祝道濟佛祖聖誕暨成立五十周年　贈醫施藥二十周年紀念》，新加坡星洲靈隱寺一九九五年版。
《走過獅城七十年（一九三四—二〇〇四）——新加坡佛教居士林七十周年紀念特刊》，新加坡佛教居士林二〇〇四年版。
金澤：《中國民間信仰》，浙江教育出版社一九九〇年版。
烏丙安：《中國民間信仰》，上海人民出版社一九九六年版。
林國平、彭文宇：《福建民間信仰》，福建人民出版社一九九三年版。
林國平：《閩臺民間信仰源流》，福建人民出版社二〇〇三年版。
徐曉望：《福建民間信仰源流》，福建教育出版社一九九三年版。
徐曉望：《媽祖信仰史研究》，海風出版社二〇〇七年版。
鄭振滿、陳春聲主編：《民間信仰與社會空間》，福建人民出版社二〇〇三年版。
陳支平主編：《福建宗教史》，福建教育出版社一九九六年版。
何綿山主編：《閩臺區域文化》，厦門大學出版社二〇〇四年版。
任繼愈主編：《中國道教史》，中國社會科學出版社二〇〇一年版。
卿希泰主编：《中國道教史》，四川人民出版社一九八八年版。
牟鍾鑒、張踐：《中國宗教通史》，社會科學文獻出版社二〇〇〇年版。
馬西沙、韓秉方：《中國民間宗教史》，中國社會科學出版社二〇〇四年版。

吕宗力、欒保群編：《中國民間諸神》，河北教育出版社二〇〇一年版。
賈二强：《唐宋民間信仰》，福建人民出版社二〇〇二年版。
汪毅夫：《客家民間信仰》，福建教育出版社一九九五年版。
陳桂炳：《泉州民俗文化》，福建人民出版社一九九八年版。
梁景之：《清代民間宗教與鄉土社會》，社會科學文獻出版社二〇〇四年版。
湯用彤：《漢魏兩晋南北朝佛教史》，中華書局一九八三年版。
陳國符：《道藏源流考》，中華書局一九六三年版。
任繼愈主編：《道藏提要》，中國社會科學出版社一九九一年版。
傅勤家：《中國道教史》，上海書店一九八四年版。
郭朋：《明清佛教》，福建人民出版社一九八五年版。
鄭志明：《無生老母信仰溯源》，臺北文史哲出版社一九八五年版。
喻松青：《明清白蓮教研究》，四川人民出版社一九八七年版。
王家祐：《道教論稿》，巴蜀書社一九八七年版。
林悟殊：《摩尼教及其東漸》，中華書局一九八七年版。
卿希泰：《道教文化新探》，四川人民出版社一九八八年版。
秦寶琦：《清前期天地會研究》，中國人民大學出版社一九八八年版。
馬西沙：《清代八卦教》，中國人民大學出版社一九八九年版。
陳垣：《明季滇黔佛教考》，中華書局一九八九年版。

卿希泰主編：《道教與中國傳統文化》，福建人民出版社一九九〇年版。
劉仲宇：《中國道教文化透視》，學林出版社一九九〇年版。
鍾肇鵬：《讖緯論略》，遼寧教育出版社一九九一年版。
李世瑜：《現在華北秘密宗教》，四川大學史學系一九四八年版。
陳垣：《南宋初河北新道教考》，中華書局一九六二年版。
李尚英：《中國清代宗教史》，人民出版社一九九四年版。
何其敏：《中國明代宗教史》，人民出版社一九九四年版。
李尚英：《中國歷史上的民間宗教》，廣東人民出版社一九九六年版。
路遙：《山東民間秘密教門》，當代中國出版社二〇〇〇年版。
唐大潮：《明清之際道教三教合一思想論》，宗教文化出版社二〇〇〇年版。
濮文起：《秘密教門——中國民間秘密宗教溯源》，江蘇人民出版社二〇〇〇年版。
孫尚揚：《宗教社會學》，北京大學出版社二〇〇一年版。
南炳文主編：《佛道秘密宗教與明代社會》，天津古籍出版社二〇〇一年版。
劉仲宇：《中國民間信仰與道教》，臺北東大圖書公司二〇〇三年版。
鄭良樹：《新馬華族史料文獻匯目》，新加坡南洋學會一九八四年版。
徐斌編：《華僑華人研究中文書目》，厦門大學出版社二〇〇三年版。
楊建成主編：《華僑之研究》，臺北中華學術院南洋研究所一九八四年版。
陳碧笙：《世界華僑華人簡史》，厦門大學出版社一九九一年版。

李原、陳大璋編著：《海外華人及其居住地概況》，中國華僑出版公司一九九一年版。
林遠輝、張應龍：《新加坡馬來西亞華僑史》，廣東高等教育出版社一九九一年版。
王榮國：《海洋神靈——中國海神信仰與社會經濟》，江西高校出版社二〇〇三年版。
黄海德、張禹東主編：《宗教與文化》，社會科學文獻出版社二〇〇五年版。
余定邦：《東南亞近代史》，貴州人民出版社二〇〇三年版。
林水檺、駱静山合編：《馬來西亞華人史》，馬來西亞留臺校友聯合總會一九八四年版。
葛仁局：《炎黄子孫在海外》，吉林人民出版社一九八六年版。
林拓：《文化的地理過程分析——福建文化的地域性考察》，上海書店出版社二〇〇四年版。
潘明智：《華人社會與宗鄉會館》，新加坡玲子大衆傳播中心一九九六年版。
方雄普、許振禮：《海外僑團尋踪》，中國華僑出版社一九九五年版。
蔡少卿：《中國近代會黨史研究》，中華書局一九八七。
魯白野：《獅城散記》，新加坡世界書局一九七二年版。
吴鳳斌：《東南亞華僑通史》，福建人民出版社一九九四年版。
温雄飛：《南洋華僑通史》，上海東方印書館一九二九年版。
戴魏光：《洪門史》，上海文藝出版社一九九一年版。
曾少聰：《漂泊與根植：當代東南亞華人族群關係研究》，中國社會科學出版社二〇〇四年版。
李明歡：《當代海外華人社團研究》，厦門大學出版社一九九五年版。
吕良弼主编：《五緣文化力研究》，海峽文藝出版社二〇〇二年版。

陳烈甫：《東南亞的華僑、華人與華裔》，臺北正中書局一九八三年版。
莊國土：《中國封建政府的華僑政策》，厦門大學出版社一九八九年版。
巫樂華：《華僑史概要》，中國華僑出版社一九九四年版。
冷東：《東南亞海外潮人研究》，中國華僑出版社一九九九年版。
鄭良樹：《馬來西亞華文教育發展史》，馬來西亞華校教師會總會一九九八年版。
宋旺相著，葉書德譯：《新加坡華人百年史》，新加坡中華總商會一九九三年版。
巫樂華：《南洋華僑史話》，商務印書館一九九七年版。
錢平桃：《東南亞歷史舞臺上的華人與華僑》，山西教育出版社二〇〇一年版。
馮子平：《海外春秋》，商務印書館一九九三年版。
《柔佛古廟專輯》，新山中華公會、柔佛古廟修復委員會一九九七年編印。
李業霖主編：《吉隆坡開拓者的足迹——甲必丹葉亞來的一生》，華社研究中心一九九七年版。
《華僑志總志》，華僑志編纂委員會一九六六年編印。
潘翎主編，崔貴强編譯：《海外華人百科全書》，香港三聯書店一九九八年版。
新加坡亞洲研究學會編：《新加坡華人會館沿革史》，新加坡新聞與出版有限公司一九八六年版。
《新加坡瓊州會館慶祝成立一百三十五周年紀念特刊》，新加坡瓊州會館慶祝成立一百三十五周年紀念特刊委員會一九八九年版。
福建省地方志編纂委員會編：《福建省志・華僑志》，福建人民出版社一九九二年版。
《厦門華僑志》編纂委員會編：《厦門華僑志》，鷺江出版社一九九一年版。

廣東省地方史志編纂委員會編：《廣東省志・華僑志》，廣東人民出版社一九九六年版。
泉州市華僑志編纂委員會編：《泉州市華僑志》，中國社會出版社一九九六年版。
《惠州華僑志》編纂委員會編：《惠州華僑志》，惠州市僑聯一九九八年版。
卓新平：《海外華人信仰對中華民族文化共同體的意義》，《中國民族報》二〇一八年十一月十三日。
莊國土：《二十一世紀前期海外華僑華人社團發展的特點評析》，《南洋問題研究》二〇二〇年第一期。
鄭筱筠：《「一帶一路」沿綫國家民族宗教熱點問題研究》，《思想戰綫》二〇一九年第六期。
張志剛：《「中國民間信仰研究」反思——從田野調查、學術癥結到理論重建》，《學術月刊》二〇一六年第一期。
賀聖達、劉金光、張禹東、段立生、鄭筱筠：《對話宗教與東南亞區域社會發展》，《世界宗教文化》二〇一二年第五期。
金澤：《全面研究宗教在文化發展戰略中的地位與作用》，《學習與研究》二〇〇六年第八期。
金澤：《社會取向：宗教與民族研究的三個問題》，《宗教與民族》二〇〇六年第一期。
金澤：《民間信仰的聚散現象初探》，《文史哲》二〇〇六年第一期。
金澤：《能否和諧發展：民間信仰面臨的挑戰與選擇》，《福建省社會主義學院學報》二〇〇六年第一期。
金澤：《追問宗教現象背後的文化訴求》，《中國學術年鑒（人文社會科學版）》二〇〇四年第一期。
李向平：《信仰是一種權力關係的建構——中國社會「信仰關係」的人類學分析》，《西北民族大學學報（哲學社會科學版）》二〇一二年第五期。
宋燕鵬：《馬來西亞西海岸中等城鎮華人移民社會的形塑途徑——以巴生、金寶和大山脚爲中心的類型考察》，

《南洋問題研究》二〇二〇年第一期。
林國平：《民間宗教的復興與當代中國社會——以福建爲研究中心》，《世界宗教研究》二〇〇九年第四期。
林國平：《當代民間宗教的復興與轉型——以福建三一教爲例》，《東南學術》二〇一一年第六期。
林國平：《簽譜在海外的傳播和影響》，《海交史研究》二〇〇六年第一期。
林國平、范正義：《閩臺家族移民與保生大帝信仰的傳播》，《福州大學學報（哲學社會科學版）》二〇一〇年第一期。
林國平：《閩臺民間信仰與兩岸關係的互動》，《江西師範大學學報（哲學社會科學版）》二〇〇三年第四期。
林國平：《福建民間信仰的現狀、特點和發展趨勢》，《東南學術》二〇〇四年第A一期。
范正義、林國平：《閩臺宮廟間的分靈、進香、巡游及其文化意義》，《世界宗教研究》二〇〇二年第九期。
林國平：《閩臺民間信仰的由來及發展》，《臺北研究》二〇〇二年第六期。
林國平：《「三一教」著述考釋》，《福建論壇（人文社會科學版）》一九八六年第六期。
林國平：《福建古代海神信仰的發展演變》，《福建省海洋文化學術研討會論文提要》二〇〇七年十月。
林國平、吕秋明：《清水祖師信仰初探》，載陳國强、陳育倫主編《閩臺清水祖師文化研究文集》，香港閩南人出版有限公司一九九九年版。
范正義、林國平：《從分靈與進香看閩臺的神緣》，載《五緣文化力研究——福建省五緣文化研究會學術研討會論文集》二〇〇二年。
林國平：《靈籤淵源考》，《東南學術》二〇〇六年第二期。
林國平：《論靈籤的産生與演變》，《世界宗教研究》二〇〇六年第四期。

曾玲：《社群整合的歷史記憶與「祖籍認同」象徵：新加坡華人的祖神崇拜》，《文史哲》二〇〇六年第一期。
曾玲：《新加坡福德祠綠野亭文獻及其學術價值》，《華僑華人歷史研究》二〇〇六年第四期。
曾玲：《墳山崇拜與十九世紀新加坡華人移民之整合》，《思想戰綫》二〇〇七年第二期。
曾玲：《社群邊界内的「神明」：移民時代的新加坡媽祖信仰研究》，《河南師範大學學報（哲學社會科學版）》二〇〇七年第二期。
曾玲：《華南海外移民與宗族社會再建——以新加坡潘家村爲研究個案》，《世界歷史》二〇〇三年第六期。
曾玲：《陰陽之間——新加坡華人祖先崇拜的田野調查》，《世界宗教研究》二〇〇三年第二期。
曾玲：《新加坡華人的龍牌崇拜初探——兼與祖先崇拜比較》，《厦門大學學報（哲學社會科學版）》二〇〇三年第五期。
徐曉望：《清初賜封媽祖天后問題新探》，《福建師範大學學報（哲學社會科學版）》二〇〇七年第二期。
徐曉望：《論明清以來儒者關於媽祖神性的定位》，《福州大學學報（哲學社會科學版）》二〇〇七年第二期。
徐曉望：《論元代的湄洲廟與媽祖信仰》，《莆田學院學報》二〇〇七年第三期。
徐曉望：《從澳門廟宇看澳門華人文化特色》，《福建論壇（經濟社會版）》二〇〇二年第五期。
徐曉望：《關於福建民間信仰問題的思考》，《福建論壇（經濟社會版）》一九九七年第三期。
徐曉望：《略論閩臺瘟神信仰起源的若干問題》，《世界宗教研究》一九九七年第二期。
徐曉望：《論媽祖與中國海洋文化精神》，《福建學刊》一九九七年第六期。
徐曉望：《論中華文化與閩臺文化》，《東南文化》一九九二年第 C 一期。
石滄金：《廣東僑鄉和海外華僑華人的金花夫人信仰考察》，《華僑華人文獻學刊》二〇一九年第一期。

石滄金：《海南僑鄉和東南亞華人的水尾聖娘信仰考察》，《世界宗教研究》二〇一九年第二期。
石滄金：《華僑華人民間信仰研究現狀評析》，《宗教學研究》二〇一九年第一期。
段立生：《泰國阿瑜陀耶時期的華人社會》，《八桂僑刊》二〇一五年第二期。
謝重光：《從吴夲的神化看福建民間宗教信仰的特點》，《世界宗教研究》一九八九年第四期。
陳進國：《南海諸島廟宇史迹及其變遷辨析》，《世界宗教文化》二〇一五年第五期。
莊國土：《中國價值體系的重建與華僑華人》，《南洋問題研究》二〇一一年第四期。
張禹東：《海外華人傳統宗教與社會和諧——以東南亞爲例的觀察與思考》，《華僑大學學報（哲學社會科學版）》二〇一一年第三期。
蘇慶華：《媽祖信仰的發展軌迹和傳播——以馬、新兩國爲例》，《華僑大學學報（哲學社會科學版）》二〇一二年第一期。
路遥：《中國傳統社會民間信仰之考察》，《文史哲》二〇一〇年第四期。
路遥：《關於八卦教内部的一個傳説》，《世界宗教研究》一九九四年第三期。
路遥、彭淑慶：《濟公信仰形成、演變的幾點思考》，《民俗研究》二〇〇八年第三期。
何綿山：《閩都文化在東南亞的傳播和影響》，《閩江學院學報》二〇一一年第一期。
何綿山：《臺北關公文化探論》，《荆州師範學院學報》二〇〇三年第十二期。
何綿山：《臺北媽祖信仰文化探論》，載吕良弼主編《海峽兩岸五緣論》，方志出版社二〇〇三年版。
鍾大榮、張禹東：《東南亞華僑華人宗教的歷史角色與當代價值》，《宗教學研究》二〇一一年第一期。
余曉慧、張禹東：《宗教認同：華人華僑和諧共生的精神依托》，《華僑大學學報（哲學社會科學版）》二〇一一年第一期。
余曉慧、張禹東：《宗教認同在華人華僑精神家園建設中的和諧意蘊》，《青海社會科學》二〇一一年第二期。
張禹東：《現代普世倫理籲求與多元宗教對話》，《宗教學研究》二〇〇三年第二期。
張禹東：《華僑華人傳統宗教倫理思想的價值構成》，《華僑大學學報（人文社會科學版）》二〇〇三年第二期。
鄭文標、張禹東：《華人宗教與「華人經濟」的共同特徵》，《成都大學學報（社會科學版）》二〇〇四年第三期。
張禹東：《華僑華人傳統宗教的世俗化與非世俗化——以東南亞華僑華人爲例的研究》，《宗教學研究》二〇〇四年第四期。
張禹東：《東南亞華人傳統宗教的構成、特性與發展趨勢》，《世界宗教研究》二〇〇五年第一期。
張禹東：《關於東南亞華僑華人宗教文化與現代化問題的理論思考》，《華僑大學學報（人文社會科學版）》二〇〇二年第三期。
張禹東：《宗教與文化關係的幾點思考》，《華僑大學學報（人文社會科學版）》一九九九年第一期。
張禹東：《試論中國閩南民間宗教文化的基本特點》，《華僑大學學報（人文社會科學版）》一九九九年第四期。
張禹東：《馬來西亞的華人宗教文化》，《華僑華人歷史研究》一九九九年第一期。
張禹東：《印度尼西亞全面同化政策下的華人宗教文化》，《華僑大學學報（人文社會科學版）》二〇〇〇年第三期。
張禹東：《華僑華人傳統宗教及其現代轉化》，《華僑大學學報（人文社會科學版）》二〇〇一年第四期。
張禹東：《新加坡華人宗教信仰的基本構成及其變動的原因與前景》，《華僑華人歷史研究》一九九五年第四期。
李明歡：《當代海外華人社團發展之前瞻》，《八桂僑刊》一九九四年第四期。

李明歡：《構築華人族群與當地國大社會溝通的橋梁——試論當代海外華人社團的社會功能》，《華僑華人歷史研究》一九九五年第二期。
李明歡：《當代海外華人社團芻議》，《八桂僑刊》一九九三年第四期。
石滄金：《馬來西亞海南籍華人的民間信仰考察》，《世界宗教研究》二〇一四年第二期。
石滄金：《跨國網絡中的何氏九仙信仰與瓊瑶教》，《世界宗教研究》二〇一五年第二期。
石滄金：《原鄉與本土之間：馬來西亞客家人的民間信仰考察》，《八桂僑刊》二〇一四年第四期。
王愛平：《印度尼西亞孔教：中國儒教的宗教化、印尼化》，《世界宗教文化》二〇一五年第五期。
陳景熙：《海外華人宗教的文化適應：以泰國德教白雲師尊造像演變爲例》，《世界宗教研究》二〇一五年第二期。
林美容：《臺灣地區媽祖靈力諸説探討》，《民俗研究》二〇一四年第六期。
陳進國：《寺廟靈簽的流傳與風水信仰的擴散——以閩臺爲中心的探討》，《宗教學研究》二〇〇三年第一期。
陳進國：《風水信仰與鄉族秩序的議約化——以契約爲證》，《中國社會經濟史研究》二〇〇四年第四期。
陳進國：《扶乩活動與風水信仰的人文化》，《世界宗教研究》二〇〇四年第四期。
陳進國：《安鎮符咒的利用與風水信仰的輻射——以福建爲中心的探討》，《世界宗教研究》二〇〇二年第四期。
陳進國：《事生事死：風水與福建社會文化變遷》，厦門大學二〇〇二年博士學位論文。
王琛發：《客家先賢與馬來西亞檳城海珠嶼大伯公探析》，《八桂僑刊》二〇一四年第三期。
鄭莉：《明清時期海外移民的廟宇網絡》，《學術月刊》二〇一六年第一期。
聶德寧：《荷印時期巴達維亞華人的主要節慶——以吧城華人公館（吧國公堂）檔案資料爲中心》，《南洋問題研究》二〇一五年第四期。

曾少聰、趙永勝：《緬甸華人及其文化特點》，《玉溪師範學院學報》二〇一六年第二期。
高偉濃、張應進：《對東南亞華人社團的整體性觀察：淵源、功能、現狀與前景》，《東南亞縱橫》二〇一五年第十二期。
邱永輝：《「世界宗教」視野下的中國民間信仰》，《宗教學研究》二〇一六年第一期。
范正義：《當前海外華人民間信仰跨地區交往和結盟現象研究》，《世界宗教文化》二〇一四年第一期。
黃瑞國、黃婕：《媽祖文化研究的歷史、傳承與發展》，《媽祖文化研究》二〇一七年第一期。
范正義：《媽祖信仰儀式與「一帶一路」》，《世界宗教文化》二〇一八年第五期。
范正義：《西方學界媽祖信仰研究述評》，《莆田學院學報》二〇一七年第六期。
郭武：《「一帶一路」視域下的印尼道教》，《世界宗教文化》二〇一九年第一期。
李天錫：《略論東南亞華僑華人的清水祖師信仰及其現代價值》，《華僑大學學報（人文社會科學版）》二〇〇三年第二期。
劉志軍：《對於關公信仰的人類學分析》，《民族研究》二〇〇三年第四期。
范軍：《媽祖信仰的跨域傳播與衍變——以泰國媽祖信仰的多元宗教文化融合爲例》，《閩臺緣》二〇一九年第二期。
范軍：《泰國華人民間信仰的復調與變奏——以曼谷玄天上帝廟爲例》，《華僑華人文獻學刊》二〇一八年第一期。
林緯毅：《潮人媽祖信仰在「一帶一路」上的在地化研究——以新加坡和印尼廖内民丹島作爲比論》，《媽祖文化研究》二〇一九年第四期。
王琛發：《臺灣與南洋華人的民間神道信仰：同源、在地分流與互動》，《閩臺文化研究》二〇一六年第三期。

陳衍德：《媽祖信仰在東亞傳播的特點——以新加坡天福宮和長崎福濟寺爲個案的研究》，《東南亞研究》二〇一六年第五期。
廖文輝：《馬來西亞民間華文歷史文獻的類別及其對方志研究的作用》，《華僑華人歷史研究》二〇一六年第三期。
張祝平：《論民間信仰擴散的邊界——媽祖信仰在浙西南山區的流播狀況考察》，《浙江社會科學》二〇一八年第一期。
李天錫：《試論華僑華人媽祖信仰的文化特徵及其發展趨勢》，《華僑華人歷史研究》一九九二年第三期。
許國棟：《從華人宗教信仰剖析泰國的「同化」政策》，《華僑華人歷史研究》一九九四年第二期。
許國棟：《從華人的宗教信仰探討印度尼西亞的同化政策》，《華僑華人歷史研究》一九九二年第一期。
陳衍德：《試論菲華社會的宗教融合》，《世界宗教研究》一九九五年第一期。
李天錫：《福建民間信仰在東南亞的傳播及其影響》，《華僑大學學報（人文社會科學版）》一九九八年第一期。
李天錫：《華僑華人民間信仰的特點及其前景》，《世界宗教研究》一九九九年第一期。
李天錫：《觀音信仰在東南亞華僑華人中傳播的原因及其作用》，《佛學研究》二〇〇〇年第六期。
李天錫：《關帝信仰在華僑華人中的傳播和影響》，《華僑大學學報（人文社會科學版）》一九九七年第二期。
謝重光：《試論媽祖信仰的社會功能》，《中共福建省委黨校學報》二〇〇二年第一期。
曾少聰：《閩南的海外移民與海洋文化》，《廣西民族學院學報（哲學社會科學版）》二〇〇一年第五期。
陳衍德：《論當代東南亞華人文化與當地主流文化的雙向互動》，《東南亞研究》二〇〇一年第四期。
曾少聰：《菲律賓華人社會組織的建構及其功能》，《世界民族》二〇〇一年第四期。
聶德寧：《新馬早期華人社會的民間信仰初探》，《廈門大學學報（哲學社會科學版）》二〇〇一年第二期。

王榮國：《明清時代的海神信仰與經濟社會》，厦門大學二〇〇一年博士學位論文。
鄭志明：《泰國華人社會與宗教》（上），《華僑大學學報（人文社會科學版）》二〇〇五年第四期。
鄭志明：《泰國華人社會與宗教》（下），《華僑大學學報（人文社會科學版）》二〇〇六年第一期。
李勇：《敬惜字紙信仰習俗在海外的傳承與變遷——以新加坡崇文閣爲例》，《世界宗教研究》二〇一三年第二期。
陳景熙：《廟宇、義山與海外華人社會建構：十九世紀砂拉越古晉潮人社會的案例》，《世界宗教研究》二〇二〇年第二期。
曹雲華：《宗教信仰對東南亞華人文化適應的影響》，《華僑華人歷史研究》二〇〇二年第一期。
田燁：《略論道教海外傳播中的本土化》，《北方論叢》二〇一六年第四期。
阮玉詩、楊黄録、魏瑾媛：《越南金甌督河鎮漁民社群的天后信仰》，《媽祖文化研究》二〇二〇年第三期。
阮福才、阮順貴、陳氏金黄：《越南胡志明市華人「天后聖母崇拜」的研究》，《媽祖文化研究》二〇二〇年第三期。
郭玉瓊：《媽祖宫廟與福建會館的空間關係和空間意義》，《厦門理工學院學報》二〇二〇年第四期。
林亦瀚：《媽祖文化在澳大利亞的傳播和發展》，《媽祖文化研究》二〇二〇年第二期。
范懷風、段玉鍾：《越南南部女神信仰背景下的媽祖信仰探索》，《媽祖文化研究》二〇二〇年第二期。
莫嘉麗：《印尼華人信仰的多教混合與華人文化認同》，《東南亞研究》二〇〇四年第六期。
林明太：《媽祖文化在越南的傳播與交流研究》，《中國海洋大學學報（社會科學版）》二〇二〇年第三期。
張小倩：《印度尼西亞邦加島華人文化認同的歷史與現狀探析》，《世界民族》二〇二〇年第二期。
張晨怡：《中西文化交匯與新加坡儒教復興運動的興起》，《世界民族》二〇二〇年第二期。

薛可、王曉航：《馬來西亞廣西籍華人秋祭儀式考察分析》，《八桂僑刊》二〇二〇年第一期。
王琛發：《吾境南暨：十九世紀檳城閩南社會的閭山傳承、保生大帝信仰與族親認同》，《閩臺文化研究》二〇二〇年第一期。
阮玉詩：《湄公河地區天后信仰之傳播和變遷——以湄公河三角洲的越南人爲例》，《媽祖文化研究》二〇二〇年第一期。
劉崇漢：《馬來西亞媽祖信仰與鄉籍文化——以吉隆坡三座天后宫爲例》，《媽祖文化研究》二〇二〇年第一期。
朱斯：《越南庯憲的天后信仰》，《媽祖文化研究》二〇二〇年第一期。
沈燕清：《吧國公堂對華人宗教活動的管理》，《南亞東南亞研究》二〇二〇年第一期。
李永斌、李利安：《關於大洋洲人間佛教信仰群體的田野調查研究》，《世界宗教文化》二〇二〇年第一期。
林晶：《融合與構建：媽祖海外傳播的多維文化力因素》，《武夷學院學報》二〇二〇年第二期。
高静宜、陳中和：《馬來西亞吉隆坡惠州會館與廣肇會館關帝誕初探》，《八桂僑刊》二〇一九年第四期。
蔡佩春：《泰國林姑娘傳説分析》，《常熟理工學院學報》二〇一九年第六期。
林明太、連晨曦：《媽祖文化在日本的傳播與發展研究》，《太平洋學報》二〇一九年第十一期。
林晶：《互動與共生：媽祖文化在海上絲綢之路沿綫國家的傳播》，《黄河科技學院學報》二〇一九年第六期。
孟慶梓：《東南亞華人民間信仰文化研究述評》，《理論觀察》二〇一九年第十期。
王家强、郭武：《馬來西亞華人社會的道教根柢——李豐楙著〈從聖教到道教：馬華社會的節俗、信仰與文化〉述評》，《世界宗教研究》二〇一九年第五期。
蘇吉利·古斯德伽、黄文波：《試析印尼華人社會孔教信仰的形成與發展歷程》，《八桂僑刊》二〇一九年第三期。

龍高雲：《泰國春武里哪吒三太子廟探析》，《八桂僑刊》二〇一九年第三期。

片崗樹、張婷、竇偉、黄鐵：《非宗教之宗教：中式寺廟在普吉的角色研究》，《南洋資料譯叢》二〇一九年第三期。

劉福鑄：《海南島媽祖文化傳播狀況、原因與影響》，《媽祖文化研究》二〇一九年第三期。

田龍過：《海外關公信仰與中國價值觀的國際傳播》，《西部學刊》二〇一九年第十七期。

張寧寧：《媽祖文化海外傳承的動因、方式與當代作用研究》，《中國海洋大學學報（社會科學版）》二〇一九年第五期。

左攀：《真武信仰的淵源與流變研究》，蘭州大學二〇一九年博士學位論文。

王鵬：《信仰與鄉愁：歷史人類學視域下的東南亞鄭和清真寺與華人穆斯林》，《東南亞研究》二〇一九年第四期。

毛睿：《明朝公主和親麻六甲：馬來西亞華人文學書寫、文化記憶及身分認同》，《民族文學研究》二〇一九年第四期。

李志賢：《新加坡古剎粤海清廟初創史實考略》，《華僑華人文獻學刊》二〇一九年第一期。

路曉霞：《吧達維亞華人法律文化研究——以〈公案簿〉爲中心的考察》，華東政法大學二〇一九年博士論文。

趙樹岡：《民間信仰與日常生活——李亦園的宗教人類學研究》，《世界宗教研究》二〇一九年第三期。

馬莉莉：《中華文化在汶萊的傳承與發展》，廣西民族大學二〇一九年碩士學位論文。

張燁：《越南中南部明鄉人的演變研究》，雲南師範大學二〇一九年碩士學位論文。

王琛發：《十九世紀基督新教在馬來亞華人社會的宣教活動——從「中文」到「西學」的演變以及「處境」的探討》，《基督教學術》二〇一八年第一期。

韋凡州：《從南海海神在越南的流傳情況看越南文化的發展取向》，《南亞東南亞研究》二〇一九年第二期。
張蓮蓮：《泰國八仙信仰傳播模式研究》，廣東外語外貿大學二〇一九年碩士論文。
趙凱莉：《汶萊華人的宗教信仰及其與原鄉聯結》，廣西民族大學二〇一九年碩士學位論文。
王漉洱：《二〇世紀以來菲律賓的漢傳佛教研究》，廣西民族大學二〇一九年碩士學位論文。
王小蕾：《女神信仰・海洋社會・性別倫理——對水尾聖娘信仰的性别文化考釋》，《海交史研究》二〇一九年第一期。
阮玉詩、阮俊義：《天后上天與回家——越南金甌華人天后信仰的變遷與在地化》，《媽祖文化研究》二〇一九年第一期。
吕偉濤：《圖畫中的媽祖文化與海上絲綢之路——中國國家博物館藏〈天后聖母事迹圖志册〉研究》，《博物院》二〇一九年第一期。
蔡明宏：《中國福建民間信仰在東南亞的傳播力研究——基於「一帶一路」視角》，《中央民族大學學報（哲學社會科學版）》二〇一九年第一期。
陳愛梅：《淺析馬來西亞唐、番拿督公的史料和傳説》，《八桂僑刊》二〇一八年第四期。
蔣艷萍：《從華文碑銘看新加坡早期華人移民的離散體驗和身份認同》，《東方叢刊》二〇一八年第二期。
徐浩誠、姜子策：《東南亞宗教與人類命運共同體——第七届東南亞宗教研究高端論壇綜述》，《世界宗教研究》二〇一八年第六期。
杜諄、曾少聰：《東南亞華僑華人宗教信仰研究四十年——基於改革開放以來中國學者的分析》，《華僑華人歷史研究》二〇一八年第四期。

黄雁鴻、Denise：《澳門的「祛病」文化：廟宇崇拜與民間信仰》，《中國文化研究》二〇一八年第四期。

葉舒、徐華炳：《中華傳統文化在海外的移植與適應——以南洋「娘惹文化」爲例》，《國際傳播》二〇一八年第六期。

李慧芬、康曉麗：《二十世紀泰國閩籍華人社會變遷與族群認同》，《東南學術》二〇一八年第六期。

張祝平：《中國民間信仰四十年：回顧與前瞻》，《西北農林科技大學學報（社會科學版）》二〇一八年第六期。

李慧芬：《民心相通視野下的東南亞媽祖信仰探究》，《福建論壇（人文社會科學版）》二〇一八年第十期。

蔡明宏：《宗教外交中的中國圖像與建設——以福建民間信仰與東南亞國家的文化互動爲例》，《南洋問題研究》二〇一八年第三期。

劉芳彬：《華僑華人與中華文化國際傳播》，《八桂僑刊》二〇一八年第三期。

賈發義、李志賢：《東南亞華人的關帝崇拜——「海上絲綢之路」文化傳播的一個例證》，《山西大學學報（哲學社會科學版）》二〇一八年第五期。

劉琪、許志惠：《華廟文化在泰國的傳播》，《汕頭大學學報（人文社會科學版）》二〇一八年第九期。

蔡天新：《媽祖信仰的由來及其古絲路傳播的時空研究》，《媽祖文化研究》二〇一八年第三期。

魏明寬：《漢傳佛教在馬來亞發展初探——以妙蓮、善慶及本忠之佛教活動爲中心》，《華僑華人文獻學刊》二〇一八年第一期。

王琛發：《儒教在南洋的歷史、傳播與存在意義：天命、神道設教、「祖」「社」與開拓主權的系統觀》，《漢籍與漢學》二〇一八年第一期。

趙凱莉：《文萊華人宗教信仰研究——以騰雲殿爲例》，《文化與傳播》二〇一八年第三期。

宋建曉：《文化自覺視野下的媽祖文化與「一帶一路」建設》，《福建論壇（人文社會科學版）》二〇一八年第六期。
王琛發：《有節日就有中華——南洋華人春節習俗的功能與價值》，《杭州師範大學學報（社會科學版）》二〇一八年第三期。
謝林軒、麻國慶：《越南華族會館的生存機制——以胡志明市堤岸區華族會館的田野調查爲例》，《文化遺産》二〇一八年第三期。
王琛發：《十九世紀檳城閩南社群的神農信仰：從集體祖神到海疆守護神》，《閩臺文化研究》二〇一八年第一期。
肖文帥：《十九—二十世紀新加坡華人社會天后信仰的特色及歷史意義——以天福宫、粤海清廟、瓊州天后宫爲例》，《文化遺産》二〇一八年第二期。
童瑩：《海外華人的公共記憶與族群認同——以印尼馬魯古群島華人爲例》，《東南亞研究》二〇一八年第二期。
夏玉清：《華僑報德善堂與善堂文化在泰國的傳播》，《宗教學研究》二〇一八年第一期。
張英進：《越南薄寮華人的天后信仰》，《媽祖文化研究》二〇一八年第一期。
劉崇漢：《海外會館天后宫與媽祖文化——以馬來西亞兩座天后宫爲例》，《媽祖文化研究》二〇一八年第一期。
吴秋燕：《廟會與海外華人的文化認同——以泰國宋卡城隍廟廟會文化爲例》，《莆田學院學報》二〇一八年第一期。
馬瀟驍：《海外中國傳統節日的變遷與華人身份認同——以泰國清邁華人爲例》，《貴州民族研究》二〇一八年第二期。
夏當英、孫語聖：《論蘇里南的宗教信仰及其社會凝聚作用》，《華僑大學學報（哲學社會科學版）》二〇一八年第一期。

李向振：《「信仰慣習」：一個分析海外華人民間信仰的視角——基於新加坡中元祭鬼習俗的田野考察》，《世界宗教研究》二〇一八年第一期。

潘氏華理、許陽莎：《明鄉天后信仰及其文化涵化過程》，《内蒙古師範大學學報（哲學社會科學版）》二〇一八年第一期。

苗旭慧：《中國民間信仰的海外傳播——以關帝信仰爲例》，《山西青年職業學院學報》二〇一七年第四期。

羅楊：《「香火」永續：柬埔寨華人社團百年變遷》，《南洋問題研究》二〇一七年第四期。

賴江坤：《保生大帝信仰研究綜述》，《閩臺文化研究》二〇一七年第四期。

王琛發：《閩南王爺在南洋：跨國信仰的國際性、歷史感與在地化》，《閩臺文化研究》二〇一七年第四期。

林德順、潘碧華：《媽祖信仰在「一帶一路」中扮演的文化溝通角色探析》，《媽祖文化研究》二〇一七年第四期。

王利兵：《流動的神明：南海漁民的海神兄弟公信仰》，《中山大學學報（社會科學版）》二〇一七年第六期。

袁忠：《南洋空間的嬗變：新加坡華人廟宇的多元雜義性》，《華南理工大學學報（社會科學版）》二〇一七年第六期。

劉婷玉：《明代海上絲綢之路與媽祖信仰的海外傳播》，《中國高校社會科學》二〇一七年第六期。

李毅婷：《晚清新加坡閩籍商人的興學活動與儒學傳播》，《中國高校社會科學》二〇一七年第六期。

沈玲：《印尼華人家庭宗教信仰現狀分析——基於對雅加達五百余名華裔青少年的調查》，《華僑大學學報（哲學社會科學版）》二〇一七年第五期。

賴萱萱、鄭長青：《宗教行爲抑或倫理表達——東南亞華人族群祖先崇拜之考察》，《世界宗教文化》二〇一七年第五期。
徐文彬：《一九七九—一九八九年閩南地區民間信仰的復興論略》，《世界宗教文化》二〇一七年第五期。
涂明謙：《關於福建海上絲綢之路文化交流與傳播的思考》，《福建論壇（人文社會科學版）》二〇一七年第十期。
阮玉詩：《越南華人信仰文化的解構與增權：以關公與天后信仰爲例》，《華僑華人文獻學刊》二〇一七年第二期。
王琛發：《從道教文化看軟實力與中外友好的内在聯繫》，《文化軟實力》二〇一七年第三期。
毛漢霖：《新加坡華族宗教信仰變化研究》，《東南亞縱横》二〇一七年第四期。
章立明：《當代人類學視域中的東南亞南亞華人研究——從一個綜述的視角》，《雲南社會科學》二〇一七年第四期。
陳瓊：《閩南媽祖信仰復興之歷程與邏輯》，《莆田學院學報》二〇一七年第三期。
施雪琴、許婷婷：《海上絲綢之路與印尼民丹島華人民間信仰的傳播》，《海交史研究》二〇一七年第一期。
李慶新：《海南兄弟公信仰及其在東南亞的傳播》，《海洋史研究》二〇一七年第一期。
阮玉詩：《天后信仰在越南湄公河流域的傳播及其特點》，《海洋史研究》二〇一七年第一期。
陳宏：《「一帶一路」：維繫和發展中華文明的新紐帶——馬來西亞文化研究綜述》，《齊魯藝苑》二〇一七年第二期。
吴雲龍：《泰國曼谷的客家神廟與客家族群認同探析》，《八桂僑刊》二〇一七年第一期。
陳納慧：《國與族：文明認同、身份認知與中新關係》，《外交評論（外交學院學報）》二〇一七年第二期。
張焕萍、李斌斌：《華僑華人與中華文化傳播研究綜述——基於近三十年〈華僑華人歷史研究〉刊載文章的分析》，《全球傳媒學刊》二〇一七年第一期。

張雲江：《觀音信仰在新馬華人社會網絡構建中的作用》，《平頂山學院學報》二〇一七年第一期。
劉子曦：《宗教信仰的代際傳遞：基於臺灣地區的數據分析》，《社會學研究》二〇一七年第一期。
薛燦：《從〈南洋商報〉訃告文本看多元信仰形態對新馬華人喪葬文化的影響》，《八桂僑刊》二〇一六年第四期。
張曉藝、李向平：《信仰認同及其「認同半徑」的建構——基於津、閩、粵三地媽祖信仰的比較研究》，《東南學術》二〇一六年第六期。
哈納菲·忽辛、王斯：《峇峇—娘惹的祖先崇拜與祭祀飲食：一項關於馬六甲海峽土生華人的研究》，《楚雄師範學院學報》二〇一六年第十期。
張儉松、葉蕾：《鄭和宗教參與多樣性及其對海上絲綢之路各國的友好影響淺析》，《世界宗教研究》二〇一六年第五期。
杜温：《緬甸華人廟宇：連接緬甸與東南亞和中國的寺廟信任網絡》，《八桂僑刊》二〇一六年第三期。
王惠：《海外移民與宗教儀式回傳——甲午年新加坡修德善堂養心社宋大峰祖師金像百年回鑾》，《華僑華人歷史研究》二〇一六年第三期。
段穎：《區域網絡、族群關係與交往規範——基於中國西南與東南亞田野經驗的討論》，《廣西民族大學學報（哲學社會科學版）》二〇一六年第四期。
王琛發：《十七—十九世紀南海華人社會與南洋的開拓——華人南洋開拓史另類視角的解讀》，《福州大學學報（哲學社會科學版）》二〇一六年第四期。
張鵬：《公共外交視閾下的東南亞華人基督教社團》，《東南亞研究》二〇一六年第三期。
王鈳婇：《文化繼承：從「儀式傳播」到「儀式化傳播」——以馬來西亞華人社群「閩南中元普度」儀式爲例》，

《世界民族》二〇一六年第三期。
曹雲華、程荃：《詩巫的福州人：海外華人的模範》，《東南亞研究》二〇一六年第二期。
李慧芬：《東南亞華人民間宗教信仰與建設二十一世紀海上絲綢之路》，《學術評論》二〇一六年第二期。
王琛發：《閩南王爺信仰流傳馬來西亞的歷史意義》，《閩臺文化研究》二〇一六年第一期。
呂俊昌：《西屬菲律賓天主教與華人社會關係的延展與重構》，《東南亞研究》二〇一六年第一期。
松尾恒一：《日本華僑公墓與后土、土地神信仰——旅日華僑社會的歷史和記憶之表象》，《徐州工程學院學報（社會科學版）》二〇一六年第二期。
密素敏：《比較視野下的海外華人基督教——以北美和東南亞爲例的分析》，《華僑華人歷史研究》二〇一六年第一期。
代帆、劉菲：《柬埔寨華裔新生代的認同及對華認知》，《八桂僑刊》二〇一五年第四期。
蔡天新：《古絲綢之路的媽祖文化傳播及其現實意義》，《世界宗教文化》二〇一五年第六期。
梅紅：《馬來西亞華人社會的關公崇拜》，《宗教學研究》二〇一五年第四期。
吳宏岐：《澳門媽祖信仰的形成、擴展及其與中西宗教的交融》，《海洋史研究》二〇一五年第二期。
張舉文：《龍信仰與海外華人認同符號的構建和重建》，《文化遺産》二〇一五年第六期。
林明太、黃朝暉：《媽祖文化在海上絲綢之路沿綫國家的傳播與發展》，《集美大學學報（哲學社會科學版）》二〇一五年第四期。
馬麗蓉：《「鄭和符號」對絲路伊斯蘭信仰板塊現實影響評估》，《世界宗教研究》二〇一五年第五期。
李向振：《新加坡華人「慶贊中元」活動調查報告》，《民族藝術》二〇一五年第五期。

沈慶利、葉枝梅：《新加坡華人宗教信仰現狀及前景》，《國際研究參考》二〇一五年第八期。
莊琳璘：《以媽祖宮廟爲視角看馬來西亞華人的媽祖信仰》，《莆田學院學報》二〇一五年第四期。
劉琪：《潮汕文化在泰華社會的傳承與嬗變》，《汕頭大學學報（人文社會科學版）》二〇一五年第四期。
王琛發：《南洋華人的清明節：承先禮而成其理》，《民俗研究》二〇一五年第四期。
楊正軍：《潮汕民間善堂組織的歷史嬗變》，《汕頭大學學報（人文社會科學版）》二〇一五年第三期。
陳愛梅：《誰是佛教徒？佛教徒是誰？——馬來西亞華人佛教信仰探析》，《世界宗教文化》二〇一五年第二期。
吴雲霞：《越南北部鄉村民俗對漢文化記憶的本土化建構》，《開放時代》二〇一四年第六期。
蔡潔華：《從「大傳統」與「小傳統」來看媽祖信仰的發展》，《文化遺産》二〇一四年第五期。
鍾大榮、王珊珊：《泰國華人慈善組織的主要功能及其對中國慈善組織的啓示——以華僑報德善堂爲例》，《華僑大學學報（哲學社會科學版）》二〇一四年第三期。
陳占山：《潮汕宗教信仰研究述評》，《汕頭大學學報（人文社會科學版）》二〇一四年第四期。
單百靈：《遷徒與跨界：環南中國海海神信仰交互性研究》，《海南大學學報（人文社會科學版）》二〇一四年第四期。
俞如先：《東南亞華人民間信仰初探——以馬來西亞沙白爲視點》，《中共福建省委黨校學報》二〇一四年第三期。
劉金光：《東南亞宗教的特點及其在中國對外交流中的作用——兼談東南亞華人宗教的特點》，《華僑華人歷史研究》二〇一四年第一期。
古小松：《東南亞的儒釋道文化》，《東南亞縱横》二〇一四年第二期。
陳碧：《新加坡韭菜芭城隍廟跨境文化交流活動的人類學考察》，《東南亞研究》二〇一三年第六期。

阮静：《中國春節海外傳播研究》，《節日研究》二〇一三年第二期。
江振鵬：《印尼華人穆斯林社團初探》，《華僑華人歷史研究》二〇一三年第四期。
王霄冰、林海聰：《媽祖：從民間信仰到非物質文化遺産》，《文化遺産》二〇一三年第六期。
吴秋林：《中國土地信仰的文化人類學研究》，《宗教學研究》二〇一三年第三期。
康海玲：《泰國九皇齋節華語戲曲演出探析》，《戲劇（中央戲劇學院學報）》二〇一三年第四期。
林希：《論馬來西亞的媽祖宫廟及其信仰文化特色》，《莆田學院學報》二〇一三年第四期。
文平强：《馬來西亞華人文化——傳承與創新》，《東南亞縱横》二〇一三年第七期。
閆愛萍：《關公信仰問題研究的回顧與展望》，《民俗研究》二〇一三年第四期。
馮玉軍：《新加坡宗教事務的法律治理》，《政法論叢》二〇一三年第三期。
孟慶梓：《移植與再生：新加坡華人民間信仰的儀式建構》，《河南師範大學學報（哲學社會科學版）》二〇一三年第三期。
閆愛萍：《在「傳統」與「發明」之間：關公信仰的社會文化功能演變》，《青海社會科學》二〇一三年第二期。
盧雲峰：《從類型學到動態研究：兼論信仰的流動》，《社會》二〇一三年第二期。
羅楊：《柬埔寨華人的土地和祖靈信仰——從「關係主義」人類學視角的考察》，《華僑華人歷史研究》二〇一三年第一期。
趙樹岡：《文本、儀式與認同：十九世紀星馬華人秘密社會組織研究》，《世界民族》二〇一三年第一期。
危丁明：《香港地區傳統信仰與宗教的世俗化：從廟宇開始》，《世界宗教研究》二〇一三年第一期。
合田美穗、司韋：《新加坡華人的宗教信仰》，《南洋資料譯叢》二〇一二年第四期。

孟慶梓：《歷史記憶、儀式場景與社群整合：新加坡華人社群保護神崇拜》，《東南亞研究》二〇一二年第五期。
滕蘭花：《清代以來越南境内的伏波信仰研究》，《民族文學研究》二〇一二年第五期。
許永璋：《東南亞華僑華人的媽祖信仰》，《黄河科技大學學報》二〇一二年第五期。
廖文輝：《馬來西亞中華文化的傳播和機制》，《華僑大學學報（哲學社會科學版）》二〇一二年第二期。
廖建裕、康曉麗：《當代印度尼西亞佛教與孔教的新發展》，《南洋資料譯叢》二〇一二年第一期。
羅聖榮：《馬來西亞華印社會比較研究》，《南洋問題研究》二〇一二年第一期。
儲冬愛：《城市化進程中的都市民間信仰——以廣州「城中村」爲例》，《民族藝術》二〇一二年第一期。
李慶新、羅燚英：《廣東媽祖信仰及其流變初探》，《莆田學院學報》二〇一一年第六期。
鄭一省：《印尼棉蘭華人「肅壇持戒」儀式探析》，《東南亞研究》二〇一一年第六期。
施雪琴：《鄭和形象建構與中國—東南亞國家關係發展》，《海南師範大學學報（社會科學版）》二〇一一年第五期。
焦蓓蓓、夏泉：《東南亞華人宗教教育初探》，《東南亞研究》二〇一一年第四期。
王愛平：《印度尼西亞孔教的祭天儀式》，《世界宗教研究》二〇一一年第四期。
陳世柏：《海外華人的慈善理念及其思想淵源》，《中國宗教》二〇一一年第七期。
陳恒漢：《從峇峇娘惹看南洋的文化碰撞與融合》，《瀋陽師範大學學報（社會科學版）》二〇一一年第三期。
鍾大榮、張禹東：《東南亞華僑華人宗教的歷史角色與當代價值》，《宗教學研究》二〇一一年第一期。
楊宏雲：《印尼棉蘭的華人：歷史與特徵》，《華僑華人歷史研究》二〇一一年第一期。
李天錫：《越南華僑華人媽祖信仰初探——以胡志明市穗城會館天后廟爲重點》，《莆田學院學報》二〇一一年第一期。
王愛平：《宗教對印尼華人融入當地社會的作用——以印尼孔教、「三教」爲例》，《世界民族》二〇一〇年第五期。
陳碧：《近三十年來中國學界東南亞華人民間宗教研究與展望》，《世界民族》二〇一〇年第三期。
李丁、盧雲峰：《華人社會中的宗教信仰與公共參與：以臺灣地區爲例》，《學海》二〇一〇年第三期。
王愛平：《印度尼西亞孔教的形成與發展》，《暨南學報（哲學社會科學版）》二〇一〇年第三期。
汪鯨：《從宗教看東南亞華人與土著民族的族群關係——以菲律賓和馬來西亞爲例》，《暨南學報（哲學社會科學版）》二〇一〇年第三期。
李天錫：《試析印度尼西亞華僑華人的媽祖信仰》，《東南亞縱橫》二〇〇九年第六期。
李天錫：《試析菲律賓華僑華人的媽祖信仰》，《宗教學研究》二〇一〇年第一期。
章石芳、盧飛斌：《菲律賓華裔中學生族群文化認同調查研究》，《福建師範大學學報（哲學社會科學版）》二〇〇九年第六期。
周建新、温小興：《社會文化史視野下的國内客家民間信仰研究》，《民俗研究》二〇〇九年第二期。
朱海濱：《民間信仰——中國最重要的宗教傳統》，《江漢論壇》二〇〇九年第三期。
〔美〕康豹著，李瓊花譯，陳進國校：《西方學界研究中國社區宗教傳統的主要動態》，《文史哲》二〇〇九年第一期。
張幸：《文化認同的傳承與創新：印度加爾各答華人的多元化宗教信仰研究》，《華僑華人歷史研究》二〇〇八年第四期。

鄭一省：《印尼棉蘭華人族群融入主流社會初探》，《華僑華人歷史研究》二〇〇八年第四期。
李勇：《移民時代新加坡華人幫群社會建構的個案研究——以「福建人」閩幫總機構爲例》，《華僑華人歷史研究》二〇〇八年第三期。
巫秋玉：《論泰國華人社會中的媽祖信仰》，《莆田學院學報》二〇〇八年第四期。
王光海、高虹：《媽祖信仰與馬來西亞華人社會——文化認同的視角》，《河南師範大學學報（哲學社會科學版）》二〇〇八年第四期。
劉素民：《亞洲華僑華人宗教特徵研究》，《東南學術》二〇〇八年第三期。
龔益波：《泰國華僑華人民間信仰的特點及其前景》，《東南亞之窗》二〇〇八年第一期。
鄭一省：《東南亞華人的社會文化情況初探》，《世界民族》二〇〇八年第二期。
吴聖楊：《薩迪納制與暹羅華人的文化適應》，《南洋問題研究》二〇〇八年第一期。
孟慶梓：《近三十年來中國學界新加坡華僑華人問題研究綜述》，《八桂僑刊》二〇〇八年第一期。
王光海：《馬來西亞華人宗教信仰考察》，《河南工業大學學報（社會科學版）》二〇〇八年第一期。
李天錫：《潮汕籍華僑與泰國華僑華人的媽祖信仰》，《莆田學院學報》二〇〇八年第一期。
孟慶梓：《近二十多年來國内新加坡宗教信仰問題研究述略》，《甘肅社會科學》二〇〇八年第一期。
楊晋濤、俞雲平：《東南亞華裔新生代的「祖籍記憶」——馬來西亞、泰國、印度尼西亞個案比較》，《世界民族》二〇〇七年第六期。
廖小健：《影響馬來西亞馬華兩族關係的文化與政治因素》，《華僑華人歷史研究》二〇〇七年第四期。
王愛平：《印度尼西亞華人社會孔教的興起》，《南開學報（哲學社會科學版）》二〇〇七年第六期。

黄素芳：《泰國華僑華人研究的歷史與現狀》，《八桂僑刊》二〇〇七年第三期。
宗世海、劉文輝：《印尼華文教育政策的歷史演變及其走向預測》，《暨南大學華文學院學報》二〇〇七年第三期。
鄭一省：《廣西僑鄉文化與華僑華人文化互動研究》，《八桂僑刊》二〇〇七年第二期。
曾玲：《社群邊界内的「神明」：移民時代的新加坡媽祖信仰研究》，《河南師範大學學報（哲學社會科學版）》二〇〇七年第二期。
王愛平：《宗教儀式與文化傳承——印尼孔教研究》，厦門大學二〇〇七年博士學位論文。
俞雲平、楊晋濤：《馬來西亞華裔新生代的「祖籍記憶」初探》，《南洋問題研究》二〇〇六年第三期。
許永璋：《道教在東南亞的傳播和演變》，《黄河科技大學學報》二〇〇五年第三期。
李岡原、張愘：《馬來西亞華人宗教探析》，《浙江師範大學學報（社會科學報）》二〇〇五年第一期。
葛繼勇、施夢嘉：《關帝信仰的形成、東傳日本及其影響》，《浙江大學學報（人文社會科學版）》二〇〇四年第五期。
張龍林：《東南亞華人宗教問題初探——定義、歷史分期與主要特徵》，《東南亞縱横》二〇〇四年第六期。
鄭志明：《客家社會大伯公信仰在東南亞的發展》，《華僑大學學報（哲學社會科學版）》二〇〇四年第一期。
曾玲：《李亦園教授與東南亞華人研究：人類學的視野與方法》，《華僑華人歷史研究》二〇〇四年第一期。
鄭一省：《華僑華人與當代閩粤僑鄉的民俗活動》，《東南亞研究》二〇〇三年第六期。
趙樹岡：《東南亞華人的人類學研究：以區域及主題爲分析焦點》，《華僑華人歷史研究》二〇〇三年第三期。
洪源善：《當代泰國與印尼華人社會比較研究》，中國社會科學院研究生院二〇〇三年博士學位論文。
劉志軍：《論關公文化的現代意義》，《廣西民族研究》二〇〇三年第一期。

黃靜：《潮汕與中國傳統僑鄉：一個關於移民經驗的類型學分析》，《華僑華人歷史研究》二〇〇三年第一期。
温北炎：《試比較印尼與馬來西亞華人融入當地主流社會的程度》，《東南亞縱横》二〇〇三年第一期。
温北炎：《關於印尼華人融入當地主流社會的問卷調查》，《東南亞研究》二〇〇二年第二期。
劉海燕：《關羽形象與關羽崇拜的演變史論》，福建師範大學二〇〇二年博士學位論文。
周大鳴：《論族群與族群關係》，《民族問題研究》二〇〇一年第五期。
陳志明：《東南亞華人的土地神與聖迹崇拜》，《廣西民族學院學報（哲學社會科學版）》二〇〇一年第一期。
張禹東：《印度尼西亞全面同化政策下的華人宗教文化》，《華僑大學學報（人文社會科學版）》二〇〇〇年第三期。
袁丁：《持續和變遷——人口統計中反映的新加坡華人宗教信仰的變化》，《世界民族》二〇〇〇年第三期。
王國平：《秘密會社對近代東南亞華人社會的影響》，《東南亞》一九九三年第一期。
黃昆章：《海外華人社團功能演變的理論和實踐》，載郝時遠主編《海外華人研究論集》，中國社會科學出版社二〇〇二年版。
童家洲：《日本、新加坡華僑地緣社團的發展演變及其比較研究》，《福建師範大學學報（哲學社會科學版）》一九九五年第三期。
汪洋：《從華僑到華人再到華族——兼談東南亞華人同化問題》，《東南亞研究》一九九八年第三期。
童家洲：《論早期新加坡華族的媽祖信仰》，《尋根》一九九六年第一期。
朱東芹：《十九世紀的華人私會黨與馬來亞錫礦業》，《華僑華人歷史研究》二〇〇二年第二期。
鄭志明：《東南亞華人的土地神與聖迹崇拜》，《廣西民族學院學報（哲學社會科學版）》二〇〇一年第一期。

聶德寧：《新馬早期華人社會的民間信仰初探》，《厦門大學學報（哲學社會科學版）》二〇〇一年第二期。
韓槐准：《天后聖母與華僑南進》，《南洋學報》一九四一年第二輯。
李天綱：《從「文化多樣性」看民間宗教信仰的合法性》，《上海市社會主義學院學報》二〇〇六年第三期。
濮文起：《神聖家族：明清時代民間宗教世界的傳教世家》，《求索》二〇〇六年第七期。
吴文華：《東南亞華人和宗教》，《華僑華人歷史研究》一九八八年第四期。
麥留芳：《新馬華文碑刻系年續貂》，載《文學與藝術》，吉隆坡雪蘭莪中華大會堂一九八三年版。
莊欽永：《馬六甲、新加坡華文碑文輯録》，載《民族學研究所資料彙編》第十二期，臺灣「中央研究院」民族學研究所一九九八年版。
謝雲聲：《新嘉坡華僑奉祀諸神考》，《南洋雜志》新加坡一九四六年第七期。
莊欽永：《新加坡華人甲必丹》，《亞洲文化》一九八七年第九期。

二　外文論著

Alan J A Elliott. Chinese Spirit-Medium Cults in Singapore. London School of Economics and Political Science, 1955.
Arthur P Wolf. Religion and Ritual in Chinese Society. Stanford University Press, 1974.
Arnold Wright. Twentieth Century Impressions of the Dutch Indies. Lloyd's Greater Britain Publishing Company,

1909.

C A S Williams. Encyclopedia of Chinese Symbolism and Art Motives: An Alphabetical Compendium of Legends and Beliefs as Reflected in the Manners and Customs of the Chinese Throughout History. The Julian Press, 1960.

C F Yong. Tan Kah-Kee: The Making of an Overseas Chinese Legend. Oxford University Press, 1987.

Cheu Hock Tong. An Analysis of the Nine Emperor Gods Spirit-Medium Cult in Malaysia. PhD thesis, Cornell University, 1981.

Cheu Hock Tong. The Nine Emperor Gods: A Study of Chinese Spirit-Medium Cults. Time Books International, 1988.

Cheu Hock Tong. Chinese Beliefs and Practices in Southeast Asia: Studies on the Chinese Religion in Malaysia, Singapore and Indonesia. Pelanduk Publications, 1993.

Charles O Hucker. A Dictionary of Official Titles in Imperial China. Stanford University Press, 1985.

Donald Earl Willmott. The Chinese of Semarang: A Changing Minority Community in Indonesia. Cornell University Press, 1960.

Daniel L Overmyer. Folk Buddhist Religion: Dissenting Sects in Late Traditional China. Harvard University Press, 1976.

E B Vermeer. Development and Decline of Fukien Province in the 17th and 18th Centuries. Brill, 1990.

Fred B Eiseman Jr. Bali: Sekala & Niskala. Periplus Editions, 1990.

G W Skinner. Chinese Society in Thailand: An Analytical History. Cornell University Press, 1957.

James L Watson. Emigration and Chinese Lineage: The Mans in Hong Kong and London. University of California Press, 1975.
Jean de Bernardi. Linguistic Nationalism: The Case of Southern Min. Sino-Platonic Papers, 1991.
Jean de Bernardi. Rites of Belonging: Memory, Modernity, and Identity in a Malaysian Chinese Community. Stanford University Press, 2004.
Jean de Bernardi. The Way that Lives in the Heart: Chinese Popular Religion and Spirit Mediums in Penang, Malaysia. Stanford University Press, 2006.
Julian F Pas. The Turning of the Tide: Religion in China Today. Oxford University Press, 1989.
James Francis Warren. Rickshaw Coolie: A People's History of Singapore (1880-1940). Singapore University Press, 2003.
Johnson, Nathan, and Rawski. Popular Culture in Late Imperial China. University of California, 1985.
J J M de Groot. The Religious System of China. Brill, 1892-1910.
John Lagerwey. Taoist Ritual in Chinese Society and History. Macmillan, 1986.
James Robert Rush. Opium Farms in Nineteenth Century Java: Institutional Continuity and Change in Colonial Society, 1860-1910. PhD thesis, Yale University, 1977.
Kenneth Dean. Taoism and Popular Religion in Southeast China: History and Revival. PhD thesis, Stanford University, 1988.
Kenneth Dean. China's Second Government: Regional Ritual Systems in Southeast China, in Essays in Honor of

Dr Li Yih-yuan. Centre for Chinese Studies, 2000.

Kenneth Dean. Local Communal Religion in Contemporary Southeast China. China Quarterly, 2003, 174 (6).

Kwee Hui Kian. Pockets of Empire: Integrating the Studies on Social Organizations in Southeast China and Southeast Asia. Comparative Studies of South Asia, Africa and the Middle East, 2007, 27 (3).

Kuah Khun Eng. Rebuilding the Ancestral Village: Singaporeans in China. Ashgate Publishing, 2000.

Leon Comber. Chinese Temples in Singapore. Eastern Universities Press, 1958.

Lee Tong Soon. Chinese Street Opera in Singapore. University of Illinois Press, 2009.

Liu Yonghua. The World of Rituals: Masters of Ceremonies (Lisheng), Ancestral Cults, Community Compacts, and Local Temples in Late Imperial Sibao, Fujian. PhD Thesis, McGill University, 2003.

Mona Lohanda. The Kapitan Cina of Batavia, 1837-1942. MA thesis, University of London, 1994.

Michael R Godley. The Mandarin-Capitalists from Nanyang: Overseas Chinese Enterprise in the Modernization of China, 1893-1911. Cambridge University Press, 1981.

Robin Ruizendaal. Marionette Theatre in Quanzhou. Brill, 2006.

Tan Chee Beng. The Baba of Melaka: Culture and Identity of a Chinese Peranakan Community in Malaysia. Pelanduk Publications, 1988.

Tu Weiming. Cultural China: The Periphery as the Center. Daedelus. 1991, 120 (2).

Valerie Hansen. Changing Gods in Medieval China, 1127-1276. Princeton University Press, 1990.

Victor Purcell. The Chinese in Southeast Asia. Oxford University Press, 1980.

Victor Purcell. The Chinese in Malaya. Oxford University Press, 1967.

William Edward Soothill, Lewis Hodous. A Dictionary of Chinese Buddhist Terms with Sanskrit and English Equivalents, a Chinese Index & a Sanskrit-Pali Index. Buddhist Culture Service, 1962.

Wolfgang Franke. Sino-Malaysiana, Selected Papers on Ming & Qing History and on the Overseas Chinese in Southeast Asia, 1942-1988. The South Seas Society, 1989.

Wang Gungwu. The Chinese Overseas: From Earthbound China to the Quest for Autonomy. Harvard University Press, 2000.

Wang Gungwu. China and the Chinese Overseas. Times Academic Press, 1991.

Woon Yuen-Fong. Social Organization in South China, 1911-1949: The Case of the Kuan Lineage of K'ai-p'ing County. Center for Chinese Studies, University of Michigan, 1984.

Yen Ching-Hwang. Coolies and Mandarins: China's Protection of Overseas Chinese during the Late Ch'ing Period (1851-1911). Singapore University Press, 1985.

Yang C K. Religion in Chinese Society. University of California Press, 1961.

後記

二〇〇一年秋季之時，我從四川省社會科學院調到華僑大學工作，在學界前輩任繼愈先生的關心和支持下，經人文學院領導專門安排并報經學校批准，建立了華僑大學宗教文化研究所，任先生特別題寫所名以資鼓勵，并欣然允諾出任宗教文化研究所名譽所長，繼之指示研究所要遵循華僑大學的辦學特色，面嚮海外開展華僑華人宗教文化的研究工作。二〇〇六年我遂申報國家社會科學基金項目「中國民間信仰與海外華人道教」并獲得立項，數年以後順利結項。在獲得大量田野調查資料和數據的基礎之上，我於二〇一五年申報了國家社會科學基金重點項目「東南亞華文宗教碑銘的搜集、整理與研究」，擬對東南亞地區華文宗教碑刻銘文展開整體全面的考察、整理與研究，這既是一項富有學術價值的華人文化研究項目，又是保存海外中華文化珍貴史料的搶救工程。國家社科規劃辦支持立項之後，筆者頓感責任在身，須不辭辛勞，全力以赴，細緻調查，嚴謹整理，方能不負所望，完成任務。制訂計劃，分步實施，數赴南洋，出入城鄉，考察寺廟，跋涉荒郊，祭勘義冢，千里田調，經年訪碑，晝冒酷暑，夜屢蚊叮，其中艱辛，頗難爲外人所道，實能爲同行深知。時至今日，總計完成拍攝有關華人寺廟宗祠與碑銘匾額的圖片資料三萬六千余幅，整理完成華文宗教碑刻銘文約一百萬字的結項成果，初步完成了國家社科規劃辦賦予的這一艱難而又重要的學術任務。

雖然如此，回顧以往，檢視初稿，仍有許多有待改進并臻完善之處。其一，任何學術成果的取得，都是在前人研究成果的基礎之上，再通過自身的不懈努力所獲得，本課題的考察研究也是如此。有關東南亞華人文化的訪碑考察和學術研究，即有尊敬的前輩學者饒宗頤先生、陳荊和先生、陳育崧先生、陳鐵凡先生與莊欽永博士，德國學者傅吾康教授，法國學者蘇爾夢教授，馬來西亞學者蘇慶華教授，新加坡學者丁荷生教授與許源泰教授等，從事南洋碑學研究多年，嚮有大著先後問世，實爲本書之北斗指南，課題制定的馬來西亞、印度尼西亞與泰國三個國家的訪碑考察工作，就是沿着當年傅吾康先生的考察路綫開展田調工作的，在此特向以上在該領域作出重要學術貢獻和杰出成就的前賢學者表示深深的敬意；其二，關於東南亞華文宗教碑銘的整理工作，嘗試采取了「以廟屬神，以神列碑」的神系分類方法，期以有助於華人信仰文化圈的探討與研究，是否適當，謹請學界專家多加指教；其三，東南亞華文宗教碑銘遍布多國城鄉各地，勢難盡搜無遺，這次結項成果只能算是「初編」，以後倘有機緣，期望再赴南洋，繼志「續編」；其四，有關碑刻銘文的標點校對工作，是本課題的重要任務，雖經多次反復斟酌校點，但限於學識與能力，難免有所不足，倘有錯訛之處，尚祈方家惠予指正。

多年艱辛，集成本録，遠望南洋，感慨係之，心中不禁憶起吕宋訪碑之時，一位老年華僑滿懷故國深情吟誦的《認祖詩》，以此作爲拙文的結語：

駿馬匆匆往异方，任從隨處立綱常。
年深外境猶吾境，日久他鄉即故鄉。
朝夕莫忘親命語，晨昏宜薦祖宗香。
但願蒼天多垂佑，三七男兒總熾昌。

二〇二五年六月，華僑大學黄海德。